新时代中国减贫方略

XINSHIDAI
ZHONGGUO
JIANPIN
FANGLüE

黄承伟——著

广西人民出版社

图书在版编目（CIP）数据

新时代中国减贫方略 / 黄承伟著 . — 南宁：广西人民出版社，2023.5

ISBN 978-7-219-11492-6

Ⅰ. ①新… Ⅱ. ①黄… Ⅲ. ①扶贫—中国—文集 Ⅳ. ① F126-53

中国版本图书馆 CIP 数据核字（2022）第 253227 号

策　　划　韦鸿学　温六零
项目统筹　周　莉
责任编辑　覃结玲
责任校对　覃丽婷
美术编辑　李彦媛

出版发行　广西人民出版社
社　　址　广西南宁市桂春路 6 号
邮　　编　530021
印　　刷　广西民族印刷包装集团有限公司
开　　本　787mm × 1092mm　1 / 16
印　　张　23
字　　数　265 千字
版　　次　2023 年 5 月　第 1 版
印　　次　2023 年 5 月　第 1 次印刷
书　　号　ISBN 978-7-219-11492-6
定　　价　70. 00 元

前　言

2021年2月25日，习近平总书记在全国脱贫攻坚总结表彰大会上庄严宣告："经过全党全国各族人民共同努力，在迎来中国共产党成立一百周年的重要时刻，我国脱贫攻坚战取得了全面胜利，现行标准下9899万农村贫困人口全部脱贫，832个贫困县全部摘帽，12.8万个贫困村全部出列，区域性整体贫困得到解决，完成了消除绝对贫困的艰巨任务，创造了又一个彪炳史册的人间奇迹！"党的二十大报告指出："我们经过接续奋斗，实现了小康这个中华民族的千年梦想，我国发展站在了更高历史起点上。我们坚持精准扶贫、尽锐出战，打赢了人类历史上规模最大的脱贫攻坚战，全国八百三十二个贫困县全部摘帽，近一亿农村贫困人口实现脱贫，九百六十多万贫困人口实现易地搬迁，历史性地解决了绝对贫困问题，为全球减贫事业作出了重大贡献。"中国脱贫攻坚战的全面胜利，不仅是中国共产党和中国人民团结奋斗赢得的历史性胜利，是彪炳中华民族发展史册的历史性胜利，也是对世界具有深远影响的历史性胜利。根据中国国家统计局发布的报告，改革开放以来，按照世界银行每人每天1.9美元的国际贫困标准，中国减贫人口占同期全球减贫人口70%以上，也就是过去四十多年中国对全球减贫贡献率超过七成。中国历史性解决绝对贫困问题及巩固脱贫成果的成就增强了全球减缓贫困加快发展的决心信心，为其他发展中国家减缓贫困、加快发展，进而稳定消除绝对贫困，为世界共建没有贫困的人类命运共同体、推进人类文明新形态建设贡献了中国智慧、提供了中国方案。

中国这场史诗般的新时代脱贫攻坚战，是在2012年底党的十八大召开后拉开序幕的，从2013年至2020年正好八年。八年来，党和人民披荆斩棘、栉风沐雨，发扬钉钉子精神，敢于啃硬骨头，攻克了一个又一个贫中之贫、坚中之坚，如期完成了目标任务，脱贫攻坚取得举世瞩目的成就。一方面，脱贫攻坚使农村贫困人口全部脱贫，为实现全面建成小康社会目标任务作出了关键性贡献，脱贫地区社会发展显著加速，整体面貌发生历史性巨变。另一方面，脱贫群众精神风貌焕然一新，增添了自立自强的信心勇气，党群干群关系明显改善，党在农村的执政基础更加牢固。

八年来，在中国共产党的坚强领导下，中国人民自力更生、艰苦奋斗。全国上下在习近平总书记关于扶贫工作重要论述指引下，立足国情，把握减贫规律，出台一系列超常规政策举措，构建了一整套行之有效的政策体系、工作体系、制度体系，走出了一条中国特色减贫道路，形成了中国特色反贫困理论，有力推动了马克思主义中国化进程，丰富发展了人类文明新形态。

新时代脱贫攻坚是一场声势浩大的人民战争，是中国共产党领导和中国社会主义制度政治优势的充分体现，是中国道路自信、理论自信、制度自信、文化自信的有力彰显，是当代人类发展最生动的故事。蕴含其中以精准扶贫方略为核心的一系列经过大规模成功实践检验的制度政策体系、基本经验、主要模式及典型案例，为全球其他发展中国家提供有益借鉴，而中国脱贫成就和经验的国际传播，中国扩大与发展中国家在减贫与乡村发展领域的经验交流和发展合作，就是对人类发展事业的重要贡献。

《新时代中国减贫方略》分三个部分：上篇“思想与理论”，研究、阐释习近平总书记关于扶贫工作的重要论述，总结中国扶贫理论，系统阐述了脱贫攻坚的根本遵循及其对顶层设计的引领逻辑。中篇“实践与成就”，总结中国脱贫攻坚的伟大历程、伟大成就、基本经验以及产业扶贫、东西部扶贫协作、社会扶贫实践成效，深度总结、分析了中国脱贫攻坚成功的实践路径和主要模式。下篇“前沿与热点”，坚持理论和实践结合，阐释了中国脱贫攻坚的一系列前沿和热点问题，回应了各个方面对脱贫攻坚的关切和疑问。

本书是作者在直接参与中国脱贫攻坚顶层设计，具体承担组织开展习近平总书记关于扶贫工作重要论述研究宣传活动，具体推动中国脱贫攻坚的实践和总结工作中深入的理性思考基础上形成的，因此，不仅有较高的学术价值，而且也有严密的内在逻辑关系，比较系统、完整地呈现了中国脱贫攻坚的理论研究、实践总结前沿的方方面面。这是一本供读者了解、理解中国新时代十年伟大变革最生动的实践——脱贫攻坚的通俗理论读物，是一本供研究中国扶贫理论、经验的基础性著作，也是一本讲述中国发展故事的鲜活读本。

目录

CONTENTS

上篇——思想与理论

中篇——实践与成就

下篇　前沿与热点

上篇／思想与理论

习近平扶贫重要论述与中国特色减贫道路发展

新中国成立后，中国共产党领导全国人民在国家建设与发展中始终坚持与贫困作斗争，特别是改革开放以来，展开了有组织、有计划、大规模的扶贫开发实践，取得了举世瞩目的成就，走出了一条中国特色扶贫开发道路。这条道路既是中国特色社会主义道路的重要组成部分，也是中国共产党扶贫思想不断完善的实践成果。党的十八大以来，以习近平扶贫重要论述为根本遵循，以整体消除绝对贫困现象为基本目标，动员全党全国全社会全面打响脱贫攻坚战，中国扶贫开发进入新时代脱贫攻坚新阶段，取得历史上最好的减贫成绩，丰富发展了中国特色减贫道路。

原题《习近平扶贫论述与中国特色减贫道路发展》，《China Economist（中国经济学人）》2020年第1期，第二作者袁泉二战后，人类解决贫困问题进入了新的时期，各国政府和国际机构把反贫困摆在推动发展优先位置，全球反贫困实践不断丰富发展。1949年新中国成立后，解决贫困问题始终是社会主义建设、改革的基本内容，在为全球减贫作出重要贡献的同时，中国逐步走出了一条特色减贫道路。理解中国扶贫事业发展的历程，既要从贫困状况与减贫干预的技术层面展开，也需要分析认识引领中国减贫事业发展的指导思想与意识形态。中国共产党在革命和建设实践中，探索形成了一套既符合贫困治理一般规律，又紧密结合中国国情的扶贫思想，其中习近平扶贫重要论述是其集大成，引领中国新时代脱贫攻坚取得了前所未有的减贫成绩，大大丰富发展了中国特色减贫道路。

一、中国减贫事业发展的基本历程

面对近70年的减贫发展经验，学术界作出了阶段性的划分：从新中国成立初期开始的社会主义建设的广义性减贫实践，到改革开放以来的发展性扶贫实践，再到2013年以来精准脱贫攻坚的扶贫新实践（李小云、于乐荣、唐丽霞，2019）。也有学者将70年的减贫划分为制度整体扶贫（1949—1985）、区域扶贫开发（1986—2013）和精准扶贫（2014—　）三个阶段（孙德超、周媛媛、胡灿美，2019）。这些划分方式以不同时期的减贫实践主要特征为依据，描绘了中国扶贫发展的整体轮廓，然而，阶段性的划分在一定程度上割裂了中国持续减贫行动的整体逻辑。正如研究者指出的，毛泽东时代有效地消除了人类极端贫困现象，为改革开放时期进一步消除贫困奠定重要基础（胡鞍钢，2012）。同样的，尽管以精准扶贫精准脱贫为基本方略的脱贫攻坚战是中国减贫发展的全新阶段，但无论从政策的延续性，还是实践的挑战来看，脱贫攻坚同样是新中国成立以来扶贫开发的发展和深化。

基于此，本文认为1949年至今70年多年的中国减贫历程，乃是持续回应当时贫困状况的理性化的过程，是不断选取特定的减贫目标并开展针对性的实践的过程，是“持续性国家行为”（胡鞍钢，2012）。这一过程包含了国家价值理性与工具理性的实践：一方面坚持共同富裕、全面小康等社会主义价值理想；另一方面根据经济社会发展的阶段性，确定适宜的减贫目标并选择相应的减贫战略和减贫政策。因此，中国减贫历程，一方面是国家贫困治理能力理性化水平不断提升的实践过程，是国家不断根据贫困治理需求与治理能力确定的具体干预路径；另一方面也是整体不断迈向共同富裕和全面小康的历史进程，是中国特色社会主义意识形态蓝图在不断展开的过程。因此，2015年习近平总书记在中央扶贫开发工作会议上的讲话中，作出了“新中国成立以来，我们党带领人民持续向贫困宣战”的论断。

更长时段的历史进程中，中国减贫事业的发展乃是以近代以来中华民族积贫积弱的历史状况为起点。1949年以来，中国共产党领导的社会主义改造、建设则是针对这种贫困状况开展的根本性的解决方案。新中国成立之初，中国是当时世界上最贫穷的国家之一，人均预期寿命低，1950年中国人均预期寿命仅为41岁，低于当时全球平均预期寿命49岁（Maddison，2007）。面对国内普遍贫困的现实，中国共产党人坚持革命年代所确立的政治纲领，大规模实行土地改革，对农业、手工业和资本主义工商业进行社会主义改造。在农村，土地改革不仅短时间内极大地缓解了贫困状况，且为后来农村减贫与发展奠定了重要的制度基础和政治基础。这一时期的减贫实践较大程度缓解了全国根本性的贫困问题，但只是在低水平上保证农民的基本生存需要，使大多数人口免于饥馑。从1958年开始，在土地改革的基础上，中国农村发展进入了“大跃进”及人民公社时期。这一时期，一方面由于“左”的路线方针，农村发展陷入经济意义的失败；另一方面，由于农村的集体化也带来了保障性扶贫的长足发展，农村基础教育、合作医疗等方面取得了较大进步。

1978年以来，伴随着思想领域的大解放，中国开启了改革开放的伟大历史进程，确立了“贫穷不是社会主义”的观念。以解散人民公社、建立家庭联产承包责任制、改革购销体制和农村商品流通体制为主要内容的一系列经济体制方面的改革，有力地促进了农村经济发展，取得了显著的减贫效果（见表1）。这一时期，由于农民收入的普遍增长，中国的贫困发生率大规模下降。虽然体制改革带来的经济增长极大地改善了农村的贫困面貌与福利水平，但“市场机制的引入和农户的自然资源及人力资源禀赋的不同，必然造成农户间不均等程度的增加”（张磊，2007）。此外，“老少边穷”地区的贫困问题开始凸显。据国家统计局统计，1985年中国仍有1.25亿人没有解决温饱问题。因此，强化国家贫困治理职责，实施具有针对性的扶贫行动，成为20世纪80年代中后期中国减贫事业的必然选择。

表1　1978—1985年不同标准下中国贫困人口规模和贫困发生率的变化

年份	国家扶贫标准（元）	贫困人口（亿）	贫困发生率（%）	国家统计局扶贫标准（元）	贫困人口（亿）	贫困发生率（%）	世界银行扶贫标准（元）	贫困人口（亿）	贫困发生率（%）
1978	—	—	—	100	2.50	30	99	2.6	33
1981	—	—	—	—	—	—	160	1.94	24.3
1984	—	1.04	—	200	1.28	15.1	178	0.89	11.0
1985	200		12.3	206	1.25	14.8	193	0.96	11.9

资料来源：《对贫困的研究和反贫困实践的总结》（周彬彬、高鸿宾，2001）

为解决“老少边穷”特殊区域的贫困问题，中共中央、国务院1984年印发《中共中央　国务院关于帮助贫困地区尽快改变面貌的通知》，指出“由于自然条件、工作基础和政策落实情况的差异，农村经济还存在发展不平衡的状况，特别是还有几千万人口的地区仍未摆脱贫困，群众的温饱问题尚未完全解决”，由此拉开了大规模专项扶贫的序幕。党和国家大幅增加扶贫投入，制定一系列扶持政策，而且对先期的扶贫工作进行了根本性的改革与调整，扶贫开发成为中国减贫的重要路径。1986年国务院成立扶贫开发领导小组的前身——贫困地区经济开发领导小组，扶贫工作从此有了专门的工作机构。

1994年，《国家八七扶贫攻坚计划（1994—2000年）》正式印发。该计划的主要目标是从1994年到2000年，集中人力、物力、财力，动员社会各界力量，力争用7年左右的时间，基本解决全国农村8000万贫困人口的温饱问题。进入21世纪，国家根据不同时期贫困人口规模、分布状况、贫困程度等因素，相继出台《中国农村扶贫开发纲要（2001—2010年）》和《中国农村扶贫开发纲要（2011—2020年）》两个纲领性的文件，旨在不断提升减贫成效。

2012年党的十八大召开，中国特色社会主义进入新时代，扶贫开发进入脱贫攻坚新阶段。当时，扶贫工作存在明显薄弱环节，包括精准扶贫体制机制还不健全，扶贫开发责任还没有完全落到实处，扶贫合力还没有形成，扶贫资金投入还不能满足需要，贫困地区和贫困人口主观能动性还有待提高，因地制宜、分类指导还有待加强。针对这些问题和不足，习近平总书记提出了一系列新思想新观点，作出一系列新决策新部署，形成了习近平扶贫重要论述，引领中国减贫事业进入精准扶贫精准脱贫新阶段。随着脱贫攻坚战进入决战决胜期，中国整体消除绝对贫困的历史性目标即将实现，中国特色减贫道路也将实现从消除绝对贫困到缓解相对贫困的历史性转换。党的十九届四中全会审议通过的《中共中央关于坚持和完善中国特色社会主义制度　推进国家治理体系和治理能力现代化若干重大问题的决定》，明确提出“坚决打赢脱贫攻坚战，巩固脱贫攻坚成果，建立解决相对贫困的长效机制”的新部署，将指引中国特色减贫道路不断开拓发展。

纵观70年的反贫困实践，中国特色减贫道路既是中国不断面对新的贫困问题情势，不断调整和提升反贫困目标的过程，也是国家贫困治理体系科学化、规范化程度不断提升的过程。在扶贫开发工作的各个阶段，中国以农村改革和政府扶贫干预为主轴，科学研判制约农村减贫与发展的瓶颈因素，找准释放减贫动力的关键领域和关键环节，不断优化减贫治理的政策工具，从而提升国家减贫治理体系的有效性（吕方，2017）。

二、中国减贫事业发展的指导思想

中国减贫成就的背后，是不断创新的体制机制和持续加大的投入力度，也是中国扶贫基本理念与指导思想的不断完善。20世纪20年代起，中国共产党人以马克思主义为指导，结合中国革命、建设和改革实际，以“共同富裕”为关键词，逐步形成发展中国扶贫理论和思想。从实践观点看，这些思想既是对中国扶贫经验的总结和凝练，也是中国特色减贫道路得以不断向前发展的重要理论基础。

马克思关于贫困问题的深刻剖析，确立了中国扶贫思想的根本立场与基本方法。马克思提出，在新的社会制度中“社会生产力的发展将如此迅速”，“生产将以所有的人富裕为目的”。恩格斯在描述社会主义时也指出：“我们的目的是要建立社会主义制度，这种制度将给所有的人提供健康而有益的工作，给所有的人提供充裕的物质生活和闲暇时间，给所有的人提供真正的充分的自由。”在马克思看来，贫困问题的解决不仅在于无产阶级摆脱资本主义生产关系的剥削与压榨，也在于作为个体的人摆脱异化劳动而实现人的自由全面发展。马克思主义确立中国扶贫事业共同富裕的价值理想，也提出了促进人的全面发展的目标。这些理想与目标长期贯穿于中国社会主义建设与减贫事业发展，是中国扶贫事业发展重要的思想源泉。

以马克思主义为指导，中国共产党在新中国成立前就不断探索反贫困的道路，形成了以推翻封建土地所有制、消灭剥削、解决农民生存问题为基本目标的革命方针。毛泽东在分析旧中国贫困问题时曾指出，中国的贫困问题主要是由已经被推翻的半殖民地半封建社会的制度造成的。基于这样的认识，中国共产党在新中国成立前，就在一些地区开始了以土地制度改革为核心的反贫困实践，通过铲除农村剥削制度的根基促进农村生产力的解放，从根本上确保贫困农民充分享受劳动成果。

1956年建立社会主义制度以后，中国共产党在制度上保障了全体人民之间的平等关系。但由于中国长期遭受帝国主义和封建主义的掠夺压迫，经济极端落后，贫穷与落后仍是基本国情。中国共产党和第一代国家领导人将反贫困作为巩固和发展社会主义制度的重要着力点，提出通过工业化和合作化实现反贫困的战略构想，形成了对于贫困问题及缓解贫困的基本认识，即在建立社会主义制度的背景下分析中国的贫困问题，从满足人民群众利益的角度寻找反贫困路径。毛泽东基于当时的中国国情，分析了贫困问题的根源，确定了新中国反贫困的目标以及消除贫困的步骤和战略，坚持中国共产党的领导以及农民的主体地位，这为农村反贫困建立了制度基础和认识基础。尤其是其关于共同富裕的思想及追求平等的反贫困实践，为中国的反贫困提供了理论基石与思想基础。

1978年改革开放后，邓小平同志在毛泽东共同富裕思想基础上，提出共同富裕是社会主义的本质特征，实现全体人民的共同富裕是反贫困的战略目标。邓小平认为，贫困同社会主义不但没有必然的联系，而且是不相容的。他指出“贫穷不是社会主义，社会主义要消灭贫穷”，强调“社会主义的本质，是解放生产力，发展生产力，消灭剥削，消除两极分化，最终达到共同富裕”。他主张在中国社会改革、开放、发展的进程中消除贫困，在关于贫困的实质、反贫困战略及政策措施等方面提出了一系列构想，新中国的扶贫思想体系初步形成。其后，在中国特色社会主义建设过程中，江泽民、胡锦涛等党和国家领导人不断丰富中国扶贫思想的理论内涵，持续推动中国扶贫事业向更高水平迈进。

党的十八大以来，中国特色社会主义进入了新时代，2020年将全面建成小康社会，实现我们党第一个百年奋斗目标。减贫发展依然是摆在广大发展中国家和国际社会面前的首要任务，联合国《2030年可持续发展议程》把消除一切形式的极端贫困作为首要目标。在此背景下，解决贫困问题有了新的价值和意义，新的历史情景也为贫困问题的解决提供了新的条件。站在中华民族伟大复兴的战略高度，习近平总书记把扶贫开发摆在治国理政突出位置，作出打赢脱贫攻坚战的重大战略决策和部署，形成以精准扶贫方略为核心的扶贫论述，引领中国减贫事业迈入新的征程，推动中国扶贫思想发展到了新的高度。

基于深厚的历史渊源、丰富的实践经历和长期的深思熟虑，习近平扶贫重要论述不断发展完善，形成了问题意识明确、理论体系完备、内在逻辑严密的扶贫思想体系，不仅从根本上回答了中国脱贫攻坚的目的和意义，也为打赢脱贫攻坚战确立了原则和战略，深化了扶贫开发的方法和策略，破解了诸多中国特色减贫道路上的理论与现实难题，具有丰富的思想内涵。这些内涵集中体现在以下八个方面：（1）决胜脱贫攻坚，共享全面小康；（2）坚持党的领导，强化组织保证；（3）坚持精准方略，提高脱贫实效；（4）坚持加大投入，强化资金支持；（5）坚持社会动员，凝聚各方力量；（6）坚持从严要求，促进真抓实干；（7）坚持群众主体，激发内生动力；（8）携手消除贫困，共建人类命运共同体。

习近平扶贫重要论述既是马克思主义立场和方法的时代宣言，也是中国扶贫思想的继承和发展，更是基于21世纪以来中国减贫事业取得的成就和面临的挑战所进行的深入思考，是中国特色社会主义的重大理论创新。

党的十八大以来脱贫攻坚取得的前所未有的历史性成就正是习近平扶贫重要论述的实践证明，这些实践及其经验正是习近平扶贫重要论述发展和完善的经验基础。

三、新时代中国减贫事业的政策与实践

随着扶贫思想的发展与完善，中国扶贫的政策与实践也不断演进，围绕“扶持谁、谁来扶、怎么扶、如何退”等四个问题，制定了一系列相关政策并取得了良好的实践效果。尤其是党的十八大以来的脱贫攻坚战，在习近平扶贫重要论述的指引下，书写出中国扶贫道路浓墨重彩的一笔，谱写了中国减贫事业新篇章。习近平扶贫重要论述不仅为中国脱贫攻坚实践克服困难与挑战提供了基本方略，也为中国特色减贫道路未来发展指引了方向。

（一）完善责任落实体系

《中国农村扶贫开发纲要（2001—2010年）》《中国农村扶贫开发纲要（2011—2020年）》确立了政府主导、分级负责的责任落实机制。要求各级政府对本行政区域内扶贫开发工作负总责，把扶贫开发纳入经济社会发展战略及总体规划。实行扶贫开发目标责任制和考核评价制度。强化扶贫开发责任。坚持中央统筹、省负总责、市县抓落实的管理体制，建立片为重点、工作到村、扶贫到户的工作机制，实行党政一把手负总责的扶贫开发工作责任制。并始终不断完善和细化扶贫工作责任落实的分工，要求坚持省负总责、县抓落实、工作到村、扶贫到户。要求实行扶贫开发工作责任到省、任务到省、资金到省、权力到省的原则。

党的十八大以来，脱贫攻坚战形成了中央统筹、省负总责、市县抓落实的扶贫开发工作机制，分工明确、责任清晰、任务到人、考核到位，既各司其职、各尽其责，又协调运转、协同发力，为打赢脱贫攻坚战提供了坚实保障。2017年10月，中共中央办公厅、国务院办公厅印发《脱贫攻坚责任制实施办法》，对中西部22个省（区、市）党委和政府、有关中央和国家机关脱贫攻坚责任的落实提出了明确要求。该办法明确要求“脱贫攻坚按照中央统筹、省负总责、市县抓落实的工作机制，构建责任清晰、各负其责、合力攻坚的责任体系”。同时明确了相关的奖惩机制，各级党委和政

府、扶贫开发领导小组以及有关中央和国家机关可以按照有关规定对落实脱贫攻坚责任到位、工作成效显著的部门和个人，以适当方式予以表彰，并作为干部选拔任用的重要依据；对不负责任、造成不良影响的，依纪依法追究相关部门和人员责任。

（二）实施精准扶贫

贫困瞄准策略的选择与确定主要依据农村贫困人口的区域分布特征。在20世纪80年代中期，农村贫困人口是相对集中在若干贫困区域的，而20世纪90年代开始则逐步分散，区域集中性明显下降。到20世纪90年代后期，贫困人口分散的特征与趋势更加明显。1982年，“三西（河西、定西、西海固）地区农业建设领导小组”成立，标志着中国针对性、大规模扶贫正式开始，确立国家扶贫投入主要用于“三西”的扶贫开发的方针。随后，1984年《中共中央　国务院关于帮助贫困地区尽快改变面貌的通知》将扶贫重点从“三西”地区扩展到十几个连片贫困地区。1986年作为扶贫开发的重点的“国定贫困县”开始确定，成为我国扶贫瞄准的重要单元。确定国家扶贫开发工作重点县和贫困村并给予重点支持，是扶贫开发区域瞄准的主要方法，是扶贫工作的重要抓手和成功经验。《国家八七扶贫攻坚计划（1994—2000年）》中，基于“贫困人口主要集中在国家重点扶持的592个贫困县”的前提，中央扶贫资金的投放开始集中于县域，“中央的财政、信贷和以工代赈等扶贫资金要集中投放在国家重点扶持的贫困县”，“其他非贫困县中的零星分散的贫困乡村和贫困农户，由地方政府安排资金扶持”。进入20世纪，“八七扶贫攻坚”顺利完成，县域贫困瞄准的局限性开始显现：（1）扶贫资金的使用严重分散，因为生活在国定贫困县内的贫困人口仅占全部贫困人口的一半；（2）非国定贫困县内的另一半贫困人口几乎完全没有得到中央扶贫资金扶持。

针对这些现实和矛盾，《中国农村扶贫开发纲要（2001—2010年）》围绕新的贫困形势和减贫目标，对此前的瞄准方式作出了调整，虽然很大程度上依然延续此前县域贫困瞄准的特点，但已经开始兼顾非贫困县的扶持。“国家把贫困人口集中的中西部少数民族地区、革命老区、边疆地区和特困地区作为扶贫开发的重点，并在上述四类地区确定扶贫开发工作重点县”，“中央财政扶贫资金主要用于扶贫开发工作重点县，适当支持其他贫困地区”。其后，《中国农村扶贫开发纲要（2011—2020年）》延续将瞄准对象扩展到贫困县以外的思路，不仅明确提出继续加强贫困县以外地区的资源供给，同时以村作为瞄准单元也纳入了政策议程。要做好连片特困地区以外重点县和贫困村的扶贫工作。原定重点县支持政策不变。随着新纲要的实施，将扶贫瞄准单元进一步转向村户成为共识，然而，随着贫困率的下降，地理上的分散将导致消除剩余贫困人口变得更加困难，需要重视开发恰当的家庭瞄准机制，这样才能使扶贫惠及更多的贫困人口。

党的十八大以来，习近平总书记提出精准扶贫重要论述，并明确精准扶贫是脱贫攻坚战的基本方略，这对新时代中国减贫工作提出了新要求，一系列超常规举措为扶贫到村到户提出了更高标准，为创新面向家庭的瞄准机制创造了契机。基于中央一系列决策部署，脱贫攻坚精准的目标日渐清晰，为更好瞄准贫困人口奠定了政策基础。以精准扶贫精准脱贫为基本方略，以瞄准单元向村户转变，意图实现贫困人口的全覆盖，从而实现脱贫攻坚消除绝对贫困人口的基本目标。精准识别的要求一方面符合中国贫困人口分布变化的趋势，适应更高水平的减贫目标，是中国减贫新阶段的必然选择，另一方面构成精准扶贫方略实施的首要环节，是精准理念的具体实践。基于这样的理解，全国扶贫信息网络系统不断完善，所形成的“减贫大数据”为打赢脱贫攻坚战建立了扎实的基础。

（三）创新扶贫手段

纵观中国扶贫事业的发展历程，不仅是扶贫力度不断加大、贫困瞄准不断聚焦的过程，同样也是扶贫手段不断创新的过程。尤其是党的十八大以来，在习近平扶贫重要论述的指引下，脱贫攻坚不断创新模式和路径以实现精准扶贫精准脱贫。在拓展贫困人口生计模式方面，资产收益扶贫、生态补偿扶贫为贫困人口升级发展与经济社会整体发展建立了纽带，实现了贫困人口的社会融入与经济增长。在贫困人口赋权方面，扶志的实践由向贫困人口“输血”“造血”，转向贫困人口主体性的提升。在贫困地方发展方面，金融扶贫、电商扶贫、光伏扶贫、旅游扶贫等创新机制为区域经济社会发展带来了新思路与新路径。尽管这些干预模式以中国的贫困治理体系为背景，但其中所包含的诸多机制与模式，对于中国以外地区的减贫发展不乏借鉴的意义。

（四）实行最严格的考核评估

历史上，诸多济贫立法偏离目标，最终失败，原因之一就是政策在行动层面偏离目标或违背政策的基本原则。20世纪60年代美国政府“向贫困宣战”，联邦短时间内围绕减贫进行了大量的社会政策立法，然而到80年代，由于政策执行方面的困境，许多法案不得不废除。对于这样的困境与风险，习近平扶贫重要论述特别强调“完善脱贫攻坚的考核机制，考核机制严格”，不仅通过对约束条件的强化有效规避了政策执行偏差的风险，而且通过完善激励机制，充分调动了政策执行主体的积极性。这些理念在实践中通过“扶贫大数据”“第三方评估”等措施最终保证了政策设计与政策执行的有效衔接，最终保障了政策目标的充分实现。党的十八大以来，国家层面围绕精准扶贫进行了一系列顶层设计，然而这只是精准扶贫目标实现的一部分。精准扶贫不仅意在设计完备的扶贫政策体系，同时也包含了对于政策行动的监督机制，从而保障政策最终落实。

四、中国减贫事业的辉煌成就

改革开放以来，中国在实现经济高速、稳定、持续增长的同时，使7亿多贫困人口脱贫，为全球减贫事业作出了重要贡献。党的十八大以来，脱贫攻坚力度之大、规模之广、影响之深，前所未有，取得了决定性进展，显著改善了贫困地区和贫困群众的生产生活条件，谱写了人类反贫困历史新篇章。

（一）绝对贫困问题即将整体消除

2018年，习近平总书记在打好精准脱贫攻坚战座谈会上的讲话指出：“3年后如期打赢脱贫攻坚战，中华民族千百年来存在的绝对贫困问题，将在我们这一代人的手里历史性地得到解决。”截至2018年底，中国农村贫困人口减少至1660万人，过去6年共减少8239万人；农村贫困发生率下降至1.7%，过去6年下降8.5个百分点。中国农村从普遍贫困走向整体消灭绝对贫困，成为首个实现联合国减贫目标的发展中国家，对全球减贫贡献率超过70%。巨大的减贫成绩不仅体现在直接的减贫成果，也体现为前所未有的脱贫速度。按照中国农村现行扶贫标准，2013—2018年，农村贫困人口累计减少8000多万人，每年减贫人数都保持在1200万以上，贫困发生率从10.2%下降到1.7%。

（二）促进贫困地区加快发展

贫困地区以脱贫攻坚统揽经济社会发展全局，呈现出新的发展局面。贫困地区基础设施和公共服务投入大量增加，发展能力明显增强，特色优势产业迅速发展，生态环境显著改善，贫困群众生活质量稳步提升。贫困县国内生产总值年均增速高于全国平均水平2个多百分点，贫困地区农村居民人均可支配收入年均增速高出全国农村平均水平2.3个百分点，发展差距逐步缩小。贫困地区特色优势产业迅速发展，旅游扶贫、光伏扶贫、电商扶贫等新业态从无到有、从小到大，快速发展。生态扶贫、易地搬迁扶贫、退耕还林等明显改善了贫困地区生态环境，奠定了实现生态保护和扶贫脱贫有机结合的基础。前所未有的大规模、高强度集中投入，促进了贫困地区农村基础条件的明显改善和公共服务水平的明显提升。精准识别、精准帮扶、精准管理、精准退出等精准扶贫方略实施，明显提高了贫困地区基层治理能力和管理水平。

（三）营造全社会参与扶贫的氛围

脱贫攻坚对整个社会扶贫济困氛围的形成、社会主义核心价值观的培育、更和谐的发展氛围的营造，都是一个重要抓手和载体。东西部扶贫协作，东部地区在支持西部地区减贫发展的同时，拓展了自身发展空间，彰显了社会主义实现共同富裕的价值取向。中央和国家机关单位定点扶贫，不仅为定点帮扶县带来资金项目、新理念新思路、新技术新市场，而且定点扶贫成为中央和国家机关单位了解农村、密切干群关系、培养锻炼干部的重要平台和渠道。广泛动员民营经济、社会组织、公民个人参与脱贫攻坚，激发了人们内心深处扶贫济困的质朴情感，在帮扶中促进了社会和谐发展。

（四）建立可持续的贫困治理体系

脱贫攻坚以来，中国加强党对脱贫攻坚工作的全面领导，建立各负其责、各司其职的责任体系，精准识别、精准脱贫的工作体系，上下联动、统一协调的政策体系，保障资金、强化人力的投入体系，因地制宜、因村因户因人施策的帮扶体系，广泛参与、合力攻坚的社会动员体系，多渠道全方位的监督体系和最严格的考核评估体系，为脱贫攻坚提供了有力制度保障。这个制度体系中，根本的是中央统筹、省负总责、市县抓落实的管理体制，从中央到地方逐级签订责任书，明确目标，增强责任，强化落实。这些制度成果，为全球减贫事业贡献了中国智慧和中国方案。

五、中国减贫的基本经验及启示

中国特色减贫道路是中国共产党带领中国人民在长期的反贫困实践中探索形成的，并仍然在不断丰富发展。从中国减贫经验的普遍性和国际交流分享的可行性角度分析，中国减贫的基本经验及启示突出表现在以下三个方面。

（一）减贫行动与国家发展战略相耦合是治理贫困的根本

中国减贫事业的发展既是面向贫困问题特征属性不断进行战略调整的过程，也是中国现代化进程的有机组成，嵌入自1949年以来政治经济发展的整体进程。尽管20世纪80年代以来，国家制定了一系列专门的扶贫规划，但中国的扶贫事业始终同国家的整体发展战略紧密相连。1999年印发的《中共中央　国务院关于进一步加强扶贫开发工作的决定》就指出，中国扶贫经验最重要的一条就是“从政治的、战略的高度把扶贫开发摆上重要位置，纳入国家和地方国民经济和社会发展的总体规划，制定有利于贫困地区休养生息、解决温饱、加快发展的优惠政策，千方百计筹措资金，努力增加扶贫投入”。在2001年发布的《中国的农村扶贫开发》白皮书中，中国的扶贫历程被表述为“1949年中华人民共和国成立后，特别是自20世纪70年代末实行改革开放政策以来，中国政府在致力于经济和社会全面发展的进程中，在全国范围内实施了以解决贫困人口温饱问题为主要目标的有计划、有组织的大规模扶贫开发，极大地缓解了贫困现象”。

党的十八大确立了到2020年全面建成小康社会的奋斗目标。习近平总书记指出，经济社会发展中的短板特别是主要短板，是影响如期实现全面建成小康社会目标的主要因素，必须尽快把这些短板补齐。虽然全面小康不是人人同样的小康，但如果农村贫困人口生活水平没有明显提高，全面小康也不能让人信服。基于此，《中共中央关于制定国民经济和社会发展第十三个五年规划的建议》把农村贫困人口脱贫作为全面建成小康社会的基本标志，强调实施精准扶贫精准脱贫，确保我国现行标准下农村贫困人口实现脱贫，贫困县全部摘帽，解决区域性整体贫困。

（二）减贫方式方法与贫困状况相匹配是治理贫困的关键

随着经济社会的发展以及相关学术研究的深入，无论是贫困的表现与成因，还是贫困干预的路径和手段都有了极大丰富和扩展。贫困不再单单是家庭缺衣少食、生计不可持续，贫困干预也不简单是政府对于家庭或社区功能的补位或是发展机会的营造。考察二战后世界范围内的减贫实践，可以发现，世界减贫存在的共性困境就是减贫资源、减贫项目与减贫成效的不匹配。无论是发展式的扶贫还是保护性的扶贫，常常出现收效甚微，甚至造成贫困再出现的现象。

中国的精准扶贫精准脱贫则以减贫资源、减贫手段同差异性的贫困问题之间建立"对位匹配"来提高减贫的成效。即不仅注重扶贫资源投入的增量，更看重扶贫资源投入所带来的减贫效果。这种匹配性，集中体现在"六个精准"的论述中，即扶持对象精准。项目安排精准、资金使用精准、措施到户精准、因村派人精准、脱贫成效精准，"六个精准"实际上涵盖了贫困治理的基本方面，为扶贫政策设计与地方治理创新提供了基本依据。"六个精准"不仅强调贫困治理资源、项目和目标等的精准，同时也注重实现彼此之间的匹配。

（三）贫困瞄准与渐进主义解决方案相协调是治理贫困的路径

改革开放以来，随着贫困治理能力的提升以及贫困人口分布的演变，中国扶贫开发的瞄准呈现出"渐进主义"特征。贫困瞄准实践体现了瞄准单元聚焦和瞄准工具精度提升的逻辑，表现为瞄准单元从区域瞄准到户瞄准的转变，识别标准也由区域经济发展转向多维贫困识别。就扶贫瞄准单元而言，大致经历了"从片到点"的过程（李小云，2011），即从片区、贫困县，到乡镇再到村和户的转变过程，尽管一些阶段也存在多种瞄准方式并举的情况。

瞄准对于贫困治理至关重要，但仍只是贫困治理的手段，瞄准的精度并不直接等同于贫困人口福利提升的程度。纵观中国贫困瞄准的历程，同样能够发现其瞄准单元的选取以及瞄准技术的选取并未一直以精准为目标，而是根据贫困治理能力、贫困瞄准效率以及贫困人口覆盖率作出相应的调整，乃是以一种务实的态度尽最大可能提升贫困人群的整体福利。

习近平精准扶贫论述的深刻内涵

习近平扶贫重要论述，为脱贫攻坚战指明了方向，为打赢脱贫攻坚战提供了根本遵循。根据这一思想，中央对脱贫攻坚有了新的定位，把扶贫开发提高到了一个底线目标、标志性指标的程度进行部署，真正摆在了治国理政的突出位置。深刻领会习近平扶贫重要论述中精准扶贫的深刻内涵，对推进扶贫工作具有重要意义。

原题《学习领会习近平精准扶贫思想》，《大讲堂》2018年第1期脱贫攻坚是习近平总书记最牵挂的事，他亲自谋划、亲自推动脱贫攻坚战，每一个关键节点都召开重要会议进行部署。习近平扶贫重要论述，为脱贫攻坚战指明了方向，为打赢脱贫攻坚战提供了根本遵循。

以习近平总书记2013年11月第一次提出精准扶贫为起点，以党的十八届五中全会确定2020年的脱贫攻坚的目标为标志，我国的扶贫开发工作，从党的十八大以来进入了脱贫攻坚的新阶段。深刻领会习近平扶贫重要论述中的精准扶贫论述，对更好地开展扶贫工作具有重要意义。

一、习近平精准扶贫论述的形成过程和丰富内涵

（一）精准扶贫提出的客观必然性

第一，贫困人口区域分布特征的变化。回顾我国扶贫开发的历史，从1978年开始，为了找出扶持对象，提高扶贫有效性，我国采取了多种瞄准方式，包括片区瞄准、片区+贫困县瞄准、贫困县瞄准、重点县+贫困村瞄准、片区+重点县+贫困村瞄准，其中以县为单元瞄准是关键。但是到20世纪90年代，贫困县只覆盖了全国贫困人口的60%左右。即便在2001年把瞄准的对象下移到村，当时全国确定了15.03万个贫困村，重点县+贫困村也仅覆盖了70%左右的贫困人口，依然没能覆盖全部贫困人口。显然，只有精准到一家一户，才可能真正把所有的贫困人口全部瞄准。以前为什么没这样做？主要是因为贫困人口太多，面太广，难以做到。

第二，贫困户贫困的特征发生了变化。贫困的原因是多种多样的，且随着时代的变化而变化。所以，扶贫或者反贫困、减贫、贫困治理的手段必然是多元化的。解决贫困问题从来不是哪一个部门能够单独完成的，寄希望于一个部门去解决这个综合性的社会问题，显然是不可能的。这就需要从综合性角度理解习近平扶贫重要论述。扶贫工作不等同于一般行业的工作，扶贫问题的解决是整个社会合力作用的结果。往往一个贫困户家庭

贫困问题的解决，涉及几乎所有部门。如果没有一个综合治理体系的定位，就难以理解习近平扶贫重要论述。如果仅仅盯着其中一两个方面，比如增收，或仅仅是“两不愁三保障”，肯定不能完整、持续地解决贫困问题。贫困户的致贫原因大致可以分为两类：第一类是公共性的，如路、水、电、气、房等原因致贫；第二类是各家自身的原因，如因病、因教育致贫，因其他陈规陋习或婚丧嫁娶致贫等。公共性原因导致的贫困已得到较好改善，通过国家相关政策的支持还会继续改善。但对各家各户不同原因导致的贫困，怎么去扶持才能够提高有效性？这就提出了精准扶贫的要求，不精准根本做不到。只有一家一户地辨识出来，才能够做到精准扶持。

第三，统计抽样调查找不到贫困户。我国每年都向国内外公布贫困人口数量。但所公布的贫困人口数量，是通过抽样推断的，因此贫困人口数量无论是1亿，还是8000万，是没有办法具体落到个人头上的。也就是说贫困人口到底在哪儿，到底是谁，不能精准找出来。只有一家一户找出来，通过建档立卡，才能够知道某个家庭是不是贫困户。

第四，历史必然性和可行性。所谓历史必然性，从全球来看，国家发展到一定阶段，贫困人口集中到一定程度，贫困人口数量下降一定幅度，往往需要从以区域为单元瞄准到以人为单元、以户为单元瞄准转变。互联网技术的发展，信息技术的广泛应用，为建档立卡提供了实现的可能。而以前，没有技术及手段，大规模建档立卡很难做到。

第五，国际经验。比如，巴西的“社会计划登记系统”，覆盖了2300多万户1亿多人口，历时13年才建成。这个系统成为各项社会福利、社会救助措施精准到户的基础和手段。这为我国实施精准扶贫提供了借鉴。

（二）精准扶贫论述的形成和发展

习近平精准扶贫论述的形成经历了五个阶段。

第一，思想萌芽阶段。2012年习近平担任中共中央总书记后，第二次国内考察就是去河北阜平看真贫，在那里发表了他担任总书记以来第一篇关于扶贫的长篇讲话，其中就隐含着如何实现精准扶贫的思想。比如，他说扶贫数目不够清，指向不够准，针对性不够强，要一家一户摸情况，张家长、李家短都要做到心中有数。

第二，提出和实践阶段。2013年11月3日，习近平总书记在湖南湘西十八洞村考察时第一次提出“精准扶贫”，他指出：扶贫要实事求是，因地制宜。要精准扶贫，切忌喊口号，也不要定好高骛远的目标。2013年底，中共中央办公厅、国务院办公厅印发《关于创新机制扎实推进农村扶贫开发工作的意见》，提出以建立精准扶贫工作机制为核心的六项创新机制和十项重点工作。从精准识别、精准帮扶、精准管理、精准考核等方面设计精准扶贫机制，包括建档立卡、派驻工作队、建立考核“指挥棒”等。随后推动了全国范围的精准扶贫实践。

第三，发展阶段。从2013年底提出精准扶贫后，2014年、2015年，习近平总书记对精准扶贫反复强调。其中最详细、最典型的有两次重要讲话：一是2015年6月18日在贵阳召开的部分省（区、市）党委主要负责同志座谈会上的讲话，习近平总书记通篇讲精准，是精准扶贫的典型之作，提出了“六个精准”“五个一批”“四个切实”，为当年底召开的中央扶贫开发工作会议的讲话做了准备。二是2015年10月16日在减贫与发展高层论坛上的主旨演讲，习近平主席对精准扶贫进一步凝练阐述，提出了中国在扶贫攻坚工作中采取综合措施，实施精准扶贫方略，找到贫根，对症下药，靶向治疗等重要论述。习近平主席指出，中国坚持制度的优势，构建省市县乡村五级一起抓扶贫，层层落实责任制的治理格局。注重抓“六个精准”，就是扶持对象精准、项目安排精准、资金使用精准、措施到户精准、因村派人精准、脱贫成效精准。

第四，形成阶段。形成阶段的标志是2015年11月27日习近平总书记在中央扶贫开发工作会议上作的长篇讲话。核心内容是阐述了要解决“四个问题”即“扶持谁、谁来扶、怎么扶、如何退”四个问题，指出了“五个一批”的路径和“六个精准”的根本要求。

第五，完善阶段。2016年习近平总书记调研了7个省，每一次都讲扶贫，阐述精准扶贫理念。2月，习近平总书记在江西调研时说：“我们党是全心全意为人民服务的党，将继续大力支持老区发展，让乡亲们日子越过越好。在扶贫的路上，不能落下一个贫困家庭，丢下一个贫困群众。”4月，习近平总书记在安徽考察时指出：“脱贫攻坚已进入啃硬骨头、攻坚拔寨的冲刺阶段，必须横下一条心来抓。”7月，习近平总书记在银川主持召开东西部扶贫协作座谈会，并发表重要讲话。他强调，东西部扶贫协作和对口支援，是推动区域协调发展、协同发展、共同发展的大战略，是加强区域合作、优化产业布局、拓展对内对外开放新空间的大布局，是实现先富帮后富、最终实现共同富裕目标的大举措，必须认清形势、聚焦精准、深化帮扶、确保实效，切实提高工作水平，全面打赢脱贫攻坚战。习近平总书记为什么要强调扶贫协作？回到邓小平同志“两个大局”的理论，可以发现，我们实现了一个大局——少部分人先富起来，现在到了另外一个大局，东部率先发展的地区要考虑这个大局。现在的问题在于很多人只记住了第一个大局，对第二个大局不够重视。从国家层面来讲，东部帮扶西部，也是精准思维，是习近平精准扶贫论述的重要体现。整个国家如何更均衡发展，更有效帮助落后地区发展，也是精准扶贫的重要内容。8月，在青海调研的时候，习近平总书记指出：“脱贫攻坚任务艰巨、使命光荣。各级党政部门和广大党员干部要有‘不破楼兰终不还’的坚定决心和坚强意志，坚持精准扶贫、精准脱贫，切实做到脱真贫、真脱贫。要综合施策、打好组合拳，做到多政策、多途径、多方式综合发力。”这些重要论述是对贫困治理的全新阐释，已经超越了我们原来所理解的扶贫。12月1日，习近平总书记主持召开中共中央政治局会议，专题听取脱贫攻坚首战之年的情况汇报。12月8日，习近平总书记作出长篇批示。12月14日，习近平总书记在中央经济工作会议上作部署时论述脱贫攻坚。12月31日，习近平总书记在新年贺词中用了约六分之一的篇幅讲脱贫攻坚。在脱贫攻坚首战之年告捷后，2017年，习近平总书记继续锲而不舍地高位推进脱贫攻坚。1月24日，习近平总书记到河北张家口调研。2月21日，中共中央政治局就我国脱贫攻坚形势和更好实施精准扶贫进行第三十九次集体学习。全国两会时习近平总书记提出了“绣花功夫”的思想。3月23日、3月31日，习近平总书记分别主持中共中央政治局常委会和中共中央政治局会议，听取2016年省级党委和政府扶贫开发工作成就考核情况汇报，审定考核结果，发表重要讲话。6月23日，习近平总书记在太原主持召开深度贫困地区脱贫攻坚座谈会，发表重要讲话，集中反映了他对打赢脱贫攻坚战的深层次思考。讲话虽然针对的是深度贫困地区的脱贫攻坚，实际上说的是整个脱贫攻坚的问题。因为深度贫困地区的问题解决了，全国其他贫困地区的问题肯定也能够解决。更为重要的是，习近平总书记讲话中蕴含着很多内涵，如对于贫困的认识、减贫规律的把握、构建综合性治理体系等，为打赢脱贫攻坚战指明了方向，提供了遵循，特别是将很多治理理念运用到脱贫攻坚中。

（三）精准扶贫的哲学基础和政治基础

第一，哲学基础。一是实事求是和从实际出发。实事求是是毛泽东同志对党的思想路线的概括与体现，要求从实际出发，探究事物发展的客观规律。进入脱贫攻坚阶段，中共中央对扶贫开发提出了更高要求（扶贫脱贫不落一人），同时扶贫形势出现了新的变化（经济带动减贫效益下降），这就需要在农村贫困治理中坚持实事求是和从实际出发的原则，从实际出发，探析贫困现象的客观原因，探寻消除贫困的良方。习近平总书记指出：“发展是甩掉贫困帽子的总办法，贫困地区要从实际出发，因地制宜，把种什么、养什么、从哪里增收想明白，帮助乡亲们寻找脱贫致富的好路子。”二是普遍联系与统筹兼顾。贫困问题的产生并非仅是贫困个体自身的原因，也与资源的拥有和利用、社会制度安排等相关。这就要求我们要从整体的角度去看待贫困和反贫困，既要从贫困者自身角度提出扶贫方案，也要看到贫困对社会发展全局的影响，将扶贫纳入经济社会发展的规划之中，统筹安排，形成整体联动。习近平总书记指出：“我常讲，没有贫困地区的小康，没有贫困人口的脱贫，就没有全面建成小康社会。……所以，‘十三五’时期经济社会发展，关键在于补齐‘短板’，其中必须补好扶贫开发这块‘短板’。”三是对立统一与重点论。对立统一规律是唯物辩证法的核心规律，包含了事物发展中矛盾双方的统一性与斗争性、矛盾的普遍性与特殊性、矛盾双方发展的不平衡性。从矛盾学说来看，矛盾是普遍存在的，又具有特殊性，不同事物的矛盾各有特点，不同的矛盾和矛盾的不同方面在事物发展过程中的地位和作用是不同的，即主要矛盾和次要矛盾、矛盾的主要方面和次要方面。重点论强调分析和解决矛盾必须抓住主要矛盾、矛盾的主要方面，不能眉毛胡子一把抓。习近平总书记指出：“抓扶贫开发，既要整体联动、有共性的要求和措施，又要突出重点、加强对特困村和特困户的帮扶。”

第二，政治基础。我国农村贫困人口规模大，贫困程度深、致贫原因复杂。在脱贫攻坚阶段，扶贫干预主体多元、资源投入大，有序、有效推进脱贫攻坚系统工程，需要强有力的组织领导力。党和政府领导和主导、多元力量参与是我国贫困治理的重要特色。党的坚强领导和社会主义制度集中力量办大事的优势，是习近平精准扶贫论述的重要政治基础，是形塑现有扶贫治理体制机制的重要保障。政治的稳定和优势，转化为我国扶贫开发的规划性和持续性优势。20世纪90年代中期以来，我国实施了《国家八七扶贫攻坚计划（1994—2000年）》《中国农村扶贫开发纲要（2001—2010年）》《中国农村扶贫开发纲要（2011—2020年）》，以及长期坚持实施具有共同富裕性质的东西部扶贫协作和定点扶贫，体现了我国在贫困干预上的政治优势和制度优势。脱贫攻坚阶段，脱贫任务重的省份把脱贫攻坚作为“十三五”期间头等大事和第一民生工程来抓，省市县乡村五级书记一起抓扶贫，党政一把手签订脱贫攻坚责任书、立下军令，层层落实责任，实行严格责任制度。同时，向贫困村派出第一书记和驻村工作队，把脱贫攻坚任务落实到“最后一公里”，不脱贫不脱钩。

（四）准确把握精准扶贫精准脱贫方略

精准扶贫精准脱贫方略是打赢脱贫攻坚战的基本方略，它是以习近平精准扶贫论述为根本遵循来设计的，是推进脱贫攻坚各项工作的基本体系，由核心内容、实现路径、根本要求、体系保障、行动落实等有机构成。

第一，精准扶贫精准脱贫方略的核心内容——做到“六个精准”，解决“四个问题”。如果将“六个精准”理解为精准扶贫的根本要求，将“四个问题”理解为精准扶贫的根本目的，显然还不够。“四个问题”是“扶持谁、谁来扶、怎么扶、如何退”。要解决“扶持谁”的问题，就要实现扶持对象精准，建档立卡。通过建档立卡识别，让真正的贫困人口成为扶持对象，已经脱贫的能及时退出去，新返贫、新发生的贫困人口能够及时纳入进来，这是一个动态的过程。一旦这套体系建立起来，2020年以后一样可以继续使用。

在“六个精准”和解决“四个问题”之间，实现扶持对象精准，解决好“扶持谁”的问题，需要建立一个贫困人口问题的治理体系。第一个就是解决“扶持谁”的问题。“谁来扶”“怎么扶”“如何退”也是一样，都需要形成一个中间体系，把“六个精准”和“四个问题”的解决结合起来，形成治理体系，这样来理解才更全面准确。

第二，关于精准扶贫精准脱贫的实现路径——“五个一批”。现在，不少地方觉得“五个一批”就是把贫困人口分为五批，实际上不能这样机械地理解。在《中共中央 国务院关于打赢脱贫攻坚战的决定》（简称《决定》）中，列了八项扶贫脱贫途径。除了“五个一批”，还有生态、医疗保障、医疗救助、资产收益等。习近平总书记在2017年2月21日中共中央政治局集体学习的时候再次指出，脱贫路径有十几种，并没说就是“五个一批”。

第三，精准扶贫精准脱贫方略的根本要求——通过创新来实现转变。通过哪些创新？比如，通过创新原有的扶贫开发路径，由“大水漫灌”向“精准滴灌”转变，这是目前扶贫方式的最大转变。治理体系中最核心的就是精准，只有精准才能够提高效率。建立治理体系，最根本的是要解决无序问题，避免各种各样社会资源的浪费。为什么要“精准滴灌”？因为资金再多也不能完全满足需求，只能优先选择最主要的，因此需要“滴灌”。要实现“滴灌”，就需要创新路径。如创新扶贫资源使用方式，实现由多头分散向统筹集中转变。以前各行各业的资金到了县里都有规定，“买醋”的钱不能用于“打酱油”。这些问题现在已经解决，到县里面的所有扶贫资金、大部分涉农资金，原则上优先用于脱贫攻坚。这为各贫困县落实习近平总书记“脱贫攻坚是第一民生工程”“以脱贫攻坚统揽经济社会发展全局”等重要论述提供了资金、资源基础。

第四，精准扶贫精准脱贫方略的体系保障。体系保障不仅是某一方面，而是一个体系。观念的转变，是前提；政策的保障，是关键。

首先，观念的转变。比如，什么是“缩小版的大水漫灌”？举个例子，一个村有100户，其中有50户贫困户。精准识别贫困户以后，就通过养羊增收来帮扶。家家户户都发羊，给小额信贷支持。但一年以后，会发现至少一半以上贫困户都没有脱贫。为什么？因为有些贫困户根本不是因缺少收入致贫的，其致贫的原因有些是看病花钱太多，有些是孩子上学的教育费用难以承担，有些是根本不知道怎么养羊等。这就是典型的“缩小版的大水漫灌”。观念不转变，就很容易回到原来的扶贫老路上。

其次，政策的保障。这几年，国家扶贫资金的投入大幅增加，2018年已达867亿元，2013年才200多亿元。这867亿元，加上将近500亿—600亿元省、市级的财政预算安排，达到了1400多亿元，资金量已经足够大。但资金投入仅是体系保障的一部分。精准扶贫体系的政策保障是一个体系，除了财政投入，还有金融的支持。这几年，中国人民银行牵头的“一行三会”出台了各种各样的支持政策，如公司上市的政策以及开通“绿色通道”。原来的小额信贷可以免担保、免抵押，且没封顶。但如果我们不深入学习、理解国家政策，出台再多文件也发挥不了作用。比如小额信贷，如果把贫困户、次贫困户贷款的意愿调动起来，把信用体系建起来，让政府的各种服务能够转变为信用，那么这个资金的来源就是不受限制的。832个贫困县中，对政策理解运用得快的县，就受益快。比如土地政策。边远的如黔西南地区的村土地指标，可以拿到贵阳甚至广州去交易，这是有政策支持的。又如社会参与。现在社会参与的力量很大，大到像恒大集团用120多亿元去对口无偿帮扶毕节市，小到像“万企帮万村”，现在有近3万个企业帮扶2万多个村。再如氛围的营造。可以广泛动员党政机关、企业等参与脱贫攻坚，只要想有所作为都可以在脱贫攻坚中去展现、实现各自的价值和需求，前提是必须要按习近平总书记的要求服务于打赢脱贫攻坚战。

第五，精准扶贫精准脱贫方略的组织体系。这方面的组织体系是很严密的，现在各级党政领导干部比较看重约谈、考核，实际上这仅是体系化管理的一部分。组织体系包括党的领导落实责任、考核机制、约束机制、退出机制等。比如加强党的领导，必须把夯实执政基础，加强党的基层组织的凝聚力、号召力、战斗力作为脱贫攻坚的一个根本要求。现在成功脱贫的典型，在党建上基本上是领先的，如贵州的塘约村，就是靠党支部的力量把全村更好组织起来的。要把贫困村致富带头人培养成村党支部带头人，同时注重把村党支部带头人培养成村致富带头人。把贫困村致富带头人和村党支部带头人的培养，纳入全县域党建工作，统揽全局，坚持党的领导。

第六，精准扶贫精准脱贫方略的能力保障。能力建设是一个体系，比如各级领导小组要有决策和监督的能力，行业部门要有管理扶贫项目、资金的能力，扶贫系统要有强大的执行能力，社会层面要有积极参与的能力，第一书记、驻村工作队要有精准扶贫的能力，贫困村、贫困户要有全过程参与和自我发展的能力。只注重其中一部分，肯定不够。通过部分带动整体能力建设，是精准扶贫落实的重要方面。

第七，精准扶贫精准脱贫方略的行动落实。包括开展教育扶贫、交通扶贫等十大行动。要通过这些行动把国家各种政策更精准地落实到贫困村、贫困户。如果成功了，可能会演变成为国家各行各业在解决某个领域问题的办法和路径。从专项扶贫角度讲，提出精准扶贫十大工程，如果仅仅解决单家单户的“两不愁三保障”，而不解决整个贫困村各个方面，包括物质文明、精神文明以及凝聚力的提升，那么贫困户的脱贫肯定是不稳定的。要建立稳定脱贫的长效机制，让贫困户稳定脱贫，还需要依靠集体。脱贫包含有物质资本、人力资本，这两个资本达到一定的水准后，就需要提升社会资本。

二、创新精准扶贫精准脱贫方略实施的体制机制

怎么把习近平精准扶贫论述演变成伟大的实践？首先要做好顶层设计，创新精准扶贫精准脱贫方略实施所需要的体制机制。这集中体现在建立了脱贫攻坚责任、政策、投入、动员、监督、考核六大体系，为打赢脱贫攻坚战提供了制度保障。

一是建立脱贫攻坚责任体系。根据中央统筹、省负总责、市县抓落实的管理体制，出台脱贫攻坚责任制实施办法，构建各负其责、合力攻坚的责任体系。中西部22个省（区、市）党政主要负责同志向中央签署脱贫攻坚责任书、立下军令状，贫困县党政正职攻坚期保持稳定，向贫困村选派第一书记和驻村工作队。分解落实《决定》重要举措101条，明确中央和国家机关76个有关部门任务分工。

二是建立脱贫攻坚政策体系。中共中央办公厅、国务院办公厅出台13个《决定》配套文件，各部门出台200多个政策文件或实施方案，各地相继出台和完善“1+N”的脱贫攻坚系列文件，涉及产业扶贫、劳务输出扶贫、易地扶贫搬迁、交通扶贫、水利扶贫、教育扶贫、健康扶贫、农村危房改造、金融扶贫、土地支持政策、资产收益扶贫等，很多老大难问题都有了针对性措施。

三是建立脱贫攻坚投入体系。财政扶贫资金大幅增加，2013—2017年，中央财政专项扶贫资金累计投入2787亿元，平均每年增长22.7%；省级财政扶贫资金累计投入1825亿元，平均每年增长26.9%。安排地方政府债务

1200亿元，用于改善贫困地区生产生活条件。开展财政涉农资金统筹整合使用试点，并扩大到所有贫困县。金融扶贫力度明显加大，出台扶贫再贷款政策，安排易地扶贫搬迁专项贷款3500亿元，截至2018年6月底，扶贫小额信贷累计发放3381亿元。证券业、保险业、土地政策等助力脱贫攻坚力度都在明显加强。

四是建立脱贫攻坚动员体系。动员各方面力量合力攻坚。自2014年起，确定每年的10月17日为我国的扶贫日，设立全国脱贫攻坚奋进奖、贡献奖、奉献奖、创新奖，表彰脱贫攻坚模范，营造良好社会氛围。加大东西部扶贫协作力度，调整完善结对关系，实现对全国30个民族自治州帮扶全覆盖。实施“携手奔小康”行动，267个东部经济较发达县结对帮扶434个西部贫困县。加大中央单位定点帮扶、军队和武警部队帮扶、工会共青团妇联残联等群众团体帮扶力度。中央企业设立贫困地区产业投资基金，推进“百县万村”扶贫行动。2.6万家民营企业开展了“万企帮万村”行动。

五是建立脱贫攻坚监督体系。把全面从严治党要求贯穿脱贫攻坚全过程各环节。中央出台脱贫攻坚督查巡查工作办法，对各地落实中央决策部署开展督查巡查。中央巡视组把脱贫攻坚作为重要内容。8个民主党派中央分别对应8个贫困人口多、贫困发生率高的省份，在攻坚期内开展脱贫攻坚民主监督。国务院扶贫办设立12317扶贫监督举报电话，加强与纪检监察、财政、审计等部门和媒体、社会等监督力量的合作，把各方面的监督结果运用到考核评估和督查巡查中。

六是建立脱贫攻坚考核体系。为确保脱贫成效真实，经得起实践和历史检验，中央出台省级党委和政府扶贫开发工作成效考核办法，实行最严格的考核评估。国务院扶贫开发领导小组在对2015年工作成效试考核基础上，组织开展2016年省级党委和政府扶贫开发工作成效正式考核。经党中央、国务院同意，对综合评价好的省份通报表扬，并在中央财政专项扶贫资金分配上给予奖励；对综合评价较差且发现突出问题的省份，约谈党政主要负责同志；对综合评价一般或发现某些方面问题突出的省份，约谈分管负责同志。

三、精准扶贫精准脱贫取得的显著成效

2013年底起，以中共中央办公厅、国务院办公厅印发的《关于创新机制扎实推进农村扶贫开发工作的意见》为标志，我国开始实施精准扶贫。以2015年11月《中共中央 国务院关于打赢脱贫攻坚战的决定》为标志，在全国范围全面实施精准扶贫精准脱贫方略。经过各方面共同努力，脱贫攻坚已经成为全党全社会的思想共识和行动自觉，精准扶贫精准脱贫深入人心，脱贫攻坚取得显著成效。

一是贫困人口规模大幅减少。2012年至2016年，我国现行标准下的贫困人口由9899万人减少至4335万人，累计减少5564万人，2017年减贫人数也在1000万人以上，5年年均减贫1300多万人。与前几轮扶贫相比，1986年至2000年第一次扶贫标准实施期间，我国年均减贫639万人，2001年至2010年第二次扶贫标准实施期间，我国年均减贫673万人。这次脱贫攻坚，不仅减贫规模加大，而且改变了以往新标准实施后减贫规模逐年大幅递减的趋势，这是以前从未有过的。井冈山、兰考两个贫困县率先脱贫摘帽，2018年还有一批贫困县脱贫摘帽，这是国家确定贫困县以来，首次实现贫困县总量减少。党的十九大报告指出："脱贫攻坚战取得决定性进展，六千多万贫困人口稳定脱贫，贫困发生率从百分之十点二下降到百分之四以下。"

二是贫困地区面貌明显改善。贫困地区路、水、电、气、房等基础设施建设，以及教育、医疗、卫生、文化等公共服务，取得了长足进步。贫困地区自然村通电接近全覆盖，通电话比重达98.2%，道路硬化率达77.9%；在自然村上幼儿园和上小学的农户占比分别达79.7%和84.9%；拥有行医资格医生的行政村占比达90.4%，拥有卫生站的自然村占比达91.4%，均较2012年有明显提升。

三是农村脱贫致富能力得到提升。精准扶贫精准脱贫方略的实施，不仅让获取资源能力较弱的贫困群众享受到了扶贫政策的支持，而且改变了他们的思想观念，增强了发展能力，激发了内生动力。不仅让基础条件较弱的贫困村在基础设施、公共服务、集体经济、村容村貌等方面发生了巨大变化，而且促进了基层干部工作作风的转变，提升了农村基层治理能力

和管理水平。

四是脱贫攻坚产生了多方面的重大影响。第一，进一步彰显了中国共产党的执政宗旨和政治优势、制度优势。大批党员干部深入基层，发动群众，依靠群众，为贫困群众办实事，体现了全心全意为人民服务的根本宗旨，党群关系、干群关系更加密切，巩固了中国共产党执政的基础。《关于进一步做好定点扶贫工作的通知》中有一条要求：单位领导同志每年应至少到定点扶贫县开展一次扶贫调研，推动工作落实。国家的治理就得党带头，各级领导干部带头，主要负责同志带头。第二，进一步增强了“四个自信”。在中国共产党领导下，全党和社会各界全面动员，政府、市场、社会协同发力，贫困群众自力更生的精神有所焕发，中华民族扶贫济困的文化传统得到弘扬，先富帮后富，走出了中国特色扶贫开发的路子，强化了当代中国的道路自信、理论自信、制度自信、文化自信。第三，在实践当中培养锻炼一大批干部人才，成为提升农村贫困治理水平，推动农村实现更好、更快、可持续发展的重要力量。对于农村治理的经验，实际上还有很多可以总结的。我国和西方国家不一样的地方在于，我们要在广大农村地区巩固执政基础，就不能只按照市场的力量去驱动，必须主动去夯实。在我国基础薄弱的将近18万个村中，12.8万个村是贫困村。这些村的力量增强了，对于巩固我们党在农村的执政基础会有极大帮助。另外，在脱贫攻坚的伟大实践中，一批又一批青年干部从机关来到贫困村，担任驻村干部。他们勇挑攻坚重担，带领群众通过苦干实干摆脱贫困，在摸爬滚打中提高了处理复杂情况的能力，增进了与农民群众的感情。这批经过脱贫攻坚锤炼的青年干部，将成为党和国家的宝贵财富。

五是为全球的减贫作出巨大贡献。除了直接贡献，我国还为各国提供了可资借鉴的经验，如加强领导、精准把握、增加投入、各方参与、群众参与等。尤其对精准扶贫而言，可从治国理政的高度，从全球的角度提炼出适用全人类发展的方法。

中国减贫理论新发展对马克思主义反贫困理论的原创性贡献及其历史和世界意义

新中国成立以来，中国扶贫成就举世瞩目。党的十八大以来，习近平总书记高度重视我国脱贫攻坚工作，坚持把脱贫攻坚工作摆到了治国理政的突出位置，提出了众多新思想和新观点，作出了众多新决策和新部署，形成了逻辑严密、内涵丰富的习近平扶贫重要论述，既为新时代打赢打好脱贫攻坚战提供了理论指引，也为世界反贫困事业贡献了宝贵的中国智慧和中国方案。本文在梳理马克思主义经典作家关于反贫困理论观点的基础上，阐述了习近平扶贫重要论述对马克思主义反贫困理论的原创性贡献，从直接减贫效果、间接减贫影响、重大溢出效应方面分析了习近平扶贫重要论述的历史意义；从坚定全球减贫信心、回应发展中国家贫困问题等方面分析了习近平扶贫重要论述的世界意义。习近平扶贫重要论述为解决贫困治理的世界难题提供了中国方案，有力推动了国际反贫困理论的丰富发展。

《西安交通大学学报》2020年第1期

党的十八大以来，习近平总书记站在全面建成小康社会、实现中华民族伟大复兴中国梦的战略高度，坚持把脱贫攻坚工作纳入“五位一体”总体布局和“四个全面”战略布局中，就如期全面打赢脱贫攻坚战作出了众多新决策和新部署。党的十九大召开后，习近平总书记又把精准脱贫视为实现全面建成小康社会必须打好的三大攻坚战之一进行战略部署。七年来，习近平总书记在脱贫攻坚工作中作出的一系列新决策和新部署，提出的一系列新观点和新思想，推动了习近平扶贫重要论述的形成和发展。这一重要论述作为习近平新时代中国特色社会主义思想的重要组成部分，思想深刻、内涵丰富、体系完整、逻辑严密，“充分体现了马克思主义政党的本质特征和社会主义的本质要求，充分体现了中国共产党以人民为中心的发展思想，体现了新发展理念对脱贫攻坚的统领，充分体现了当代共产党人和党的领袖的深厚情怀”[①]，不仅推动了马克思主义反贫困理论的中国化，为中国解决贫困问题、推进乡村振兴、实现中国梦提供了行动指南，同时也为世界反贫困事业的发展提供了中国方案，贡献了中国智慧。

一、马克思主义贫困与反贫困思想是习近平扶贫重要论述的理论基点

170年前，马克思、恩格斯最早从制度层面关注和分析资本主义贫困问题，指出消除贫困的根本出路在于消灭资本主义雇佣剥削制度，实现全人类共同富裕。然而，早在《莱茵报》时期，马克思就已经深刻揭露了德国社会存在大面积贫困的根源。1845年，恩格斯在《英国工人阶级状况》一书中揭露了资产阶级对无产阶级的残酷剥削和压迫，成为马克思、恩格斯贫困思想的起点。在《1844年经济学哲学手稿》中，马克思分析了在社会

① 刘永富：《打赢脱贫攻坚战的科学指引》，《人民日报》2019年12月23日。

财富减退、增进及繁荣达到顶点三种状态下工人的状况，提出“即使在对工人最有利的社会状态中，工人的结局也必然是：劳动过度和早死，沦为机器，沦为资本的奴隶，发生新的竞争以及一部分工人饿死或行乞”[①]。马克思还区分了绝对贫困和相对贫困。“绝对贫困”是指工人所处的除了拥有自身的劳动能力以外，其他一无所有的状况。“工人的绝对贫困……无非是说，劳动能力是工人唯一能出售的商品，工人只是作为劳动能力与物质的、实际的财富相对立”[②]，“被剥夺了劳动资料和生活资料的劳动能力是绝对贫困本身”[③]。“相对贫困”则是指工人参与社会总产品分配时，所取得的份额与资本家占有的那一部分相比较是微乎其微的，而资本主义生产就是“以剩余价值为目的即以生产者群众的相对贫困为基础的”[④]，资本主义“在产生财富的那些关系中也产生贫困”[⑤]。马克思将资本主义制度下贫困的根源界定为生产过程中物的因素与人的因素的分离，从而导致“无产者彻底的贫困，使他的劳动能力缺乏实现劳动能力的客观条件”[⑥]。劳动者贫困源于资本、地租和劳动者的分离。生产过程中人与物的分离导致了贫困，即生产资料的贫困，其进一步衍生出劳动者的生活贫困、精神贫困和文化贫困等。然而，“工人阶级处境悲惨的原因不应当到这些小的弊病中去寻找，而应当到资本主义制度本身中去寻找”[⑦]，因此，马克思深刻批判了资本主义的生产方式，指出了资本主义社会使得“在一极是财富的积累，同时在另一极，即在把自己的产品作为资本来生产的阶级方面，是贫困、劳

---

① 《马克思恩格斯全集》第42卷，中共中央马克思恩格斯列宁斯大林著作编译局译，人民出版社，1979，第52-53页。

② 《马克思恩格斯全集》第47卷，中共中央马克思恩格斯列宁斯大林著作编译局译，人民出版社，1979，第40页。

③ 同上书，第39页。

④ 《马克思恩格斯全集》第26卷第3册，中共中央马克思恩格斯列宁斯大林著作编译局译，人民出版社，1979：135.

⑤ 《马克思恩格斯全集》第4卷，中共中央马克思恩格斯列宁斯大林著作编译局译，人民出版社，1958，第155页。

⑥ 马克思：《政治经济学批判大纲》第3分册，刘潇然译，人民出版社，1963。

⑦ 《马克思恩格斯选集》第4卷，中共中央马克思恩格斯列宁斯大林著作编译局译，人民出版社，1995，第421页。

动折磨、受奴役、无知、粗野和道德堕落的积累”[①]。“生产资料越是大量集中，工人也就越要相应地聚集在同一个空间，因此，资本主义的积累越迅速，工人的居住状况就越悲惨。”[②]“无产者只有通过消灭竞争、私有制和一切阶级差别才能获得解放。”[③]废除资产阶级的所有制，是实现共产主义、消灭贫困和剥削的手段。马克思论证了社会主义制度代替资本主义制度的必然性，提出社会主义制度全面否定资本主义制度“是在资本主义时代成就的基础上，也就是说，在协作和对土地及靠劳动本身生产的生产资料的共同占有的基础上，重新建立个人所有制”[④]。那时候“代替那存在着阶级和阶级对立的资产阶级旧社会的，将是这样一个联合体，在那里，每个人的自由发展是一切人的自由发展的条件”[⑤]。

马克思、恩格斯通过对无产阶级贫困现象及贫困化现实的考察，深刻揭露了资本主义贫困问题的本质、发生规律及制度根源。他们认为，造成无产阶级长期贫困的根源是资本主义雇佣制度和资本家们对剩余价值的无偿占有。因此，作为被压迫被剥削的阶级，无产阶级只有摆脱资本主义制度的束缚，实行与资本主义制度相反的、以公有制和人民当家做主为基本要素的社会主义制度，才能为从源头上摆脱贫困提供制度基础和制度保障。由此，马克思、恩格斯认为，无产阶级反贫困的方向必然是从消除贫困到实现人的解放、社会的共同富裕，最终实现人的自由全面发展。而制度变革、消灭阶级剥削、发展生产力正是反贫困的基本路径。马克思主义的贫困与反贫困思想，为中国共产党人看待和分析贫困问题提供了唯物主义立场，指出了消除贫困的方向和根本路径。同时，马克思主义关于物质贫困与精神贫困、绝对贫困与相对贫困、消除工人阶级贫困化现象、关心人的

---

① 《马克思恩格斯全集》第23卷，中共中央马克思恩格斯列宁斯大林著作编译局译，人民出版社，1979，第708页。

② 同上书，第721页。

③ 《马克思恩格斯选集》第1卷，中共中央马克思恩格斯列宁斯大林著作编译局译，人民出版社，1995，第233页。

④ 马克思：《资本论》第1卷，中共中央马克思恩格斯列宁斯大林著作编译局译，人民出版社，1975，第832页。

⑤ 《马克思恩格斯选集》第1卷，中共中央马克思恩格斯列宁斯大林著作编译局译，人民出版社，1995，第294页。

利益、促进“自由人联合体”建立、促进人的全面发展等重要思想，为新中国的贫困与反贫困认识与实践提供了思想基础和理论支撑。

二、习近平扶贫重要论述对马克思主义反贫困理论的原创性贡献

（一）习近平扶贫重要论述从中国特色社会主义发展全局确定脱贫攻坚的战略地位，丰富发展了马克思主义关于反贫困定位的理论认识

“消除贫困、改善民生、逐步实现共同富裕，是社会主义的本质要求，是我们党的重要使命。”① “贫穷不是社会主义。如果贫困地区长期贫困，面貌长期得不到改变，群众生活长期得不到明显提高，那就没有体现我国社会主义制度的优越性，那也不是社会主义。”②这些重要论述坚持贯彻马克思主义的立场、观点及方法，把人民群众的根本利益、实现全体人民的共同富裕作为我国经济社会发展的目标和使命。同时强调，社会主义的本质要求和中国共产党的性质宗旨决定了脱贫攻坚的战略地位和作用。自中国共产党成立以来，中国共产党人始终把为中国人民谋幸福、为中华民族谋复兴作为初心，尽管随着时代的发展和进步，对“什么是社会主义”的认识在变化，但社会主义为“一切人”谋发展的价值使命从未改变。当前，脱贫攻坚工作正是我国实现“一切人”自由全面发展的重要途径和手段，只有做到每一个人都能自由全面地发展，整个社会中的所有人才能自由全面地发展。

习近平总书记在不同场合中反复强调，“小康不小康，关键看老乡，关键看贫困老乡能不能脱贫”，“全面建成小康社会、实现第一个百年奋斗目标，农村贫困人口全部脱贫是一个标志性指标”③。这些论述进一步指出，全面建成小康社会，难点在贫困地区和发达地区发展差距的缩小，短板在农村深度贫困地区实现稳定可持续脱贫。这些论述中强调的重点，为实现包括农村贫困地区群众在内的所有人的小康社会指明了奋斗方向，即我们

---

① 中共中央党史和文献研究院编《习近平扶贫论述摘编》，中央文献出版社，2018，第13页。

② 同上书，第5页。

③ 同上书，第12页。

建立的小康要惠及全体人民。这既是实现全面建成小康社会目标的现实需要，更是实现社会主义共同富裕目标的基础和前提。

这些重要论述从党和政府的职责、党的根本宗旨以及全面建成小康社会的目标要求和社会主义的本质要求相结合的高度，深刻阐述了中国现阶段脱贫攻坚的极端重要性和紧迫性，对于明确我国脱贫攻坚工作的战略定位，增强全党全国人民的使命感和责任感，提高我国脱贫攻坚工作的积极性和主动性，具有重要的理论意义和实践意义。这些重要论述继承和发扬了马克思主义经典作家和毛泽东、邓小平、江泽民、胡锦涛等历届党和国家领导人关于反贫困的思想，坚持了中国共产党历代领导集体一以贯之消灭贫困、实现共同富裕的社会目标，是对马克思主义关于社会主义本质、社会主义发展道路、群众史观等基本理论的丰富发展，深化了对社会主义建设规律和中国共产党执政规律的认识，有力地推动了马克思主义反贫困理论的中国化。

（二）习近平扶贫重要论述深刻总结了中国共产党领导我国脱贫攻坚“六个坚持”的宝贵经验，丰富发展了马克思主义反贫困路径

一是坚持党的领导，强化组织保证。“脱贫攻坚，加强领导是根本。必须坚持发挥各级党委总揽全局、协调各方的作用，落实脱贫攻坚一把手负责制，省市县乡村五级书记一起抓，为脱贫攻坚提供坚强政治保证。”[①]这些重要论述深刻指出了加强党对脱贫攻坚领导的重大意义，为在脱贫攻坚战中更充分发挥中国共产党领导的政治优势与社会主义制度优势指明了方向。

二是坚持精准方略，提高脱贫实效。“脱贫攻坚，精准是要义。必须坚持精准扶贫、精准脱贫，坚持扶持对象精准、项目安排精准、资金使用精准、措施到户精准、因村派人（第一书记）精准、脱贫成效精准等‘六个精准’。”[②]“扶贫开发成败系于精准，要找准‘穷根’、明确靶向，量身定做、对症下药，真正扶到点上、扶到根上。脱贫摘帽要坚持成熟一个摘一

① 中共中央党史和文献研究院编《习近平扶贫论述摘编》，中央文献出版社，2018，第50页。

② 同上书，第82页。

个，既防止不思进取、等靠要，又防止揠苗助长、图虚名。”[①]这些重要论述阐明，如期全面打赢脱贫攻坚战，必须在“精准”二字上下足功夫，严格按照精准的要求推进和开展脱贫攻坚工作。习近平总书记认为，“六个精准”是实施精准扶贫精准脱贫的根本要求，其实质是将传统的“大水漫灌”式扶贫转变为“精准滴灌”式扶贫，努力把精准理念贯彻到脱贫攻坚全过程。为了实现精准脱贫，习近平总书记提出了“五个一批”的脱贫路径，包括发展生产脱贫一批、易地搬迁脱贫一批、生态补偿脱贫一批、发展教育脱贫一批、社会保障兜底一批[②]。做好“六个精准”、实施“五个一批”的根本目的是为了更好地解决“四个问题”。“六个精准”“五个一批”“四个问题”之间相互联系、相互促进又相互制约，既为我国脱贫攻坚工作的圆满完成提供了方法论指导，也为推进国家治理体系和治理能力现代化、促进贫困治理体系的形成和发展提供了重要途径。

三是坚持加大投入，强化资金支持。“脱贫攻坚，资金投入是保障。必须坚持发挥政府投入主体和主导作用，增加金融资金对脱贫攻坚的投放，发挥资本市场支持贫困地区发展作用，吸引社会资金广泛参与脱贫攻坚，形成脱贫攻坚资金多渠道、多样化投入。”[③]“要加强扶贫资金阳光化管理，加强审计监管，集中整治和查处扶贫领域的职务犯罪，对挤占挪用、层层截留、虚报冒领、挥霍浪费扶贫资金的，要从严惩处！”[④]这些重要论述表明，打赢打好脱贫攻坚战的重要保障之一是要加大资金投入力度，投好、管好、用好扶贫资金。投好、管好、用好扶贫资金三位一体，缺一不可。这就要求脱贫攻坚要始终把纪律和规矩挺在前面，不断完善监管制度，坚决惩治和预防扶贫领域违纪违法行为。确保扶贫资金投好、管好、用好，公开透明是基础，群众参与是关键，完善监督是保障。要完善扶贫资金公示公告制度，保证扶贫资金使用的公开和透明；要建立群众全程参与的扶贫体制，确保农村地区贫困群众全程参与脱贫攻坚工作，提高贫困群众的积极性和主动性；要发挥媒体监督、交叉考核监督、第三方评估、巡视的

① 中共中央党史和文献研究院编《习近平扶贫论述摘编》，中央文献出版社，2018，第72页。

② 同上书，第65-69页。

③ 同上书，第94页。

④ 同上书，第92页。

作用；要把阳光扶贫、廉洁扶贫、公开透明贯穿扶贫资金使用、扶贫项目实施、脱贫验收全过程。

四是坚持社会动员，凝聚各方力量。“脱贫攻坚，各方参与是合力。必须坚持充分发挥政府和社会两方面力量作用，构建专项扶贫、行业扶贫、社会扶贫互为补充的大扶贫格局，调动各方面积极性，引领市场、社会协同发力，形成全社会广泛参与脱贫攻坚格局。”[①]这些重要论述指出了社会扶贫的重要作用及其不可替代性，阐述了构建大扶贫格局的方向，提出要动员和凝聚社会各方力量广泛参与，为我国在新时代脱贫攻坚工作中更好地发挥党的政治优势、组织优势、制度优势，更好地动员社会力量积极参与，更好地凝聚全党全国各族人民共同参与脱贫攻坚，构建大扶贫格局，形成脱贫攻坚的合力指出了正确的奋斗方向。

五是坚持从严要求，促进真抓实干。“脱贫攻坚，从严从实是要领。必须坚持把全面从严治党要求贯穿脱贫攻坚工作全过程和各环节，实施经常性的督查巡查和最严格的考核评估，确保脱贫过程扎实、脱贫结果真实，使脱贫攻坚成效经得起实践和历史检验。”[②]这些重要论述指出了高质量脱贫的关键，同时也指明了实现真脱贫、脱真贫的路径。即在脱贫攻坚全过程、各环节都要贯彻落实从严治党的各项要求，按照精准扶贫精准脱贫的规范促进干部作风转变，力戒形式主义、官僚主义，促进精准扶贫精准脱贫过程和国家贫困治理体系和治理能力现代化进程相融合。

六是坚持群众主体，激发内生动力。“脱贫攻坚，群众动力是基础。必须坚持依靠人民群众，充分调动贫困群众积极性、主动性、创造性，坚持扶贫和扶志、扶智相结合，正确处理外部帮扶和贫困群众自身努力关系，培育贫困群众依靠自力更生实现脱贫致富意识，培养贫困群众发展生产和务工经商技能，组织、引导、支持贫困群众用自己辛勤劳动实现脱贫致富，用人民群众的内生动力支撑脱贫攻坚。”[③]这些重要论述坚持了马克思主义的群众史观，指出了人民群众是历史的创造者，阐明了激发贫困群众内生

---

① 中共中央党史和文献研究院编《习近平扶贫论述摘编》，中央文献出版社，2018，第107页。

② 同上书，第124页。

③ 同上书，第143页。

动力的重要性和必要性。我国脱贫攻坚的实践证明，重视贫困群众的主体地位，有助于激发和培育贫困地区、贫困群众的内生动力，实现稳定脱贫和可持续脱贫。激发内生动力，要始终坚持扶贫与扶志、扶智结合，加强对贫困群众的思想发动，把教育作为扶贫开发的治本之策；要通过切实加强贫困村基层组织建设，大力发展村级集体经济，采用多种方式把贫困群众组织起来，不断提高他们的参与能力和自我发展能力；要坚持贯彻落实五级书记抓扶贫的体制，选好配强领导干部，发挥第一书记和驻村工作队的带头作用，多措并举调动贫困群众的积极性、主动性、自觉性，激发贫困群众的自力更生精神，着力提高他们共享发展成果的能力。

习近平扶贫重要论述深刻阐述了如何认识新时期中国农村贫困问题，如何有效应对和解决中国农村贫困问题，以及如何建立和完善脱贫攻坚治理体系。这些重要论述，正是对我国扶贫开发工作一系列时代命题的科学解答，对于统一和提升全党全社会对打赢脱贫攻坚战重大意义的政治站位与思想认识，对于各级党委政府、各行业、社会各界采取有效行动、合力推进脱贫攻坚，对于我们认识和理解党的十八大以来国家贫困治理体系的顶层设计和体制机制创新，对于掌握精准扶贫精准脱贫基本方略、提升脱贫攻坚能力、确保脱贫攻坚实效具有全局性意义和指导性意义。

（三）习近平扶贫重要论述从携手消除贫困、共建人类命运共同体的高度指明了全球减贫合作的方向，丰富发展了马克思主义世界历史理论

“中国是世界上最大的发展中国家，一直是世界减贫事业的积极倡导者和有力推动者。改革开放三十多年来，中国人民积极探索、顽强奋斗，走出了一条中国特色减贫道路。”[①]“消除贫困是人类的共同使命。中国在致力于消除自身贫困的同时，始终积极开展南南合作，力所能及向其他发展中国家提供不附加任何政治条件的援助，支持和帮助广大发展中国家特别是最不发达国家消除贫困。”[②]这些重要论述表明，中国的扶贫事业是全球减贫事业的重要组成部分，国内扶贫工作的开展与国际减贫合作的加强是密不可分的。同时，这些重要论述为大国外交、“一带一路”倡议以及援外

① 中共中央党史和文献研究院编《习近平扶贫论述摘编》，中央文献出版社，2018，第151页。

② 同上书，第152页。

大局等重大战略的制定和实施提供了有力的支撑，有利于充分发挥扶贫软实力，增强我国在全球治理中的话语权，树立全球大国形象。习近平总书记创造性地提出“共建一个没有贫困、共同发展的人类命运共同体”主张，不仅为纷争的国际社会找到了底线共识，也为未来国际关系的建构提供了目标选择。

尽管近半个多世纪以来，全球的减贫总体上取得积极进展，但世界范围内的贫困问题至今依然严峻，是战乱和不安的重要根源，为人类发展的前景蒙上了阴影。习近平总书记以日益走近世界舞台中央的大国责任和担当，站在人类发展全局的高度，通过全球化的视野把减贫放在突出重要位置，强调中国的减贫既要为世界减贫作出重要贡献，还要为全球减贫贡献中国智慧、提供中国方案，拓展了中国扶贫的全球价值。习近平总书记关于携手消除贫困、共建人类命运共同体的重要思想，为推动国际组织、广大发展中国家拓展国际发展和减贫合作，提供了科学指引和有效方案。无论从历史的长度，还是世界的高度来看，习近平扶贫重要论述对于推动务实合作，加快发展中国家携手减贫，共建没有贫困的人类命运共同体的历史进程，开拓全球减贫事业新局面，有力促进联合国《2030年可持续发展议程》的落实，丰富发展马克思主义世界历史理论，都有极其重要的价值和意义。

三、习近平扶贫重要论述的历史和世界意义

习近平总书记在庆祝中华人民共和国成立70周年招待会上的讲话中指出：“70年来，中国人民发愤图强、艰苦创业，创造了‘当惊世界殊’的发展成就，千百年来困扰中华民族的绝对贫困问题即将历史性地画上句号，书写了人类发展史上的伟大传奇!”党的十八大以来，中国新时代脱贫攻坚波澜壮阔的实践中，习近平扶贫重要论述引领脱贫攻坚顶层设计，指引各地各部门全面实施精准扶贫精准脱贫方略，脱贫攻坚取得决定性进展，呈现出重大历史性意义。

第一，指引脱贫攻坚取得显著直接减贫效果。一方面，现行标准下农村贫困人口从2012年的9899万人减少到2018年的1660万人，累计减少8239万人，连续6年每年减贫1000万人以上，贫困发生率由10.2%降至

1.7%，创造了我国减贫史上的最好成绩，而且改变了以往新标准实施后减贫人数逐年递减的趋势。截至2019年，全国832个贫困县已有436个宣布摘帽，历史性地减少了贫困县规模。东部地区基本实现了脱贫摘帽，中西部地区贫困人口明显下降。另一方面，脱贫攻坚工作统揽了贫困地区经济社会的发展大局，与全国平均水平相比，贫困县的国内生产总值平均高出了2个多百分点，经济社会发展进程明显加快。产业扶贫、旅游扶贫、电商扶贫、光伏扶贫等帮扶促进了贫困地区新业态的发展及特色优势产业的培育，激发了贫困地区的内生动力和发展活力。易地搬迁、生态扶贫、退耕还林等多样化扶贫举措的实施，有力改善了贫困地区的生产和生活环境。此外，贫困地区农村居民收入保持快速增长，消费水平稳步提升。2012年，全国农村居民人均收入和消费水平分别比1978年实际增长了11.5倍和9.3倍。2018年，贫困地区农村居民人均可支配收入10371元，是2012年的1.99倍，年均增长12.1%；扣除价格因素，年均实际增长10.0%，比全国农村平均增速高2.3个百分点，与全国农村平均水平的差距进一步缩小①。基础设施和公共服务设施的集中建设并投入使用，使贫困地区生活环境明显改善，群众生活质量全面提高。

第二，指引脱贫攻坚产生多重间接影响。一是促进了全社会合力攻坚良好局面的形成。东西部扶贫协作，产生了助力西部地区脱贫攻坚和区域协调发展的效果。定点扶贫畅通了党政军机关特别是中央国家机关了解农村与贫困地区的渠道，推进了干部作风转变，成为锻炼培养干部的重要平台。贫困人口积极参与脱贫攻坚过程，在扶贫脱贫中提高了自我发展能力。“三位一体”大扶贫格局的形成，既有利于弘扬中华民族扶贫济困优良传统，也有助于在全社会培育向上向善的社会氛围，充分彰显社会主义核心价值观的凝心聚力作用。二是党在农村的执政基础进一步夯实。党的十八大以来，300多万名国有企事业干部以及县级以上党政机关干部被派驻到贫困村担任驻村干部和第一书记，在与当地的群众及干部同吃同住同劳动的过程中，不仅加强了对基层民情的了解，转变了工作作风，而且提高了处

---

① 国家统计局：《扶贫开发持续强力推进　脱贫攻坚取得历史性重大成就——新中国成立70周年经济社会发展成就系列报告之十五》。

理基层工作和复杂问题的能力，在实践锻炼中得到了成长。三是提高了乡村治理能力。农村基层党组织的战斗力和凝聚力在贫困识别、精准帮扶、贫困退出等脱贫攻坚工作中得到了进一步提高，党群干群关系不断改善，农村基层的管理水平和治理能力得到了有效提升。

第三，指引脱贫攻坚形成多维重大溢出效应。溢出效应之一是创新构建了中国特色的脱贫攻坚制度体系和精准扶贫工作机制，有力促进了国家贫困治理体系和治理能力现代化。中国特色脱贫攻坚制度体系的构建主要表现在：与中央统筹、省负总责、市县抓落实的工作机制相适应，建立在各负其责基础上的合力脱贫攻坚责任体系；针对多维致贫因素，形成政策“组合拳”的政策体系；确保扶贫投入力度与打赢脱贫攻坚战要求相适应的投入体系；发挥社会主义制度集中力量办大事的社会动员体系；确保中央决策部署落地落实的督查体系；体现最严格的考核评估要求，确保真扶贫、扶真贫、真脱贫的考核体系。脱贫攻坚制度体系的形成和不断完善，为打赢脱贫攻坚战提供了坚实的制度支撑和保障。溢出效应之二是创新完善了精准扶贫的工作机制。为解决好“扶持谁”的问题，通过精准识别贫困村和贫困户，进行建档立卡，在此基础上进一步通过“回头看”机制甄别和调整建档立卡的贫困户，不断提高贫困识别的准确率。为解决好“谁来扶”的问题，在全国范围内累计从国有企事业单位和县级以上党政机关选派300多万名驻村干部和第一书记进行驻村帮扶，加上贫困地区原有的数百万名村干部和197.4万名乡镇扶贫干部，支撑一线脱贫攻坚的力量明显增强，解决了精准扶贫“最后一公里”的问题。为解决好“怎么扶”的问题，坚持因人因地制宜的原则，针对贫困地区全面实施“五个一批”工程，保证精准扶贫扶到点上、扶到根上。为解决好“如何退”的问题，中央对贫困县、贫困村以及贫困人口的退出标准和程序做了明确的规定，各个地区进一步科学合理地制定了脱贫年度计划和滚动规划，通过第三方评估，对拟退出的贫困县进行全面考察。同时，保持相关扶贫政策的稳定性，保证摘帽不摘政策，促进贫困地区脱贫的稳定性和可持续性。

新中国成立70年来，中国一直致力于消除自身贫困、支持和帮助其他贫困国家摆脱贫困。特别是改革开放以来，在实现经济高速、持续、稳定增长的同时，通过组织和实施大规模的扶贫开发工作，使贫困地区和贫困人口大幅下降。中国作为发展中国家，在全球最早实现了联合国千年发展目标中的减贫目标。中国的脱贫攻坚工作深刻影响了世界的减贫进程，为全球的减贫事业作出了巨大贡献，表现在以下方面：

第一，习近平扶贫重要论述引领中国扶贫取得的巨大成就，坚定了全球减贫的信心。从减贫速度看，中国明显快于全球。世界银行发布的数据显示，按照每人每天1.9美元的国际贫困标准，从1981年底到2015年底，我国贫困发生率累计下降了87.6个百分点，年均下降2.6个百分点，同期全球贫困发生率累计下降32.2个百分点，年均下降0.9个百分点[①]。特别是2013年实施精准扶贫以来至2019年，每年减少贫困人口1300多万，6年减少8300多万，有力加快了全球减贫进程，为其他发展中国家树立了标杆，提供了榜样，坚定了全世界消除贫困的信心。2018年，世界银行发布了《中国系统性国别诊断》报告，其中称“中国在快速经济增长和减少贫困方面取得了‘史无前例的成就’”。在“2017减贫与发展高层论坛”举办时，联合国秘书长古特雷斯发贺信称赞中国的减贫方略，指出“精准减贫方略是帮助最贫困人口、实现《2030年可持续发展议程》宏伟目标的唯一途径。中国已实现数亿人脱贫，中国的经验可以为其他发展中国家提供有益借鉴”。2019年10月1日，比尔及梅琳达·盖茨基金会联席主席比尔·盖茨先生在《人民日报》发文指出：“即使在世界其他地区发展都有所改善的情况下，最贫穷地区的最贫穷人民仍然发展缓慢。为改变这一现状，全世界都需要加大投入。中国已经证明，通过集中精力改善最贫困地区人民的生存和生活条件，这种变化就会成为可能。借鉴中国的成功经验，将为解决全球发展不平等问题带来曙光。”

第二，习近平扶贫重要论述引领中国脱贫攻坚制度体系的构建，充分彰显了综合性精准扶贫策略的有效性，有力回应了发展中国家贫困问题的艰巨性和复杂性。从全球视野来看，受国别、地域、自然条件，以及经济、政治、文化、社会等方面综合因素的影响，贫困问题具有多样性和复杂性，致贫的原因也呈现出差异化和多元化，单一的减贫力量和措施在应对普遍存在的复杂性贫困问题时往往难以奏效。中国脱贫攻坚的实践充分证明了，

---

① 国家统计局：《我国绝对贫困问题有望得到历史性解决》。

以扶贫对象的需求为导向，综合性的扶贫思路与精准性的扶贫方法有机结合，扶贫资源的有效供给与扶贫对象的实际需求有机衔接，是治理贫困的有效手段，也是解决贫困问题的根本出路。

第三，在习近平扶贫重要论述指引下，中国政府在精准扶贫工作中主导性作用的发挥，为全球经济增长带动减贫普遍弱化趋势的形成树立了典范。习近平扶贫重要论述的重要内容是发挥政府在脱贫攻坚工作过程和减贫工作成效中的主导性力量。在中国精准扶贫的实践中，政府是贫困识别、贫困干预、贫困退出以及脱贫成效评估等减贫全过程的主导性主体。脱贫攻坚工作中除了加大政府资金投入，还通过中央统筹、省负总责、市县抓落实的多层级政府间合力协作制度安排提升政府扶贫整体效能，激发并形成扶贫合力，不断完善政府、市场、社会互动和专项扶贫、行业扶贫、社会扶贫联动的大扶贫格局，这是从根本上解决贫困的动力来源。

第四，习近平扶贫重要论述指引中国围绕解决好“扶持谁、谁来扶、怎么扶、如何退”四个问题构建精准扶贫工作机制，为解决贫困治理一系列世界难题提供了中国方案。以贫困识别及瞄准为例，国际上的贫困识别方法主要有两种：一是自上而下的贫困识别方法，主要采用个体需求评估法；二是自下而上的贫困识别方法，以社区为基础的瞄准方法即典型案例。但这两种方法的独立运用，在实际减贫工作中都存在一定的局限性。中国政府结合具体的减贫国情将两种方法有机结合：一方面，通过统计部门抽样测算贫困规模，对贫困指标自上而下进行逐级分解，保证贫困识别的科学性；另一方面，通过贫困户自愿申请、民主评议等自下而上的贫困识别机制，提高贫困群众的参与度和监督效果，保证贫困识别的真实性。在此基础上，逐步形成了自上而下（指标规模控制、分级负责、逐级分解）与自下而上（村民民主评议）有机结合的精准识别机制，为国际减贫工作中的贫困瞄准提供了有效的参考和借鉴。

第五，以精准扶贫论述为核心的习近平扶贫重要论述，有力推动了国际反贫困理论的丰富发展。西方主流的反贫困理论以“涓滴理论”为代表，认为贫困问题的解决主要依赖于社会经济发展水平的持续提高，即使没有社会政策的干预，经济发展的滴漏效应也会影响到社会的贫困阶层，从而使得社会贫困问题随着经济发展而自然得到解决。但这一理论使全球反贫困陷入停滞不前的困境。中国精准扶贫论述不仅强调中国共产党领导的政治优势和社会主义制度集中力量办大事的制度优势，也强调要发挥脱贫主体的能动性，志智双扶，从而激发脱贫内生动力。这实际上显示出习近平扶贫重要论述对西方扶贫理论的超越。精准扶贫论述中内源式扶贫、合力扶贫、制度扶贫等从多种层面认识和构建了中国农村反贫困理论，不仅对于中国减贫具有很强的针对性、政策性和实践性，而且对于国际贫困治理理论的创新，以及推动广大发展中国家加快摆脱贫困的进程，都有重要的参考借鉴作用。

中国特色减贫道路的进程与成就

经新中国成立70多年的实践探索，中国共产党带领全国各族人民取得了举世瞩目的减贫成就，成功走出了一条中国特色减贫道路。站在“两个一百年”奋斗目标的历史交汇点，在决战决胜脱贫攻坚、中国减贫即将进入新的历史阶段之际，全面梳理中国特色减贫道路的进程与成就，系统总结这条道路的形成发展与时代特征，深入凝练这条道路的全球价值，分析展望这条道路的前进方向与发展趋势，具有重大的理论和现实意义。

原题《中国特色减贫道路论纲》，《求索》2020年第4期新中国成立以来，中国共产党带领中国人民持续向贫困宣战，扶贫开发取得了巨大成就，同步实现了快速发展和大规模减贫。2020年，中国将历史性地解决绝对贫困问题，14亿人共同迈向全面小康，书写出人类历史上“最成功的脱贫故事”。实践充分证明，中国成功走出了一条中国特色减贫道路。

一、中国特色减贫道路的历史进程与辉煌成就

中国特色减贫道路是中国共产党带领中国人民立足国情，适应贫困演变规律，在不同的历史时期实施不同战略政策，在不断实践探索中逐步形成发展的。

（一）中国特色减贫道路的实践探索

新中国成立以来，让人民吃饱穿暖始终是中国共产党执政的主要目标，由此成为中国政府工作的重大任务。在不同历史时期，国家制定和实施不同减贫战略及政策体系，不断推进减贫道路发展，取得新成就。

在社会主义革命和建设时期（1949—1977年），中国减贫实施了计划经济体制下的广义扶贫战略。这一时期，中国共产党扶贫工作的目的是为解决农村贫困问题提供物质保障和奠定制度基础。为此，从宏观上开展社会主义改造，建立社会主义制度，推动国民经济迅速发展。这一时期的减贫措施主要表现为：一方面通过土地改革、农田水利基础设施建设、推广农业科学技术等来提升农业生产综合效率。另一方面初步构建了农村社会救助体系，如对五保户、特困户实行实物救济。这一系列减贫政策的实施，大幅增加了粮食产量，逐渐解决了温饱问题，为缓解贫困创造了基础性条件，但农村贫困问题仍然突出。按当年价现行农村贫困标准衡量，1978年底中国农村贫困发生率高达97.5%。以乡村户籍人口作为总体推算，农村贫困人口规模7.7亿人。救济式扶贫尽管为广大贫困人口的临界生存提供了最

基本的保障，但“输血式”扶贫难以提高贫困人口的发展能力，普遍性绝对贫困没有得到有效缓解。

改革开放以来到党的十八大召开（1978—2012年）这一时期，中国在各个历史阶段制定不同减贫战略，保持与国家整体发展同步，不断推进减贫事业的发展。中国这一时期的减贫工作，根据经济社会发展及其贫困特征的演变，减贫战略政策体现出阶段性特征，大致可以划分为1978—1985年、1986—1993年、1994—2000年和2001—2012年等四个阶段。

1978—1985年，实施通过农村经济体制改革推动减贫的战略。这一战略实施的宏观背景是中国开始实施改革开放。这一阶段的扶贫战略政策，主要是两个方面：一方面，通过制定实施一系列的农村土地、市场、就业、金融等制度，激发广大农民的积极性，提高生产效率，带动减贫。另一方面，开启国家专项扶贫的试点探索。一是实施“三西”专项扶贫计划（1982年）；二是实施以工代赈（1984年）、改善农村教育社会政策，开始开发式扶贫实践；三是以《中共中央　国务院关于帮助贫困地区尽快改变面貌的通知》（1984年）颁布为标志，专项扶贫工作全面开启。这一阶段缓贫效果明显。

1986—1993年，实施区域开发式减贫战略。这一阶段贫困的主要特征：一是贫困人口区域集中，二是区域性贫困与群体性贫困并重，三是贫困问题的综合性突出。与此相适应，国家瞄准重点区域实施扶贫战略，这一战略的要点是：成立专门的贫困地区经济开发领导小组，把扶贫开发纳入国家发展总体计划（1986年），推动扶贫工作走向制度化、规范化、专业化。同时，构建实施“区域发展带动减贫”和“开发式扶贫”战略政策体系。相比上一阶段，缓贫效果有所下降。

1994—2000年，实施综合性扶贫攻坚减贫战略。这一减贫战略的重点和主要政策，主要体现在国务院1994年4月印发的《国家八七扶贫攻坚计划（1994—2000年）》。该计划力争用7年时间基本解决8000万农村贫困人口的温饱问题。主要减贫政策包括：（1）增加扶贫投入，明确资金、任务、权利、责任“四个到省”的扶贫工作责任制。（2）开展东西部扶贫协作，实施到村到户多元化扶贫措施，建立综合性减贫政策体系。（3）促进中西部地区经济发展带动贫困村、贫困户脱贫。到2000年，这一扶贫攻坚计划目标基本完成，基本解决当时全国农村贫困人口的温饱问题。

2001—2012年，瞄准贫困村实施整村推进的参与式减贫战略。这一阶段减贫战略集中体现在两个十年扶贫开发纲要的政策制定和实施安排上。第一个十年扶贫纲要（即《中国农村扶贫开发纲要（2001—2010年）》）的战略要点包括：在全国确定592个国家扶贫开发重点县，确定15万个重点贫困村，扶贫工作重点下移到村，实施“一体两翼”减贫战略（即以整村推进为“一体”，以产业发展、劳动力转移为“两翼”），这一阶段贫困人口继续减少。第二个十年扶贫纲要（即《中国农村扶贫开发纲要（2011—2020年）》）的战略要点是：将集中连片特困地区共832个贫困县作为扶贫主战场，开发式扶贫方针和扶贫到村到户方式是这一阶段减贫的主要策略。从2001至2012年，解决贫困群体温饱问题取得新进展，且区域、城乡差距扩大趋势有所遏制。

党的十八大以来（2012—2020年），实施精准扶贫精准脱贫方略。这一阶段，中国特色社会主义进入新时代，减贫发展进入脱贫攻坚新阶段。主要的战略及政策具有鲜明时代特征：一是习近平总书记亲自抓。党中央把扶贫开发摆在治国理政的突出位置。二是以习近平总书记的精准扶贫方略为指导，党中央作出打赢脱贫攻坚战的决定。三是党的十九大报告提出，确保到2020年我国现行标准下农村贫困人口实现脱贫，贫困县全部摘帽，解决区域性整体贫困，做到脱真贫、真脱贫。四是更加注重发挥中国共产党领导的政治优势和社会主义集中力量办大事的制度优势，注重广泛动员全社会力量，注重改革创新，注重激发内生脱贫动力，注重开发式扶贫和保障式扶贫相结合。至2020年初，脱贫攻坚取得决定性成就，创造了中国减贫史上的最好成绩，为决战脱贫攻坚、决胜全面小康奠定了基础。

（二）中国特色减贫道路的辉煌成就

自新中国成立至改革开放前，社会主义建设为以救济式为主的减贫战略政策提供支撑，绝对贫困问题得到普遍性缓解。1994年以来，国家实施了有计划有组织的扶贫开发，农村贫困程度明显改善。统计数据表明：以现行农村贫困标准衡量，2012年底我国农村贫困人口9899万人，比1985年底减少5.6亿多人，下降了85.0%；农村贫困发生率下降到10.2%，比1985年底下降了68.1个百分点。

党的十八大以来，中国减贫进入精准扶贫新阶段。党中央明确了脱贫攻坚的具体目标，确定了精准扶贫精准脱贫的基本方略，构建了脱贫攻坚的体制机制，出台了一系列超常规政策举措。在精准扶贫精准脱贫方略的指引下，脱贫攻坚取得了举世瞩目的辉煌成就。

一是脱贫攻坚直接减贫成效显著，贫困人口大幅减少。数据显示，中国农村贫困人口从2012年底的9899万人减少到2019年底的551万人，年均减贫1335万人。农村贫困发生率由2012年底的10.2%下降至2019年底的0.6%。未摘帽贫困县减少到2020年的52个，区域性整体贫困基本得到解决。

二是提升了乡村治理能力和营造了全社会合力攻坚的良好氛围。通过在基层组织抓党建，有力有序地推动了贫困识别、精准帮扶、贫困考核退出等工作，夯实了党在农村的执政基础。东部地区与西部地区之间“结对子”，既推动了西部地区的脱贫攻坚，也实现了区域之间的协同发展。同时机关干部在精准帮扶中进一步了解了农村和贫困地区，构建了转变干部作风、提升干事本领的新平台。贫困人口也在精准扶贫精准脱贫过程中，激发了内生动力，培育了自我发展能力，为稳定脱贫奠定了基础。专项扶贫、行业扶贫、社会扶贫“三位一体”的大扶贫格局营造了向上向善的社会氛围。

三是促进了国家贫困治理体系和治理能力现代化的发展。集中体现在两个方面：一方面是构建了中国特色脱贫攻坚制度体系。如中央统筹、省负总责、市县抓落实的合力脱贫攻坚责任体系；针对多维致贫因素所创建的“组合拳”政策体系；与打赢脱贫攻坚战要求相适应的扶贫投入体系；集中力量办大事的社会动员体系；确保中央决策部署落地落实的督查体系；要求确保真脱贫、脱真贫的考核体系；等等。另一方面是创新完善了精准扶贫工作机制。实施精准识别，开展建档立卡，建立动态调整机制，确保贫困识别的准确率，解决好“扶持谁”的问题。累计从国有企事业单位和县级以上党政机关选派300多万名干部开展驻村帮扶，打通了精准扶贫“最后一公里”，解决好“谁来扶”的问题。坚持因人因地制宜，实行分类施策，扶到点上、扶到根上，解决好“怎么扶”的问题。国家确定贫困退出标准和程序，各地科学制定脱贫计划和滚动规划，开展第三方评估和贫困县摘帽核查，保持政策稳定提升脱贫稳定性和可持续性，解决好“如何退”的问题。

二、中国特色减贫道路的形成发展与时代特征

新中国成立后的三十年（1949—1978年），中国减贫战略和政策的主要目标是改变普遍贫困的面貌，主要手段是进行土地改革，组织动员发展生产，建立低水平、普惠性的社会保障体系。改革开放以来至党的十八大召开这一时期，减贫战略是通过经济快速增长带动减贫，实施专项扶贫计划减贫。党的十八大以来，全党全国全社会总动员，全面实施精准扶贫精准脱贫方略，中国特色减贫道路在探索中丰富发展，并呈现出鲜明的时代特征。

（一）中国特色减贫道路的形成发展

改革开放以来至党的十八大召开这一历史时期，中国特色减贫道路基本形成。主要包括以下基本经验：一是坚持党对减贫工作的领导，确保扶贫减贫事业的统一性、高效性。二是坚持改革开放。以改革解放生产力、发展生产力、提高生产率，激发广大农民的劳动积极性和社会各方面参与扶贫减贫的积极性。三是坚持经济快速增长与贫困人口明显减少同步。在大力发展经济的同时，出台实施多样化扶贫政策。一方面，经济发展为贫困人口提供了大量的就业机会；另一方面，社会财富的增加、国家财力的增强，为国家实施专项减贫计划提供了必要的物质条件。同时，国家通过在农村土地制度、农业生产支持、农村综合发展、农村社会发展等方面的政策创新，为实现大规模减贫战略实施奠定了坚实的政策基础。四是坚持与时俱进完善减贫战略。国家在不同的发展阶段确定相应的减贫目标及任务，不断丰富发展反贫困战略内容，把区域发展与扶贫开发有机结合，逐步建立并不断完善农村社会保障体系，形成区域发展与扶贫开发的良性互动，为大规模减贫战略实施提供了制度保障。五是坚持创新完善开发式扶贫方式方法。坚持开发式扶贫方针，把减贫与促进区域发展、增加经济收入、保护生态环境、解决社会问题、促进社会和谐、开展国际交流合作结

合起来。六是坚持把提升贫困人口的自我发展能力作为工作核心。把政府力量与社会参与相结合，把扶贫开发与基层组织建设相结合，把政策支持与市场机制相结合，确保贫困人口的可持续生计。

中国特色社会主义进入新时代，中国减贫工作以攻坚战方式展开。这一时期，精准扶贫精准脱贫基本方略深入推进，中国特色减贫道路不断丰富发展。一是从党的根本宗旨、全面建成小康社会的目标要求和社会主义本质要求的战略高度，提升了脱贫攻坚的战略地位。这就进一步凸显新时代减贫工作的极端重要性和紧迫性，为脱贫攻坚的顶层设计和体制机制创新、切实增强全党全社会打赢脱贫攻坚战的责任感、使命感、紧迫感奠定了思想基础。二是新时代脱贫攻坚所积累的宝贵经验，为中国特色减贫道路的发展提供了遵循。这些经验集中体现为：坚持党的领导、强化组织保证，坚持精准扶贫方略、提高脱贫实效，坚持加大投入、强化资金支持，坚持社会动员、凝聚各方力量，坚持从严要求、促进真抓实干，坚持以群众为主体、激发内生动力。这“六个坚持”是经过大规模精准扶贫实践检验的成功做法，无疑丰富了中国特色减贫道路的内涵。三是习近平总书记关于“共建一个没有贫困、共同发展的人类命运共同体”的重要论述，指明了全球减贫合作的方向，是消除贫困、实现共同富裕的“良方”，第一次全面呈现了中国特色减贫道路的价值追求。

从历史维度看，中国特色减贫道路是在长期实践中探索形成的，依然还会在实践中不断丰富发展。从现阶段看，新时代中国特色减贫道路的丰富内涵，主要集中体现在以下八个方面：坚持党的领导，坚持共建共治共享的减贫理念，坚持精准扶贫，坚持构建大扶贫格局，坚持激发脱贫内生动力，坚持用好管好扶贫资金，坚持严格考核评估制度，坚持开展国际减贫合作。新时代脱贫攻坚形成的理论创新和实践创新成果，成为深化中国特色减贫道路研究的起点和基础。

（二）中国特色减贫道路的时代特征

实践证明，新时代脱贫攻坚是中国乡村发展的深刻革命，是中国共产党执政宗旨的有力体现，是中国共产党全面从严治党的有益探索，是中国国家治理体系完善和治理能力现代化的有力推动。经过8年的精准扶贫、5年的脱贫攻坚战实践，新时代脱贫攻坚已经呈现出了鲜明的时代特征和深远的历史意义。

1.新时代脱贫攻坚促进了“五位一体”总体布局的统筹推进。从经济上看，高强度、集中性投入，加快贫困地区的经济社会发展进程，促进贫困地区的供给侧结构性改革、拉动内需，改善了发展基础和环境，提升了人力资本，拓展了贫困地区的经济发展空间。从社会治理层面看，大规模派驻驻村工作队、选派第一书记，大量基层干部集中开展精准扶贫，密切了干群关系，促进了乡村治理能力的提高，激发了贫困地区的内生动力，为社会治理体系优化奠定了基础。从生态保护维度看，因地制宜发展特色产业，大规模实施易地扶贫搬迁，实施生态保护脱贫、电商扶贫、旅游扶贫等一系列生态环境友好型措施，促进了生态文明建设。从文化建设维度看，精准扶贫将传统文化的传承、发扬和贫困地区、贫困人群内生动力的激发结合起来，探索形成了许多扶贫同扶志、扶智相结合的模式，补齐了贫困地区文化发展的短板。

2.新时代脱贫攻坚在协调推进“四个全面”战略布局中具有基础性作用。脱贫攻坚是全面建成小康社会的标志性指标和底线任务，是必须补齐的最突出短板。全面深化改革的重要内容就是建立稳定脱贫的长效机制。在脱贫攻坚战中推进全面依法治国，促进贫困治理法制化、规范化，这是国家贫困治理现代化的基础。在脱贫攻坚中，始终把全面从严治党贯穿脱贫攻坚的全过程，开展扶贫领域的腐败和作风专项治理，五级书记抓脱贫攻坚，层层落实责任制，建立多元化立体式的考核评估体系，开展第三方评估，确保真脱贫、脱真贫，成为全面从严治党的生动实践，体现了中国共产党实事求是的思想路线，也体现了中国共产党治党管党措施的作用及其实践路径。

3.新时代脱贫攻坚是“四个自信”的有力彰显。中国扶贫开发所取得的巨大成就，有力地说明了中国特色社会主义道路的正确性、中国特色社会主义理论的科学性、中国特色社会主义制度的优越性和中国特色社会主义文化的引领性。中国特色减贫道路是中国特色社会主义道路的重要组成部分，中国社会生产力、综合国力之所以不断实现历史性跨越，人民生活之所以实现了从贫困到温饱再到总体小康的历史性跨越，谱写了人类历史上贫困治理的辉煌篇章，正是由于坚持走中国特色社会主义道路的结果。换言之，中国特色减贫道路的巨大成就，印证了中国特色社会主义道路是中国人民在新的伟大实践中所作出的正确选择。中国减贫的巨大成就，正是中国特色社会主义制度优势的彰显，充分证明了中国特色社会主义制度的优越性和生命力。中华优秀传统文化中蕴含着丰富的民本思想、社会大同思想、富民思想以及扶贫济困思想等，为中国特色减贫道路提供了重要的思想基础和精神支撑。

4.中国特色减贫道路为全球贫困治理提供了可借鉴的智慧和方案。习近平总书记关于扶贫的重要论述及实践中形成的各种经验和模式，经过新时代脱贫攻坚战的检验，具有科学性和指导性，可以为联合国《2030年可持续发展议程》中减贫目标的实现提供借鉴和参考，也必将在全球减贫事业中发挥指导作用。如期打赢脱贫攻坚战，意味着我国要比联合国确定的在全球消除绝对贫困现象的时间提前10年，这是一项对中华民族、对整个人类都具有重大意义的伟业。中国特色减贫道路将为全球各国反贫困斗争贡献中国智慧、中国方案。

三、中国特色减贫道路的全球价值与世界意义

贫困问题一直困扰人类发展，是发展中国家必须面临的重大挑战。中国减贫成就越来越得到国际社会的关注，越来越得到世界的广泛认同。中国特色减贫道路的意义，实际上已超出了具有地域性的特殊性，呈现出了在全球贫困治理中的普遍规律性，为别的国家和民族选择适合自己的减贫发展道路提供了参考，因而具有了世界意义。

1.中国特色减贫道路的辉煌成就为全球减贫树立了样板。按照每人每天1.9美元的国际贫困标准，1981—2015年中国贫困发生率累计下降了87.6个百分点，较同期全球贫困发生率下降的速率快55.4个百分点，加速了全球减贫事业发展的进程，坚定了全世界消除贫困的信心。

2.中国特色减贫道路为发展中国家在减贫中更充分发挥政府主导作用提供了典范。中国政府在减贫工作中发挥主导作用集中体现在：一是发挥财政扶贫投入的主导作用，一方面不断加大政府投入，另一方面引导金融保险、社会资本等多种资源进入贫困地区、进入减贫领域。二是实行中央统筹、省负总责、市县抓落实的管理体制，促进多层级政府间的有效协作，

聚集扶贫力量。三是制定贫困识别、贫困干预、贫困退出以及脱贫成效评估等标准与流程，主导扶贫脱贫全过程。四是健全完善专项扶贫、行业扶贫、社会扶贫等多方力量有机结合和互为支撑的“三位一体”大扶贫格局，为贫困地区发展贫困人口脱贫凝聚更大动力。显然，这些经过成功实践检验的做法具有普遍性，可为相关国家政府推进减贫事业提供借鉴。

3. 中国特色减贫道路为世界解决贫困治理难题提供了中国方案。从实现脱贫的有效性看，中国特色减贫道路中的减贫路径具有两个方面的特征：一是综合性。发生贫困的原因往往是多维的，导致贫困的因素也是多样化的，这就决定了贫困问题的产生具有复杂性。可见，采取单一减贫措施难以解决多种原因造成的贫困难题。而中国的减贫举措是，以需求为导向，推动综合性扶贫思路和精准性扶贫方法紧密结合，从而实现扶贫资源的有效供给与扶贫对象的实际需求有机衔接，综合性地消除致贫因素，整体性地帮助贫困人口摆脱贫困。二是精准性。中国脱贫攻坚以精准扶贫精准脱贫为基本方略，首先解决好贫困识别这一世界难题。把发挥政府主导作用和组织动员群众参与结合起来，以确保贫困识别的科学性和真实性为目标，逐步形成自上而下（指标规模控制、分级负责、逐级分解）与自下而上（村民民主评议）有机结合的精准识别机制。实践证明，这套精准识别机制有效地解决了贫困瞄准问题。

4. 中国特色减贫道路丰富发展了国际反贫困理论。中国特色减贫道路充分发挥中国共产党领导的政治优势和社会主义制度集中力量办大事的制度优势，以脱贫攻坚统揽经济社会发展全局，集中力量，精准施策，综合性帮扶贫困人口脱贫，促进贫困地区发展，实现贫困人口脱贫与区域整体发展互动，具有反西方“涓滴理论”的含义，对其中蕴含的做法进行学理性分析，无疑将促进反贫困理论的拓展。中国特色减贫道路始终坚持开发式扶贫，把扶贫同扶志、扶智相结合，通过志智双扶，激发脱贫主体内生动力。以精准扶贫精准脱贫基本方略为核心，建立了做到“六个精准”、实施“五个一批”、解决“四个问题”的工作机制，在实践中形成了多种精准扶贫精准脱贫路径模式，从多个层面拓展了中国农村反贫困理论，这些具有很强的针对性、政策性和实践性的扶贫脱贫方法，对于推动国际贫困治理理论的创新，具有重要参考价值。

四、中国特色减贫道路的前进方向与发展趋势

2020年是中国实现全面建成小康社会目标，打赢脱贫攻坚战的收官之年。但从发达国家发展实践和中国减贫的历史和现实看，实现2020年脱贫攻坚目标，并不意味着中国贫困问题的终结，因为解决的仅仅是绝对贫困，相对贫困现象将长期存在。也就是说，脱贫攻坚任务完成后，中国减贫工作将进入由消除绝对贫困转向缓解相对贫困的新阶段，中国特色减贫道路将继续在解决中国相对贫困的进程中不断丰富和发展。

（一）中国特色减贫道路的前进方向

习近平总书记在决战决胜脱贫攻坚座谈会上的重要论述，为中国特色减贫道路发展指明了前进方向。

1. 设立脱贫攻坚过渡期。设立脱贫攻坚过渡期的目的就是巩固脱贫成果，确保不出现大规模返贫。一是保持现有帮扶政策总体稳定，特别是要继续发挥相关的政策扶持、帮扶力量、资金支持等作用，严格落实习近平总书记关于扶贫工作摘帽不摘责任、摘帽不摘政策、摘帽不摘帮扶、摘帽不摘监管“四个不摘”的重要指示。二是建立防止返贫监测和帮扶机制。对脱贫不稳定户、边缘易致贫户以及因疫情或其他原因收入骤减或支出骤增户加强监测，提前采取针对性的帮扶措施，降低这些人群的脆弱性，避免返贫。

2. 推动减贫战略和工作体系平稳转型。一是要凝聚共识。脱贫攻坚只是消除了中国几千年来的绝对贫困问题，要实现更高水平的小康，实现共同富裕，仍需要为之不懈地奋斗。二是将减贫工作统筹纳入乡村振兴战略。乡村振兴战略是党的十九大提出的七项国家发展战略之一，是社会主义现代化进程中“三农”工作的总抓手。将减贫工作纳入乡村振兴战略，有利于巩固和提升全面脱贫成果，有利于通过乡村产业振兴、人才振兴、文化振兴、生态振兴、组织振兴全面激发农民增收致富的内生动力，有利于建立稳定减贫的长效机制。三是建立长短结合、标本兼治的体制机制。要立足当前，面向长远，与缓解相对贫困的长期性相适应，久久为功。既要治标，更要治本，与缓解相对贫困的艰巨性复杂性相适应，标本兼治。推动法制化减贫，不断推进国家减贫治理体系和治理能力现代化。

3.促进逐步实现共同富裕。2020年后中国减贫工作的主要内容是缓解相对贫困，根本目标是实现由“被动扶”到“主动兴”转变，全面激发农民的内生动力。只有内生动力的形成，才有稳定脱贫的实现。主要方法和途径：一是实施精准帮扶；二是有条件的地方可以结合实际开展解决相对贫困问题的试点试验，为面上积累经验。

（二）中国特色减贫道路的发展趋势

1.未来中国特色减贫道路将进一步充分体现中国特色社会主义制度和国家治理体系显著优势。这些制度优势在脱贫攻坚中的做法经验主要是：坚持党的领导，坚持实事求是，坚持以人民为中心，坚持精准扶贫精准脱贫基本方略，坚持构建大扶贫格局，坚持激发脱贫内生动力，坚持较真碰硬考核评估。

2.未来中国特色减贫道路发展将更加体现减贫与发展的融合。集中体现在：推动全面脱贫与乡村振兴有效衔接，通过乡村产业振兴、人才振兴、文化振兴、生态振兴、组织振兴与脱贫攻坚相互促进，通过观念、规划、体制机制和政策的有效衔接，全面激发欠发达地区和低收入人口发展的内生动力，防止出现返贫现象和新增贫困人口，持续缩小区域和全体发展差距，逐步实现共同富裕。

3.未来中国特色减贫道路发展将呈现阶段性特征，不同战略阶段完成不同战略目标。未来10年，中国特色减贫道路可以分为两个阶段。“十四五”规划时期为第一阶段。主要目标是：前3年（2021—2023年）脱贫攻坚成果得到巩固和提升，有效防止返贫现象和新增贫困人口。后2年（2024—2025年）减贫战略和工作体系与乡村振兴战略有机衔接，中国特色解决相对贫困的体制机制逐步完善。低收入人口收入增速持续高于全国平均水平，社会保障体系进一步完善，城乡、区域、全体发展差距进一步缩小，相对贫困明显缓解。“十五五”时期为第二阶段。减贫战略、政策框架与乡村振兴战略深度融合，形成制度化、常态化的稳定减贫长效机制，农民持续稳定增收，城乡收入差距持续缩小，基层党组织建设得到进一步加强。

4.未来中国特色减贫道路发展以相对贫困治理为目标，战略路径更加丰富。至少包括但不限于以下方面：坚持共享式县域发展治理模式，坚持共享式乡村振兴模式，坚持精准帮扶方略，坚持开发式扶贫与保障式扶贫融合，坚持与发展水平相当的资金投入，坚持广泛动员全社会参与，坚持提升区域和群体的脱贫内生动力，坚持推进国家贫困治理体系和治理能力现代化。

5.未来中国特色减贫道路发展要以国家贫困治理体系和治理能力现代化为目标，构建更加完善的战略制度体系。一是坚持和完善党的领导。主要是发挥中国共产党领导和我国社会主义制度的政治优势，层层落实责任。二是切实提高各级党组织和政府的执政能力。健全工作机制，开展有效培训，提升贫困治理能力。三是加强专业机构能力建设。保持扶贫机构稳定，把驻村帮扶纳入扶贫机构管理，加强各级扶贫人员的能力建设，发挥社会工作在减贫中的作用。四是完善政策影响评估体系。通过科学、全面评估，促进政策完善，确保政策精准性和有效性。

6.未来中国特色减贫道路发展需要进行战略推进。从战略对策看，主要包括：一是坚持和完善中国特色社会主义制度，推进国家治理体系和治理能力现代化，着力提升相对贫困治理能力。二是产业发展政策可以向欠发达地区倾斜，为区域间协调发展奠定基础。三是着力转变各级扶贫领导干部的贫困治理理念，切实提高广大干部群众的精准扶贫能力。四是坚持问题、目标、结果导向，深化改革创新，健全完善相关体制机制，提高贫困治理效能。

7.中国特色减贫道路发展需要处理好五大战略关系。一是区域与群体的关系。既要坚持精准扶持到村到户到人，又要支持欠发达地区加快发展，为稳定脱贫提供支撑。二是城市和乡村的关系。由于相对贫困的流动性更加凸显，统筹推进农村和城市贫困综合治理一体化的必然性更加突出，客观上需要整合政府、企业、社会等各方资源，解决好流动人口的相对贫困治理问题。三是政府、市场和社会的关系。要发挥政府主导作用和市场在资源配置中的决定性作用，建立与生产力发展水平相适应的良性互动机制，构建全方位、立体的社会参与相对贫困治理机制。四是全局和局部的关系。欠发达地区和相对贫困群体是国家发展全局的一部分，治理相对贫困必然需要把相对贫困治理摆在治国理政的适当位置，把相对贫困治理体系和治理能力建设纳入国家治理体系和治理能力建设的组成部分。缓解相对贫困，必须在国家现代化发展框架下，把减贫战略纳入乡村振兴战略框架。五是国内和国际的关系。中国减贫是全球减贫事业的重要组成部分。中国扶贫特别是脱贫攻坚为全球贡献了中国智慧和中国方案。中国要发挥扶贫这一重要的软实力的作用，就要立足国内，面向国际，总结经验，讲好中国脱贫故事，把中国减贫放在全球减贫发展中来谋划、来推动。

中国扶贫理论的演进与创新

中国始终高度重视解决贫困问题，全党全社会合力攻坚，2020年脱贫攻坚取得决定性成就。梳理和总结中国扶贫理论，既是脱贫攻坚总结的重要内容，更是研究巩固脱贫成果、确保我国扶贫工作从解决绝对贫困攻坚战状态向相对贫困常态化治理转变的需要，也是为全球减贫事业贡献中国智慧、中国方案的需要。本文以习近平扶贫重要论述为指引，从本质论、优势论、带动论、改革论、两动论、扶志论、综合论、精准论、衔接论、合作论等十个方面对中国扶贫理论进行了梳理，旨在为脱贫攻坚理论成果总结提供参考。

原题《中国扶贫理论研究论纲》，《华中农业大学学报（社会科学版）》2020年第2期新中国成立以来，中国共产党和中国政府始终高度重视解决贫困问题，不断完善扶贫战略政策体系，持续向贫困宣战。改革开放以来，党和政府带领全国各族人民开拓创新，实施有计划、大规模开发式扶贫，7亿多贫困人口脱贫，创造了人类减贫史上的奇迹，成功走出了一条中国特色扶贫开发道路。党的十八大以来，以习近平同志为核心的党中央把扶贫开发摆在治国理政的突出位置，纳入“五位一体”总体布局、“四个全面”战略布局进行部署，明确目标任务，全面实施精准扶贫精准脱贫基本方略，全党全社会合力攻坚，脱贫攻坚取得决定性成就，为决胜全面小康、决战脱贫攻坚打下了坚实基础。总结回顾中国扶贫历史进程，梳理分析支撑不同阶段扶贫战略与政策演进的相关理论，无疑是丰富和发展中国特色扶贫开发道路的重要内容，对于讲好中国扶贫脱贫故事，理解全球贫困治理的中国智慧、中国方案，具有重要的理论和实践意义。

一、消除贫困是社会主义的本质要求，在社会主义发展中具有重要的战略地位

从战略地位看，消除贫困是社会主义的本质特征，打赢脱贫攻坚战是坚持走中国特色社会主义道路的重要体现，是中国共产党不忘初心、牢记使命的生动实践。

中国扶贫本质论。消除贫困是社会主义的本质要求，确定了扶贫开发工作的战略地位。习近平总书记深刻指出：“消除贫困、改善民生、实现共同富裕，是社会主义的本质要求。”[①]“贫穷不是社会主义。如果贫困地区长期贫困，面貌长期得不到改变，群众生活长期得不到明显提高，那就没

① 中共中央党史和文献研究院编《习近平扶贫论述摘编》，中央文献出版社，2018，第3页。

有体现我国社会主义制度的优越性，那也不是社会主义。”[①]这些重要论述，从社会主义本质要求、中国共产党初心使命、中华民族伟大复兴中国梦的全局高度，把扶贫开发工作的战略地位和作用提高到了新的高度。从本质上说，新中国扶贫70年，就是中国共产党坚持实事求是思想路线，带领全国人民消除贫困、改善民生、实现共同富裕的奋斗史[②]。中国共产党始终高度重视扶贫开发工作，从社会主义革命和建设时期到改革开放和社会主义现代化建设新时期，党和政府始终致力于解决群众的贫困问题，中国扶贫开发取得举世瞩目成就。

党的十八大以来，进入中国特色社会主义新时代。以习近平同志为核心的党中央从全面建成小康社会全局出发，把扶贫开发工作摆在治国理政的突出位置，全面打响脱贫攻坚战。党的十九大之后，党中央又把打好脱贫攻坚战作为全面建成小康社会的三大攻坚战之一。党的十九届四中全会对脱贫攻坚作出新部署“坚决打赢脱贫攻坚战，巩固脱贫成果，建立解决相对贫困问题的长效机制”[③]。可见，扶贫本质论必然要求党和政府要始终把解决贫困问题摆在最突出最优先的位置。党的十八届五中全会把解决现行标准下农村贫困人口脱贫作为实现第一个百年奋斗目标的底线任务和标志性指标。而在2020年后开启的社会主义现代化强国的建设进程中，也必然需要把缓解相对贫困、缩小发展差距作为底线任务和标志性指标。

我国在2020年打赢脱贫攻坚战，完成现行标准下农村贫困人口全部脱贫、贫困县全部摘帽、解决区域性整体贫困的目标任务，这与第70届联合国大会所确定的《2030年可持续发展议程》17项指标中的第一项“消除一切形式的极端贫困”的目标是相对应的。我国打赢脱贫攻坚战，意味着比联合国《2030年可持续发展议程》制定的减贫目标要提早10年实现。这一历史性成就表明，中国扶贫事业发展继续领先全球，中国共产党的政治优势、动员能力、执政能力将得到更充分的证明，也是中国共产党长期执政

① 中共中央党史和文献研究院编《习近平扶贫论述摘编》，中央文献出版社，2018，第5页。

② 王琳、唐子茜：《中国特色扶贫开发道路的理论新发展与经验总结》，《经济问题探索》2017年第12期。

③ 本书编写组：《〈中共中央关于坚持和完善中国特色社会主义制度、推进国家治理体系和治理能力现代化若干重大问题的决定〉辅导读本》，人民出版社，2019。

历史必然性的生动体现，是中国特色社会主义道路优越性、合理性和科学性的具体呈现，更是中国特色社会主义制度显著优势的有力证明。

二、中国共产党领导的政治优势和社会主义制度优势是中国如期完成脱贫攻坚目标任务的根本保障

从脱贫力量看，中国实现大规模贫困人口脱贫的根本保障是中国共产党领导的政治优势和社会主义制度优势，举世瞩目的脱贫成就是发展带动、改革驱动、大扶贫推动、志智双扶等多种力量综合作用的结果。

中国扶贫优势论。中国共产党领导是中国特色社会主义最本质的特征，是中国特色社会主义制度最大的优势。无论是改革开放以来的扶贫开发工作，还是新时代脱贫攻坚，中国共产党始终坚持“为中国人民谋幸福”的初心和使命，牢记“全心全意为人民服务”的宗旨，不断加强党对扶贫工作的全面领导，强调各级党委和政府主体责任，聚焦基层党组织建设，以尽锐出战为要求选拔和考核扶贫干部，充分发挥党的政治优势、组织优势和密切联系群众优势，把脱贫责任扛在肩上，把脱贫任务抓在手上，切实把党建优势转化为扶贫优势，为脱贫攻坚事业提供了组织保证，输入了强大动能。

习近平总书记在党的十九大报告中指出：“历史已经并将继续证明，没有中国共产党的领导，民族复兴必然是空想。”在中国共产党的领导下，新中国成立，确立社会主义基本制度，推进社会主义建设，为当代中国发展特别是消除贫困奠定了根本政治前提和制度基础，清晰表达出中国共产党的领导是中国社会主义所具有的独特的政治优势。如何把中国共产党领导的政治优势转化为顶层设计，进而通过政策体系的基层落实实现扶贫脱贫目标？习近平总书记提供了根本遵循，指出：“要强化扶贫开发工作领导责任制，把中央统筹、省负总责、市（地）县抓落实的管理体制，片为重点、工作到村、扶贫到户的工作机制，党政一把手负总责的扶贫开发工作责任制，真正落到实处。”[①]“加强领导是根本，发挥各级党委领导作用，建立并落实脱贫攻坚一把手负责制，实行省市县乡村五级书记一起抓，为脱贫

① 中共中央党史和文献研究院编《习近平扶贫论述摘编》，中央文献出版社，2018，第35页。

攻坚提供坚强政治保障。”[①]五级书记抓脱贫攻坚，是强化党对扶贫工作领导的核心，党是领导一切的，每一个层级，只有党的书记亲自抓，才能充分体现工作的重要性。

为把五级书记抓脱贫攻坚落到实处，中央制定了省级党委和政府扶贫开发成效考核办法。对省一级党委和政府进行考核，考核对象实际上就是省委书记，这是我们党治党管党的历史性创新，也是党实现对脱贫攻坚全面领导的最有力呈现。

保持贫困县党政正职在脱贫攻坚期内保持稳定，这是坚持党实现对脱贫攻坚领导的关键。贫困县是脱贫攻坚的主战场，县委政府正职是一线总指挥。贫困县党政主要领导的稳定，是脱贫攻坚工作稳定的组织基础，为以脱贫攻坚统揽经济社会发展全局提供了政治保证。脱贫攻坚战实际上是我国农村发展的一场深刻革命，脱贫攻坚的目标不仅仅是解决贫困县数万建档立卡贫困人口的脱贫问题，而是期待贫困县党委和政府能够充分利用脱贫攻坚带来的历史上最好的发展支持及环境，能够在脱贫攻坚期内，把本县域的发展水平提高到一个新的历史高度。

脱贫攻坚的政治优势还体现在开展党的专项巡视。这是中国共产党历史上的首次，通过巡视提高各级领导干部的政治站位，把中央关于脱贫攻坚的决策部署落到实处。严格的约谈制度、多方位的监督机制、较真碰硬的问责办法，以及反对形式主义、官僚主义，无不体现了党抓脱贫攻坚的政治优势。

集中力量办大事是社会主义制度优势的重要体现。习近平总书记指出：“我们最大的优势是我国社会主义制度能够集中力量办大事。这是我们成就事业的重要法宝。”[②]实践证明，社会主义制度具有的强大整合能力和动员能力，不仅能够有效配置扶贫资源要素，充分调动市场、社会力量参与，而且，社会主义制度的本质要求最大程度实现人民的利益诉求，这就决定了政策供给和政策体系具有更强的针对性。除了中国，全球还没有哪一个

---

① 中共中央党史和文献研究院编《习近平扶贫论述摘编》，中央文献出版社，2018，第44页。

② 习近平：《为建设世界科技强国而奋斗——在全国科技创新大会、两院院士大会、中国科协第九次全国代表大会上的讲话》，人民出版社，2016，第14页。

国家的制度能够动员全党全国全社会的力量投入脱贫攻坚这样一件民生大事，这就是中国特色社会主义集中力量办大事的制度优势。中国扶贫工作、脱贫攻坚的巨大成就，所蕴含的正是中国特色社会主义的制度优势。

中国扶贫带动论。通过发展带动减贫，是全球性的普遍共识，也是中国扶贫脱贫的重要理念。一是经济增长带动。经济发展确实能带动大规模的减贫，但当经济社会发展水平达到一定程度，特别是在经济增长放缓的时候，增长带动减贫的作用逐步减弱，需要创新增长方式，需要增长具有更强的包容性。改革开放以来，中国保持持续高速稳定增长，同时实施一系列有利于贫困人口脱贫的扶持政策，从而实现了经济快速增长和贫困人口大幅减少同步。但是，进入新世纪第二个十年，中国的贫困人口大分散小集中，个体性致贫原因突出而多样化，传统的经济增长带动已经很难实现较好减贫效果，这实际上形成了实施精准扶贫、脱贫攻坚的客观基础。二是区域发展带动。中国始终强调将扶贫寓于发展之中，在发展中解决贫困问题，这是理解中国特色减贫道路的基本方法论。通过区域发展带动减贫，是中国开启专项扶贫行动之初的主要理念和重要路径，就是确定发展落后连片地区、贫困县，在投入、政策方面进行支持，旨在通过加快区域发展带动贫困人口脱贫。从全球和中国区域发展带动减贫效果看，在一定时期、一定的条件下，这是有效的扶贫方式，但随着贫困特征、发展条件的变化，这种方式的局限性就会逐步凸显，带动力逐步减弱。三是产业发展带动。产业发展是稳定脱贫的根本之策，没有产业发展，其他方面的脱贫还是缺乏可持续性。发展产业带动减贫，是全球减贫难题[①]。中国在产业扶贫方面进行了长期探索，积累了许多成功的做法和模式，其背后的规律性，构成了中国扶贫带动论的重要内容。

从中国脱贫攻坚成果看，贫困县在脱贫摘帽进程中，县域经济社会发展速度明显加快，有的贫困县经过短短几年，经济增长总量在全省排位上升了十多个位次，说明了脱贫攻坚对加快县域经济社会发展的显著作用。以脱贫攻坚统揽经济社会发展全局，在减贫中促进发展，其背后的理论逻

① 黄承伟：《打好脱贫攻坚战是实施乡村振兴战略的优先任务》，《贵州日报》2018年11月20日。

辑可能是对于传统“涓滴理论”的时代创新。“涓滴理论”就是要加快地方的发展，通过经济发展分流一些好处，让贫困人口受益、贫困地区受益，从而带动区域整体更均衡地发展。脱贫攻坚是反其道而行之，是以脱贫为目标，有计划、有组织、大规模地集中支持贫困县脱贫摘帽、贫困村出列、贫困人口脱贫，从而推动和拉动区域整体发展。这是基于全中国范围实践的理性认识，也是中国扶贫带动论的创新，对于其他发展中国家的减贫发展无疑具有借鉴价值。过去几十年，发达国家对发展中国家的援助效果并不理想。中国扶贫带动理论的形成发展，对于构建非政治性的、以共建人类命运共同体为目标的国家发展援助新体系，具有重要借鉴意义。

中国扶贫改革论。改革开放在带动国家整体层面经济增长和社会发展，推动中国现代化建设过程中，也推动中国扶贫开发取得了举世瞩目的成就。中国有组织、有计划、大规模的扶贫开发，是在改革开放以后启动实施的，因而中国扶贫开发也体现了改革开放的伟大历程和成就，其理论成果体现在中国扶贫改革论的形成发展。

扶贫体制机制制度的创新。1949年新中国成立，社会主义制度的基本建立，开启了中国历史上最大的改革。社会主义制度的建立为贫困人口脱贫发展、消除绝对贫困、缓解相对贫困奠定制度基础。社会主义制度的根本目标和本质特征就是共同发展、共同富裕。在发展中考虑效率，但更要考虑公平。党的十八大以来，中央贯彻新发展理念，实施高质量发展，就是要把发展目的回归到社会主义制度独特的优越性上。体制机制、模式创新始终伴随扶贫开发工作进程，脱贫攻坚以来更是围绕着精准扶贫进行了一系列改革创新，不断完善消除绝对贫困的治理体系，成为我国国家治理体系现代化的最生动实践。

贫困治理体系创新。在习近平扶贫重要论述引领下，中国构建了以精准扶贫为核心的新贫困治理体系，包含目标体系、责任体系、工作体系、政策体系、投入体系、社会动员体系、动力体系、监督体系、考核评估体系等。每一个体系相对独立，相互支撑，构成相互关联、内在严密的治理体系。新贫困治理体系的形成，既是扶贫领域深化改革的内容，也是深化改革的成果。

扶贫领域对外开放。中国的扶贫开发始终体现开放的时代特征。扶贫领域的开放，实际上也是扶贫领域的改革。开放的重要内容和标志就是发挥市场在扶贫工作中的重要作用。尽管从实践看，特别是在脱贫攻坚阶段，如何发挥市场在脱贫攻坚中的作用，在一定程度还没有真正破题，更多依靠的是政治优势和制度优势，但实践探索的不断深化并不妨碍理论的形成与发展。中国扶贫领域的开放还体现在中国减贫的“引进来”和“走出去”。20世纪80年代后期和整个90年代，通过开展国际减贫合作，引进国际成功的减贫理念和方法，促进了中国扶贫理论实践的发展。进入21世纪，前10年的中国国际减贫合作，体现了“引进来”和“走出去”互动特征。“走出去”就是加大中国对外发展援助力度，开展以中国扶贫经验交流分享为主要内容的国际交流。党的十八大以来，中国国际减贫合作逐步转到以“走出去”为主的新阶段，更多的是在对外发展援助、国际合作，特别是在“一带一路”倡议实施中注重扶贫领域经验知识的交流借鉴。

中国扶贫两动论。习近平总书记指出，要深化东西部扶贫协作和党政机关定点扶贫，调动社会各界参与脱贫攻坚积极性，实现政府、市场、社会互动和行业扶贫、专项扶贫、社会扶贫联动。扶贫两动论是习近平总书记对于中国特色社会扶贫体系的最新概括和丰富发展。两动论涉及六个方面：政府、市场、社会——这是从扶贫的力量主体而言，不仅需要政府主导，更需要市场发挥在资源配置中的决定性作用，还需要社会的参与和补充；行业扶贫、专项扶贫、社会扶贫——这是从扶贫的组织方式而言，不仅需要行业部门把扶贫纳入本行业发展作出优先安排，专门开展扶贫，发挥主力军作用，还需要社会扶贫与行业扶贫、专项扶贫形成良性互动。

两动论的核心就是要求相关主体及其行动能够形成良性互动体系。构建大扶贫格局，是中国扶贫开发的特色经验，不仅是静态的东西部扶贫协作、中央国家机关定点帮扶，民营企业、社会组织和公民个人的参与，而且要形成互动。比如，市场作用得不到充分发挥，脱贫成果就很难具有可持续性。社会动员不足，就无法通过社会参与开展脱贫攻坚、解决绝对贫困。脱贫攻坚正是能触动每一个人扶贫济困、守望相助的举措，是社会实现更加和谐的重要路径。

中国扶贫扶志论。中国改革开放以来的扶贫开发，最根本的特征就是开发式扶贫。新时代脱贫攻坚，习近平扶贫重要论述的重要思想之一就是要强调扶贫同扶志、扶智相结合，注重激发贫困群众内生动力。习近平总书记关于扶贫同扶智、扶志相结合的重要论述，为进一步激发内生脱贫动力、实现稳定脱贫提供了科学指引，形成了中国扶贫扶志论。

激发内生动力是扶贫脱贫的根本目标。坚持开发式扶贫方针，把发展作为解决贫困的根本途径，把内生动力激发、提升、培育作为精准扶贫精准脱贫的重要内容和根本目标，以实现贫困地区贫困人口内源式发展。做好对贫困地区干部群众的宣传、教育、培训、组织工作，坚持以促进人的全面发展的理念指导扶贫开发，丰富贫困地区文化活动，加强贫困地区社会建设，提升贫困群众教育、文化、健康水平和综合素质，振奋贫困地区和贫困群众精神风貌①。加强扶贫同扶志、扶智相结合，激发贫困群众积极性和主动性，激励和引导他们靠自己的努力改变命运，使脱贫具有可持续的内生动力。

尊重贫困群众脱贫攻坚的主体地位。充分发挥贫困群众在脱贫攻坚中的主体作用，采取系统性措施，从理念到落实，让贫困群众在项目选择、设计、实施、管理、监督、验收、后续管理全过程每一个环节发挥主体作用，强化贫困群众的主体意识和拥有感，最大程度提升贫困群众在脱贫攻坚中的获得感。引导贫困群众树立主体意识，发扬自力更生精神，激发改变贫困面貌的干劲和决心，靠自己的努力改变命运；坚持依靠人民群众，充分调动贫困群众的积极性、主动性、创造性；坚持扶贫同扶志、扶智相结合，正确处理外部帮扶和贫困群众自身努力关系，培育贫困群众依靠自力更生实现脱贫致富意识，培养贫困群众发展生产和务工经商技能，组织、引导、支持贫困群众用自己的辛勤劳动实现脱贫致富，用人民群众的内生动力支撑脱贫攻坚。

多措并举激发内生动力。扶贫必扶智。统筹安排使用扶贫资源，把各部门制定的政策措施落实到位，创造可持续发展条件，激活内生动力，加大教育、健康扶贫力度，调动群众的积极性和主动性，建立健全稳定脱贫长效机制，注重提高脱贫质量。针对精神贫困的综合性成因，采取综合性

① 黄承伟：《激发内生动力　指引中国稳定脱贫实践》，《中国教育发展与减贫研究》2018年第1期。

举措。教育扶贫阻断贫困代际转移，健康扶贫降低贫困脆弱性和因病致贫的风险性，发展产业就业增加收入，“富口袋”为“富脑袋”提供支撑。

外部帮扶与内生动力结合。改变以往的送钱送物方式，坚持“扶贫先扶智，扶贫必扶志”，深入细致做好群众的思想工作，帮助贫困群众提高增收致富的能力，帮助贫困群众摆脱思想贫困、意识贫困。从政策设计上，形成正向引导激励机制，防止政策“养懒汉”；加强教育宣传，通过典型引导贫困群众自力更生，在外力帮助下实现自主脱贫、稳定脱贫；改变外在帮扶方式，创新各类更有利于调动贫困群众参与的途径方式，把扶贫脱贫和贫困群众的自我发展能力建设有机结合起来。

注重提高贫困地区基层干部的能力和素质培养。把夯实农村基层党组织同脱贫攻坚有机结合起来。根据贫困村的实际需求精准选配第一书记、精准选派驻村工作队。切实加强对基层干部的培训，着力提高他们的能力和素质。特别是通过有效培训，帮助基层干部转变传统观念。帮助基层干部理解和掌握精准扶贫精准脱贫基本方略，理解和掌握“六个精准”的根本要求、“五个一批”的脱贫路径、解决“四个问题”的方式方法，理解和掌握组织群众、发动群众参与的能力和技能。

三、中国扶贫脱贫的主要方法与路径

从扶贫脱贫方法看，综合扶贫、精准扶贫、脱贫攻坚与乡村振兴衔接是实现稳定脱贫的主要路径。

中国扶贫综合论。改革开放以来，中国扶贫战略及政策演进具有鲜明的综合性特征，逐步形成了综合扶贫理论和实践模式。

贫困是多维的。无论是20世纪90年代中国实施的《国家八七扶贫攻坚计划（1994—2020年）》，还是《中国农村扶贫纲要（2001—2010年）》，都逐步体现多维贫困的扶贫需求及其综合扶贫的战略政策取向。新时代脱贫攻坚，不仅要实现贫困人口脱贫，也要实现贫困县摘帽、解决区域性整体贫困。2015年印发的《中共中央　国务院关于打赢脱贫攻坚战的决定》不仅关注贫困对象“两不愁三保障”，而且扶贫措施体现了对贫困人口地位尊严、公平权利、均等机会、能力素质、精神面貌和心理状态的关注和注重。从理念上，超越了传统关于多维贫困的认知。

贫困需要综合治理。综合治理贫困是中国开发式扶贫的主要特征，不仅要使贫困人口脱贫，而且要加快贫困地区的发展。不仅要发展产业，确保贫困人口稳定持续增收，而且要保障其基本教育、健康需求，全面提升贫困地区路、水、电、房、网络水平。“五个一批”精准扶贫路径的重要思想，是中国扶贫综合论的实践呈现。

开发式扶贫和保障性扶贫结合。开发式扶贫的假设是贫困人口有劳动能力，贫困是因为缺资金支持没有扶贫项目，因此，传统扶贫就是提供专项资金，实施扶贫项目。实行精准扶贫，对贫困人口进行精准识别以后，中国的扶贫进入了开发式扶贫与保障性扶贫结合阶段。对于一部分没有劳动力或只有弱劳动能力的贫困人口，显然通过开发式扶贫无法解决他们的脱贫问题，这部分贫困人口只能通过保障性扶贫提供兜底保障。这就需要建立保障性扶贫的政策体系与开发式扶贫有机衔接，确保每一个贫困人口都得到精准扶持。

中国扶贫精准论。精准扶贫是习近平扶贫重要论述的精髓，是一套内涵丰富、逻辑严密的思想体系。从哲学基础看，精准扶贫论述包括实事求是和从实际出发、普遍联系与统筹兼顾、对立统一与重点论等基本哲学理论。从政治基础看，精准扶贫必须坚持中国共产党的坚强领导和发挥社会主义制度集中力量办大事的优势。从主要内容看，精准扶贫论述是做到“六个精准”、实施“五个一批”、解决“四个问题”的内在逻辑严密的体系。做到“六个精准”是精准扶贫的基本要求；实施“五个一批”是精准扶贫的实现途径；解决好“四个问题”是精准扶贫的关键环节；推进贫困治理体系和治理能力现代化，是精准扶贫的主要目标①。

中国扶贫精准论是以精准扶贫精准脱贫基本方略为实践形态的思想体系。精准扶贫精准脱贫基本方略是一项系统工程，由核心内容、实现路径、根本要求、保障体系和落实行动等各相互作用、相互促进的子系统耦合而成，具有内在逻辑关联的贫困治理体系。精准扶贫的核心内容就是做到“六个精准”，实施“五个一批”，解决好“四个问题”。精准扶贫的根本要求就是要通过创新来实现转变，主要是：创新扶贫开发路径，实现扶贫方

① 黄承伟：《决胜脱贫攻坚的若干前沿问题》，《甘肃社会科学》2019年第6期。

式由“大水漫灌”向“精准滴灌”转变；创新扶贫资源使用方式，让资源使用由“多头分散”向“统筹集中”转变；创新扶贫开发模式，由偏重“输血”扶贫向注重“造血”扶贫转变；创新扶贫开发考核评估体系，由考核扶贫过程向考核脱贫成效转变。精准扶贫的体系保障包含多个相互关联的元素，其中，观念转变是前提，政策措施是关键，组织保障和能力建设是根本。

中国精准扶贫论在具体实践中形成了一系列精准扶贫工程或行动。如开展教育扶贫、健康扶贫、金融扶贫、交通扶贫、水利扶贫、劳务协作对接、危房改造和人居环境改善扶贫、科技扶贫、中央企业“百县万村”帮扶、民营企业“万企帮万村”等十大精准扶贫行动，实施干部驻村帮扶、职业教育培训、扶贫小额信贷、易地扶贫搬迁、电商扶贫、旅游扶贫、光伏扶贫、构树扶贫、致富带头人创业培训、龙头企业带动等十项精准扶贫工程。

中国扶贫衔接论。如期打赢打好脱贫攻坚战，是全面建成小康社会的底线任务。实施乡村振兴战略是一项长期的艰巨任务，需要长短结合、分步推进、稳扎稳打、久久为功。习近平总书记指出，要把脱贫攻坚同实施乡村振兴战略有机结合起来。这是重要的理论和实践创新。只有打赢打好脱贫攻坚战，才能为乡村振兴奠定坚实基础。只有实现乡村振兴，才能从根本上解决贫困问题。基于习近平总书记关于脱贫攻坚与乡村振兴衔接重要论述而建构的中国脱贫攻坚与乡村振兴衔接理论具有全球普适性。

打好脱贫攻坚战是实施乡村振兴战略的优先任务。从目标上看，脱贫攻坚的直接成效，将为贫困地区特别是贫困村振兴奠定基础。乡村振兴战略的实施，将为贫困群众稳定脱贫进而致富创造环境、增强“造血”功能。从乡村发展逻辑看，脱贫攻坚具有多维贫困治理特性。多维贫困治理的特性使脱贫攻坚有效推动农村贫困人口全面发展和贫困乡村整体发展，因而与乡村振兴的发展需要相契合[①]。从实践进程看，脱贫攻坚的历史性成就为贫困地区乡村振兴奠定了坚实基础。现行标准下农村贫困人口由近1亿人减

① 黄承伟：《论中国新时代扶贫理论实践研究》，《华中农业大学学报（社会科学版）》2019年第1期。

少到数百万人。贫困地区基础设施和基本公共服务显著改善。贫困地区一大批特色优势产业得到培育壮大，贫困地区生态环境明显改善，农村基层治理能力和管理水平大幅提升，农村基层党组织创造力、凝聚力、战斗力明显增强。

精准扶贫精准脱贫基本方略全面实施形成的理论方法、治理体系安排，为乡村振兴战略的有效实施提供了重要借鉴。脱贫攻坚的成功实践为乡村振兴提供了精准思维、系统思维、辩证思维等思维方法。脱贫攻坚以精准扶贫精准脱贫为基本方略，引发的“三变”改革、“减贫大数据”系统的运用、“四到县”的改革、扁平化政府管理、督查考核评估体系的完善、驻村帮扶方式的探索、新型产业扶贫体系的构建以及推进新型金融扶贫、资本市场扶贫、保险扶贫、电商扶贫、基层组织建设等体制机制模式创新，无疑都为乡村振兴提供了实践方法参考①。

四、中国扶贫脱贫的理论创新和伟大实践为全球减贫指明了方向

从扶贫价值观看，消除贫困是人类的共同使命。中国扶贫脱贫的理论创新和伟大实践，有利于更充分发挥中国减贫软实力，增强中国在全球治理中的话语权，促进人类命运共同体的构建。

中国扶贫合作论。习近平扶贫重要论述从携手消除贫困、共建人类命运共同体的高度指明了全球减贫合作的方向，阐述了充分发挥国家扶贫软实力的重大意义，拓展了中国扶贫工作的价值内涵，指引了中国扶贫合作论的形成发展。

中国扶贫是重要的国家软实力。“中国是世界上最大的发展中国家，一直是世界减贫事业的积极倡导者和有力推动者。改革开放三十多年来，中国人民积极探索、顽强奋斗，走出了一条中国特色减贫道路。”②“消除贫困是人类的共同使命。中国在致力于消除自身贫困的同时，始终积极开展

① 黄承伟：《论中国新时代扶贫理论实践研究》，《华中农业大学学报（社会科学版）》2019年第1期。

② 中共中央党史和文献研究院编《习近平扶贫论述摘编》，中央文献出版社，2018，第151页。

南南合作，力所能及向其他发展中国家提供不附加任何政治条件的援助，支持和帮助广大发展中国家特别是最不发达国家消除贫困。”①显然，中国的扶贫事业是全球减贫事业的重要组成部分，国内扶贫工作的开展与国际减贫合作的加强密不可分。

中国扶贫合作论实际上为大国外交、“一带一路”倡议以及援外大局等重大战略的制定和实施提供了理论支撑。对国内，有利于充分发挥减贫软实力，增强我国在全球治理中的话语权，树立全球大国形象。对国际，习近平总书记创造性地提出“共建一个没有贫困、共同发展的人类命运共同体”主张，不仅为纷争的国际社会找到了底线共识，也为未来国际关系的建构提供了目标选择。

中国扶贫合作论实际上是通过减贫合作，把中国的前途命运同各国人民的前途命运紧密结合起来，把中国发展同发展中国家共同发展紧密结合起来，把中国脱贫攻坚与人类消除贫困的共同使命紧密结合起来，强调推动建立以合作共赢为核心的新型国际减贫交流合作关系，强调消除贫困是人类的共同使命，为国际社会携手消除贫困、促进共同发展、共建人类命运共同体提供了中国方案和中国智慧，体现了习近平总书记的宽广胸怀、全球视野和使命担当精神。

---

① 中共中央党史和文献研究院编《习近平扶贫论述摘编》，中央文献出版社，2018，第152页。

中国脱贫攻坚的理论与实践创新

党的十八大以来，我国扶贫开发进入脱贫攻坚阶段。脱贫攻坚理论与实践创新不断深化推进，不仅彰显脱贫攻坚在决胜全面建成小康社会进程中的重要地位，也预示贫困研究与贫困干预模式的转型。在习近平扶贫重要论述引导下，我国坚持精准扶贫精准脱贫基本方略，推进扶贫体制、机制、路径的改革创新。顶层设计日益完善，实践领域不断破局，取得了前所未有的减贫成效。基于打赢脱贫攻坚战的实践经验与现实需要，贫困研究和反贫困实践的互动愈加频繁，新理论引导实践不断创新发展，实践发展又为理论创新拓展经验基础。脱贫攻坚“理论—政策—实践”的互动转换，建构了意识形态话语与政策科学研究的互动空间，避免了学术研究成果与现实发展需求的割裂，也激发了学术与政策领域的研究活力。推进这一模式的发展与完善不仅有助于脱贫攻坚的理论与实践创新，也有助于为世界减贫提供中国方案。

原题《论中国脱贫攻坚的理论与实践创新》，《河海大学学报（社会科学版）》2018年第3期长期以来，无论是民间的济贫活动还是政府减贫干预，大都承载特定的价值诉求或意识形态。20世纪以来，西方福利国家体制的形成与转型，既是各国政治经济的演变进程，也是主流意识形态的变迁过程，还是福利思想史的现实形态。然而，随着政策科学研究的兴起，贫困研究与减贫干预转向科学化的模式，并带来反贫困特定维度上的效率提升与进步。然而技术化的减贫干预始终无法回避政治权力的制约，贫困治理的最优解依然只存在于理想情景，研究者回避意识形态话语所提供的对策建议多成为无法在现实中运行的“鸵鸟算法”。因而，研究者有必要打破意识形态与科学研究的藩篱，尝试在意识形态话语与政策科学研究之间建构互动空间，突破实证研究“经验—理论”科学环的束缚，探索将政策及政策实践融入研究流程的路径。基于这样的意图，本文通过对党的十八大以来精准扶贫的指导思想、政策体系、学术研究进行综合叙述，指出脱贫攻坚战既是我国经济社会发展的必由之路，也是习近平扶贫重要论述的现实展开，还是贫困研究理论创新的现实途径。

党的十八大以来，脱贫攻坚的理论与实践在新历史条件下产生了诸多发展和变化，贫困的发生情境、反贫困行动的背景以及经济社会诸多领域的变迁都在不同程度上改变了扶贫理论的演进和实践发展，这不仅是我国乃至全球减贫事业发展的全新机遇，也是扶贫领域包括我国脱贫攻坚学术研究反思与革新的良好契机。以习近平同志为核心的党中央把扶贫开发纳入“五位一体”总体布局和“四个全面”战略布局进行部署，把贫困人口脱贫作为全面建成小康社会的底线任务和标志性指标，在全国范围全面打响了脱贫攻坚战，我国扶贫开发进入新时代脱贫攻坚阶段。习近平总书记高度重视脱贫攻坚，亲自挂帅、亲自出征、亲自督战，30多次国内考察涉及扶贫，连续6年国内考察首先看扶贫，连续4年新年贺词讲扶贫，就脱贫攻坚作出100多次重要批示，在陕西延安、贵州贵阳、宁夏银川、山西太原、四川成都主持召开5次跨省区的脱贫攻坚座谈会，在重要会议、重要时点、重大场合反复强调脱贫攻坚，形成了习近平新时代中国特色社会主义思想的重要组成部分——习近平扶贫重要论述，为打赢脱贫攻坚战提供了根本遵循。在习近平扶贫重要论述指引下，扶贫领域改革创新持续推进，精准扶贫实践不断拓展，脱贫攻坚取得了决定性进展，为打好打赢脱贫攻坚战奠定了基础。回顾总结脱贫攻坚的理论和实践创新研究进展，对于促进中国扶贫开发理论的发展，向国际社会展示全球贫困治理的中国方案具有重要意义。

一、脱贫攻坚的理论创新

坚决打赢脱贫攻坚战事关全面建成小康社会，事关巩固党的执政基础，事关我国国际形象，是我们党的庄严承诺，是对中华民族和整个人类都有重大意义的伟业。打好精准脱贫攻坚战是党的十九大提出的三大攻坚战之一，对如期全面建成小康社会、实现我们党第一个百年奋斗目标具有十分重要的意义。伟大的实践需要伟大思想的指导，在习近平扶贫重要论述引领下，脱贫攻坚理论持续创新。

1.脱贫攻坚理论创新的基石：精准扶贫精准脱贫基本方略

脱贫攻坚进入攻城拔寨的冲刺期，我国的贫困问题在贫困规模、贫困深度、减贫成本和脱贫难度方面都面临巨大挑战。迎接现实的挑战需要更有力的行动，而只有符合发展规律的理论及方法创新才能取得更有效的成效，进而实现新的减贫目标。因此，理论创新构成了脱贫攻坚的前提和基础，其核心和出发点就是习近平扶贫重要论述所包含的理论维度。习近平扶贫重要论述不仅有效引领脱贫攻坚实践的展开，也为学术界相关研究建构了新的理论基石。所谓基石也就是支撑建筑安稳的基础。对于实践而言，基石意味着根本性的目标、方向和原则，正如同马克思科学社会主义构成了世界无产阶级革命的基石。习近平扶贫重要论述则是党的十八大以来我国脱贫攻坚战的基石，其核心要义是精准扶贫精准脱贫基本方略。这一方略内涵丰富、体系严密，既包含了对脱贫攻坚总体性、基础性的理论判断，也涉及对脱贫攻坚各个领域和各方面的深刻阐述。

首先，习近平总书记对于脱贫攻坚的重大意义作出了新的判断。习近平总书记指出，全面建成小康社会目标能不能如期实现，很大程度上要看扶贫攻坚工作做得怎么样。将打赢脱贫攻坚战与全面建成小康社会紧密关联，从短板的角度审视经济社会的发展，不仅是社会主义建设理论的重大创新，也是中国特色社会主义道路面向共产主义理想的探索。马克思、恩格斯曾在《共产党宣言》里这样描述共产主义的理想："代替那存在着阶级和阶级对立的资产阶级旧社会的，将是这样一个联合体，在那里，每个人的自由发展是一切人的自由发展的条件。"习近平总书记在不同场合多次讲到"小康不小康，关键看老乡"，不仅表达了脱贫攻坚补齐短板对于经济社会发展的意义，而且也包含了全体人民共同发展的价值诉求，是对共产主义理想在现阶段现实挑战下的伟大探索。习近平扶贫重要论述贯穿了马克思主义的基本立场和方法，不仅把全体人民的发展看作社会发展的重要目标，视脱贫攻坚为全面建成小康社会的底线任务；而且把人的全面发展作为脱贫攻坚的重要内容，把调动贫困地区干部群众的积极性和创造性作为脱贫攻坚的重要原则，使扶贫工作有了超越温饱目标和面向美好生活的全新内涵。

其次，习近平总书记深刻阐述了脱贫攻坚的基本方略。"六个精准""五个一批""四个问题"等重要论述是我国扶贫理论的重大创新，开启了脱贫攻坚工作的全新局面。一方面，这些重要论述是我国长期大规模扶贫工作的继承和发展，是针对过去扶贫存在各类问题整体性的解决方案；另一方面，这些重要论述对于国际减贫所存在的普遍性和一般性问题的解决亦是重要的创新。以贫困人群的瞄准为例，实施精准扶贫以来，我国贫困户的识别率和瞄准率达到了全球从未有过的水平。习近平总书记指出："凡是有脱贫攻坚任务的党委和政府，都必须倒排工期、落实责任，抓紧施工、强力推进。特别是脱贫攻坚任务重的地区党委和政府要把脱贫攻坚作为'十三五'期间头等大事和第一民生工程来抓，坚持以脱贫攻坚统揽经济社会发展全局。"[①]从而实现扶贫开发路径由"大水漫灌"向"精准滴灌"转变，扶贫资源使用方式由多头分散向统筹集中转变，扶贫开发模式由偏重"输血"向注重"造血"转变。

再次，习近平总书记深刻论述了贫困治理与经济社会发展全局的关系。

① 中共中央党史和文献研究院编《习近平扶贫论述摘编》，中央文献出版社，2018，第40页。

习近平总书记把脱贫攻坚纳入“五位一体”总体布局和“四个全面”战略布局中进行部署，摆在治国理政的重要位置，提出“以脱贫攻坚统揽经济社会发展全局”的重要理念，是对贫困治理与经济社会发展关系理论的重大创新。习近平总书记指出：“要把脱贫攻坚实绩作为选拔任用干部的重要依据，在脱贫攻坚第一线考察识别干部，激励各级干部到脱贫攻坚战场上大显身手。要把贫困地区作为锻炼培养干部的重要基地，对那些长期在贫困地区一线、实绩突出的干部给予表彰并提拔使用。”[①]通过精准扶贫精准脱贫，贫困群众的生产生活条件不仅能有较大改观，贫困地区以及非贫困地区的干部培养和社会治理能力也会获得根本性的提升。这在很大程度上突破了过去专项贫困治理的局限，且将解决贫困问题和经济社会整体健康发展紧密联系在一起，不仅体现了中国特色社会主义制度的优越性，也成为新常态下扩大国内需求、促进经济增长的重要途径。而扶贫考评体系由侧重考核GDP向主要考核脱贫成效转变，有助于规避地方发展GDP主义的诸多弊端，从而促进地方经济社会的均衡全面发展。

2.精准扶贫精准脱贫理论研究：延伸和拓展

研究与干预紧密相连是贫困研究的重要特征，反贫困的意图是先于贫困研究本身的。研究者和实践者都希望运用科学和理性透视贫困现象的成因与机制，从而作出干预和改变以达到特定价值条件下的减贫目标。脱贫攻坚的实践在不断取得减贫成效的同时，也为反贫困理论创新提供了契机。精准扶贫精准脱贫引领了党的十八大以来脱贫攻坚战的理论创新和实践创新。基于脱贫攻坚的基本方略以及深入实践，学术界也开展了一系列研究，延伸和拓展了习近平扶贫重要论述，主要体现在贫困识别与瞄准技术、反贫困与贫困治理议题以及反贫困理念等方面。

（1）精准扶贫视野下的贫困识别与瞄准

识别与瞄准是反贫困的前提条件，政策实践的不精准则是阻碍反贫困取得成效的障碍。已有研究不仅充分解释了何以瞄不准、何以偏离目标，而且为政策瞄准提供了诸多用以改进的机制和对策建议。从反贫困实践出

---

① 中共中央文献研究室编《习近平关于社会主义经济建设论述摘编》，中央文献出版社，2017，第227页。

发，研究者主要在科层制和项目制的视野下，分析了两种政策执行模式所面临的各类实践困境。扶贫行动不仅有来自科层制张力的阻碍，也会陷入乡土复杂治理情境的陷阱。有研究指出，基层反贫困的实践逻辑、结构关系及其绩效，会直接影响国家脱贫攻坚战略目标的实现。另一些研究详细分析了“瞄准”受制于“三重对焦”机制：瞄准贫困村、瞄准贫困户、贫困户核查，分别由扶贫办、村干部和驻村干部执行，这一过程中福利均分原则、村庄政治结构以及扶贫考核压力都限制了完全按照经济收入来进行贫困识别。这些不精准的情况，从反面呈现了脱贫攻坚实践偏离习近平总书记精准扶贫方略所引发的问题，也说明坚持精准扶贫方略对于打赢脱贫攻坚战的重要性。

科层制固有的逻辑和张力使得反贫困难以完全依靠科层体制实现，还需要其他制度来突破困境，项目制由此成为扶贫开发的重要载体。尽管项目制旨在克服贫困科层治理的困境，但其依然无法完全摆脱既有基层科层结构与治理情境的制约。地方精英的强势存在会对项目的精准落实产生影响，扶贫项目目标偏离的问题必须在克服“精英俘获”现象的前提下才能得到解决。还有研究表明，在精准识别过程中以追求工具理性为目标的国家逻辑和以追求价值理性为目标的乡土逻辑二者之间的张力仍然是困扰精准识别的主要障碍。

针对政策执行情境的约束，驻村帮扶成为破解上述难题的可行路径，在一定程度上试图去克服上述两种治理机制的缺陷。有研究者以“双轨治理”新概念来分析国家设置的第一书记制度与“村支书制度”在扶贫领域相互作用而形成的治理格局及其风险。有的研究把驻村干部制度纳入乡村治理以及国家政权建设的宏观背景中，通过对个案的分析，揭示干部驻村实践中的困境、原因等。有研究认为，驻村干部的介入使乡村基层出现了多元治理的局面，为基层治理注入了新的活力，但如何增强村级组织与村干部自身的号召力及执行力，而不是用政府之手接管其工作，仍是改善乡村基层治理过程中不容忽视的重要问题。还有学者指出，驻村帮扶对于实现精准扶贫目标具有重要的作用，要实现精准扶贫目标，要把贫困村的治理放在驻村帮扶的首要位置，通过扶贫项目实施来完善贫困村的治理结构以实现精准扶贫目标。另一些研究则认为，为了克服目前驻村干部制度的实践困境，需要采取增加驻村干部权力、加大资源支持以及打破乡镇干部与村干部之间的“共谋”与“垄断”等措施。显然，扶贫瞄准面临诸多障碍，也需要消耗资源来实现“准”的目标，对此，有研究者指出，扶贫瞄准不是一个简单的技术问题，不能仅由瞄准精度指标来衡量，瞄准精度与扶贫效率的关系需要根据具体的情境来探究。

总之，“识别”与“瞄准”的研究，深化了对实施精准扶贫精准脱贫基本方略必要性的认识，提供了将这一方略落实好、落实准的实践路径，为政策的推进提供了有益参考，为打赢脱贫攻坚战提供了理论支撑。

（2）完善贫困治理体系视野下的精准扶贫

基于党的十八大以来“脱贫攻坚统揽经济社会发展全局”的实践，研究者开始突破传统政策执行话语体系，将“反贫困”与“治理议题”建立逻辑关联。精准扶贫实践同乡村治理的复杂关系催生了这一研究领域的兴起。一方面，党的十八大以来扶贫政策的落实为乡村治理研究提供了新的载体；另一方面，乡村治理研究的话语与范式扩展了反贫困研究的理论视域。这些研究多意识到，基层治理结构与贫困治理结构的耦合关系，二者良性互动对于贫困问题的解决，或是基层治理的改进都有重要意义。正如习近平指出的那样：“要把夯实农村基层党组织同脱贫攻坚有机结合起来，选好一把手、配强领导班子，特别是要下决心解决软弱涣散基层班子的问题，发挥好村党组织在脱贫攻坚中的战斗堡垒作用。”①

研究者首先分析了基层治理结构与贫困治理结构二者张力对于贫困治理造成的障碍，他们通过对农村精准扶贫实践进行考察发现，村民自治组织能力和权威的缺失与不足是导致精准扶贫实践困境的重要原因。有研究认为，由于精英治理存在“精英俘获”“不稳定性”等问题，乡镇政权在精准扶贫中应该积极转变过度依赖精英扶贫的理念，向培育社会组织、多元化扶贫主体转变。有研究突破农村治理内卷化定性研究的局限，从实证层面证实农村治理内卷化和参与式扶贫之间存在显著相关性。

一些研究者认为，有必要将社会治理纳入开发扶贫全过程。奠定扶贫开发的社会基础，才能达成扶贫与开发有机结合，真正实现脱贫致富。对

① 习近平：《在深度贫困地区脱贫攻坚座谈会上的讲话》，《人民日报》2017年9月1日。

此，有研究认为，只有资源、技术、制度和文化相辅相成，发挥四位一体的作用，才能够在根本上确保脱贫攻坚目标的顺利实现。

基于这些理论以及党的十八大以来的实践创新，学者们提出了不同的分析框架，诸如“接点治理”“复杂政策”“在地治理”等。其中，“复杂政策”的分析认为，在贫困的治理领域中，中央政府在常规的目标设定与督查考核之外，通过出台纲领性、指导性的专项政策，以及扩大社区参与等多种控制手段来纠正地方政府的偏差行为。“复杂政策”治理模式旨在建立“中央—地方”之间的协作机制，发挥好中央和地方“两个积极性”，从而弥合中央政府对政策推进的总体控制与地方政府在行政实践中自由裁量权之间的张力。“在地治理”则强调在贫困历史情境与生活脉络中探索反贫困的可能性，认为扶贫不应只注重技术化的瞄准与规范化的监察，更不是对传统地方性文化的贬抑与革除，而是立足于对地文化资源的挖掘，重建集体的公共规范、社区认同与文化自信。总之，这些研究背后都包含了一致的认识前提，即精准扶贫方略不仅是扶贫开发在新时期的延续，更是党的十八大以来治国理政的新实践，是完善国家治理体系的重要载体。

（3）基于精准扶贫精准脱贫的脱贫攻坚理论创新

党的十八大以来，反贫困理论与路径产生了诸多创新。新的理论和路径不仅有助于满足贫困人口的真实需求，也很大程度促进了新贫困治理体系的形成。围绕如何实现扶贫开发的精准和有效，研究者提出了诸如“三维资本”“反脆弱性发展”等反贫困理念。前者认为，完善新型农村反贫困机制需要发挥物质资本的基础性作用、人力资本的智力支持作用以及社会资本的效应提升作用；后者则指出，反脆弱发展与以往的发展模式相比，它以是否减少了脆弱性作为评判发展的标准，它着眼于未来，注重在当前的社会发展中消减脆弱性、防患未然，强调人在减少脆弱性中的主动性。对于精准扶贫重中之重的深度贫困，研究者提出“现代性伦理”缺失、“公共物品”供给失衡，是深度贫困地区陷入“经济性贫困陷阱”的主因，因而深度贫困地区要特别注重综合治理，例如需要建立学前教育和儿童营养计划等来全面系统地治理深度贫困。

在具体的脱贫路径方面，理论创新更为活跃，体现在产业扶贫、就业扶贫、易地搬迁扶贫、生态保护扶贫、资产收益扶贫、教育扶贫、健康扶贫、兜底保障等方面，或是体现在党的十八大以来脱贫攻坚战的全新理念和思路，或是在原有理论和实践的基础上进行了推进和延伸，从而有效扩展了脱贫攻坚的“工具包”。例如绿色扶贫和生态扶贫，有效回答了在扶贫开发过程中人与自然和谐发展的问题，这一理论创新破解了以往实践中保护环境与发展经济的矛盾，让一种二元性的价值选择在发展话语下得到了统一。

综上所述，在习近平扶贫重要论述引领下，党的十八大以来我国扶贫开发理论创新进入了新的历史高度。其关键在于政治优势和制度优势推进了脱贫攻坚实践，影响了贫困发生和反贫困实践的诸多结构性要素，从而为相关研究带来了全新的问题和经验，极大地促进了相关理论的发展和创新。

二、脱贫攻坚的实践创新

党的十八大以来，基于精准扶贫精准脱贫基本方略和脱贫攻坚的顶层设计，我国脱贫攻坚在理论创新基础上进行了大量的实践探索，形成了诸多可借鉴的模式。总的来说，精准扶贫精准脱贫的主要目标是实现贫困人口的“两不愁三保障”，基本要求是做到“六个精准”，主要路径是实施“五个一批”。这既是贫困理论创新的实践基础，也是习近平扶贫重要论述的具体运用。围绕着主要目标和基本方略，中央层面进行了一系列顶层设计，将扶贫思想和扶贫理论成功转换为政策和制度安排。地方层面则针对地方情境，通过各类创新将来自上层的各类政策设计予以落实。具体而言，脱贫攻坚实践创新集中体现在：机制创新、制度创新和模式创新三个层面。

1.机制创新

经过近40年的扶贫开发实践，中国共产党已经深刻认识到贫困问题发生有着系统性的根源，因而贫困问题的治理首先要突破若干制度性障碍，通过机制层面的创新来提高扶贫开发的效能。党的十八大以来，国务院扶贫开发领导小组和有关部门围绕脱贫攻坚的责任、政策、投入、动员、监督、考核等六大体系，进行了一系列机制创新，为打赢脱贫攻坚战构建了完善的制度保障。这些创新具体体现在：构建各负其责、合力攻坚的责任体系，脱贫攻坚重点省份主要负责人向中央签署脱贫攻坚责任书，贫困县党政正职攻坚期内保持稳定；建立脱贫攻坚政策体系，中共中央办公厅、国务院办公厅出台了12个《决定》配套文件，各部门出台173个政策文件或实施方案，各地也相继出台和完善“1+N”的脱贫攻坚系列文件，涉及脱贫攻坚各个方面；建立脱贫攻坚投入体系，坚持政府投入的主体和主导作用，增加金融资金投放；建立脱贫攻坚动员体系，发挥社会主义制度集中力量办大事的优势，动员各方面力量合力攻坚；建立脱贫攻坚监督体系，把全面从严治党要求贯穿脱贫攻坚全过程各环节；建立脱贫攻坚考核体系，中央出台省级党委和政府扶贫开发工作成效考核办法，实行最严格的考核评估制度。

2. 制度创新

脱贫攻坚的制度创新主要体现在围绕解决“四个问题”对制度体系的完善和创新，即着力解决“扶持谁、谁来扶、怎么扶、如何退”的问题。

一是完善贫困识别制度，切实解决好“扶持谁”的问题。在扶贫的识别方面，经济收入作为唯一识别标准的方法开始被摒弃，多维的识别手段在各地纷纷开展。以贵州的“四看法”为例，就是从粮食、房屋、劳动力和教育等维度综合评价农户家庭状况，形成了直观、易操作的识别手段。各地基于精准的要求，也建立了各有特色的识别方法，表1是部分地区识别方法的归纳和总结。另外，通过“减贫大数据”建设，摸清了新时期中国农村贫困的“底数”，为相关政策安排提供坚实的信息基础，提升国家贫困治理体系的信息汲取能力。

表1　部分地区的贫困人口识别方法

地区	识别方法	识别过程
贵州	“四看法”	一看房，二看粮，三看劳动力强不强，四看家中有没有读书郎
甘肃	“9871”识别法	“9不准”直接排除法、8项定性指标问卷判断法、7项定量指标综合积分排序法和1次民主评议
宁夏	“过程”识别法	户申请、组提名、入户查、村初评、乡复核、县审批、三公示、一公告、系统管、动态调
云南	“七评法”	评住房、评生活、评生产、评劳力、评健康、评教育、评负债
四川	“十步工作法”	宣传发动、普遍调查、规模控制、农户申请、民主评议、初步公示、听取意见、深度核查、民主评定、公示公告
安徽	“六看六必问”	看房、看粮、看劳动力强不强、看家中有没有读书郎、看有没有病人睡在床、看有没有恶习沾染上以及问土地、问收支、问子女、问务工、问意愿、问党员干部和左邻右舍

二是加强基层力量，强化驻村帮扶，切实解决好“谁来扶”的问题。与以往的驻村帮扶和向农村派驻工作队不同，脱贫攻坚时期的驻村帮扶充分体现了精准扶贫的顶层设计，有着明确的责任和严格的监管制度，驻村帮扶获得了稳定的帮扶资源，并与第一书记、党员干部联系贫困户相结合，形成更加完善的制度。在实施精准扶贫中，驻村帮扶有效地完善了基层的贫困治理、扩大了扶贫资源，与贫困群众一起制订更加可行的脱贫发展规划，并保障规划的落实。驻村帮扶在组织机制、工作机制和管理监测机制方面的创新，有助于打通精准扶贫“最后一公里”。

三是坚持分类施策，切实解决好“怎么扶”的问题。体现在“五个一批”的路径上，通过发展生产、易地扶贫搬迁、生态补偿、发展教育以及社会保障兜底来实现对贫困群众的精准帮扶。分类施策有的是对过去扶贫开发模式的发展，有的则是通过与其他领域的结合来实现创新。以易地扶贫搬迁为例，通过将“挪穷窝”“换穷业”“拔穷根”作为政策顶层设计的核心，不断创新易地扶贫搬迁工作机制，在实践中又形成了精准搬迁精准安置，易地扶贫搬迁与新型城镇化、农业现代化相结合，“挪穷窝”与“换穷业”两方面并举等宝贵经验。

四是建立贫困退出机制，切实解决好“如何退”的问题。贫困退出机制是精准扶贫精准脱贫基本方略的又一重大机制创新，即明确设定脱贫时间表，实现有序退出，既防止拖延病，又防止急躁症。留出缓冲期，在脱贫攻坚期内实行摘帽不摘政策。实行严格评估，按照摘帽标准验收。实行逐户销号，做到脱贫到人，脱没脱贫要同群众一起算账，要群众认账。

3.模式创新

第一，传统扶贫模式的完善和创新。产业扶贫开始注重发展特色产业、促进一、二、三产业融合以及对于新型农业经营主体的培育，同时强调产业发展的益贫性，规避了过去富产业而不富农民、带贫作用弱的困境，使产业扶贫更加精准。金融扶贫开始转向综合性的金融扶贫，以促进贫困地区和贫困人口的发展，不仅为贫困农户量身打造了“5万元以下、3年期以内、免担保免抵押、基准利率放贷、财政贴息、县建风险补偿金”的扶贫小额信贷产品，而且为贫困地区涉农企业上市开通绿色通道。教育扶贫在阻断贫困代际传递的治本之策等精准扶贫论述的指导下，其顶层设计的核心理念逐渐由追求教育起点公平转向追求教育过程公平。社会保障领域则提出“三保障”、医疗保障脱贫、社会保障兜底脱贫、低保和扶贫两项制度有效衔接等政策措施。社会扶贫形成了包括定点扶贫、东西部扶贫协作、军队和武警部队扶贫、企业扶贫、社会组织扶贫、公民个人积极参与扶贫开发的中国特色社会扶贫体系。东西部扶贫协作进一步深化发展，协作关系更加完善，精准扶贫精准强化，保障措施趋于制度化。

第二，新兴扶贫模式的探索和运用。生态扶贫出现了特色生态产业扶贫、乡村生态旅游扶贫、土地和房屋置换、开垦耕地模式、依托小城镇等多种模式。资产收益扶贫成为让贫困人群共享发展成果的一大创新模式，产生了良好的减贫效果，贫困农户获得了稳定增收的渠道，贫困地区自我发展能力增强、财政资金使用效率提高、农村社区建设得以推进，实现了贫困与非贫困群体、社会组织和政府的多方共赢。此外，技术手段发展也有效助推脱贫攻坚的深入，包括大数据驱动下的反贫困治理、电子商务与信息扶贫、光伏扶贫等在内的扶贫模式在各地都取得了良好的成效。

第三，贫困治理新模式的尝试和试验。基于市场的发展型治理和基于权利的保护型治理是我国农村扶贫治理的主要模式。有的实践注重城乡统筹发展，如重庆市涪陵区农业产业扶贫机制既形成了城乡农业产业化发展诸要素资源的优化整合，又实现了扶贫对象自我发展能力提高与农业现代化的有机结合，具有较大的创新性和启示意义。一些地方在精准扶贫推进中探索了“政府—市场—社会—社区—农户”五位一体的贫困治理模式，不仅要强调政府的主导性作用，也要遵循市场规律，强调市场、社会、社区、扶贫对象的共同参与，形成扶贫开发合力。大农村社会工作的发展对于脱贫攻坚起到了一定的助推作用。专业社会工作的推进不仅能够有效反映这些地区真实的需求，链接各类资源，而且能够通过直接参与村庄发展，引导村庄提升自身能力。在扶贫项目的实施和管理方面，一些社工项目开始将“逻辑模式”运用于反贫困实践中。

三、总结与展望

上述理论与实践的创新路径既不完全是科学研究发现的逻辑，也不完全是政策演进试错或模仿的路径，而是呈现出了“理论—政策—实践”的互动形态。实践的探索在习近平扶贫重要论述的指引下形成了全新的局面，不断重构了理论发展的前提与理论命题的边界，极大激发了贫困研究的活力。另外，理论研究发生对于政策实践的关照，使研究成果不断反馈政策体系，减贫政策与政策实践不断完善。2018年，脱贫攻坚进入了攻坚拔寨关键阶段，无论是理论研究还是实践探索都需与时俱进，已有的理论和实践虽日臻完善，但依然存在演进的空间。基于“理论—政策—实践”互动的基本思路，下一阶段脱贫攻坚的理论创新应着眼于以下几个方面：

第一，脱贫攻坚的理论和实践创新必须以习近平扶贫重要论述为根本遵循。贫困问题不能孤立于其所处的历史时期和社会制度，反贫困的实践也不能脱离时代的物质基础与价值诉求。在中国情境与中国语境下，深化贫困与反贫困的研究和实践，需要与引导国家发展的基本理念产生共鸣和共振。习近平治国理政的思想不仅是马克思主义中国化的最新理论成果，也是当前中国经济社会发展最重要的思想指引。脱贫攻坚的理论实践创新以及攻坚战后的贫困研究与反贫困实践，也必须在习近平治国理政的思想框架下，以习近平扶贫重要论述为指导。反贫困事业既要以科学规律为圭臬，同样也需要社会的共识作为基础，唯有思想和理念的共识才能带来行动的统一与前进，才能最终夺取脱贫攻坚战的胜利。

第二，进一步加强元理论和基础理论的研究。贫困的干预应该避免直觉主义的策略，不仅要在经验层面看到干预手段的有效性，而且要在学理层面阐明其产生影响和作用的机制。在多学科、多领域的背景下阐述贫困的发生和演化、反贫困行动的输出和影响，需要一些基本的模型和理论作为对话和分析的基础。例如对贫困人口行为特征的描述，就需要借助更基本的理论来阐释，而非停留在现象层面的描述。基本理论的演进不仅有助于增进学科对话和知识积累，也有助于增加公众对于脱贫攻坚事业的了解和认同。

第三，进一步加强贫困和反贫困研究价值维度的阐发。大量的研究从不同角度指出，贫困问题并非简单的经济或社会问题，还包含了特定背景下人们的价值诉求。例如英美的济贫史既是政治经济发展的结果，也是一些价值观念演进的产物。如何让扶贫济困从文化或美德转换为现代政治共同体的共识性选择，需要研究者加强价值领域的探索，尤其是从我们自身的传统中挖掘扶贫济困的价值内涵。

第四，进一步加强反贫困进程中内生动力的研究和实践探索。尽管治理的议题已经被充分引入反贫困的领域，治理的多元性也在这一领域得到体现，然而贫困人口主体性及其衍生出来的内生动力还远远没能充分体现，不仅对脱贫攻坚战的实施造成了诸多障碍，更为重要的是，内生动力不足的反贫困最终也难以使贫困人口摆脱弱势和被排斥的处境。然而，既有的研究和实践在这方面存在诸多欠缺，贫困人口自身的诉求和声音表达远低于预期。

第五，进一步厘清贫困治理和经济社会发展的逻辑关联。脱贫攻坚被定位于补齐全面建成小康社会短板的论断无疑是深刻的，不仅为脱贫攻坚奠定了理论基础，也为其明确了发展方向。习近平总书记提出“以脱贫攻坚统揽经济社会发展全局”的重要思想如何全面落到实践，需要进一步挖掘和澄清经济社会发展和贫困治理的逻辑关联。需要回答的理论与实践问题是：贫困治理何以能够促进经济社会全面发展，何以能够改善基层治理面貌？唯有在二者之间建立清晰的逻辑关系，才有可能彻底破除目前反贫困实践遇到的各种迷思。

第六，进一步提炼和丰富中国扶贫开理论体系的普遍性。中国将发挥好中国国际扶贫中心等国际减贫交流平台的作用，提出中国方案，贡献中国智慧，更加有效地促进广大发展中国家交流分享减贫经验。讲好中国的减贫故事，不仅需要好的经验和素材，而且需要好的讲述与呈现方式，这就需要研究者能够在脱贫攻坚的中国话语与反贫困的全球议题之间实现创造性的转换，从基于特殊经验的理论话语迈向具有一般性意义的理论命题。

我国内源式扶贫：理论基础与实施机制

内源式发展理念源于对现代化发展理论与实践的反思，强调本土资本的开发与强化，以及发展效益的本土获得。中国内源式扶贫建构与城乡关系发展格局密切相关，是贫困地区、贫困人口坚持自力更生方针前提下与外部支持共同作用的结果。在城乡关系演变进程中，中国逐步建立了包括区域、社区、个体等多层次的综合性内源式扶贫机制体系，并取得了积极减贫成效。然而，中国内源式扶贫面临生态与环境约束增强、劳动力外流现象严重、城乡二元结构障碍等多方面挑战，并在一定程度上存在具体机制缺乏管理约束与激励等问题。在新的发展阶段，要通过加强部门资源整合、促进城乡融合、建强基层组织、加大教育扶贫等多个方面不断完善内源式扶贫机制体制。

《中国农村研究（2015年卷上）》，第二作者覃志敏

一、内源式发展理念

（一）内源式发展的起源：对发展主义的反思

内源式发展理念起源于对20世纪70年代以来强调经济增长、功利主义等的发展理论体系及其工业化、城市化、资本全球化实践引发的欠发达地区发展停滞和乡村（包括欧洲、日本等发达国家的乡村）衰弱的反思。

在国家层面，这种反思主要从发展话语的建构机制、有关发展的知识与权力运作之间的关系、发展主义对第三世界传统知识与社群生活的破坏等方面展开，认为在现代化话语体系下很多国家和地区被贴上工业体系落后的低度发展标签，抑制了第三世界本土自发的发展动力，造成这些地区核心社会文化被破坏及个体或组织风险增加。在城乡层面，这种反思认为，在快速工业化和城市化及资本流动全球化背景下，乡村发展陷入停滞甚至衰退。而实施以经济增长为目标的乡村外源式发展干预（如通过财政等措施吸引产业进入乡村、改善乡村产权结构等以提高土地生产力，引进新技术以提高农业生产率等），忽视了社会公平、生活质量、生态保护与文化保持，逐渐产生出乡村主体（农民）经济和文化独立的丧失及环境和资源危机等问题，致使农村社会被持续边缘化。

（二）内源式发展理论的内涵

在对传统发展主义理论与实践的反思和解构的过程中，发展主义思潮逐渐导向了探索本土化的发展旨趣，内源式发展理念日益兴起。作为一种新的理论思想，内源式发展成为20世纪末西方社会学研究常用术语，广泛使用于农村发展等相关研究。内源式发展在欧洲的讨论强调的是本土资本的开发与强化，亚洲（日本）则重视传统再造及多元主义。

20世纪70年代初，联合国社会经济理事会针对欠发达地区经济发展提出五点共识：一是社会大众应平等享有社会发展的成果，二是在项目开发中实施本地居民参与机制，三是在加强区域开发中必要的行政手段，四是实施城乡统筹配置的基础设施，五是加强环境保护。1975年，瑞典在一份关于“世界的未来”的联合国总会报告中指出，从社会内部推动的内源式发展是一种个人解放和人类的全面发展的发展方式。内源式发展注重适应本地生态、尊重文化传统，参照外来知识、技术和制度，自觉探索发展路径，以及合理地开发和利用当地内部力量及资源。1969年，日本学者鹤见和子将发展中国家现代化演化作了外源式发展和内源式发展的区分，前者强调以经济增长和实现赶超为目标，依靠政府大规模投入；而后者注重本地生态保护和注重本土文化，追求社区秩序和发展的可持续性。2000年联合国《马德里宣言》提出内源式发展计划包括：新的社会契约，承认人是经济发展的推动者和受益者；新的自然或环境契约，长期的思路及紧急状态下采取措施保护生态；新的文化契约，以维持文化的独立性和特色；新的道德契约，以确保全面落实构成我们个人和集体的行为守则的价值观和原则。

总而言之，与注重经济增长和大规模资本投资的外源式发展模式不同，内源式发展理念是一种“本土导向”的发展变迁过程。在发展方式上，强调自力更生和发展过程的本地主导，但不排除与外部的互动合作。在发展形式上，注重通过建构将各类资源整合的结构和组织平台，以实现本地社会动员。在发展成果上，强调确保发展效益的本地所得。

二、我国内源式扶贫与乡村发展格局变迁

（一）我国内源式扶贫

我国内源式扶贫是在我国长期扶贫开发实践中形成的一种新的扶贫理念和模式。具体是指确保贫困地区、贫困人口内生发展动力形成与发展的扶贫理念、制度、政策、模式的集合。内源式扶贫包含了三个方面的含义：一是强调资源开发与环境保护相结合。资源的利用和开发是开发式扶贫的核心理念。扶贫开发既包括物质资源开发，也包括人力资源开发，即提升扶贫对象的人力资本水平。大多数贫困地区生态脆弱，贫困地区物质资源开发要与生态环境保护相结合，人力资源开发需兼顾本土文化传承。二是内源式扶贫中内生力量的形成和发展，既要充分发挥地方性知识和本地社区、人群的主体地位，也要重视外部的支持和拉动作用。在贫困地区和扶

贫对象内生发展动力不足的情况下，内源扶贫中的外部支持和拉动显得尤为重要。贫困地区和扶贫对象的内生动力在内外合作中得以培育和不断发展。三是内源式扶贫强调推动贫困地区、贫困人口的内生发展动力和自我发展能力来实现本地经济发展和扶贫对象脱贫目标。因而，内源式扶贫注重的是可持续性的发展过程。

20世纪80年代中期，我国开始实施有组织、有计划、大规模的农村扶贫开发行动。先后颁布实施《国家八七扶贫攻坚计划（1994—2000年）》《中国农村扶贫开发纲要（2001—2010年）》《中国农村扶贫开发纲要（2010—2020年）》等国家减贫战略，扶贫开发成为全社会的共识和行动。政府成立专门扶贫机构，在扶贫资源瞄准上设立国家、省级扶贫开发工作重点县、重点村，划设连片特困片区，安排专项资金，制定专门优惠政策，以推进贫困地区经济发展和贫困人口脱贫致富。

尽管获得国家系列政策优惠和较大规模资金支持，但贫困地区在发展上始终倡导和坚持内源式发展理念，坚持内源式扶贫方式。我国开发式扶贫方针的主要内容包括：第一，倡导和鼓励自力更生、艰苦奋斗的精神，克服贫困地区农户中普遍存在的等靠要思想。第二，针对贫困地区基础设施薄弱、抵御自然灾害能力弱的实际情况，国家安排必要的以工代赈资金，鼓励、支持贫困农户投工投劳，开展农田、水利和公路等方面的基础设施建设，改善生产条件。第三，国家安排扶贫专项贴息贷款，制定相关优惠政策，重点帮扶贫困地区、贫困农户发展以市场为导向的种养业以及相应的加工业，促进贫困农户增产、增收。第四，开展农业先进实用技术培训，提高贫困农户的科技文化素质，增强自我发展能力。第五，扶贫开发与水土保持、环境保护、生态建设相结合，实施可持续发展战略，增强贫困地区和贫困农户的发展后劲。经过近30年的农村贫困治理，我国逐步形成政府、市场、社会协同推进的扶贫治理结构体系，探索出区域层次、社区层次和个体（农户）层次的多样化内源扶贫机制体系。《中国农村扶贫开发纲要（2011—2020年）》指出："我国扶贫开发已经从以解决温饱为主要任务的阶段转入巩固温饱成果、加快脱贫致富、改善生态环境、提高发展能力、缩小发展差距的新阶段。"

我国内源式扶贫的重点在于农村地区。一定意义上说，内源式扶贫嵌入乡村发展进程之中。内源式扶贫则是乡村发展的重要推动力量和重要内容，乡村发展状况构成了内源式扶贫的外部环境。乡村经济社会的整体状况对内源式扶贫具有重要影响。因而，回顾我国乡村发展历程有利于准确把握我国内源式扶贫实施机制的产生、形成与发展。

（二）内源式扶贫的乡村发展格局变迁

1.城乡隔离与乡村衰退（1949—1977年）

新中国成立初期，基于快速工业化和国防安全的目标，中国实施了重工业优先发展战略和区域平衡发展模式。在区域发展上，将中、西部地区作为经济政策倾斜的重点，推进“三线”建设。重工业优先发展战略下，实行的是农业支持工业、乡村支持城市的政策。为解决快速工业化的资金积累问题，国家建立起严格的户籍制度，使农业生产有充足劳动力，为工业发展积累农业剩余。通过工农产品交换“剪刀差”，将农业剩余转移至工业部门和城市。这一时期，尽管通过实施人民公社制度，乡村社会实现高度的社会动员，但是这种乡村内源式发展导致了农村的衰退和贫困加剧。到1978年，城乡人均收入是3.6∶1[①]，农村居民人均纯收入133.57元，其中食品支出占65.8%[②]，处于绝对贫困状态。

2.城乡分治与乡村发展（1978—2002年）

改革开放后，率先发起以家庭承包经营制度为核心的农村改革，极大激发了农民劳动生产的积极性和创造性，加之实施放宽农产品价格、大力发展乡镇企业等经济改革举措，乡村发展活力得到空前释放，农村贫困状况得到有效缓解。然而，随着20世纪80年代中期改革重心向城市转移，中央政府给予沿海地区大量优惠政策，支持这些地区发展以城市为中心的外向型经济，发展资源（资金、技术、劳动力）快速流向城市和工业部门。在这种城市和工业偏好的非均衡发展模式下，形成了城乡分治的治理格局。然而，乡村支持城市和工业化的城乡发展格局并没有变，只是农民和乡村对工业化和城市支持的形式发生了变化。在城乡分治下，以农业剩余形式

① 蔡昉：《“工业反哺农业、城市支持农村”的经济学分析》，《中国农村经济》2006年第1期。

② 韩俊：《中国城乡关系演变60年：回顾与展望》，《改革》2009年第11期。

支持工业化和城市的比例逐渐降低，而通过提供廉价劳动力和乡村资源（资金和土地等）支持工业化成为主体。到20世纪90年代末期，尽管我国扶贫开发取得了显著成绩，农村“空心化”和衰退现象仍加重，“三农”问题凸显。

3.城乡统筹与乡村发展（2003—2020年）

2003年中国人均GDP达到1090美元，农业劳动力占比下降至50%，城镇化率达到40.5%。根据国际经验判断，中国已进入工业化中期阶段，处于工农关系调整的转折时期[①]。党的十六大提出“全面建设小康社会”奋斗目标，而“统筹城乡经济社会发展，建设现代化农业，发展农村经济，增加农民收入，是全面建设小康社会的重大任务”。2003年1月，在北京召开的中央农村工作会议指出，解决好“三农”问题是全党工作的重中之重。2004年，时任国家主席胡锦涛同志在党的十六届四中全会上指出：“综观一些工业化国家发展历程，在工业化初始阶段，农业支持工业、为工业提供积累是带有普遍性的趋向；但在工业化达到相当程度以后，工业反哺农业、城市支持农村，实现工业与农业、城市与农村协调发展，也是带有普遍性的趋向。”在同年12月的中央经济工作会议上，他再次强调：“我国现在总体上已到了以工促农、以城带乡的发展阶段。我们应当顺应这一趋势，更加自觉地调整国民收入分配格局，更加积极地支持‘三农’发展。”[②]

20世纪90年代的分税制改革以后，中央财政能力大幅提高，为“工业反哺农业、城市支持农村”提供了财力基础。2000年3月，国务院印发《中共中央　国务院关于进行农村税费改革试点工作的通知》，开始实施农村税费改革试点。2004年7月，取消专门面向农民征收的各种税费。2005年3月14日，时任国务院总理温家宝在两会记者招待会上宣布：“我们现在开始进入第二个阶段……第二个阶段就是实行城市支持农村、工业反哺农业的方针，对农民‘多予、少取、放活’。”同年12月，第十届全国人大常委会第十九次会议作出废止农业税条例的决定。

① 宋洪远：《调整城乡关系：国际经验及其启示》，《经济社会体制比较》2004年第3期。

② 王伟光主编《建设社会主义新农村的理论与实践》，中央党校出版社，2006，第213页。

2004年以来，中国全面实行了种粮农民直接补贴、良种推广补贴、农机具购置补贴、农资综合补贴、农业政策性保险补贴等重要补贴政策，且逐年增加补贴资金规模。初步形成了一个围绕粮食生产、农民增收和保护生态环境等为目标，综合补贴和专项补贴相结合的直接补贴政策体系。在“以工促农、以城带乡”和“多予、少取、放活”两个基本方针的指导下，我国公共财政覆盖农村的范围不断扩大，涉及教育、医疗、社会保障等诸多领域。我国步入建立覆盖城乡的公共财政制度和推进农村综合配套改革的新阶段。总而言之，进入21世纪以来，我国逐步构建了“工业反哺农业、城市支持农村”的乡村内源式发展宏观环境，为农村快速发展奠定了政策和制度基础。

三、我国内源式扶贫的实施机制

改革开放以来，伴随城乡关系格局变化，我国在农村扶贫开发行动中逐渐构建了包含区域、社区、个体等多层次的内源式扶贫机制体系。

（一）区域层次的内源式扶贫机制

在区域层面的内源式扶贫机制主要是以政策倾斜为主要内容的贫困县（扶贫开发工作重点县）和连片特困地区区域发展政策体系。

1.扶贫开发工作重点县政策机制

确定重点县是我国扶贫开发区域瞄准的重要手段之一。国家扶持的重点县确定的主要依据是：贫困人口数量、农民收入水平、基本生产生活条件以及扶贫开发工作情况，适当兼顾人均国内生产总值、人均财政收入等综合指标。1986年中国第一次确定贫困县，此后进行过3次调整。1986年，国家陆续确定了331个国家重点扶持贫困县。1994年，颁布实施《国家八七扶贫攻坚计划（1994—2000年）》，对贫困县做了一次调整，在全国范围内重新确定了592个国家重点扶持贫困县。2001年，颁布实施《中国农村扶贫开发纲要（2001—2010年）》，对全国贫困县进行第二次调整，重新确定了592个国家扶贫开发工作重点县。2011年，颁布实施《中国农村扶贫开发纲要（2011—2020年）》，对国家重点扶持的贫困县进行第三次调整和重新确定，数量仍维持在592个。当然除了国家扶贫开发工作重点县，各省（区、市）也确定省级扶贫开发工作重点县。

《国家扶贫开发工作重点县管理办法》指出："国家下达的各项扶贫资金全部由省（自治区、直辖市）扶贫开发领导小组统筹安排使用，主要用于重点县的贫困乡村……省直有关单位要优先考虑重点县的发展，各部门安排的项目、资金、物资、技术推广等要向重点县倾斜。广泛动员和组织社会各界参与和支持重点县的扶贫开发。党政机关、企事业单位定点扶贫和东西扶贫协作要向重点县集中，确保每个重点县都有帮扶单位。"

2.连片特困地区发展政策机制

划设集中连片特困地区，是党中央、国务院在新阶段作出的重大战略举措。2011年，按照集中连片、突出重点、全国统筹、区划完整的原则，以2007—2009年的人均县域国内生产总值、人均县域财政一般性预算收入、县域农民人均纯收入等与贫困程度高度相关的指标为标准，把这三项指标均低于同期西部平均水平的县（市、区），以及自然地理相连、气候环境相似、传统产业相同、文化习俗相通、致贫因素相近的县化为连片特困地区。2011年颁布实施的《中国农村扶贫开发纲要（2011—2020年）》将已划分的11个连片特困地区和已经实施特殊扶持政策的西藏、四省藏区、新疆南疆三地州作为扶贫攻坚的主战场，要求"国务院各部门、地方各级政府要加大统筹协调力度，集中实施一批教育、卫生、文化、就业、社会保障等民生工程，大力改善生产生活条件，培育壮大一批特色优势产业，加快区域性重要基础设施建设步伐，加强生态建设和文化保护，着力解决制约发展的瓶颈问题，促进基本公共服务均等化，从根本上改变连片特困地区面貌"。

（二）社区层面的内源式扶贫机制

社区层次的内源式扶贫机制主要有参与式扶贫机制、贫困村互助资金、贫困社区主导型发展、农村基层组织建设等。进入21世纪，我国贫困人口总体规模在进一步减少，贫困人口呈现"大分散、小集中"分布特征。21世纪头10年扶贫开发工作在全国范围内确定了14.81万个贫困村作为重点，强调以村级（社区）为单位调动农民参与的积极性，并进行扶贫综合开发。

1.参与式扶贫机制

参与式扶贫机制主要体现在21世纪开始实施的整村推进模式中。整村推进扶贫方式注重贫困村全面、综合性发展，同时改变了以往自上而下的决策治理方式，建立起重视农户意愿、利益和需求的自下而上的参与式决策机制，即形成了一整套参与式村级扶贫规划方法。另外，整村推进参与式理念也贯穿于项目执行过程中，例如在社区的基础设施、产业发展等方面都需要村民和社区不同程度地参与。

2.贫困村互助资金

贫困村互助资金是由政府安排一定数量的财政扶贫资金在贫困村内建立互助社，村民以借用方式周转使用互助资金发展生产。实施贫困村互助资金（试点）是为缓解农村金融发展滞后、金融产品不足、农户生产资金缺乏，以及制约农业、农村发展特别是贫困农户脱贫致富的突出矛盾。其基本做法是召开村民大会或村民代表大会，民主选举村民组成互助资金管理委员会；政府专项扶贫投入和村内农户自有资金入股构成贫困村互助资金的两个重要来源，且资金主要用于支持贫困村农户开展生产性项目；互助资金由村民民主管理、共同参与，实行村内互助、有借有还、周转使用、滚动发展的运作方式。贫困村互助资金机制蕴含了两个不同层面的基本功能：一是在一定程度上解决农户发展经济所面临的资金短缺问题；二是强调农户的自主合作、自我管理和民主监督，为农户提供了一条自我教育和自主整合的途径，推动农户能力建设和组织化水平提高，进而激发贫困社区和农户自我发展的内生动力。

3.贫困社区主导型发展

社区主导型发展是将社区和贫困人口视为发展主体、倡导社区群体自我赋权的一种发展理念。该理念由世界银行等机构于20世纪90年代在发展中国家中提出。其理念核心在于将资源和决策的控制权完全交给社区，实现社区居民自我组织、自主管理、自我监督和自我服务，依靠社区居民推动社区发展。社区主导型发展试点项目于2006年开始在广西靖西、四川嘉陵、陕西白水、内蒙古翁牛特旗等地启动实施。社区主导型发展实践方法多样且各地区之间存在差异。我国社区主导型发展实践机制体现出两个重要特征：一是目标社区享有主导权，社区居民可集体决定如何来改善目标对象的生活条件；二是在当地社区发展项目的自主实施过程中，建立了政府、非政府组织、基层社区三股力量有机结合、上下合作的治理结构，即政府推动和引航、基层社区响应并驱动、非政府组织辅助。实践表明，社区主导型发展机制能增强社区居民和基层社区的发展意识和反贫困能力，同时也有利于提高外引资源的使用效率，是新时期我国内源式扶贫机制的重要形式之一。

4.农村基层组织建设

农村基层组织是党的农村全部工作和战斗力的堡垒和基础。农村基层组织建设主要是农村基层党组织建设。加强基层组织建设是一项系统工程，主要是抓好以农村党组织为核心的村级组织配套建设，领导和支持村委会、集体经济组织、共青团、妇女代表大会、民兵连等组织依照法律法规和章程开展工作。重点是抓好农村党支部建设，发挥农村党支部、村委会等自治组织，以及妇女代表大会、共青团、民兵连等群众组织在农村的领导核心作用，促进农村扶贫开发和其他各项工作的顺利开展。

（三）个体层次的内源式扶贫机制

在个体层次上，我国的内源式扶贫包括了劳动力技能培训、农村小额信贷扶贫、干部驻村帮扶机制等措施。

1.劳动力技能培训

在区域发展扩大和城乡劳动力大规模流动背景下，进入21世纪以来，我国开始从人力资本角度探索提升扶贫对象自我发展的内源式扶贫举措。其中“雨露计划”成为该类内源式扶贫机制的典型措施。“雨露计划”也是各项扶贫措施中直接面向扶贫对象“直补到户，作用到人”的内源式扶贫机制。“雨露计划”以提高扶贫对象自我发展能力、促进就业为核心，以政府财政扶贫资金扶持为主，动员社会力量参与，通过资助、引导农村贫困家庭劳动力接受职业教育和各类技能培训、培养贫困村产业发展带头人等途径，扶持和帮助贫困人口增加就业发展机会和提高劳动收入。当前，“雨露计划”机制实施的主要内容包括贫困家庭新生劳动力职业教育培训助学、贫困家庭青壮年劳动力转移就业培训、贫困家庭劳动力扶贫产业发展技能提升和贫困村产业发展带头人培养等项目工程。

2.农村小额信贷扶贫

农村小额信贷扶贫是指向中低收入阶层提供小额度、持续性的贷款服务活动。为低收入（包括贫困）人口提供金融服务和保证小额信贷自身的生存与发展，构成了小额信贷的完整要素。作为个体层次的内源式扶贫方式，小额信贷扶贫比较成功地解决了正规金融机构为贫困户提供贷款困难和实现信贷机构自身持续发展的问题。当前，我国针对贫困农户的小额信贷主要有三种类型：一是以国际机构捐助或软贷款为资金来源的非政府组织小额信贷模式；二是以国家财政资金和扶贫贴息贷款为资金来源，以政府和金融机构（主要是中国农业银行）为运作机构的政策性小额信贷扶贫；三是农村信用社根据中央银行（中国人民银行）信贷扶持“三农”的要求以农村信用社存款和中央银行再贷款为资金来源，在地方政府配合下，开展的农户小额信用贷款和联保贷款。无抵押担保、帮助弱势群体是小额信贷扶贫机制的一个显著特征。小额信贷（特别是乡村发展协会等非政府组织小额信贷）组织在为贫困户提供信贷服务和技术服务的同时，还对促进贫困人口之间的合作、制订和实施社区发展计划等方面产生积极影响。

3.干部驻村帮扶机制

干部驻村帮扶是省、市、县、乡下派党员干部到农村社区（以贫困村为主）挂职和生活一定时期，参与村庄治理工作，帮扶村民发展致富。党员干部驻村是中国共产党开展农村工作的传统方式之一。20世纪末以来，解决“三农”问题成为党和国家工作的重中之重。为加快解决“三农”问题，促进贫困乡村经济发展、贫困农民稳定脱贫致富，我国干部驻村帮扶力度逐步加大。全国各省（区、市）特别是有扶贫攻坚任务的省（区、市）的干部驻村帮扶规模不断扩大，制度不断完善，逐步形成了省、市、县、乡四级调派驻村干部分批次、成体系的帮扶工作格局。近年来，国家从战略层面提出精准扶贫工作要求后，干部驻村帮扶机制成为精准扶贫工作的重要组成部分。驻村干部也在贫困人口的精准识别、精准帮扶、精准管理等各环节中发挥了不可或缺的作用。干部驻村帮扶工作机制强调每个贫困村都有驻村帮扶工作队，每个贫困户都有帮扶责任人。在落实责任帮扶上强调分析致贫因素、制订帮扶计划，帮助贫困户、贫困村脱贫致富，不脱贫、不脱钩。

四、我国内源式扶贫的实施效果与问题

（一）内源式扶贫的实施效果

1.形成了多层次、综合性的内源式扶贫机制体系

改革开放以来，以贫困地区经济发展和扶贫对象脱贫致富为目标，我

国在扶贫实践探索中逐步建构了不同层次的内源式扶贫机制体系。在跨省级行政区域层面，建立了以14个连片特困地区为对象、以片区县为基本单位、以加强片区内外经济联动为目的的地区内源式发展扶持政策机制。在县域层面，形成了中央和地方（省级）两级的扶贫开发工作重点县的资金政策扶持机制。在村域（社区）层面，形成了参与式整村推进、贫困村互助资金、贫困社区主导型发展等多种方式的社区参与和主导的内源式扶贫机制。在农户个人层面，构建了劳动力技能培训、小额信贷扶贫、驻村帮扶机制等多方面的贫困人口自我发展能力提升机制。总体来看，我国内源式扶贫是一种综合性的扶贫方式。这体现在我国逐步构建的内源式扶贫机制体系既重视从外部扶持发力（如区域、县域层次的内源式扶贫机制）以克服贫困地区、贫困人口自我发展能力弱和竞争能力差的不足，也注重从贫困地区、贫困人口内部发力（如社区个体层面的内源式扶贫机制），强调目标群体对发展致富过程的参与，以不断增强内生发展活力。

2.促进了贫困县经济社会发展

在国家各项扶贫政策的支持和全国宏观经济的带动下，贫困地区经济社会发展成绩显著。以全国592个扶贫开发工作重点县（以下简称扶贫重点县）为例：一是地区经济实力显著提高。与2000年相比，2010年扶贫重点县地方生产总值达到2.7万亿元，年均递增17.1%，其中第一产业增加值年均递增11%，第二产业增加值年均递增21.3%，第三产业增加值年均递增17.4%。二是地方财政能力得到增强。2010年扶贫重点县的地方财政一般预算收入1355亿元。与2000年相比，地方财政一般预算收入年均递增17.9%，人均财政收入年均递增17%。三是居民收入水平和消费支出获得较大提高。2010年扶贫重点县农村居民人均纯收入3273元，与2002年相比，不考虑物价影响，农村居民人均纯收入年均递增12.2%，略高于全国农村平均11.5%的水平。扶贫重点县农村居民人均生活消费支出2662元，比2002年增加11.4个百分点。不考虑物价因素，2002年以来，扶贫重点县农村居民人均生活消费支出年均实际递增速度为11.3%，略低于全国农村平均水平。四是社会事业快速发展。从2002年到2010年，7—15岁学龄儿童在校率提高6.7个百分点，达到97.7%，仅低于全国平均水平0.3个百分点。医疗卫生条件和农户的健康状况得到改善，参加农村新型合作医疗的农户比例大幅提高。

2010年在扶贫重点县农户中，参加新农合的农户比例达到93.3%，比全国平均水平低5.4个百分点。

3.推动了贫困人口脱贫和生活改善

我国内源式扶贫在促进贫困人口脱贫方面发挥了重要作用，推动了贫困人口大幅减少，农村居民生活水平稳步提高。以绝对贫困标准衡量，农村绝对贫困人口规模从2000年的3209万人下降到2008年的1004万人，绝对贫困发生率从2002年的3.5%下降到2008年的1%。以低收入标准测算，贫困人口从2000年的9422万人下降到2010年的2688万人，平均每年减少673万人，贫困发生率从2000年的10.2%下降到2010年的2.8%。2010年贫困农户每百户拥有彩色电视机89.3台、移动电话83.8部、洗衣机37台。2010年全国农村有78%的农户使用安全饮水，比2000年提高11.8个百分点，而贫困农户中62.1%使用安全饮水。2010年贫困农户所在村通电的比重为99%，通公路的比重为96.9%，通电话的比重为96.9%，能接收电视节目的比重为97.7%。另外，从2019—2020年的减贫状况来看，我国贫困人口下降也十分明显。2011年，国家将扶贫标准提高到2300元（2010年不变价格），按照新标准，年底农村扶贫对象为12238万人。按照新标准，2012年底农村贫困人口为9899万人，比2011年底减少2339万人，贫困人口总规模下降19.1%。2013年底农村贫困人口为8249万人，比2012年减少1650万人，贫困人口总规模下降了16.7%。

（二）存在的问题和面临的挑战

1.存在的主要问题

整体来看，我国内源式扶贫取得了较为显著的减贫成绩，然而，在实施的过程中也存在一些问题。这主要体现在以下两方面：一是一些内源式扶贫机制得到了较快发展，而另外一些内源式扶贫机制发展缓慢。如参与式整村推进扶贫、干部驻村帮扶、“雨露计划”等内源式扶贫机制获得了快速发展和完善，而社区主导型发展、贫困村互助资金等发展较为缓慢，当前仍处于试点阶段。二是我国内源式扶贫一定程度上存在缺乏管理约束与激励机制等问题。例如由于缺乏管理约束，一些贫困县的扶贫资金存在“跑、冒、滴、漏”问题；由于缺乏激励机制，一些贫困县不愿摘帽，等等。

2.面临的挑战

我国内源式扶贫面临的挑战主要体现在以下几个方面。

一是生态与环境约束增强，区域层次的内源式扶贫成本升高。我国大部分贫困地区发展条件差、生态环境脆弱、自然灾害频发。生态脆弱、自然条件差成为制约这些地区快速发展的重要因素，是贫困地区经济发展的“先天性缺陷”。实现这些地区加快发展和缩小发展差距，是区域层次的内源式扶贫（即贫困县、连片特困地区的政策扶持机制）的核心目标。区域加快发展依托于基础设施建设和产业开发。然而，不论是基础设施建设还是产业开发都会对当地的生态和环境造成一定程度的破坏。生态和环境约束也会随着资源开发（特别是以重工业为主的产业开发）程度加深而增强。这在客观上增加了贫困地区经济发展与当地生态环境保护之间的张力。如何协调好经济发展与生态环境保护，将是新阶段内源式扶贫面临的重要挑战之一。

二是贫困地区劳动力外流现象突出，社区层次的内源式扶贫面临人力资源挑战。改革开放以来，“让一部分地区、一部分人先富裕起来”的区域非均衡发展战略，使城乡区域发展差距日益拉大。随着城乡经济一体化和市场经济发展，贫困地区农村劳动力跨区域向沿海发达地区城镇和工业部门转移规模日益庞大。2013年，在全国16610万外出农民工中，东部地区外出农民工以省内流动为主，中、西部地区外出农民工以跨省流动为主。在跨省流动农民工中，流向东部地区6602万人，占85.3%；流向中、西部地区1068万人，占13.8%。尽管21世纪以来，我国就开始实施区域协调均衡发展战略，但区域发展差距特别是贫困地区与发达地区的发展差距仍会存在较长时期，贫困地区农村仍将呈现出青壮年劳动力大量外流现象。这将使得新阶段我国内源式扶贫仍面临人力资源挑战。

三是破除城乡二元结构难度大，个体层次的内源式扶贫发展面临诸多挑战。计划经济时期，我国逐步建立城乡二元社会结构。改革开放以来，市场经济改革深入推进，城乡人口和资源流动日益增加，二元社会结构有所松动。然而，完成从城乡分割走向城乡融合仍需较长时间，土地制度、户籍制度等方面的障碍不少，不利于城乡一体化发展的诸多因素仍然存在。个体层面的内源式扶贫仍面临贫困农民市场竞争能力弱、耕地碎片化、农村流动人口城市生存发展难等诸多挑战。

五、结论与政策建议

（一）简要结论

内源式发展理念源于对传统发展主义主导下欠发达地区发展停滞和乡村衰落的反思，是对发展含义的重新界定，以及发展主导力量的不同选择。我国内源式扶贫肇始于改革开放后地区发展差距和人均贫富差距的拉大。城乡发展关系格局演变和贫困状况变化共同对我国内源式扶贫产生了重要影响，是国家内源式扶贫体系建构的现实基础。经过30多年的探索和创新，我国内源式扶贫逐步形成了多层次、综合性的机制体系。该机制体系既包含了促进连片特困地区和贫困县发展的区域层次政策体系和机制，也包含了微观层面社区和农村贫困家庭自我发展能力提升的政策和举措。我国内源式扶贫取得了显著减贫成效，同时也存在不少问题和挑战。这些问题既与贫困地区资源环境状况相关，也与城乡区域发展状况相关联。内外合作是我国内源式扶贫的基本特征，因而，我国内源式扶贫机制既要以培育贫困地区内生动力为中心任务，也要加强贫困地区与外部经济合作，实现优势互补和共同发展。

（二）政策建议

扶贫开发目标能否实现的根本标志是贫困地区和扶贫对象是否建立起了内生发展动力。完善内源式扶贫机制的目的在于更好地激发贫困地区和扶贫对象的内生发展动力。当前我国已经进入全面建成小康社会的攻坚阶段，贫困地区和贫困人口成为顺利实现全面小康社会奋斗目标的重点和难点。在新的发展阶段，我国内源式扶贫机制除了要继续坚持和发展已有的内源式扶贫政策，还要在以下方面加强改革和完善政策体系。

1.整合部门资源和引导社会资源，加强农村基础设施建设

基础设施建设成本高，自然灾害易发、多发等因素致使贫困乡村公共设施长期滞后，这严重制约了贫困农民发展能力和生活水平的提高。基础设施既是农村贫困社区内源式扶贫机制激发的条件，也是农民生活条件的重要内容。要不断加大专项扶贫投入，整合交通、水利、能源等行业部门资源和引导社会资源，优先发展乡村道路、饮水安全、农村能源、农业灌

溉等贫困人口生产生活设施，提升贫困乡村自我发展的硬件水平。

2.进一步加强和完善产业扶贫的优先倾斜政策

贫困地区耕地资源有限，人地矛盾突出。农民外出务工、农村空心化现象普遍。发展特色产业应依托农业特色优势资源，完善农村土地流转制度，实现适度集中，引导下乡资金、技术和返乡农民工在贫困地区和农村有序流动。以市场为导向，引导社会力量参与，从培育致富带头人、农业技术培训、金融扶持、政策扶持等多个方面提升农业现代化水平和提高扶贫对象脱贫致富能力。

3.建立财政扶贫资金竞争性使用机制

党的十八届三中全会将“处理好政府和市场的关系，使市场在资源配置中起决定性作用和更好发挥政府作用”作为全面深化改革的重点和核心。长期以来，财政扶贫资金资源主要是政府配置。建议尽快建立财政扶贫资金自上而下的竞争性使用机制。探索推动扶贫对象（含扶贫对象通过与种植养殖大户、合作社、龙头企业合作）通过竞争方式获取财政扶贫资金，充分激发扶贫对象脱贫致富的主体性和主动性。在竞争方式上可以比较每一个单位的财政扶贫资金使用量所能产生的扶贫绩效，包括覆盖的贫困人口数量、增收幅度等。

4.深化户籍制度改革，促进贫困人口共享改革发展成果

改革开放以来，以农村向城市流动为主的劳动力转移规模日益扩大。农村贫困人口向城市流动长期化、性别结构均衡化、流动方式家庭化等趋势增强。然而，当前城镇户籍及其相关配套福利安排，使得具备城市生存和发展能力的农村贫困流动家庭难以分享市民基本福利。要以县城和周边中心镇为重点，加快推进城镇化，积极探索户籍制度改革与农村土地制度改革协调推进的政策体系，构建贫困人口共享改革发展成果的体制机制。促进农村土地规范流转，推动长期在城市就业、居住的农村人口实现城镇化，并确保其在住房、教育、医疗、就业等方面享有同等待遇。

5.加强基层组织建设

农村基层组织是农村社会治理的主体，是内源式扶贫机制激发的重要力量。创新村干部培养选拔机制，要打破地域、行业界限，从致富能手、农民经纪人、外出务工返乡农民党员中选拔优秀人才担任村党支部书记，

建设坚强有力的领导班子。积极探索选派机关干部到贫困村、工作薄弱村任职。要深入开展服务型党组织创建活动，强化基层组织服务功能。农村党组织要围绕科学发展，带领农民致富，密切联系群众，帮助群众解决生产生活、增收致富中的实际问题。不断增强村党组织联系群众、服务群众、凝聚群众、造福群众的功能，真正发挥战斗堡垒作用，成为乡亲们脱贫致富奔小康的主心骨、领路人。

6.坚持教育优先、扶贫优先的基本政策，着力推进贫困地区基础教育能力快速提升，提高贫困群众就业能力。

落实国家基础教育规划实施，继续加强贫困地区基础教育投资力度，突出抓好教育公共服务均等化，加快改变贫困教育落后局面。国家要在原有基础上加大“雨露计划”投资规模和范围，扩大覆盖面，提高补贴标准，推进“雨露计划”实验示范基地力度，构建全国统一的“雨露计划”培训协调组织体系，整合人力培训资源，丰富“雨露计划”培训内容，将创业培训纳入“雨露计划”改革创新重点，形成“综合素质+技能+创业+职业”培训新体系，积极创新培训方式，继续鼓励对口帮扶异地培训，阻断贫困代际传递，培养一批种养大户、科技示范户和创业能手、扶贫脱贫能手。

7.加强生态建设与环境保护

多数贫困地区是我国重要的生态功能区和生态安全屏障区。要强化重点生态功能区建设，加大对贫困地区生态建设和环境保护财政支持力度。完善生态补偿制度，逐步提高补偿标准。建立健全防灾减灾与扶贫开发相结合机制。要加大对特别重要的、资源环境压力大的重点生态功能区的生态专项资金投入力度，规划建设一批公益生态园区，设立生态工人岗位，将当地农民有序转变为产业工人，把相关涉农补贴整合提升为工资。

我国农村贫困治理体系演进与精准扶贫

随着经济社会发展和减贫形势变化，我国农村贫困治理体系结构先后呈现出农村经济体制改革为主、贫困县瞄准为重点、贫困村瞄准为重点等阶段性演进特点。精准扶贫是进入全面建成小康社会关键阶段，国家推动新一轮扶贫攻坚和构建政府、市场、社会协同推进扶贫开发新格局的一项重要扶贫机制创新。当前精准扶贫实践中存在帮扶资源供给与扶贫需求未能最优匹配、帮扶资源动员非制度化、社会组织等其他社会力量参与精准帮扶的制度供给不足等突出问题，需要通过不断完善精准扶贫工作制度加以解决。

《开发研究》2015年第2期，第二作者覃志敏从扶贫效果看，扶贫资源更好地瞄准贫困目标人群是一个世界性难题。扶贫资源瞄准机制在不同国家（地区）或同一国家（地区）的不同发展阶段存在差异性，与之相对应的，贫困治理体系和政策也存在差异性。改革开放以来，我国贫困治理体系和政策呈现阶段性演进。贫困治理体系和政策的阶段性演进，确保了扶贫资源较好的贫困人口脱贫，推动了贫困人口大规模、持续性减少，使中国提前实现了联合国千年发展目标中贫困人口减半目标，成为全球减贫的成功典范。

一、我国贫困治理体系演进与扶贫资源瞄准

改革开放以来，我国取得了举世瞩目的经济发展成就，贫困人口大规模减少。我国经历了普遍贫困、区域贫困、基本解决贫困问题等多个贫困变化形态。国家根据减贫形势变化不断调整贫困治理体系和政策，以实现扶贫资源有效瞄准和持续减贫。

（一）农村经济体制改革下的扶贫资源瞄准与减贫

新中国成立初期，长期战乱遗留下来的是一个经济落后、一穷二白的局面。经过几十年计划经济建设，全国根本性贫困问题得到较大程度的缓解。尽管国民经济和各项社会事业取得长足发展，现代工业体系初步建立，但计划经济体制低效率和“大跃进”“文化大革命”等战略性失误，使得广大居民（特别是农村居民）的生活水平仍普遍低下。以营养标准衡量，改革开放以前至少有40%—50%的人群处于生存贫困状态[①]。改革开放以前的中国农村处于普遍贫困状况。

20世纪70年代末期，党和国家将工作重心转移到经济建设上来，率先

① 汪三贵：《在发展中战胜贫困——对中国30年大规模减贫经验的总结与评价》，《管理世界》2008年第11期。

在农村地区实行经济体制改革。家庭联产承包责任制取代以人民公社集体经营制度为核心的农村经济体制改革，赋予农民农业生产自主权，极大激发了广大农民劳动的积极性，耕地粮食单产量不断提高，农村经济快速发展。同时，政府在农村实施了放宽农产品价格、大力发展乡镇企业等多项经济改革举措。农产品价格上升、农业产业结构向附加值更高的产业转化以及农村劳动力在非农领域就业等举措直接或间接提高了农民的收入水平，为农村贫困人口大规模减少奠定了基础。根据我国贫困标准，从1978年到1985年，农村没有解决温饱的贫困人口从2.5亿人减少到1.25亿人，贫困人口占农村总人口的比例由30.7%下降到14.8%[①]。

赋权给广大贫困农民并提供市场参与机会，是改革开放初期我国实施以体制改革促进减贫为主、以救济式为辅的贫困治理体系和政策能够实现大规模减贫的重要原因之一。扶贫资源有效识别了那些具有发展潜力的地区和具有发展能力的农村贫困人口。这些地区和农村贫困人口在获得发展权利后，迅速抓住发展机遇，在短期内就摆脱了贫困。

（二）以贫困县瞄准为重点的开发式扶贫治理结构

20世纪80年代中期，农村经济体制改革减贫边际效益下降，不平等和贫富分化问题开始显现，原有贫困治理体系和政策面临新的挑战。不平等加大，既有农业收入（具有缓解不平等的功能）比重在农民收入结构中不断下降而工资性收入（具有拉大收入差异的作用）比重和私营活动收入比重在增加的微观因素[②]，也有区域发展资源差异带来的区域经济发展差距拉大（主要是东部沿海地区与中西部地区的差距）的宏观因素。“老、少、边、穷”地区地处边陲，基础设施落后，市场和社会发展程度低，体制改革与市场力量协同推动的扶贫效果并不明显。

为提高扶贫资源瞄准的精准度，自1986年开始，国家在农村贫困治理上进行了一系列制度创新，逐步建立起以公共治理为主体的开发式扶贫治理结构。一是扶贫战略由救济式扶贫向开发式扶贫转变，成立专门扶贫工

---

① 国务院扶贫办：《中国农村扶贫开发概要》。

② 汪三贵：《在发展中战胜贫困——对中国30年大规模减贫经验的总结与评价》，《管理世界》2008年第11期。

作机构，确定贫困标准，安排专项资金，制定专门优惠政策；二是改变扶贫开发瞄准方式，建立以县为对象的目标瞄准机制（1988年确定了370个国家级贫困县，1994年制定《国家八七扶贫攻坚计划（1994—2000年）》时调整为592个），将70%的扶贫资金用于贫困县；三是为适应农村综合性开发扶贫需要，中央和地方各类政府职能部门发挥部门专业优势积极参与扶贫开发。自1986年以来，特别是《国家八七扶贫攻坚计划（1994—2000年）》实施期间，农业部、教育部、科技部、交通部、水利部、国土资源部、商务部等部委在农田水利、道路交通等基础设施建设以及教育、科技、文化、卫生等多个方面展开各种类型的行业扶贫工作，出台了以工代赈、贴息贷款、财政发展资金、科技扶贫、社会扶贫等多项开发式扶贫政策。

农村贫困治理体系的改革创新措施带来了较好的扶贫资源瞄准效果，推动农村贫困人口进一步减少。到2000年底，农村尚未解决温饱问题的贫困人口由1985年的1.25亿人减少到2000年的3000万人，农村贫困发生率从14.8%下降到3%左右[①]。其中，《国家八七扶贫攻坚计划（1994—2000年）》实施期间扶贫投资获得了高于10%的回报率[②]。

（三）以贫困村瞄准为重点的开发式扶贫治理结构

进入21世纪，随着我国贫困规模的不断缩小，农村贫困人口分布呈现出“大分散、小集中”的特点。贫困人口分布由以前的扶贫开发重点县区域集中向更低层次的村级社区集中，国定贫困县贫困人口占全国贫困人口比例下降到61.9%（2001年）[③]。针对新时期贫困问题，2001年国家开始实施扶贫资源村级瞄准机制，在全国确定了14.81万个贫困村作为扶贫工作重点，强调以村为单位调动农民的参与性进行农村扶贫综合开发。这些重点村占全国行政村总数的21%，分布在全国1861个县（区、市），覆盖了全国80%的农村贫困人口[④]。国务院扶贫办在总结各地实践经验的基础上，以贫困村整村推进扶贫规划为切入点，在全国范围内开展“整村推进扶贫工

① 国务院扶贫办：《中国农村扶贫开发概要》。

② 汪三贵：《中国的农村扶贫：回顾与展望》，《农业展望》2007年第1期。

③ 李小云、张雪梅、唐丽霞：《我国中央财政扶贫资金的瞄准分析》，《中国农业大学学报（社会科学版）》2005年第3期。

④ 国务院扶贫办：《新阶段整村推进扶贫规划编制专题培训教材》（国务院扶贫办内部材料）。

作”。我国贫困治理体系呈现出以村级瞄准为重点的瞄准特征。

在该阶段，农村贫困治理建构了“一体两翼”扶贫开发战略，即以整村推进为“一体”，以产业化扶贫和劳动力转移培训为“两翼”。政府在实施整村推进过程中，既强调村庄的全面、综合性发展，又强调改变以往自上而下的决策治理方式，建立起重视农户意愿、利益和需求的自下而上的参与式决策模式。而产业化扶贫和劳动力转移培训则是在以村为单位的基础上，强化对贫困户和贫困个体的瞄准和扶持，形成了以“公司+农户”为主要内容的产业扶贫机制，群众自愿、相关部门核实后对扶贫对象进行职业教育和各类技能培训的劳动力转移致富工作机制。

实践表明，扶贫工作重心和扶贫资源下沉（进村入户）及相关贫困治理机制创新获得了较好的减贫效果。就整村推进而言，同一县域内，实施整村推进的贫困村农民人均纯收入比没有实施的增幅高出20%以上[①]。就整体减贫效果而言，根据2010年1274元的扶贫标准衡量，农村贫困人口从2000年底的9422万人减少到2010年的2688万人，农村贫困人口占农村总人口的比重从2000年的10.2%下降到2010年的2.8%[②]。

（四）全面小康进程中的区域和个体双重扶贫瞄准

21世纪第二个十年是我国全面建成小康社会的关键期。党的十八大提出全面建成小康社会和全面深化改革开放的宏伟蓝图，全面落实经济建设、政治建设、文化建设、社会建设、生态文明建设“五位一体”总体布局，推动新型工业化、信息化、城镇化、农业现代化同步发展，推进国家治理体系和治理能力现代化。小康不小康，关键看老乡。农村地区和贫困地区是全面建成小康社会的重点和难点。扶贫开发进入新的攻坚期。

经过21世纪头10年的扶贫开发，我国贫困人口进一步减少，农村居民生产和温饱问题得到基本解决。然而，我国反贫困任务依然繁重，反贫困形势更为复杂。这主要体现在：一是随着扶贫标准的提高，农村地区仍然存在着规模庞大的贫困人口，根据2300元的扶贫新标准，2011年我国农村扶贫对象总数为1.22亿人；二是农村贫困人口面临的各类风险加大，返贫

① 国务院扶贫办等：《扶贫开发整村推进“十二五”规划》。

② 国务院新闻办公室：《中国农村扶贫开发的新进展》，人民出版社，2011，第10页。

困现象时有发生，贫困人口稳定脱贫致富面临挑战；三是贫困地区农村劳动力向城镇转移后，农业生产粗放化、农村空心化现象突出，农村相对贫困问题凸显；四是扶贫对象分布特征发生改变，即旧扶贫标准下贫困人口插花型分布特征在相当大程度上被新标准下贫困人口的片区集中（即集中连片特困地区）分布特征所替代。

在全面建成小康社会的攻坚时期，我国扶贫开发工作进入巩固温饱成果、加快脱贫致富、改善生态环境、提高发展能力、缩小发展差距的新阶段。扶贫任务多元化，农村贫困治理一方面需要从超越贫困县的区域层次来瞄准扶贫资源，以应对连片特困地区整体性贫困（如交通运输骨干网络不畅等）和缩小区域发展差距；另一方面，需要将扶贫资源进一步下沉到个体层次（贫困户），以消除绝对贫困人口和实现贫困地区社会全面小康。与扶贫资源的区域、个体双重瞄准相适应，国家在贫困治理上进行了一系列机制体制创新：在扶贫对象范围上，在原有扶贫开发工作重点县和重点村之后，划设了14个集中连片特困地区，并以连片特困地区作为新阶段扶贫攻坚的主战场；在贫困治理结构上，构建专项扶贫、行业扶贫、社会扶贫“三位一体”的扶贫开发治理体系，推动政府、市场、社会协同推进大扶贫开发格局；在扶贫开发方式创新上，宏观层面加快集中连片特困地区区域发展与扶贫攻坚，实施全国集中连片特困地区区域发展与扶贫攻坚规划，微观层面建立精准扶贫工作机制。按照县为单位、规模控制、分级负责、精准识别、动态管理的原则，对每个贫困村、贫困户建档立卡，建立全国扶贫信息网络系统。专项扶贫与贫困识别相衔接，深入分析致贫原因，逐村逐户制定帮扶措施，集中力量给予扶持。至2014年底，精准扶贫在新的起点上高位推进，全年扶贫机制创新取得突破，重点工作全面开展，片区规划顺利实施，各项工作取得新进展新成效。预计全年再减少1000万以上贫困人口。

二、精准扶贫的主要内容和重点问题

（一）精准扶贫的主要内容

2013年11月3日，习近平总书记在湖南省湘西土家族苗族自治州调研扶贫攻坚时，提出“精准扶贫”理念，强调扶贫工作要“实事求是、因地制宜、分类指导、精准扶贫”，并指出“抓扶贫开发，既要整体联动、有共性的要求和措施，又要突出重点、加强对特困村和特困户的帮扶”。2014年1月，中共中央办公厅、国务院办公厅印发《关于创新机制扎实推进农村扶贫开发工作的意见》，部署当前和今后一个时期扶贫开发工作新思路，明确要求建立精准扶贫工作机制。国务院扶贫办《关于印发〈建立精准扶贫工作机制实施方案〉的通知》和《关于印发〈扶贫开发建档立卡工作方案〉的通知》两个文件的出台，标志着我国建立精准扶贫工作机制在全国正式启动实施。

精准扶贫的目标任务在于通过对贫困户和贫困村精准识别、精准帮扶、精准管理和精准考核，引导各类扶贫资源优化配置，实现扶贫到村到户。精准扶贫机制包括精准识别、精准帮扶、精准管理、精准考核等核心内容。精准识别是通过申请评议、公示公告、抽检核查、信息录入等步骤，将贫困人口和贫困村有效识别出来，并建档立卡。精准帮扶是对识别出来的贫困户和贫困村，深入分析致贫原因，落实帮扶责任人，逐村逐户制订帮扶计划，集中力量进行扶持。精准管理是对扶贫对象进行全方位、全过程的监测，建立全国扶贫信息网络系统，实时反映帮扶情况，实现扶贫对象有进有出的动态管理。精准考核是对贫困户和贫困村识别、帮扶、管理的成效，以及对贫困县开展扶贫工作的量化考核，奖优罚劣，保证各项扶贫政策落到实处。精准扶贫重点工作包括建档立卡与信息化建设、建立干部驻村帮扶工作制度、建立精准考核机制等。

（二）精准扶贫实践中的重点和难点问题

精准扶贫的目标是“到村到户”。而贫困户（贫困村）的建档立卡工作是精准扶贫的重点内容。其工作内容包括前期准备、贫困户（贫困村）识别、结对帮扶、系统管理、监督检查等。

1.贫困户识别实践中存在的重点问题

贫困户的识别采取规模控制的方式，自上而下，逐级分解。各级贫困人口分解大致如下：到省（区、市）的贫困人口规模，以国家统计局发布的2013年底全国农村贫困人口为基数，分配到各省，省级统计数据大于国家发布的数据的，可在国家发布数据的基础上上浮10%左右；到市、到县的贫困人口规模，以国家统计局提供的乡村人口和低收入人口发生率计算形成；到乡、到村的贫困人口规模，由于缺少人均纯收入等数据支持，依据本地实际抽取以获取的相关贫困影响因子计算本地拟定贫困发生率，结合本地农村居民年底户籍人口数算出。到省、到市、到县的贫困人口规模都获得了国家统计局提供的数据支持，能够比较客观地反映贫困人口的分布规模状况，而到乡、到村的贫困人口规模由于缺乏国家统计局抽样调查获得的人均纯收入等数据支撑，具有较大的随意性。这就容易因分解失当、人手不足等因素，可能将真正贫困的人口排除在识别范围之外。

在贫困户识别上以农户收入为基本依据，综合考虑住房、教育、健康等情况，通过农户申请、民主评议、公示公告和逐级审核的方式，整户识别。在具体做法上，初选对象依据农户自愿，各行政村召开村民代表大会进行评议，形成初选名单，由村委会和驻村工作队核实后进行第一次公示，无异议后报乡（镇）人民政府审核；乡（镇）人民政府对各村上报的初选名单进行审核，确定乡（镇）贫困户名单，在各行政村进行第二次公示，无异议后报县扶贫办审核；县扶贫办复审结束后在各行政村公告。然而在实际操作中，由于识别时间紧、任务重，一些地方往往从2012年已建档立卡的2013年底在册贫困人口和2013年返贫农户中进行初选，由贫困户自愿申请，召开村民代表大会确定初选名单。村级贫困户的识别基本是从2013年建档立卡在册贫困户中选出，这可能使那些非在册的贫困人口被排除在贫困户识别之外。

2.结对帮扶落实中存在的重点问题

结对帮扶工作内容主要有落实帮扶单位、制订计划和填写“扶贫手册”“贫困村登记表”等。贫困户层面的结对帮扶程序如下：首先，要落实帮扶责任。即在贫困人口被识别出来后，各县统筹安排有关资源，研究提出结对帮扶方案，明确结对帮扶关系和帮扶责任人。其次，制订计划。在乡（镇）人民政府的指导下，由村委会、驻村工作队和帮扶责任人结合贫困户需求和实际，制订帮扶计划。再次，填写手册。在县扶贫办的指导下，由乡（镇）人民政府组织村委会、驻村工作队和大学生志愿者为已确定的贫困户填写“扶贫手册”。贫困村层面的结对帮扶程序如下：首先，落实帮扶单位。在省级人民政府的指导下，各县统筹安排有关帮扶资源，研究提出对贫困村的结对帮扶方案，落实结对帮扶单位。其次，制订帮扶计划。在乡（镇）人民政府指导下，由村委会、驻村工作队和帮扶单位结合贫困村需求和实际，制订帮扶计划。再次，填写登记表。在县扶贫办指导下，由乡（镇）人民政府组织村委会、驻村工作队和帮扶单位为已确定的贫困村填写“贫困村登记表”。

从以上描述不难看出，对贫困户或贫困村的基本情况、生产生活情况、致贫因素、扶贫需求等的了解，是在确定帮扶责任人与贫困户的帮扶关系、帮扶单位与贫困村的帮扶关系之后的制订帮扶计划中完成的。然而，各贫困户、贫困村的致贫因素各异，扶贫需求也各不相同，先确定帮扶关系，再进行致贫因素分析和扶贫需求调查，容易导致帮扶资源供给（具体帮扶关系的确定意味着帮扶资源供给的确定）与扶贫对象扶贫需求难以实现最优匹配，从而降低整体帮扶资源的扶贫效益。

3.精准帮扶资源供给的非制度化问题

精准帮扶实施主要是建立在各省（区、市）普遍建立干部驻村工作制度上的帮扶工作队和相应的帮扶责任人的定点和结对帮扶。驻村工作队和驻村干部主要由各省（区、市）充分动员党政机关、人民团体、民主党派、企事业单位参与驻村帮扶工作，并实施制度化管理而形成。因而，精准帮扶机制具有制度化特征。

精准扶贫的资源包括专项扶贫资金、行业扶贫资金、社会帮扶资金（资源）、驻村工作队和驻村干部动员筹集的帮扶资金（资源）。驻村工作队和驻村干部是精准扶贫资源的重要供给主体，其所提供的帮扶资源主要来源于帮扶单位及其成员所拥有或所能动员的资金（资源）。这些帮扶资源并非帮扶单位组织业务范畴或者帮扶责任人在单位工作范围的资金（资源），而需要帮扶单位另设立临时性项目资金，或是依靠社会网络动员相应的社会资源。不论是帮扶单位临时性项目资金，还是通过社会网络动员的资金（资源），都具有非制度化、非持续（波动性）特点，且其资金项目规模、类型取决于相关单位性质以及帮扶责任人的资源动员能力。可见，精准帮扶尽管在帮扶机制上具有制度化特征，然而在帮扶资源供给上却具有非制度化、非持续等特点。

在普遍化的帮扶制度下，精准帮扶资源的供给特点会加大扶贫资源在贫困人口和贫困村的不均等分布，甚至会影响到整体扶贫资源使用效益。

4.社会组织等其他社会力量参与精准帮扶制度仍不完善

改革开放以来，特别是21世纪以来，经济快速发展，人民群众物质生活水平显著提高，更多的社会力量愿意不图回报地承担更多社会责任。社会扶贫观念日益增强，社会组织、民营企业、个人参与扶贫的数量越来越多，参与扶贫的领域越来越广。社会扶贫特别是社会组织扶贫以专业精神、机动灵活性、创新性等独特优势越来越受到人们的青睐。

国务院扶贫办在《关于印发〈建立精准扶贫工作机制实施方案〉的通知》中，强调鼓励引导社会组织、个人等到贫困地区开展多样的扶贫活动，建设社会扶贫信息平台，实现社会扶贫资源的精准化配置。在精准帮扶实践层面，帮扶单位、驻村工作队、驻村干部等实施精准帮扶主体与贫困村、贫困户形成了制度化、系统化的帮扶体系，如广西百色市的精准帮扶按照“13515”帮扶机制，开展“321”结对帮扶。这种帮扶体系因其系统化、封闭性的特征，使得该帮扶体系没能与社会组织、个人等其他社会扶贫力量整合。因而，尽管通过搭建扶贫信息平台为实现社会扶贫资源精准化配置提供了可能，但社会组织等其他社会扶贫力量仍缺乏参与精准帮扶机制的制度化途径。这无疑不利于更加广泛地动员社会力量参与扶贫开发，以构建政府、市场、社会力量协同推进的扶贫开发新格局。

三、完善我国精准扶贫工作制度的建议

针对精准扶贫实践中存在的上述重点难点问题，提出如下建议。

（一）落实工作经费，加强宣传培训

贫困户和贫困村的精准识别工作量大、时间紧、任务重。要强化精准识别队伍建设，认真组织各类业务培训。要设立确保精准识别的建档立卡工作专项经费，确保经费足、拨付快。落实专项经费，确保工作实效。加大精准扶贫宣传力度，把精准扶贫工作的目的和意义、贫困人口识别标准、贫困人口识别程序、结对帮扶等相关政策向每个行政村和每个农户宣传，做到家喻户晓，确保群众的知情权和参与权。

（二）加强帮扶监管，探索联合帮扶制度

先确定帮扶关系再进行致贫因素分析和扶贫需求调查，容易造成帮扶资源供给与扶贫对象扶贫需求难以实现最优匹配的问题。应加强和健全帮扶监测机制，按照“扶贫手册”上明确的帮扶项目、帮扶资金、帮扶成效等，对帮扶责任人帮扶情况进行定期监测。将监测结果作为定点帮扶单位

和帮扶干部职工年度绩效考评和干部提级任用的重要依据。对部分帮扶单位或帮扶责任人确实不能有效满足贫困村或贫困户减贫需求的情况，要研究制定联合帮扶工作制度。

（三）创新完善精准帮扶制度，引导社会资源参与精准帮扶

针对精准帮扶主体（帮扶单位、驻村工作队、驻村干部）体系化和帮扶资源动员非制度化问题，建议尽快建立以驻村工作队和驻村干部为主，其他社会力量参与为辅的多元帮扶制度。例如，在“干部结对帮扶贫困户情况表”中增设第二、第三等帮扶主体的帮扶信息，为社会组织、公民个人等其他社会力量加入精准帮扶机制提供制度平台。通过完善中国扶贫信息网、鼓励结对帮扶责任人动员其他力量参与结对帮扶等方式，引导社会组织、公民个人等社会力量参与精准帮扶工作。同时对结对帮扶实施动态监管，及时更新帮扶资源信息记录。

四、结论

随着经济社会发展和减贫形势变化，改革开放以来我国农村贫困治理体系结构先后呈现出以农村经济体制改革为主、贫困县瞄准为重点、贫困村瞄准为重点等多个阶段性演进特点。贫困治理体系演进使扶贫资源较好地瞄准贫困目标人群，并与国家发展相契合，推动了农村贫困人口大规模、持续性减少，取得了显著减贫成效。进入全面建成小康社会攻坚阶段后，我国农村扶贫开发迎来了政府、市场、社会协同推进的历史新时期。国家实施了新一轮扶贫攻坚工程，在农村贫困治理上以区域（连片特困地区）和个体（贫困户）双重瞄准为重点，构建专项扶贫、行业扶贫和社会扶贫“三位一体”农村贫困治理体系，实施了一系列扶贫开发机制创新。而建立精准扶贫机制属于其中为消除绝对贫困、推动扶贫攻坚的重要扶贫开发创新机制之一。当前我国精准扶贫实践中存在精准识别因分解失当、人手不足等可能排除贫困人口，精准帮扶资源供给与扶贫对象扶贫需求未能最优匹配，精准帮扶资源动员非制度化，社会组织等其他社会力量参与精准帮扶制度供给不足等重点、难点问题，需要通过进一步完善精准扶贫工作制度加以解决。

脱贫攻坚彰显中国共产党治理能力

中国在脱贫攻坚领域取得前所未有的成就，是在中国共产党的坚强领导下，广大干部群众扎扎实实干出来的。本文基于脱贫攻坚的生动实践，重点从组织领导、改革创新、社会动员、贯彻落实四个方面，阐述中国共产党卓越的贫困治理能力。

《中国领导科学》2020年第3期

党的十八大以来，以习近平总书记提出精准扶贫为起点，中国扶贫开发进入脱贫攻坚新阶段。党的十八届五中全会确定到2020年现行标准下农村贫困人口实现脱贫、贫困县全部摘帽、解决区域性整体贫困的脱贫攻坚目标。全党全社会经过7年多精准扶贫，4年多脱贫攻坚战，取得了历史性成就。贫困人口从2012年底的9899万人减到2019年底的551万人，累计减贫9348万人，年均减贫1335万人，7年累计减贫幅度达到94.4%，农村贫困发生率也从2012年底的10.2%下降到2019年底的0.6%，区域性整体贫困问题基本得到解决。

脱贫攻坚明显改善了贫困地区基本生产生活条件，加快了贫困地区经济社会发展进程，大幅提高了贫困群众收入水平，贫困群众“两不愁”质量水平明显提升，贫困地区群众出行难、用电难、上学难、看病难、通信难等长期没有解决的老大难问题普遍解决，义务教育、基本医疗、住房安全有了保障。脱贫攻坚提升了贫困治理能力，使基层党组织战斗堡垒作用和共产党员的先锋模范作用得到充分发挥，农村基层党组织凝聚力和战斗力明显增强，基层治理能力和管理水平明显提高，党群干群关系更加密切，巩固了党在农村的执政基础。脱贫攻坚明显促进了全社会合力攻坚良好局面的形成，彰显社会主义核心价值观的凝心聚力作用。中国脱贫攻坚的决定性成就，有力加快了全球减贫进程，为其他发展中国家树立了标杆，提供了榜样，坚定了全世界消除贫困的信心。我国在脱贫攻坚领域取得的前所未有的成就，凝聚了全党全国各族人民的智慧和心血。脱贫攻坚取得的历史性成就，是在中国共产党的坚强领导下，广大干部群众扎扎实实干出来的。本文基于脱贫攻坚的生动实践，重点从组织领导、改革创新、社会动员、贯彻落实等四个方面，分析总结中国共产党卓越的贫困治理能力的生成逻辑及其具体呈现。

一、组织领导能力

党对脱贫攻坚的组织领导能力，是打赢脱贫攻坚战的根本性保障。脱贫攻坚中党的组织领导能力集中体现在党的领导核心高度重视和亲自指挥，党中央建立并完善脱贫攻坚的责任体系，层层压实脱贫责任。

以习近平同志为核心的党中央把脱贫攻坚作为全面建成小康社会的底线任务和标志性指标，习近平总书记亲自挂帅出征、驰而不息推进，走遍全国集中连片特困地区，国内考察多次涉及扶贫，在许多重要会议上都强调扶贫，每年国家扶贫日期间出席重大活动或作出重要指示，每年听取脱贫攻坚成效考核汇报，连续6年召开7次跨省区的脱贫攻坚座谈会并作出重大部署，提出落实要求，保证了脱贫攻坚的正确方向和良好态势。

一是通过完善中央统筹、省负总责、市县抓落实的扶贫开发管理体制来体现组织领导能力。中央一级负责制定脱贫攻坚的大政方针，出台重大政策举措，完善体制机制，规划重大工程项目，协调全局性重大问题、全国性共性问题，指导各地制定脱贫滚动规划和年度计划。中央和国家有关部门按照工作职责，落实脱贫攻坚责任。省级党委和政府对本地区脱贫攻坚工作负总责，抓好目标确定、项目下达、资金投放、组织动员、监督考核等工作，确保责任层层落实。中西部22个省份党政主要负责同志向中央签署脱贫攻坚责任书，立下军令状，每年定期向中央报告脱贫攻坚工作进展情况。市级党委和政府主要负责上下衔接、域内协调、督促检查工作，把精力集中在贫困县如期摘帽上。县级党委和政府承担主体责任，书记和县长是第一责任人，做好进度安排、项目落地、资金使用、人力调配、推进实施等工作。通过合理安排各级政府在脱贫攻坚中的权责，形成了合理分工、各司其职、有序推进的工作局面。资源配置的重心下沉到脱贫攻坚的“一线战场”，让贫困社区和贫困农户发挥主体作用，合理谋划脱贫举措。

二是通过建立并完善五级书记一起抓扶贫的领导责任体制来体现党的组织领导能力。加强党对扶贫工作的领导有利于在脱贫攻坚过程中统筹全局、协调各方，有利于资源和人力的调度与合理使用，是打赢脱贫攻坚战的重要组织保障。建立并完善五级书记一起抓扶贫的领导责任体制，体现了强大的组织领导能力。脱贫攻坚任务重的省份，将打赢脱贫攻坚战作为第一民生工程和头等大事来抓，以脱贫攻坚统揽经济社会发展全局，各级党委作为脱贫攻坚的第一责任主体，为赢得脱贫攻坚战的胜利奠定了政治基础和组织基础。

三是通过建立并完善新时代全党全社会广泛参与的帮扶责任体制来体现党的组织领导能力。全党全社会的广泛参与是中国特色减贫道路的鲜明特征。东西部协作扶贫、定点扶贫以及社会各界合力攻坚，汇聚成了磅礴的新时代脱贫攻坚合力。党中央出台相关文件，通过东西部扶贫协作、中央单位定点帮扶工作的强化细化，带动全社会帮扶责任的落实。比如，东西部协作扶贫，中央安排东部9个省（市）、13个城市对口帮扶西部10个省（区、市），以及吉林延边、湖北恩施、湖南湘西和河北张家口、承德、保定。为了使帮扶具有实效，中共中央办公厅、国务院办公厅联合印发了《关于进一步加强东西部扶贫协作工作的指导意见》（简称《意见》），《意见》中明确了东西部协作中产业合作、劳务协作、人才支援、资金支持、社会参与等5项重点工作，并围绕每一项工作，明确帮扶方和被帮扶方各自的责任，确保各项政策部署落到实处。2016—2019年，东部9个省（市）向扶贫协作地区投入财政援助资金近500亿元，接近过去20年总额的5倍。募集社会帮扶资金、协作双方互派党政挂职干部、互派专业技术人才均大幅增长。全社会合力攻坚的帮扶责任体制，有力拓展了脱贫攻坚的资源总量，体现了我们党的组织领导能力。

二、改革创新能力

打赢脱贫攻坚战是中国特色社会主义进入新时代，以习近平同志为核心的党中央为消除绝对贫困、确保全面建成小康社会而作出的重大决策部署。围绕这一决策部署的贯彻落实，从中央的顶层设计到地方的基层实践，改革创新体现在全过程各环节，特别是在扶贫理论、扶贫方略、脱贫攻坚制度体系、精准扶贫工作机制等方面的重大创新，彰显了中国共产党的改革创新能力。

扶贫理论的重大创新。新时代脱贫攻坚的时代特征是以习近平新时代中国特色社会主义思想为指导，以习近平总书记关于扶贫工作的重要论述为根本遵循。习近平总书记关于扶贫工作的重要论述，正是中国扶贫理论的新发展，是马克思主义反贫困理论中国化的最新成果。一是从中国特色社会主义发展全局明确扶贫开发的战略地位。党中央把扶贫开发与党和政府的职责、党的根本宗旨以及全面建成小康社会的目标要求和社会主义的本质要求相结合，这是对马克思主义反贫困理论的重大贡献。二是深刻总结了党的十八大以来中国扶贫开发“六个坚持”的宝贵经验，丰富发展了中国特色减贫道路的具体内容。这些宝贵经验包括：坚持党的领导，强化组织保证；坚持精准方略，提高脱贫实效；坚持加大投入，强化资金支持；坚持社会动员，凝聚各方力量；坚持从严要求，促进真抓实干；坚持群众主体，激发内生动力。三是从携手消除贫困、共建人类命运共同体的高度指明了全球减贫合作的方向。中国在致力于消除自身贫困的同时，力所能及向其他发展中国家提供不附加任何政治条件的援助，支持和帮助广大发展中国家特别是最不发达国家消除贫困。这是对全球减贫理论的原创性贡献。

扶贫方略的重大创新。2013年，习近平总书记在湖南湘西十八洞村考察时，首次提出“精准扶贫”的治贫理念，随后他多次阐述这一理念，形成了思想深邃、逻辑严密的精准扶贫论述，精准扶贫精准脱贫成为脱贫攻坚的基本方略。在扶贫开发过程中做到“六个精准”，实施“五个一批”，解决好“四个问题”，是精准扶贫精准脱贫基本方略的要旨所在。坚持做到扶持对象精准、项目安排精准、资金使用精准、措施到户精准、因村派人精准、脱贫成效精准的要求，使建档立卡贫困人口通过产业扶持、转移就业、易地搬迁、教育支持、医疗救助等措施实现脱贫，其余完全或部分丧失劳动能力的贫困人口实行社保政策兜底。脱贫攻坚的实践证明，精准扶贫精准脱贫基本方略是打赢脱贫攻坚战的理念基础和总方法。

脱贫攻坚制度体系的重大创新。主要体现在中央统筹、省负总责、市县抓落实机制要求的各负其责、合力攻坚的责任体系；针对多维致贫因素，形成政策“组合拳”的政策体系；确保扶贫投入力度与打赢脱贫攻坚战要求相适应的投入体系；发挥社会主义制度集中力量办大事优势的社会动员体系；确保中央决策部署落地落实的督查体系；体现最严格的考核评估要求，确保真扶贫、扶真贫、真脱贫的考核体系。脱贫攻坚制度体系的形成和发展，为打赢脱贫攻坚战提供了制度保障。

精准扶贫工作机制的重大创新。主要体现在：为解决好“扶持谁”的问题，逐村逐户开展贫困识别，对识别出的贫困村、贫困户建档立卡，并通过“回头看”和甄别调整，不断提高识别准确率；为解决好“谁来扶”的问题，全国累计选派县级以上机关、国有企事业单位300多万名干部参加驻村帮扶，加上近200万名乡镇扶贫干部和数百万名村干部，增强了一线扶贫力量，打通了精准扶贫“最后一公里”；为解决好“怎么扶”的问题，全面实施“五个一批”工程，因地因人制宜，扶到点上，扶到根上；为解决好“如何退”的问题，中央明确贫困县、贫困村、贫困人口退出标准和程序，各地科学合理制订脱贫滚动规划和年度计划，对拟退出的贫困县组织第三方进行严格评估，保持有关政策稳定。

三、社会动员能力

广泛动员社会力量参与脱贫攻坚，大力宣传脱贫攻坚典型案例、典型经验、典型人物，有助于传承中华民族优秀品德，有助于凝聚最广泛的人心和力量，营造全社会关心扶贫济困、关心国家发展的良好氛围。党在脱贫攻坚战中的社会动员能力集中体现在不断强化社会动员和宣传体系建设，凝聚了全社会参与的新社会扶贫格局。

大力拓展完善中国特色社会扶贫体系。中国特色减贫道路的基本特征之一，就是坚持巩固和完善大扶贫的工作格局。党的十八大以来，社会扶贫领域聚焦精准，围绕优化工作机制和模式，持续开展创新。东西部协作和定点扶贫等领域工作以精准扶贫精准脱贫的理念为指引不断深入。发达地区和中央单位向贫困地区选派干部超过10万人，支持项目资金超过万亿元。经过调整完善东西部扶贫协作结对关系，实现了对30个民族自治州结对帮扶的全覆盖。对口支援新疆、西藏和四省藏区工作在现有机制下进一步聚焦精准扶贫精准脱贫，瞄准建档立卡贫困人口精准发力，提高了对口支援实效。进一步加强中央单位定点扶贫工作，推动定点扶贫工作重心下沉，提高精准度和有效性，实现定点帮扶592个扶贫开发工作重点县全覆盖。军队和武警部队定点帮扶取得新进展。中央企业设立贫困地区产业投资基金，开展“百县万村”扶贫行动。民营企业实施“万企帮万村”精准扶贫行动。同时，健全社会力量参与机制，通过开展扶贫志愿活动、打造扶贫公益品牌、构建信息服务平台、推进政府购买服务等，创新扶贫参与方式，构建社会扶贫“人人皆愿为、人人皆可为、人人皆能为”的参与机制，体现了我们党独一无二的强大社会动员能力。

大力开展宣传培训活动，营造浓厚的社会参与氛围。2014年，国务院将10月17日确定为全国扶贫日，每年组织开展扶贫日系列活动。建立扶贫荣誉制度，设立全国脱贫攻坚奖，表彰脱贫攻坚模范，激发全社会参与脱贫攻坚的积极性。持续开展习近平总书记关于扶贫工作重要论述学习宣讲活动，宣传培训中央关于脱贫攻坚的基本方略与决策部署，增进了党政干部和社会各界对脱贫攻坚重大战略意义、理论方法的认识，提高了精准扶贫能力。通过总结和宣传典型案例、典型经验，推进了各地的经验交流和创新模式推广。形式多样的评比和宣传活动，营造了全社会共同参与脱贫攻坚的社会环境。

四、贯彻落实能力

党中央的决策部署的层层落实，关系贫困人口脱贫、贫困县摘帽、区域性贫困消除等目标的实现。各地各部门的贯彻落实能力实际上构成了中国共产党执政能力的重要内容，主要体现在增加投入、完善政策、严格考核、加强监督、作风能力建设等方面。

建立与脱贫任务相适应的投入体系。这是保障脱贫攻坚各项目标如期实现的基础。2014年，《关于创新机制扎实推进农村扶贫开发工作的意见》提出，以扶贫攻坚规划和重大扶贫项目为平台，整合扶贫和相关涉农资金，集中解决突出贫困问题，充分发挥政策性金融的导向作用，支持贫困地区基础设施建设和主导产业发展。随后《中共中央　国务院关于打赢脱贫攻坚战的决定》要求积极开辟扶贫开发新的资金渠道，确保政府扶贫投入力度与脱贫攻坚任务相适应。同时，倡导在扶贫开发中推广政府与社会资本合作、政府购买服务等模式，鼓励和引导商业性、政策性、开发性、合作性等各类金融机构加大对扶贫开发的金融支持。党中央科学的顶层设计，确保了政府投入的主体和主导作用，稳步增加金融对脱贫攻坚的投放和支持，逐步建立起了运转有效、保障有力的脱贫攻坚投入体系。近年来，投入到脱贫攻坚的各类资金超过万亿元，奠定了贯彻落实中央决策部署的投入基础。

完善政策体系。2015年，《中共中央　国务院关于打赢脱贫攻坚战的决定》明确提出实施精准扶贫方略、加快贫困人口精准脱贫的政策举措，包括健全精准扶贫工作机制、发展特色产业脱贫、引导劳务输出脱贫、实施易地搬迁脱贫、结合生态保护脱贫、着力加强教育脱贫、开展医疗保险和医疗救助脱贫、实行农村最低生活保障制度兜底脱贫、探索资产收益扶贫、健全特殊人群关爱服务体系等，成为指导脱贫攻坚的纲要性文件。2016年，国务院印发《“十三五”脱贫攻坚规划》，继续提出有关产业发展脱贫、转移就业脱贫、易地搬迁脱贫、教育扶贫、健康扶贫、生态保护扶贫、兜底保障等方面的政策规划。同时，为进一步细化落实中央决策部署，中共中央、国务院以及中央和国家机关各部门出台政策文件或实施方案200多个，涉及产业扶贫、易地扶贫搬迁、劳务输出扶贫、交通扶贫、水利扶贫、教育扶贫、健康扶贫、金融扶贫、农村危房改造、土地增减挂钩、资产收益扶贫等方面，奠定了贯彻落实中央决策部署的政策基础。

实行最严格的考核评估。精准扶贫精准脱贫，最终要落实到脱贫攻坚总体目标的实现成色和人民群众的获得感、满意度上。为确保脱贫成果经得起历史和实践检验，中共中央办公厅、国务院办公厅印发《省级党委和政府扶贫开发工作成效考核办法》，从2016年到2020年，国务院扶贫开发领导小组每年开展一次考核，主要涉及减贫成效、精准识别、精准帮扶、扶贫资金使用管理等方面内容。从2017年开始，经党中央、国务院同意，对综合评价好的省份通报表扬；对综合评价一般或发现某些方面问题突出的省份，约谈省分管负责人；对综合评价较差且发现突出问题的省份，约谈省党政主要负责人。各地均开展了省级考核评估和整改督查巡查，对整改责任不到位、整改措施不精准、整改效果不明显的进行严肃问责。严格考核评估奠定了贯彻落实中央决策部署的质量基础。

加强脱贫攻坚监督。良好的政策设计，需要结合有力的落实举措才能真正体现预期的成效。脱贫攻坚面广域宽，如何狠抓落实，解决实际工作中面临的突出问题，对于政策效能的充分显现至关重要。为此，脱贫攻坚顶层设计着力建设完备的监督体系，包括由国务院扶贫开发领导小组组织的督查和巡查、民主党派监督和社会监督三个方面。首先，2016年中共中央办公厅、国务院办公厅联合印发《脱贫攻坚督查巡查工作办法》，规定对中西部22个省（区、市）党委和政府、中央和国家机关有关单位脱贫攻坚工作的督查和巡查。督查内容涉及脱贫攻坚责任落实情况，专项规划和重大政策措施落实情况，减贫任务完成情况以及特困群体脱贫情况，精准识别、精准退出情况，行业扶贫、专项扶贫、东西部扶贫协作、定点扶贫、重点扶贫项目实施、财政涉农资金整合等情况。督查结果向党中央、国务院反馈。其次，国务院扶贫开发领导小组根据掌握的情况报经党中央、国务院批准，组建巡查组不定期开展巡查工作。巡查坚持问题导向，着力解决突出问题，重点包括干部在落实脱贫攻坚目标任务方面是否存在失职渎职，不作为、假作为、慢作为，贪占挪用扶贫资金，违规安排扶贫项目，贫困识别、退出严重失实，弄虚作假搞“数字脱贫”，以及违反贫困县党政正职领导纪律要求和约束机制等问题。再次，发挥民主党派监督作用。8个民主党派中央分别对8个贫困人口多、贫困发生率高的省份开展脱贫攻坚民主监督，成为彰显我国多党合作制度优势的新实践。此外，党中央开展脱贫攻坚专项巡视，加强审计、财政等部门和媒体、社会等监督力量的全方位合作，综合运用各方面监督结果，加强对各地工作的指导。设立12317扶贫监督举报电话，畅通群众反映问题的渠道，接受全社会监督。全方位的脱贫攻坚监督奠定了中央决策部署贯彻落实的效能基础。

持续推进作风和能力建设。扶贫领域作风总体是好的，但形式主义、官僚主义、虚假脱贫、“数字脱贫”、消极厌战、松劲懈怠等问题不同程度存在，有的还十分突出。这些问题不解决，不仅影响脱贫攻坚有效推进，而且损害党和政府的形象。党中央持续加强作风建设，深化扶贫领域腐败和作风问题专项治理，重点解决频繁填表报数、多头重复考核督查、文山会海、飞行调研等突出问题，进一步减轻基层负担。持续加强能力建设，深入推进脱贫攻坚干部培训。对县级以上领导干部，重点提高思想认识，树立正确的政绩观，掌握精准扶贫精准脱贫方法论，增强研究和解决攻坚难题的能力；对基层干部，主要采取案例教学、现场教学等培训方式，增强精准扶贫精准脱贫工作能力。同时，着力培育贫困村创业致富带头人，回引本土人才，培育“不走的工作队”。不断加强扶贫干部队伍作风和能力建设，奠定了中央决策部署贯彻落实的效率基础。

脱贫攻坚伟大成就彰显我国制度优势

经过全党全社会7年多精准扶贫，脱贫攻坚创造了历史上最好的减贫成绩，中华民族千百年来的绝对贫困问题有望得到历史性解决。我们在脱贫攻坚领域取得了前所未有的成就，彰显了中国共产党领导和我国社会主义制度的政治优势。这些政治制度优势体现在坚持党对脱贫攻坚的全面领导、坚持以人民为中心的发展思想、坚持精准扶贫方略等方面。

《红旗文稿》2020年第8期

新中国成立以后，扶贫开发始终是中国共产党和中国政府的重大任务。无论是新中国建设时期、改革开放时期，还是中国特色社会主义新时代，在不同的历史时期，确定不同的扶贫战略，制定相应的政策体系，不断推进扶贫开发道路的发展，扶贫开发不断取得新成就。党的十八大以来，以习近平总书记提出精准扶贫为起点，以党的十八届五中全会和中央扶贫开发工作会议为标志，中国扶贫开发进入脱贫攻坚新阶段。

新时代脱贫攻坚的伟大成就

党的十八届五中全会确定到2020年现行标准下农村贫困人口实现脱贫、贫困县全部摘帽、解决区域性整体贫困。经过全党全社会7年多精准扶贫，4年多脱贫攻坚战，脱贫攻坚取得历史性成就。

脱贫攻坚创造了历史上最好的减贫成绩，中华民族千百年来的绝对贫困问题有望得到历史性解决。按现行农村贫困标准，2013至2019年中国农村减贫人数分别为1650万人、1232万人、1442万人、1240万人、1289万人、1386万人、1109万人，7年来，贫困人口从2012年底的9899万人减到2019年底的551万人，累计减贫9348万人，年均减贫1335万人，7年累计减贫幅度达到94.4%，农村贫困发生率也从2012年底的10.2%下降到2019年底的0.6%。到2020年2月底，全国832个贫困县中已有601个宣布摘帽，179个正在进行退出检查，未摘帽县还有52个，区域性整体贫困基本得到解决。

大幅提高了贫困群众收入水平，明显改善了贫困地区基本生产生活条件。我国始终坚持开发式扶贫方针，引导和支持所有有劳动能力的贫困人口依靠自己的劳动摆脱贫困。2013至2019年，832个贫困县农民人均可支配收入由6079元增加到11567元，年均增长9.7%，比同期全国农民人均可支配收入增幅高2.2个百分点。全国建档立卡贫困户人均纯收入由2015年的

3416元增加到2019年的9808元，年均增幅30.2%。贫困群众“两不愁”质量水平明显提升，“三保障”突出问题总体解决。具备条件的建制村全部通硬化路，村村都有卫生室和村医，10.8万所义务教育资源薄弱学校的办学条件得到改善，农网供电可靠率达到99%，深度贫困地区贫困村通宽带比例达到98%，960多万贫困人口通过易地扶贫搬迁摆脱了“一方水土养活不了一方人”的困境。贫困地区群众出行难、用电难、上学难、看病难、通信难等长期没有解决的老大难问题普遍解决，义务教育、基本医疗、住房安全有了保障。

加快了贫困地区经济社会发展进程，提升了贫困治理能力。各地坚持以脱贫攻坚统揽贫困地区经济社会发展全局，贫困地区呈现出新的发展局面。特色产业不断壮大，产业扶贫、电商扶贫、光伏扶贫、旅游扶贫等较快发展，贫困地区经济活力和发展后劲明显增强。通过生态扶贫、易地扶贫搬迁、退耕还林还草等，贫困地区生态环境明显改善，贫困户就业增收渠道明显增多，基本公共服务日益完善。推进抓党建促脱贫攻坚，通过组织开展贫困识别、精准帮扶、贫困退出，基层组织建设得到加强，基层党组织的战斗堡垒作用和共产党员的先锋模范作用得到充分发挥，农村基层党组织凝聚力和战斗力明显增强，农村基层治理能力和管理水平明显提高，党群干群关系更加密切，巩固了党在农村的执政基础。截至2020年2月底，全国共派出25.5万个驻村工作队，累计选派290多万名县级以上党政机关和国有企事业单位干部到贫困村和软弱涣散村担任第一书记或驻村干部，同时在岗91.8万名。在2020年初的新冠肺炎疫情防控中，贫困地区基层干部展现出较强的战斗力，许多驻村工作队拉起来就是防“疫”队、战“疫”队，呈现了驻村干部经受脱贫工作历练的成果。

构建了中国特色脱贫攻坚制度体系，创新完善了精准扶贫的工作机制。构建了与“中央统筹、省负总责、市县抓落实”工作机制相适应，在各负其责基础上的合力脱贫攻坚责任体系；针对多维致贫因素，形成政策“组合拳”的政策体系；确保扶贫投入力度与打赢脱贫攻坚战要求相适应的投入体系；发挥社会主义制度集中力量办大事优势的社会动员体系；确保中央决策部署落地落实的督查体系；体现最严格的考核评估要求，确保真扶贫、扶真贫、真脱贫的考核体系。脱贫攻坚制度体系的形成和不断完善，为打赢脱贫攻坚战提供了坚实的制度支撑和保障。通过建档立卡，精准识别动态管理，解决好“扶持谁”的问题；派驻扶贫工作队加强一线攻坚力量，解决好“谁来扶”的问题；坚持因人因地制宜，实施“五个一批”，解决好“怎么扶”的问题；严格退出标准、程序及严格执行，解决好“如何退”的问题。

坚定全球减贫决心，为全球减贫事业贡献了中国智慧和中国方案。从减贫速度看，中国明显快于全球。世界银行发布的数据显示，按照每人每天1.9美元的国际贫困标准，从1981年底到2015年底，我国贫困发生率累计下降了87.6个百分点，年均下降2.6个百分点；同期全球贫困发生率累计下降32.2个百分点，年均下降0.9个百分点。特别是2013年实施精准扶贫以来，中国每年减少贫困人口1300多万，7年减少9300多万，有力加快了全球减贫进程，为其他发展中国家树立了标杆，提供了榜样，坚定了全世界消除贫困的信心。联合国秘书长古特雷斯发贺信称赞中国的减贫方略，指出“精准减贫方略是帮助最贫困人口、实现《2030年可持续发展议程》宏伟目标的唯一途径。中国已实现数亿人脱贫，中国的经验可以为其他发展中国家提供有益借鉴”。中国取得的巨大减贫成就坚定了全球减贫信心，而中国特色减贫道路为全球减贫贡献了中国智慧和中国方案。

脱贫攻坚伟大成就彰显我国制度优势

习近平总书记指出：“总的看，我们在脱贫攻坚领域取得了前所未有的成就，彰显了中国共产党领导和我国社会主义制度的政治优势。”[①]这些政治制度优势主要体现在以下方面。

坚持党对脱贫攻坚的全面领导。党的十八大以来，习近平总书记亲自挂帅出征，驰而不息、高位推进，走遍全国集中连片特困地区，50多次国内考察中40多次涉及扶贫，连续6年国内考察首先看扶贫，连续6年召开7次跨省区的脱贫攻坚座谈会，分阶段、分专题部署推进工作，连续4年主持召开会议审定脱贫攻坚成效考核结果。7年多来，习近平总书记把脱贫攻坚作为治国理政的重要内容，作出一系列新决策新部署，提出一系列新思想

① 习近平：《在决战决胜脱贫攻坚座谈会上的讲话》，《人民日报》2020年3月7日。

新观点，为新时代打赢脱贫攻坚战提供了根本遵循和行动指南。22个省（区、市）向党中央立下军令状，中共中央办公厅、国务院办公厅印发《省级党委和政府扶贫开发工作成效考核办法》。各地建立起脱贫攻坚党政一把手负责制，层层签订脱贫攻坚责任书，层层压实责任，层层传导压力，形成了省市县乡村五级书记一起抓的工作格局。中央明确脱贫攻坚期贫困县县级党政正职要保持稳定。各地发挥好村党组织在脱贫攻坚中的战斗堡垒作用。强化中央统筹、省负总责、市县抓落实的管理机制。中央做好顶层设计，考核省级党委和政府扶贫开发工作成效。省级党委和政府对辖区内脱贫攻坚工作负总责，确保辖区内贫困人口如期全部脱贫、贫困县如期全部摘帽。市（地、州、盟）、县级党委和政府因地制宜，推动脱贫攻坚各项政策措施落地生根。

坚持以人民为中心的发展思想。把脱贫攻坚摆在治国理政的突出位置。党的十八届五中全会审议通过《中共中央关于制定国民经济和社会发展第十三个五年规划的建议》，明确把农村贫困人口脱贫作为全面建成小康社会的基本标志。《中共中央　国务院关于打赢脱贫攻坚战的决定》《中共中央国务院关于打赢脱贫攻坚战三年行动的指导意见》等一系列关于脱贫攻坚的决策部署，把脱贫攻坚纳入国家整体发展规划，确保贫困人口和贫困地区同全国一道进入全面小康社会。明确目标任务，确定精准扶贫精准脱贫基本方略；中央在财政、金融、土地、交通、水利、电力、住房、教育、健康、科技、人才、宣传动员和建档立卡、驻村帮扶、考核评估等方面出台一系列专项政策和超常规举措；建立脱贫攻坚制度体系，为脱贫攻坚提供制度保障；脱贫攻坚任务重的地区党委和政府把脱贫攻坚作为“十三五”期间头等大事和第一民生工程来抓，坚持以脱贫攻坚统揽经济社会发展全局。聚焦“三区三州”（指位于西藏、新疆、甘肃、四川和云南的国家层面的深度贫困地区。“三区”指西藏自治区，新疆南疆的和田地区、阿克苏地区、喀什地区、克孜勒苏柯尔克孜自治州，以及青海、甘肃、四川、云南四省藏区；“三州”指甘肃省临夏回族自治州、四川省凉山彝族自治州和云南省怒江傈僳族自治州）等深度贫困地区，落实脱贫攻坚方案，瞄准突出问题和薄弱环节狠抓政策落实。对52个未摘帽贫困县和1113个贫困村实施挂牌督战，啃下最后的硬骨头，确保剩余贫困人口如期脱贫。着力巩固

“两不愁三保障”成果，分类施策，防止反弹。

坚持精准扶贫方略。精准扶贫是我国打赢脱贫攻坚战的基本方略。精准扶贫是习近平总书记关于扶贫工作重要论述的精髓，是一套内涵丰富、逻辑严密的思想体系，是对传统扶贫开发方式的根本性变革，是国家贫困治理体系现代化的目标方向，是脱贫攻坚目标任务完成的重要制度优势。从哲学基础看，关于扶贫工作重要论述包括实事求是和从实际出发、普遍联系与统筹兼顾、对立统一与重点论等基本哲学理论。从政治基础看，精准扶贫必须坚持中国共产党的坚强领导和发挥社会主义制度集中力量办大事的优势。从主要内容看，关于扶贫工作重要论述是做到“六个精准”、实施“五个一批”、解决好“四个问题”内在逻辑严密的体系。“六个精准”是精准扶贫的基本要求，“五个一批”是精准扶贫的实现途径，解决好“四个问题”是精准扶贫的关键环节，推进国家贫困治理体系和治理能力现代化是精准扶贫的主要目标。精准扶贫精准脱贫方略是一项系统工程，由核心内容、实现路径、根本要求、保障体系和落实行动等各相互作用、相互促进的子系统耦合而成，是具有内在逻辑关联的贫困治理体系。

坚持完善大扶贫格局。充分发挥政府在脱贫攻坚中的主体和主导作用，这是大扶贫格局的核心和基础。一是做好顶层设计，把脱贫攻坚纳入国家总体发展战略，制定国家专项规划。二是通过安排并不断加大财政专项扶贫资金投入，实现政府主导。如2015—2019年，中央财政补助地方资金规模达到4304.75亿元（2015年460.95亿元，2016年660.95亿元，2017年860.95亿元，2018年1060.95亿元，2019年1260.95亿元），连续4年保持每年200亿元增量。2016—2018年，全国832个县实际整合资金规模超过9000亿元。三是聚焦深度贫困地区脱贫攻坚。四是统筹加大专项扶贫和行业扶贫的力度。党的十八大以来，中国特色社会扶贫体系不断丰富发展，逐步成为我国大扶贫格局的重要一极。顶层设计持续优化，社会扶贫领域的相关制度安排逐渐完善。政府主导为社会扶贫奠定了基础，广泛动员为社会扶贫提供了动力，创新发展激发了社会扶贫的活力，发挥优势提升了社会扶贫的实效。

坚持激发脱贫内生动力。始终把激发内生动力作为扶贫脱贫的根本目标。把激发、提升、培育内生动力作为精准扶贫精准脱贫的重要内容和根本目标，以实现贫困地区贫困人口内源式发展。始终尊重贫困群众脱贫攻坚的主体地位。采取系统性措施，从理念到落实，让贫困群众在项目选择、设计、实施、管理、监督、验收、后续管理等全过程每一个环节发挥主体作用，强化贫困群众的主体意识和拥有感，最大程度提升贫困群众在脱贫攻坚中的获得感。始终多措并举激发内生动力，坚持外部帮扶与内生动力结合。形成正向引导激励机制，加强教育宣传，改变外在帮扶方式，把扶贫脱贫和贫困群众的自我发展能力建设有机结合起来。注重贫困地区基层干部的能力建设和素质培养。

坚持较真碰硬考核评估。完善考核评估的制度框架，丰富考核评估基本方法。形成了纵向到底、横向到边的脱贫攻坚考核评估体系，包括省级党委和政府扶贫开发工作成效的考核、东西部扶贫协作成效的考核、中央单位定点扶贫成效的考核、贫困县扶贫脱贫成效的考核。经党中央、国务院同意，对综合评价好的省份通报表扬，并在中央财政专项扶贫资金分配上给予奖励。对综合评价较差且发现突出问题的省份，党中央、国务院授权国务院扶贫开发领导小组约谈党政主要负责人。对综合评价一般或发现某些方面问题突出的省份，约谈省级分管负责人。建设完备的监督体系。由国务院扶贫开发领导小组组织的督查和巡查、民主党派监督和社会监督三个方面组成。发挥民主党派监督的作用，扶贫部门加强与审计、财政等部门和媒体、社会等监督力量的全方位合作，畅通群众反映问题渠道，接受全社会监督。

中篇／实践与成就

新中国扶贫70年：战略演变、伟大成就与基本经验

新中国成立以来，中国始终重视扶贫开发工作，取得了举世瞩目的成就，走出了一条中国特色的扶贫开发道路。回顾新中国成立70年来中国农村扶贫开发的战略政策演进及其伟大成就，凝练中国特色扶贫开发的基本经验、最新发展，展望中国扶贫未来发展趋向，有助于全面系统展现中国特色扶贫开发道路，讲好中国扶贫脱贫故事，为全球减贫治理提供中国方案。

原题《战略演变、伟大成就与基本经验》，《南京农业大学学报（社会科学版）》2019年第6期

新中国成立以来，中国共产党和中国政府始终高度重视扶贫开发工作，带领人民为消除贫困作出了巨大努力。改革开放以来，中国持续开展以农村扶贫开发为中心的国家减贫行动。党的十八大以来，以习近平同志为核心的党中央把贫困人口脱贫作为全面建成小康社会的底线任务和基本标志，明确到2020年现行标准下农村贫困人口实现脱贫，贫困县全部摘帽，解决区域性整体贫困，明确精准扶贫精准脱贫基本方略，动员全国全党全社会打响脱贫攻坚战。党的十九大把精准脱贫作为决胜全面建成小康社会必须打好的三大攻坚战之一，作出了新的部署①。70年来，中国扶贫开发成就举世瞩目，走出了一条中国特色的扶贫开发道路。回顾和总结新中国成立70年来中国农村扶贫开发的战略政策演进及其伟大成就，凝练分析中国特色扶贫开发的基本经验、最新发展及未来发展趋向，对于帮助国内外各界更好地认识和理解中国特色扶贫开发道路，讲好中国扶贫脱贫故事，具有重要的现实意义。

一、新中国扶贫70年的战略政策演进及其伟大成就

扶贫开发始终是新中国成立以后，中国共产党和中国政府的重大任务。无论是在社会主义革命和建设时期、改革开放和社会主义现代化建设时期，还是中国特色社会主义新时代，中国在不同的历史时期，确定不同的扶贫战略，制定相应的政策体系，不断推进扶贫开发道路的发展，取得了举世瞩目的减贫成就，为全球减贫事业作出了巨大贡献。

第一个时期：1949—1977年，社会主义革命和建设时期，实施计划经济体制下的广义扶贫战略。新中国成立以后，中国共产党首先领导人民实

---

① 中华人民共和国国务院新闻办公室：《为人民谋幸福：新中国人权事业发展70年》，《人民日报》2019年9月23日。

行土地改革，对农业、手工业和资本主义工商业进行社会主义改造，开展大规模的社会主义建设。社会主义制度建立、国民经济发展，为从根本上解决中国的贫困问题提供了最基本的制度保证和物质保障。通过大规模的基础设施建设，初步建立起农村供销合作及信用合作系统，形成以五保制度和特困群体救济为主的基本社会保障体系，新中国第一次在全国范围内减少了农村贫困现象。

这一时期扶贫开发的战略及政策措施：一是为缓解普遍的绝对贫困提供基本条件，通过在全国范围内开展大规模的基础设施建设、农田水利建设，广大农村灌溉设施和交通条件得到明显改善。同时，加强农村科技服务网络建设，基本覆盖全国所有农村乡镇的农业技术推广服务网络系统，为贫困地区贫困人口提高生产力提供了技术支撑。二是通过全国性农村合作信用体系建设，为缓解贫困改善农村金融服务。三是大力发展农村基础教育和基本医疗保障事业，通过建设农村小学校和乡村卫生所，实施免费义务教育和乡村合作医疗等政策措施，为农村人口发展提供了有力的保障。四是初步建立最基本的农村社会保障体系，这一体系与当时的国家财力及发展水平相适应，主要是社区五保制度和农村特困人口救济政策两个方面。这一时期的扶贫战略及政策具有以下突出特点：一是基础性。从基础设施、公共服务及金融、科技服务等为缓解贫困提供基础性条件。二是普惠性。大部分政策措施针对的是所有农村地区。三是效率不高。特别是人民公社运动严重挫伤了农民劳动积极性，生产效率低下。

1949—1977年，城乡居民生活有所改善，但农村贫困问题始终突出。按照2010年标准，1978年底中国农村贫困人口7.7亿人，农村贫困发生率高达97.5%[①]。20世纪50—60年代普遍性绝对贫困不仅没有缓解，还一度出现了农村大范围饥荒。这一时期，扶贫战略呈现为救济式扶贫，也就是自上而下建立完善全国性民政救济系统，重点对边远落后地区、因灾致贫人口和战争伤残人口实施“输血式”生活救济。这种救济式扶贫战略，最大的好处就是以救济方式满足贫困人口临界生存的保障性需要，其不足是难以

---

① 国家统计局：《沧桑巨变七十载　民族复兴铸辉煌——新中国成立70周年经济社会发展成就系列报告之一》。

提高贫困人口的发展能力，也无法从根本上最终摆脱贫困，就是所谓“救急不救穷”。

第二个时期：1978—1985年，实施农村经济体制变革推动减贫的战略。这一战略实施的宏观背景是中国开始实施改革开放政策。改革首先从农村开始，最主要的政策措施就是以解放农村生产力为目的，推行以家庭承包经营为基础、统分结合的双层经营体制，实施提高农产品价格、发展农村商品经济等配套改革。农村经济体制的深刻变革，促进了中国农村经济的超常规增长，从而带动贫困人口的急剧减少。这一阶段的扶贫战略政策可以理解为制度式减贫，也就是通过建立和完善具有缓解贫困作用的农村制度实现减贫。这些制度主要包括农村土地制度、市场制度以及就业制度、农村金融组织发展制度、劳务输出制度等。制度改革释放的效应，不仅促进了农村经济的快速增长，而且带动了绝对贫困人口的大幅减少。在这一时期，由于自然、历史等多种致贫因素逐渐显现，中国政府及其有关部门制定相应的扶贫政策，开展一系列帮困活动。其主要目的是支持经济发展明显落后、贫困人口较为密集的地区加快脱贫进程。其中，1982年，国家启动实施“‘三西’农业建设计划”，这实际上是中国专项扶贫计划雏形，是有组织、有计划、大规模扶贫开发的序幕。1984年，国家实施的以工代赈，其目的主要是改善贫困地区的基础设施，帮助贫困地区和贫困人口形成生产条件。其主要作用机制是救济对象通过参加必要的社会工程建设获得赈济金或赈济物，即贫困人口要通过出工投劳来获得救济。国家出台了一系列改善农村教育的社会政策，旨在通过加强农村教育，促进农村物质条件改善和农村人力资源开发相结合。1984年9月，《中共中央　国务院关于帮助贫困地区尽快改变面貌的通知》印发，这是中国开展有计划扶贫的基础性文件，标志着国家实施专项扶贫工作探索全面开始。这一时期扶贫战略政策的主要特点：一是制度改革释放活力，以生产率的提高带动和促进减贫；二是注重人力资源开发对减贫的重要作用，发展农村教育、实施以工代赈项目为开发式扶贫方针形成提供了实践；三是“三西”农业建设为区域扶贫开发开展实验。

第三个时期：1986—1993年，实施区域开发式扶贫战略。这一时期中国的贫困问题呈现三大特征：一是贫困人口区域集中。贫困人口主要分布在“老、少、边、穷”地区。二是区域性贫困与群体性贫困并重。农村区域发展不平衡问题开始凸显，特别是“老、少、边、穷”地区的经济、社会和文化发展水平开始较大落后于沿海发达地区，成为“需要特殊对待的地区”。三是贫困问题的综合性突出。区域性贫困以及分布在贫困区域的贫困人口规模大、致贫原因复杂，有组织大规模的帮扶需求明显。与这些特点相适应，中国政府实施区域开发式战略：①把扶贫开发纳入国家发展总体规划，明确把解决大多数贫困地区、贫困人口的温饱问题作为中国政府扶贫工作的长期目标。1986年4月，第六届全国人民代表大会第四次会议通过的《中华人民共和国国民经济和社会发展第七个五年计划》，将“老、少、边、穷地区的经济发展”单列一章。②中央政府成立专门扶贫机构——国务院贫困地区经济开发领导小组及其办公室，从原来的道义式扶贫转向制度式扶贫，为农村扶贫开发逐步实现规范化、机构化、制度化，进行机构安排。这一时期扶贫战略政策的最主要特点集中体现在两个关键词上：一是“区域发展带动”。战略政策制定的重点就是以区域开发带动扶贫。在实践过程中，一些贫困地区开发式扶贫从“促进区域经济增长带动扶贫”战略演变为“贫困地区工业化项目投资”战略。实践证明，这种方式总体上有利于县域经济的发展，但缺乏与贫困农户的直接联系。二是“开发式扶贫”。强调扶贫开发要注重开发贫困人口的人力资源，把物质资源开发和贫困人口开发利用资源、市场的能力整合起来。总体而言，尽管这一时期的措施发挥了一定效果，但由于同期农村经济增速减缓，加之剩余贫困人口脱贫难度增加，与前一时期相比，这一时期贫困人口下降速度有所减缓，返贫现象有所增加。

第四个时期：1994—2000年，实施综合性扶贫攻坚战略。这一时期扶贫战略政策的主要内容和特点体现在三个方面：一是国务院1994年3月颁布《国家八七扶贫攻坚计划（1994—2000年）》。这是有明确目标、任务、一揽子扶贫政策措施的国家级扶贫计划。明确要求集中人力、物力、财力，用7年左右的时间，基本解决8000万农村贫困人口的温饱问题。提出以贫困村为基本单位，以贫困户为主要工作对象，以扶持贫困户创造稳定解决温饱的条件发展种养业为重点，坚持扶持到村到户，坚持多渠道增加扶贫投入。该计划围绕扶贫资金安排、扶贫项目实施制定了一系列确保扶贫开发到村到户的措施。促进扶贫开发工作由道义式扶贫向制度性扶贫转变，由救济式扶贫向开发式扶贫转变，由扶持贫困地区（主要是贫困县）向扶持贫困村、贫困户转变。并较大幅度地增加了扶贫资金。二是国家在宏观经济政策中明确提出加快中西部地区的经济发展计划。该计划实际上将扶贫到户与促进中西部地区经济发展的宏观政策相结合，对缓解农村贫困产生了积极意义。三是构建综合扶贫战略政策体系。中央政府大幅增加扶贫开发投入，明确资金、任务、权利、责任"四个到省"的扶贫工作责任制。建立东部沿海地区支持西部欠发达地区的扶贫协作机制。推行入户项目支持、最低生活救助、科技扶贫、劳动力转移、生态移民等多元化扶贫措施。2000年，中国政府宣布《国家八七扶贫攻坚计划（1994年—2000年）》确定的战略目标基本实现，全国农村贫困人口的温饱问题基本解决。

第五个时期：2001—2012年，实施整村推进与"两轮驱动"扶贫战略。这一时期扶贫战略主要体现在《中国农村扶贫开发纲要（2001—2010年）》和《中国农村扶贫开发纲要（2011—2020）》的政策制定和实施安排上。第一个十年扶贫纲要在中西部地区确定592个国家扶贫开发重点县，把贫困瞄准重心下移到村，全国范围内确定了15万个贫困村，战略政策主要以整村推进、产业发展、劳动力转移为重点进行构建与实施，贫困人口继续减少。2007年，以全国全面实施农村最低生活保障制度为标志，中国的扶贫开发进入扶贫开发政策与最低生活保障制度衔接的"两轮驱动"阶段。第二个十年扶贫纲要所要体现的扶贫战略意图和政策构建重点，主要确定了14个集中连片特困地区。扶贫开发的重点范围覆盖14个集中连片特困地区、592个国家扶贫开发重点县，继续坚持开发式扶贫方针、坚持扶贫到村到户。这一时期扶贫开发成效明显：一方面大多数贫困群体的温饱问题得以解决；另一方面，扶贫开发对促进国民经济持续健康发展，缓解区域、城乡差距扩大趋势，都作出了重要贡献。

第六个时期：2013—2020年，实施精准扶贫精准脱贫基本方略。以中国共产党第十八次全体代表大会召开为标志，中国发展进入新时代。以习近平同志为核心的党中央把扶贫开发摆在治国理政的突出位置。习近平总书记提出一系列扶贫开发的新思想新观点，作出一系列新部署新要求，形成了习近平扶贫重要论述。在习近平扶贫重要论述指引下，2015年10月召开的党的十八届五中全会作出“打赢脱贫攻坚战”的决定。新时代脱贫攻坚是中国扶贫开发的新发展，中国扶贫开发战略政策体系呈现新时代特点：一是确定全新扶贫目标，即“到2020年现行标准下贫困人口全部脱贫，贫困县全部摘帽，解决区域性整体贫困”。这一目标既符合国情，又与国际接轨，脱贫标准略高于国际水准。二是确定基本方略，即精准扶贫精准脱贫基本方略。这一方略是一整套全新的贫困治理体系，其核心内容集中体现在做到“六个精准”，实施“五个一批”，解决好“四个问题”。三是坚持发挥中国共产党领导的政治优势和社会主义集中力量办大事的制度优势。构建省市县乡村五级书记抓扶贫、层层落实责任制的治理格局。四是坚持广泛动员全社会力量，支持和鼓励全社会采取灵活多样的形式参与扶贫。五是坚持创新扶贫开发机制，为贫困人口贫困村建档立卡，向贫困村派驻第一书记和驻村工作队，出台一系列精准扶贫政策，为脱贫攻坚源源不断地释放改革红利。六是扶贫与扶志、扶智有机结合。始终注重贫困人口内生动力的激发、培育。这一时期，贫困地区基本公共服务体系建设加快推进，城乡基本养老保险制度全面建立，具有减贫兜底功能的社会保障体系日益完善。

中国扶贫开发取得了举世瞩目的成就。新中国成立时，国家一穷二白，人民生活处于极端贫困状态。社会主义基本制度的确立，以及农村基础设施的建设、农业技术的推广、农村合作医疗体系的建立等为减缓贫困奠定了基础。改革开放以后，农村率先进行经济制度改革，实行家庭联产承包责任制，生产力得到极大解放，农民收入大幅提高，农民温饱问题逐步得以解决。

一是农村贫困人口大幅减少。以当时的农村贫困标准（按1984年价格确定每人每年200元的贫困标准，是较低水平的生存标准）衡量，中国农村贫困人口从1978年底的2.5亿人减少到1985年底的1.25亿人；农村贫困发生率从1978年底的30.7%下降到1985年底的14.8%。若以现行农村贫困标准（按2010年价格确定每人每年2300元的贫困标准，是与小康社会相适应的稳定温饱标准）衡量，农村贫困人口从1978年底的7.7亿人减少到1985年底的6.6亿人，农村贫困发生率从1978年底的97.5%下降到1985年底的78.3%。20世纪80年代中期，扶贫开发持续推进，农村贫困程度进一步减轻，贫困人口继续大幅减少。以现行农村贫困标准衡量，2012年底中国农村贫困人口9899万人，比1985年底减少5.6亿多人，下降了85.0%；农村贫困发生率下降到10.2%，比1985年底下降了68.1个百分点[①]。特别是党的十八大以来，中国实施精准扶贫精准脱贫基本方略，全面打响了脱贫攻坚战，扶贫工作取得了决定性进展。按现行农村贫困标准，2013—2018年农村累计减贫8239万人，年均减贫1373万人，6年累计减贫幅度达到83.2%，农村贫困发生率从2012年底的10.2%下降到2018年底的1.7%，其中，10个省份的农村贫困发生率已降至1.0%以下，中华民族千百年来的绝对贫困问题有望得到历史性解决[②]。

二是区域性贫困明显减轻。受自然、历史等诸多因素影响，中国贫困具有区域性特征，中西部地区整体性贫困相对突出。20世纪80年代中期，中国聚焦贫困区域，实施减贫战略，党的十八大以来，党中央、国务院加大对贫困地区尤其是深度贫困地区政策力度，推进东西部地区协作扶贫，区域性整体减贫成效明显。东部地区11个省份已基本率先脱贫，中部地区8个省份和西部地区12个省份的农村贫困人口下降幅度明显。

三是贫困区域减贫成效明显。贫困地区（包括集中连片特困地区和片区外的国家扶贫开发工作重点县，共832个县。2017年将享受片区政策的新疆阿克苏地区1市6县也纳入了贫困监测范围）、集中连片特困地区（2011年，全国共划出11个连片特困地区，加上已经实施特殊扶贫政策的西藏、四省藏区、新疆南疆三地州，共14个片区680个县。2016年起，新疆阿克苏地区1市6县享受片区政策）、国家扶贫开发工作重点县（共592个县）、民族8省区（即内蒙古、广西、贵州、云南、西藏、青海、宁夏、新疆）减贫成效明显，其中贫困地区减贫规模占全国农村减贫总规模的59.8%。详见表1。

① 国家统计局：《扶贫开发持续强力　推进脱贫攻坚取得历史性重大成就——新中国成立70周年经济社会发展成就系列报告之十五》。

② 同上。

表1　贫困区域减贫变化情况

区域	贫困人口（万人）			贫困发生率（%）		
	2018年	2012年	6年下降	2018年	2012年	累计下降
贫困地区	1115	6039	4924（81.5%）	4.2	23.2	19.0
集中连片特困地区	935	5067	4132（81.5%）	4.5	24.4	19.9
扶贫开发重点县	915	5105	4190（82.1%）	4.3	24.4	20.1
民族8省区	602	3121	2519（80.7%）	4.0	21.1	17.1

四是贫困地区农村居民收入保持快速增长，消费水平稳步提升。改革开放以来，农村居民收入消费进入快速增长期。2012年，农村居民人均收入和消费水平分别比1978年实际增长了11.5倍和9.3倍。2018年，贫困地区农村居民人均可支配收入10371元，是2012年的1.99倍，年均增长12.1%，扣除价格因素，年均实际增长10.0%，比全国农村平均增速高2.3个百分点，与全国农村平均水平的差距进一步缩小。2018年，贫困地区农村居民人均消费支出8956元，与2012年相比，年均增长11.4%，扣除价格因素，年均实际增长9.3%。2018年，贫困地区农村居民人均消费支出是全国农村平均水平的73.9%，比2012年提高了3.4个百分点①。

五是贫困地区生活环境明显改善，生活质量全面提高。从居住条件看，2018年，贫困地区居住钢筋混凝土房或砖混材料房的农户比重为67.4%，比2012年提高28.2百分点；居住竹草土坯房的农户比重为1.9%，比2012年下降了5.9个百分点；使用卫生厕所的农户比重为46.1%，比2012年提高20.4个百分点；饮水无困难的农户比重为93.6%，比2013年提高12.6个百分点。从家庭耐用消费品看，贫困地区农村居民家庭耐用消费品从无到有，提档升级。2018年，贫困地区农村每百户拥有电冰箱、洗衣机和彩色电视机等传统耐用消费品分别为87.1台、86.9台和106.6台，分别比2012年增加39.6台、34.6台和8.3台，拥有量持续增加，和全国农村平均水平的差距逐渐缩小；每百户拥有汽车、计算机等现代耐用消费品分别为19.9辆和17.1台，分别是2012年的7.4倍和3.2倍，实现快速增长。截至2018年底，贫困地区

① 国家统计局：《扶贫开发持续强力推进　脱贫攻坚取得历史性重大成就——新中国成立70周年经济社会发展成就系列报告之十五》。

通电的自然村接近全覆盖；通电话、通有线电视信号、通宽带的自然村比重分别达到99.2%、88.1%、81.9%，比2012年分别提高5.9个百分点、19.1个百分点、43.6个百分点。2018年，贫困地区村内主干道路经过硬化处理的自然村比重为82.6%，比2013年提高22.7个百分点；通客运班车的自然村比重为54.7%，比2013年提高15.9个百分点。2018年，贫困地区87.1%的农户所在自然村上幼儿园便利，89.8%的农户所在自然村上小学便利，分别比2013年提高15.7个百分点和10.0个百分点；有文化活动室的行政村比重为90.7%，比2012年提高16.2个百分点；贫困地区拥有行医资格医生的行政村比重为92.4%，比2012年提高9.0个百分点；93.2%的农户所在自然村有卫生站，比2013年提高8.8个百分点；78.9%的农户所在自然村垃圾能集中处理，比2013年提高49.0个百分点①。

扶贫开发和脱贫攻坚的伟大成就，为历史性消除中华民族千百年来的绝对贫困问题打下坚实基础，为全球减贫事业贡献了中国智慧和中国方案，为实现经济持续健康发展与大规模减贫同步、有效避免掉入中等收入陷阱作出了贡献，不仅成为中国特色道路自信、理论自信、制度自信、文化自信的生动写照，而且成为全球反贫困事业的亮丽风景。

二、改革开放以来中国扶贫开发的基本经验

国家在不同阶段采取不同扶贫战略，实施不同扶贫政策组合。新中国成立至改革开放时期（1949—1977年），中国扶贫开发主要战略和政策以减缓绝对贫困为目标，主要通过变革社会制度，建立低水平的社会保障体系来实现。改革开放至党的十八大以前（1978—2012年），主要通过经济增长带动和专项扶贫计划实现大幅减少绝对贫困。这一历史时期按照驱动减贫的主要动力因素，可以分为四个不同历史阶段：1978—1985年，主要实施农村经济体制变革推动减贫；1986—1993年，主要实施区域开发式扶贫减贫；1994—2000年，主要实施综合性扶贫攻坚减贫；2001—2012年，主要实施整村推进与“两轮驱动”扶贫战略减贫。

① 国家统计局：《扶贫开发持续强力　推进脱贫攻坚取得历史性重大成就——新中国成立70周年经济社会发展成就系列报告之十五》。

改革开放至党的十八大以前这一历史时期，中国特色扶贫开发道路基本形成，并积累了宝贵的基本经验[①]：一是坚持改革开放。国家通过一系列改革，整体确立了以市场调节主导资源配置的经济体系，多种经济成分并存发展，极大地调动了社会各方面的积极性，极大地解放了生产力，提高了生产率，为大规模减贫战略的实施奠定了基础。二是保持经济长期持续增长。国家在以市场为基本取向的改革进程中，坚持以经济建设为中心，用发展的办法来解决前进中的问题。在保持高速经济增长中，提供大量的就业机会，农业基础得到加强，农产品产量大幅增长，人民生活得以大幅改善，直接推动了贫困人口的大量减少。社会财富的增加、国家财力的增强，为国家实施减贫战略，动员全社会力量有针对性地解决贫困问题提供了必要的物质条件。三是制定一系列有利于贫困人口发展的政策。这是大规模持续减贫的政策基础。国家通过一系列的制度创新，在农村土地政策、农业生产支持政策、农村综合发展政策、社会发展政策等方面形成较为全面的政策框架及体系，为实现大规模减贫奠定了坚实的政策基础。四是根据发展阶段及贫困人口特征制定和调整反贫困战略。国家在不同的发展阶段，确定不同的减贫目标及任务，制定实施相应的反贫困战略，不断丰富发展反贫困战略内容，把区域发展与扶贫开发有机结合，在实施专项扶贫计划的同时，实施一系列加快落后地区的区域发展战略，形成区域发展与扶贫开发的良性互动。五是渐进式推进农村社会保障体系的建立与完善。国家逐步建立并不断完善农村社会保障体系，特别是农村最低生活保障制度的不断完善，为解决贫困人口生存和温饱提供制度保障。六是不断丰富和发展开发式扶贫的方式方法。始终坚持开发式扶贫方针。把解决贫困户的温饱问题与区域经济开发结合起来，把增加经济收入与改善保护生态环境在内的国土整治结合起来，把经济开发与解决社会问题、改善民生、促进社会和谐结合起来。注意借鉴国际社会先进的减贫理念和成果，积极与国际社会分享中国在扶贫开发领域的经验和做法，开展国际交流与合作。七是始终把培养和不断提高扶贫对象的自我发展能力作为工作核心。坚持

---

① 国务院扶贫办党组：《创造人类反贫困历史的中国奇迹——改革开放40年我国扶贫工作的重大成就与经验》，《求是》2018年第18期。

把提高贫困人口的自我发展能力作为反贫困的重点。提倡不等不靠，动员群众积极依靠自己力量改变贫穷落后面貌。把扶贫开发与基层组织建设相结合，通过推进组织创新不断提高扶贫对象的自我组织、自我管理能力。八是在政府主导下不断提高反贫困战略政策执行力。把扶持贫困群体、实现共同富裕作为国民经济和社会发展的重要任务，列入国民经济和社会发展中长期规划。建立专门机构，先后制定实施国家扶贫开发规划，划定和调整重点扶持区域，调整扶贫标准，逐年增加专项扶贫资金投入。把建立工作责任制、加强干部队伍和机构建设作为保障扶贫政策执行力的关键，采取有效措施保障扶贫政策的落实。

三、新时代脱贫攻坚对中国特色扶贫开发道路的丰富发展

党的十八大以来，以习近平同志为核心的党中央从全面建成小康社会全局出发，把扶贫开发工作摆在治国理政的突出位置，明确目标和基本方略，全面打响脱贫攻坚战。在习近平扶贫重要论述指引下，全党全国全社会凝心聚力脱贫攻坚。实践证明，新时代脱贫攻坚取得了减贫史上的最好成绩，推动了贫困地区农村的深刻变革，提高了贫困地区农村基层的治理能力，丰富发展了中国特色扶贫开发道路。

首先，从中国特色社会主义发展全局明确扶贫开发的战略地位，对马克思主义反贫困理论作出了重大贡献。党中央把扶贫开发与党和政府的职责、党的根本宗旨以及全面建成小康社会目标要求和社会主义的本质要求相结合，深刻阐述中国现阶段扶贫开发的极端重要性和紧迫性，把新时代扶贫开发战略定位提高到新的高度，为制定新时代脱贫攻坚顶层设计、体制机制创新奠定了思想基础，对全党全国全社会增强扶贫开发责任感、使命感、紧迫感具有重要的理论和实践指导意义。

其次，深刻总结党的十八大以来中国扶贫开发“六个坚持”的宝贵经验[①]，为坚决打赢脱贫攻坚战提供了根本遵循，丰富发展了中国特色扶贫开发道路的具体内容：一是坚持党的领导，强化组织保证。始终坚持党对脱贫攻

---

① 闻言：《坚决打赢脱贫攻坚战，谱写人类反贫困历史新篇章——学习〈习近平扶贫论述摘编〉》，《人民日报》2018年8月21日。

坚的领导，充分发挥社会主义制度集中力量办大事的优势，五级书记抓扶贫，实行中央统筹、省负总责、市县抓落实的管理体制机制。二是坚持精准方略，提高脱贫实效。真正把精准理念落到实处，变“大水漫灌”为“精准滴灌”，做到“六个精准”基本要求，实施“五个一批”的脱贫路径，达到切实解决“四个问题”的根本目的。围绕精准扶贫改革创新一系列扶贫机制模式，促进了贫困治理体系的不断完善。三是坚持加大投入，强化资金支持。不断增加资金投入，加强使用监管，大力改革财政扶贫资金使用管理机制，完善扶贫资金项目公告公示制度，做到阳光化管理。四是坚持社会动员，凝聚各方力量。更加广泛地动员社会参与脱贫攻坚，加大社会扶贫工作力度，凝聚更大扶贫合力。五是坚持从严要求，促进真抓实干。把从严治党贯穿脱贫攻坚全过程、每一个环节，把扶贫工作的从严要求和干部作风治理结合起来，把精准扶贫精准脱贫过程和国家贫困治理体系和治理能力现代化结合起来。六是坚持群众主体，激发内生动力。尊重贫困群众的主体地位和首创精神，把激发扶贫对象的内生动力摆在突出位置，扶贫与扶志、扶智相结合，充分发挥第一书记和驻村工作队的作用，把贫困群众的积极性调动起来，把他们自力更生的精神激发出来，不断提高他们共享发展成果的能力。

最后，从携手消除贫困、共建人类命运共同体的高度指明全球减贫合作的方向，对世界减贫理论作出原创性贡献。中国在致力于消除自身贫困的同时，始终积极开展南南合作，力所能及向其他发展中国家提供不附加任何政治条件的援助，支持和帮助广大发展中国家特别是最不发达国家消除贫困。积极开展国际减贫合作，服务于国家外交、援外大局以及“一带一路”等重大战略和倡议，发挥扶贫软实力在树立大国形象、增强中国在全球治理话语权中的特殊作用。

四、中国扶贫开发道路的前景展望

中国扶贫开发道路不仅是消除国内贫困问题的良方，而且具有世界性的减贫与发展意义。在加速全球减贫进程的同时，为全球贫困治理贡献了中国智慧和中国方案。

习近平总书记在2018年新年贺词中指出，到2020年，将在中华民族几千年历史发展上首次整体消除绝对贫困现象，这对中华民族、对整个人类都具有重大意义。但消灭绝对贫困现象，并不意味着中国与贫困作斗争的事业终结。随着经济社会的快速转型，相对贫困问题的有效治理将成为推动乡村振兴战略、城乡一体化发展和社会主义现代化建设中的重大议题。

2020年后中国扶贫工作将从脱贫攻坚转战到巩固脱贫成果、治理相对贫困的新阶段。中国始终把贫困治理作为治国理政的重要内容和优先任务，这是由中国共产党的性质决定的。中国共产党的初心和使命，就是为中国人民谋幸福，为中华民族谋复兴。缓解和消除贫困是中国共产党的初心和使命、以人民为中心的发展思想最生动的体现，最能体现中国共产党的宗旨和社会主义的本质要求。理论和国际发展实践也表明，迄今为止的任何社会形态，即使是发达国家，总会存在一定比例的相对贫困人口。社会发展必然要求通过贫困治理降低社会发展的不公平性，提高社会的稳定性。而且，贫困治理必然成为中国在新征程中解决不平衡不充分发展矛盾的重要举措，是衡量乡村振兴战略实施质量和实现共同富裕程度的底线任务、标志性指标。此外，作为全球最大的发展中国家，中国人口基数大，任何贫困标准下的相对贫困人口规模都不会小，完全采取西方国家那样主要通过福利救济兜底解决贫困问题的做法，短期内难以提供可持续的财力支撑。由此，中国的贫困治理必然是坚持精准扶贫精准脱贫方略，坚持开发式扶贫和保障性扶贫并重的方式，坚持减缓贫困和增强贫困人口的劳动技能、提升民族整体素质相结合。

目前，脱贫攻坚已进入决战决胜关键时期。中国政府在全力打赢打好脱贫攻坚战的同时，进一步谋划、研究、制定2020年后扶贫战略，这既是建立稳定脱贫机制的需要，更是实现脱贫攻坚战和后扶贫工作无缝衔接的需要；是中国共产党向第二个百年奋斗目标进军的需要，也是在提前10年完成联合国《2030年可持续发展议程》减贫目标的基础上继续引领全球减贫事业、为全人类作出更大贡献的需要。

可以预期，中国共产党在2020年后将瞄准相对贫困问题，根据相对贫困的特征和宏观经济社会发展进程，以习近平扶贫重要论述为指引，科学确定新的扶贫标准，明确目标任务，确定工作范围，完善基本方略，创新体制机制，优化政策体系，强化保障措施，形成一揽子的贫困治理方案。同时，有力有效地向国际社会推介习近平扶贫重要论述和中国减贫方案，为全球减贫贡献中国智慧。

贫困地区多元化精准脱贫路径设计与退出机制

脱贫攻坚工作已经成为全党全国全社会的重要工作，是全面建成小康社会必须完成的任务。以贫困地区多元化精准脱贫路径设计与退出机制为主题进行分析论述，有助于呈现在习近平精准扶贫论述指引下，我国全面实施精准扶贫精准脱贫基本方略的顶层设计。

《甲秀论坛》2017年12期

一、全球减贫进展与我国扶贫开发新阶段

（一）全球减贫的进展与趋势

我国是全球最大的发展中国家，减贫依然是我国面临的主要挑战，是和其他国家一样必须在发展进程中解决好的重要问题。从全球看，过去70多年的全球减贫呈现以下特点：

一是成就巨大。在70多年前二战刚结束时，全球贫困的状况非常严重。30多年前，全球还有20多亿贫困人口；2016年，仅还有7亿贫困人口。可见，过去30多年中，几十亿贫困人口摆脱了贫困，这说明全球减贫成就是非常巨大的。

二是挑战依然明显。剩下的贫困人口，无论在世界其他国家，还是在我国，越往后扶贫的难度越大，是十分难啃的硬骨头，说明挑战非常之大，这也是全球减贫呈现出的共同特点。

三是目标更加明确。在2015年第70届联合国发展大会上190多个国家的首脑通过了一个议程，即《2030年可持续发展议程》，这个议程的首要目标就是消除绝对贫困。所以，未来15年，也就是到2030年，全球的减贫目标就是消除一切形式的绝对贫困。

四是前景看好。在未来15年只要全球保持每年减贫5000万人以上，就能实现2030年消除绝对贫困的目标。当然这个目标的实现取决于外在的环境，以及各国如何有效地治理贫困，从而更有效地激发贫困人口内生动力。

以上方面就是全球减贫总的趋势和特征。上述趋势及特征还可以从相关数据看出：

一是全球贫困人口和贫困发生率变化趋势。从1981年到2013年，贫困人口数量和贫困发生率均呈现明显下降趋势，这和我国过去30多年取得的减贫显著成效相一致。换句话，由于中国显著的减贫成效带来了全球显著的减贫成就。

二是全球贫困人口分布。全球贫困人口数量最多的是在南亚地区，以印度、孟加拉国、巴基斯坦为代表的南亚国家，其贫困人口占了全球贫困人口的40%左右。非洲地区也相对欠发达，贫困程度也比较深，贫困人口数量排在全球第二。排在第三的是东亚和太平洋地区，这个地区在过去30多年的减贫速度是最明显的，不仅我国，这个地区的其他国家也取得比较明显的减贫成效。剩下的贫困人口有小部分分布在拉丁美洲。从1990年到2015年，不同地区贫困发生率呈逐步下降趋势。其中，东亚和太平洋地区的贫困发生率从1990年的60.8%下降到2015年的4.1%，可见这个地区减贫的成绩非常巨大。

三是全球发展议程。第一个议程是从1990到2015年，就是《千年发展目标》。其所制定的目标2015年时从全球范围来看基本实现了，我国是在2003年左右首先实现了贫困人口比例减半的第一个目标，到2015年实现了所有的指标，是《千年发展目标》实现速度最快、实现程度最好的国家。第二个发展议程就是《2030年可持续发展议程》，这一议程包含了17项目标。第一个目标是消除一切形式的绝对贫困，也就是说全球发展未来15年的主要任务，排在最前面的是消除绝对贫困。

四是《2030年可持续发展议程》中的减贫目标和我国脱贫攻坚目标相一致。《2030年可持续发展议程》共有17项目标，包括169项具体子目标，其中第一项目标消除一切形式的绝对贫困，包括5个具体子目标：

1. 到2030年在全球消除平均每人每天生活费不足1.25美元的极端贫困（2015年4月世界银行把1.25美元标准调整为1.9美元，所以现在每人每天生活费不足1.9美元的都叫极端贫困）。我国现在标准是按照2010年农民人均纯收入每年2300元人民币的不变价来测算的。如果按照购买力评价换算，我国的贫困标准大概相当于每人每天消费支出2.2至2.3美元，也就是说我国的扶贫标准略高于全球极端贫困标准。

2. 到2030年根据各国标准将各年龄段贫困人口和贫困儿童的比例减少一半以上。这反映出全球减贫要更加精准到每个年龄段和不同类型的贫困人口，特别是强调了儿童减贫的重要性。这也是精准扶贫精准脱贫的要义和要求。

3. 到2030年实施适合各国国情的社保制度，大规模覆盖贫困人口和其他弱势群体。我国现在已经建成了全球最大的社保制度，其中农村最低生活费保障制度是很重要的组成部分。

4. 到2030年确保所有人特别是贫困人口和弱势群体享有获得经济支援的平等权利，享有基本服务或者土地和其他形式财产的所有权、使用权，享有获取新技术和金融服务的权利。在这点上，我国通过实施精准扶贫精准脱贫正在推动这些方面的实现。比如，农村三权分置改革，还有在农村推行电商扶贫、光伏扶贫等新业态，以及针对贫困人口的小额信贷等举措，都是可以实现这些目标的手段。

5. 到2030年增强贫困人口抵御灾害风险的能力。这也是我国精准扶贫精准脱贫的重要内容。

所以，综合看，我国脱贫攻坚目标和联合国《2030年可持续发展议程》中的第一个目标消除一切形式的绝对贫困是一致的。换句话说，我国在2020年全面建成小康社会，按照党的十八届五中全会确定的现行标准下农村贫困人口全部脱贫，贫困县全部摘帽，解决区域性整体贫困，就意味着，到2020年我国将提前10年实现联合国《2030年可持续发展议程》的减贫目标。显然这样的目标和成就，可以树立我国良好形象，展现我国发展道路、理论、制度、文化自信。

（二）我国扶贫开发进入新阶段

1. 我国扶贫开发的成就和2014年的贫困特征

改革开放以来我国在1.25美元消费标准下贫困人口下降的趋势非常明显。按照国际高标准贫困线——2.0美元标准，我国贫困人口下降的趋势也非常明显。2011年，按2.0美元贫困标准我国还有2.5亿贫困人口，但是按照1.25美元标准，我国仅剩8000多万贫困人口。

基于2014年建档立卡数据，我国的贫困体现以下特征：

第一，从区域的分布看，2013年农村人口在600万以上的省份有6个（贵州、云南、河南、湖南、广西、四川）。贫困人口主要分布在832个贫困县。从14个集中连片特困地区的贫困人口和贫困发生率来看，不同的片区贫困人口规模不一样，贫困发生率也不一样，但是和全国其他区域相比，都存在比较高的贫困发生率和比较大的贫困人口的规模。

第二，从减贫趋势看，过去10年，国家扶贫开发工作重点县农民人均纯收入增长的幅度大于全国农民人均纯收入增长的幅度。这也反映出扶贫的成效。2001到2011年这10年，有2年减贫的人数超过1000万，其中2007年达到1300多万，其主要原因是当年农村全面实行了最低生活保障制度。这一普惠性政策，让一部分贫困人口享受了低保，达到了贫困线标准以上，也就等于实现脱贫。

第三，从贫困人口的区域分布来看，14个集中连片特困地区集中了相当部分贫困人口。全国乡村人口中部占42%、西部占32%、东部占25.7%。贫困人口西部占总数的49.7%、中部占43.4%，两者加起来占93.1%，剩下的6.9%分布在东部。可见，贫困人口的分布主要在中部和西部地区。从贫困人口分布区域特征来看，贫困发生率最高的在甘肃、贵州、西藏等省区。

第四，从贫困人口的特征来看，一是老年贫困问题突出。全国乡村人口年龄结构中，60岁以上的老年人占总数的17.1%，但在贫困人口中60岁以上老年人的比例占到近20%，比一般的情况高出近3个百分点，这说明贫困人口中老年人的贫困问题更严重，这也为我国的政策制定提供了指引和方向。二是文盲和半文盲比例高。全国乡村人口文盲和半文盲的比例占17.5%，而贫困人口中文盲和半文盲的比例占到15%。脱贫攻坚越来越难，扶贫对象文化少、技能低是主要原因。三是贫困人口劳动力缺失。8000多万的贫困人口约3000万户的贫困家庭中，没有劳动能力的占34%，丧失劳动能力的占6.6%，也就是说，有40%左右的贫困人口是没有劳动能力的，这样的现状对于依靠产业扶贫实现脱贫显然是困难的。有劳动能力这部分贫困人口大多是普通劳动力，没有更高的技能，这是扶贫对象的现实情况，也为开展精准扶贫提供了决策的依据。四是建档立卡贫困户贫困原因复杂多元。最主要的致贫原因是因病致贫，占42.2%，随后是缺资金、缺技术、缺劳动力，以及因学、因残、因灾、自身发展动力不足等。因病致贫是致贫中的首要因素，因此怎么解决好因病致贫问题是解决贫困问题的关键，是精准扶贫精准脱贫的关键。即便是因病致贫，在不同地区、不同区域，程度也不一样。在东部因病致贫占58%，中部占51.6%，西部仅占28.9%。不同区域，政策不能千篇一律，因为致贫原因不一样，对策就不一样。这就是习近平总书记提出精准扶贫的重要原因，因为只有做到精准，才能辨识出真正致贫的原因，实施有针对性的帮扶。

2.我国扶贫开发进入新阶段的特征

一是新的定位。党的十八大以来，党中央、国务院把扶贫开发工作纳入“五位一体”总体布局和“四个全面”战略布局，作为实现第一个百年奋斗目标的重点工作底线任务，把扶贫开发工作的定位提高到了一个新的战略高度。

二是新的目标。党的十八届五中全会明确提出，到2020年我国现行标准下农村贫困人口实现脱贫，贫困县全部摘帽，解决区域性整体贫困。很显然，这三个目标是一体化，到2020年要实现阶段性的目标非常明显。

三是新的部署。2015年11月召开的中央扶贫开发工作会议，习近平总书记、李克强总理发表重要讲话，中共中央、国务院颁布实施《中共中央国务院关于打赢脱贫攻坚战的决定》，对脱贫攻坚的目标、任务、基本方略、政策框架、责任体系作出部署。

四是新的要求。新的要求体现在我国发展的各个方面，比如“十三五”国民经济社会发展，最主要的任务是补齐全面建成小康社会存在的短板，农村贫困人口脱贫就是一个突出短板。“十三五”实施脱贫攻坚工程，实现农村贫困人口脱贫，就是要完成全面建成小康社会最艰巨的任务。在“十三五”规划中专门有一篇讲脱贫攻坚，这就标志着脱贫攻坚上升为国家的意志。2016年11月，国务院印发《“十三五”脱贫攻坚规划》，这是国家“十三五”规划中很重要的一个专项，对于扶贫开发来说，这是第一次。

五是新阶段新特点面临新挑战。这些挑战体现在脱贫难度会越来越大，剩下贫困人口的特殊性越来越突出，精准扶贫落地生根难度很大，因为我们是在最艰苦的地方、最边远的地方做最精准的事，难度是显而易见的。内生动力的激发还需付出巨大的努力。此外，经济社会发展中贫困地区同样存在着潜在的社会风险，城市贫困和新的贫困问题日显突出，这些挑战必须认真研究解决。

二、我国精准扶贫精准脱贫基本方略的顶层设计

精准扶贫精准脱贫基本方略是一个科学体系。所谓体系就是包含多种元素、多个部分的综合体，其中各部分是相互作用、相互联系、相互制约

的。只有各部分充分发挥其效果效能，才能够更好地发挥整套体系的作用。精准扶贫精准脱贫基本方略主要的框架和体系包含总体目标、核心内容、实现路径、根本要求、保障体系、落实行动六个方面。

（一）精准扶贫精准脱贫的总体目标

脱贫攻坚是我国“十三五”时期扶贫工作的方式，脱贫攻坚的基本方略是精准扶贫精准脱贫，在某种程度上可以理解为脱贫攻坚就是精准扶贫精准脱贫，脱贫攻坚的总体目标就是精准扶贫精准脱贫的总体目标。这一总体目标可以概括为“两不愁三保障”“一高于”“一接近”“两个确保”。

“两不愁三保障”就是不愁吃、不穿愁，基本医疗、义务教育和住房安全有保障。“一高于”就是贫困人口的农民人均收入增长的幅度要高于全国平均水平。“一接近”就是贫困地区的公共服务主要领域的指标要接近全国平均水平。“两个确保”就是指现行标准下农村贫困人口到2020年全部脱贫，贫困县全部摘帽。

实现脱贫攻坚目标至少有三个方面的重大意义：第一，标志性意义。我国全面建成小康社会底线目标的实现取决于脱贫攻坚目标的实现，农村贫困人口与全国人民一道迈入小康社会的前提就是农村贫困人口全部实现“两不愁三保障”的脱贫标准。第二，里程碑意义。意味着我国绝对贫困问题得到历史性解决。在过去几千年的发展过程中贫困问题一直存在，中国共产党在70年内全部解决所有人民的吃饭问题，消除绝对贫困现象，是第一次历史性的实现。第三，国际意义。意味着我国提前10年实现联合国《2030年可持续发展议程》确定的减贫目标。所以打赢脱贫攻坚战与实现脱贫攻坚目标意义非常重大，这也是习近平总书记高度重视、亲自谋划、亲自推动、亲自部署、亲自安排、亲自挂帅的原因。

（二）精准扶贫精准脱贫基本方略的核心内容

做到“六个精准”是精准扶贫的根本要求，解决“四个问题”是精准扶贫的目的。把根本要求和目的联系到一起，就需要采取一系列措施。比如，通过确定扶贫对象，精准地识别出扶贫对象，来解决“扶持谁”的问题。如何做到？唯一的办法就是对贫困人口进行建档立卡。党的十八大以来全国上下发动大量干部投入此项工作。2014至2015年，全国大概动员了80万人投入建档立卡工作。由于建档立卡出现了不精准的问题，所以2015

年底到2016年初，全国又动员了200多万名干部开展建档立卡“回头看”，建档立卡的工作质量得到明显提高。习近平总书记予以了充分肯定。可见，建档立卡的工作是要解决“扶持谁”的问题，解决“扶持谁”的问题最根本的要求是扶持对象要精准。怎么才能做到扶持对象精准呢？只要建档立卡各环节能够实现精准，就可以做到。再如，“谁来扶”的问题怎么解决？需要构建规范，建立制度。首先派第一书记。2017年全国总共有19.5万名第一书记在贫困村里奋战。其次派驻村工作队。每一个村都有驻村工作队，第一书记和驻村工作队队员加起来有近100万人。大量干部奋战在脱贫攻坚第一线。因此，要解决因村派人精准，就是要解决第一书记选派要精准。驻村工作队不能应付了事，要派真正能够打脱贫攻坚战的人到地方去、到贫困村去，和群众一起脱贫攻坚，这样才能解决好“谁来扶”的问题。同样的，项目审批精准、资金使用精准、措施到位精准等，都是要解决“怎么扶”的问题。“怎么退”的问题，主要通过实行严格的贫困退出考核评估来实现脱贫成效的精准。可见，精准扶贫的核心内容“六个精准”和“四个问题”之间是相互联系的，通过一系列政策、措施，把两者联到一起。做到“六个精准”，解决好“四个问题”，构建一套体系，就是贫困治理体系。国家要推进治理体系和治理能力的现代化，贫困的治理是其中重要的组成部分。由此，不断完善贫困治理体系和提高贫困治理的能力也是精准扶贫精准脱贫基本方略中的一个基本要求。

（三）精准扶贫精准脱贫的实现路径

根据习近平总书记提出的“五个一批”论述，《中共中央　国务院关于打赢脱贫攻坚战的决定》中设计了八个脱贫路径，包括发展特色产业脱贫、引导劳务输出脱贫、实施易地搬迁脱贫、结合生态保护脱贫、着力加强教育脱贫、开展医疗保险和医疗救助脱贫、实行农村最低生活保障制度兜底脱贫、探索资产收益扶贫等。实际上最终能够在实践中实现脱贫，也不仅仅限于这八个路径，各地有多种多样的探索。

（四）精准扶贫精准脱贫的根本要求

精准扶贫精准脱贫的根本要求就是要通过创新来实现转变。一是创新扶贫开发路径，实现扶贫方式由“大水漫灌”向“精准滴灌”转变。以前的扶贫是一个政策实施可以带动上百万乃至上千万户脱贫。现在显然不行了，必须创新传统路径，扶贫方式需要更精准化、差异化。二是创新扶贫资源使用方式，让资源使用由“多头分散”向“统筹集中”转变。过去扶贫资金总量小，而且使用非常分散。由于地方财力有限，扶贫资金量不足，加上“打酱油”的钱不能用于“买醋”，致使很多扶贫项目没有达到目标要求，没有产生应有的脱贫效果。国务院的相关文件要求，所有扶贫资源，包括大部分农业农村相关投入，都要在县级整合，统筹用于脱贫攻坚，以解决资源分散使用的问题。三是创新扶贫开发模式，由偏重“输血”向注重“造血”转变。目前脱贫攻坚的措施，精准扶贫要以“造血”为导向，当然必要的“输血”是前提，但根本的目的是要“造血”。四是创新扶贫开发考评体系，由考核扶贫过程向考核脱贫成效转变。确保贫困精准退出，就要建立完善严格、科学的考核评估体系。

（五）精准扶贫精准脱贫的体系保障

体系保障包含多个相互关联的元素，观念转变是前提，政策措施是关键，组织保障和能力建设是根本，这几个方面构成了精准扶贫精准脱贫保障体系。精准扶贫精准脱贫是一套新的工作方式、工作方法，要求工作态度、工作方式、工作作风都要转变。

第一，观念上要转变。一是要防止“穿新鞋走老路”，打着精准扶贫旗号却不做精准的事情。二是要防止“缩小版的大水漫灌”。比如，一个贫困村有300户，现在识别出来了100户是贫困户，这100户贫困户应该怎么扶持？实际上这100户贫困户可能有100种致贫原因。但如果沿用传统的观念和方式，假定实施养羊项目，购买羊羔发给这100户贫困户，帮助他们增收。结果往往是，可能只有一半农户脱贫成功了，另一半没有脱贫。那么，脱贫不成功原因是什么？主要是致贫原因不同，部分贫困户的能力可能并不能够通过养羊进行脱贫。这个例子说明，表面上是精准了，事实上却是一个“缩小版的大水漫灌”，还是不精准。这是要避免的。实践证明，观念的改变是最难的。目前各地也在狠抓精准，但从了解的情况看，很多地方还是存在“穿新鞋走老路”现象，原来的观念没有变过来。三是要防止对“区域发展是脱贫根本途径”的片面认识。就总体而言，区域发展带动贫困户脱贫是正确的。但在精准扶贫阶段，区域发展必须服务于精准扶贫，这是习近平总书记在深度贫困地区脱贫攻坚座谈会上提出的重要思想。他指出："区域发展必须围绕精准扶贫发力。"也就是区域发展为精准扶贫提供环境和基础。区域发展是精准扶贫的重要组成部分，也就是说区域发展不能光打着区域发展的旗号争项目、资金，经济是发展了，区域也发展了，但贫富差距却拉大了，达不到预期的脱贫效果，这肯定不是精准扶贫所需要的区域发展。

第二，保障体系中的政策保障。为了实施精准扶贫精准脱贫基本方略，党中央、国务院制定的一系列政策，包括财政投入的增加、金融支持力度的加大以及土地政策、社会参与、营造氛围等，都有明确的要求。从财政扶贫投入看，《中共中央　国务院关于打赢脱贫攻坚战的决定》明确提出，要发挥政府投入在扶贫开发中的主体和主导作用，积极开辟扶贫开发新的资金渠道，确保政府扶贫投入力度与脱贫攻坚任务相适应。根据中央要求，2016年中央财政专项扶贫资金670亿元，比2015年增长13%。2016年省级财政专项扶贫资金400多亿元，比2015年增长50%以上，2016年中央从地方政府债务中安排600亿元支持脱贫攻坚。这几笔财政资金投入就达到了1600多亿元，而2012年中央财政扶贫资金投入才300多亿元。"十三五"时期金融部门向省级扶贫开发投融资主体注入约2500亿元资本金，用于易地扶贫搬迁。投入增长之快，表明了中央的决心和态度。所以如何用好资金，有效推动精准扶贫精准脱贫实施，让贫困人口能真正受益，是最重要的任务。

第三，保障体系中的组织保障。包括加强党的领导，五级书记一起抓，加强村"两委"领导班子建设；层层落实责任制，实施中央统筹、省负总责、市县抓落实的工作机制；严格考核机制，落实约束机制，规范退出机制；等等。

第四，保障体系中的能力保障。精准扶贫精准脱贫需要各级干部、各级组织、各级机构落实，落实的程度及效果取决于相关方面的能力建设。能力建设是国家治理体系中较薄弱的环节之一，因此党的十八届三中全会确定要坚持完善中国特色社会主义制度，推进国家治理体系和治理能力现代化。从贫困治理、精准扶贫精准脱贫的能力保障看，既包含扶贫开发领导小组承担宏观决策及督察能力，也包含行业部门扶贫开发规划和项目管理能力、扶贫开发系统执行能力、社会参与扶贫能力、第一书记和驻村工作队精准扶贫能力以及贫困村贫困户全程参与和自我发展能力。

（六）精准扶贫精准脱贫的落实行动

精准扶贫精准脱贫基本方略需要一系列行动来落实。落实行动从中央层面来讲主要包含三个方面。

一是建设五个平台。国家一级建立国家扶贫开发大数据平台；省一级建立省级扶贫开发金融平台，主要围绕脱贫攻坚的需要进行融资；县一级建立扶贫开发资金项目整合管理平台；乡村一级建立扶贫脱贫工作落实平台；还有社会扶贫对接平台，通过互联网技术使贫困村贫困户的需求和社会的资源能够精准对接。

二是开展十大行动。主要是让行业扶贫按照精准扶贫的要求推进脱贫攻坚，包括教育扶贫、健康扶贫、金融扶贫、交通扶贫、水利扶贫、劳务协作对接、危房改造和人居环境改善、科技扶贫、中央企业“百县万村”帮扶、民营企业“万企帮万村”行动。但也不局限于这十个，地方可以加减，目的就是让各个行业部门的扶贫资源得到更精准利用。

三是实施十项精准扶贫工程。从国家层面讲，主要是推进十项工程：干部驻村帮扶工程、职业教育培训工程、扶贫小额信贷工程、易地扶贫搬迁工程、电商扶贫工程、旅游扶贫工程、光伏扶贫工程、构树（构树是一种饲料树，构树有多重作用，可恢复生态、保持生态，其叶子还可用于喂养猪、羊、牛）扶贫工程、致富带头人创业培训工程、龙头企业带动工程等，通过这些工程确保精准扶贫精准脱贫。

综上所述，精准扶贫精准脱贫基本方略是一个科学体系。中央关于精准扶贫精准脱贫基本方略的顶层设计是相互制约、相互促进、相互发挥作用的一整套体系。理解精准扶贫精准脱贫基本方略，需要把握其整体性、系统性。只有准确把握精准扶贫精准脱贫的精髓，才能够更好地在实践中推进精准扶贫精准脱贫基本方略的实施，让它生根落地，让党和政府各项脱贫攻坚政策措施落到贫困村、贫困户的发展中，落到贫困人口的脱贫中。

三、贫困地区脱贫路径的设计与实践

（一）建立脱贫攻坚（精准扶贫精准脱贫）的保障体系

这是贫困地区设计和实施精准脱贫路径的保障体系，是贫困地区贫困人口摆脱贫困的基础。这一保障体系是通过顶层设计完成的。脱贫攻坚四梁八柱式的顶层设计主要包含以下六个体系。

一是建立脱贫攻坚责任体系。包括：（1）出台脱贫攻坚责任制实施办法。（2）强化中央统筹、省负总责、市县抓落实的扶贫管理体制，明确扶贫脱贫主体责任在县、市、省。中西部22个省份党政主要负责同志向中央签署脱贫攻坚责任书，立下军令状，就是责任体系的一部分。（3）贫困县党政正职在攻坚期内保持稳定。这是一个很有力的举措，也是一个创新性的举措。如果贫困县县委书记、县长调换太快，就会影响扶贫工作的连续性，责任就难以落实。明确贫困县党政正职在2020年前要保持稳定，做得好的可以就地提拔，比如县委书记可以提到市一级当副市长，但是其主要任务还是完成这个县的脱贫攻坚任务，这样才能形成五级书记抓扶贫、全党动员助攻坚的局面。

二是脱贫攻坚政策体系。包括国务院印发的《“十三五”脱贫攻坚规划》，中共中央办公厅、国务院办公厅出台的十多个配套文件，中央和国家机关各部门出台的200多项政策文件或实施方案，各地区出台和完善的“1+N”脱贫攻坚系列文件。所谓“1+N”，“1”是《中共中央 国务院关于打赢脱贫攻坚战的决定》和地方的决定，“N”是围绕《决定》实施的一系列配套文件。文件之多、政策之多在历史上是罕见的，在其他发展领域也是非常罕见的。很多老大难问题都有了针对性的措施，打出了政策组合拳。

三是建立脱贫攻坚投入体系。例如财政投入的大幅增加，易地扶贫搬迁专项金融债超过了3500亿元，加上2500亿元地方债，达到6000亿元，主要用于1000万贫困人口易地扶贫搬迁。2016年，扶贫小额贷款新增1706亿元，截至2017年11月累计发放近4000亿元，支持了1000余万户贫困户。投入体系还包含其他社会资本，如恒大集团在贵州大方县第一期投入30亿元，帮助当地10万贫困人口脱贫。2017年恒大集团又拿出80亿元支持贵州毕节市的脱贫攻坚。这是社会资本进入脱贫攻坚领域的典型案例。

四是建立脱贫攻坚动员体系。出台加强东西部扶贫协作工作、加强中央单位定点扶贫工作指导意见和考核意见，设立国家扶贫日，设立全国脱贫攻坚奖，动员民营企业、社会组织、公民个人参与脱贫攻坚。

五是建立脱贫攻坚督察体系。包含督察、巡查、民主监督，各民主党派中央分别对应8个贫困人口多、贫困发生率高的中西部省份，开展脱贫攻坚民主监督，发挥各方监督的力量。加强与纪检、监察、巡视、审计、财政、媒体、社会等监督力量的全方位合作，将各方面监督结果运用到考核评估、督察巡查中。

六是建立脱贫攻坚考核评估体系。出台省级党委和政府扶贫开发工作成效考核办法，树立脱贫实效导向，确保脱贫攻坚质量。从2016年到2020年每年开展一次考核，由国务院扶贫开发领导小组组织开展。考核的内容包含减贫成效、精准识别、精准帮扶、扶贫资金使用管理等方面，涉及建档立卡贫困人口数量减少和贫困县退出计划完成率、贫困地区农村居民收入增长率、贫困人口识别精准度和退出准确率、群众帮扶满意度、扶贫资金绩效等指标。

以上六大体系构成贫困地区精准扶贫精准脱贫保障体系。这一保障体系是设计和实施精准脱贫路径的基础。

（二）贫困地区精准脱贫路径设计

精准脱贫路径的设计，其根本遵循就是习近平总书记“五个一批”重要思想，主要解决“怎么扶”的问题。习近平总书记指出，开对了“药方子”，才能拔掉“穷根子”。要按照贫困地区和贫困人口的具体情况，实施“五个一批”工程。

一是发展生产脱贫一批。“对贫困人口中有劳动能力、有耕地或其他资源，但缺资金、缺产业、缺技能的，要立足当地资源，宜农则农、宜林则林、宜牧则牧、宜商则商、宜游则游，通过扶持发展特色产业，实现就地脱贫。对这类贫困地区和贫困人口，要把脱贫攻坚重点放在改善生产生活条件上，着重加强农田水利、交通通信等基础设施建设和技术培训、教育医疗等公共服务建设，特别是要解决好入村入户等‘最后一公里’问题。要支持贫困地区农民在本地或外出务工、创业，这是短期内增收最直接见效的办法。劳务输出地政府和输入地政府，对贫困人口外出务工要多想办法、多做实事。”[①]所以发展生产脱贫一批，实际上包含怎么发展各种各样的特色产业。

① 中共中央党史和文献研究院编《习近平扶贫论述摘编》，中央文献出版社，2018，第65-66页。

二是易地扶贫搬迁脱贫一批。“生存条件恶劣、自然灾害频发的地方，通水、通路、通电等成本很高，贫困人口很难实现就地脱贫，需要实施易地搬迁。……要通过整合相关项目资源、提高补助标准、用好城乡建设用地增减挂钩政策、发放贴息贷款等方式，拓宽资金来源渠道，解决好扶贫搬迁所需资金问题。要做好规划，合理确定搬迁规模，区分轻重缓急，明确搬迁目标任务和建设时序，按规划、分年度、有计划组织实施。要根据当地资源条件和环境承载能力，科学确定安置点，尽量搬迁到县城和交通便利的乡镇及中心村，促进就近就地转移，可以转为市民的就转为市民。要想方设法为搬迁人口创造就业机会，保障他们有稳定的收入，同当地群众享受同等的基本公共服务，确保搬得出、稳得住、能致富。”①易地扶贫搬迁脱贫路径的设计包含很多内容，是一项非常复杂的系统工程，要求设计这项工程的时候一定要考虑难度和复杂程度，不能简单一搬了之。如果不能实现搬得出、稳得住、能致富，达不到脱贫的目的，就难以实现稳定脱贫。从国际移民经验看，易地搬迁过程是漫长的，从搬出去到稳下来需要经过几个阶段。首先是经济要融入。所谓经济融入是指搬迁后需要有稳定收入来覆盖搬出来后各种各样的成本。在老家的时候，很多方面不需花钱，到新的地方什么都需要花钱，水、电、煤气、垃圾处理等都需要花钱，因此，如果没有稳定的收入覆盖不了生活成本，就难以融入、稳下来。其次，在经济融入基础上的社会融入。各种社会的服务管理，包括教育、医疗都要融入当地社区，如果融不进去就稳不住。再次，文化融入。有些少数民族贫困人口搬到了新的地方，从文化上融进去，需要一个过程。最后，心理融入。只有心理融入，搬迁的人才能真正稳定下来。总之，易地扶贫搬迁脱贫路径设计非常复杂，但在地方执行中往往简单化，这需要引起注意。

三是生态补偿脱贫一批。“在生存条件差、但生态系统重要、需要保护修复的地区，可以结合生态环境保护和治理，探索一条生态脱贫的新路子。不少地方既是贫困地区，又是重点生态功能区或自然保护区，还是少数民族群众聚居区，如西藏、四省藏区、武陵山区、滇黔桂部分贫困地区等。

① 中共中央党史和文献研究院编《习近平扶贫论述摘编》，中央文献出版社，2018，第66-67页。

要加大贫困地区生态保护修复力度，增加重点生态功能区转移支付，扩大政策实施范围。要加大贫困地区新一轮退耕还林还草力度，对贫困地区二十五度以上的基本农田，可以考虑纳入退耕还林范围，并合理调整基本农田保有指标。”①

四是发展教育脱贫一批。“教育是阻断贫困代继传递的基本之策。……脱贫攻坚期内，职业教育培训要重点做好。一个贫困家庭的孩子如果能接受职业教育，掌握一技之长，能就业，这一户脱贫就有希望了。国家教育经费要继续向贫困地区倾斜、向基础教育倾斜、向职业教育倾斜，特岗计划、国培计划同样要向贫困地区基层倾斜。要帮助贫困地区改善办学条件，加大支持乡村教师队伍建设力度，建立省级统筹乡村教师补充机制。要探索率先从建档立卡的贫困家庭学生开始实施普通高中教育免学（杂）费，落实中等职业教育免学（杂）费政策，实行大城市优质学校同贫困地区学校结队等帮扶政策。要对农村贫困家庭幼儿特别是留守儿童给予特殊关爱，探索建立贫困地区学前教育公共服务体系。”②

五是社会保障兜底一批。这是特殊的脱贫路径。其实社保兜底不能完全帮助贫困人口脱贫，只能通过社会保障让贫困人口达到脱贫标准要求，脱贫应该是贫困人口通过自身努力实现收入持续增加。目前贫困人口完全或部分丧失劳动能力的大约有2000万人，到2020年依然会有一部分贫困人口需要由社会保障兜底达到“两不愁三保障”。这就涉及农村扶贫标准和农村低保标准相衔接的问题。“目前，农村扶贫标准由国家统一确定，而农村低保标准则由地方确定，相当多地方两个标准有一定差距。要统筹协调农村扶贫标准和农村低保标准，按照国家扶贫标准综合确定各地农村低保的最低指导标准，低保标准低的地区要逐步提高到国家扶贫标准，实现‘两线合一’，发挥低保线兜底作用。还要加大其他形式的社会救助力度，对因灾等造成的临时贫困群众要及时给予救助，加强农村最低生活保障和城乡居民养老保险、五保供养等社会救助制度的统筹衔接。”③

---

① 中共中央党史和文献研究院编《习近平扶贫论述摘编》，中央文献出版社，2018，第67页。

② 同上书，第68页。

③ 同上书，第69页。

综上所述，精准扶贫精准脱贫实现路径主要是习近平总书记提出的“五个一批”重要论述指导下形成的脱贫途径。在《中共中央　国务院关于打赢脱贫攻坚战的决定》中，脱贫的路径包括发展特色产业、劳务输出、实施易地搬迁、结合生态保护、着力加强教育、开展医疗保险和医疗救助、农村低保探索资产收益等8个方面脱贫途径。粗略划分，通过发展特色产业、组织实行农村最低生活保障制度兜底可以解决4000万人口的脱贫问题，易地搬迁可以解决1000万人口的脱贫问题，低保兜底可以解决2000万人口的脱贫问题。这只是一个大概估计，实际上发展特色产业和易地扶贫搬迁同样需要劳务输出。这里只能是提供一个概要性指引，不可能严格估算到底解决多少人的脱贫问题。

（三）精准脱贫的实践案例

经过几年的实践，各地探索形成了一大批精准扶贫精准脱贫案例。这里列举七个有代表性的案例供参考和借鉴。

案例1：甘肃陇南的电商扶贫。2015年初甘肃陇南成为全国电商扶贫首个试点市，通过网店带动电商产业发展，支持贫困人口创业、就业、入股，2015年全市贫困人口人均增收430元，2016年人均增收620元，贫困人口由2014年的64.4万下降到2016年的36.9万，同时基本解决农副产品销售难的问题，脱贫的效果很明显，做法很生动，各地都可以参照。主要的做法：一是强化政策支持，设立电商财政专项资金。二是建立网店带贫机制，一店带多户，一店带一村，收购贫困农户的农产品。三是加强电商技能培训。四是完善生产加工、包装、物流、营销等产业。五是培育农特产品网销品牌。六是建设电商发展基础设施。

案例2：河北涞水旅游扶贫。河北涞水依托国家5A级旅游景区野三坡，根据贫困村区位类型和贫困村人口劳动力状况、就业意愿，精准落实旅游扶贫举措，2016年33个贫困村60%以上的贫困人口实现脱贫。具体做法：建立了把贫困人口带起来的外力机制和让贫困人口动起来的内力机制，形成景区带动贫困村、能人带动贫困户，把老百姓组织起来、把贫困户带动起来、把利益连接机制建立起来、把文化特色弘扬起来的“两带四起来”的经验。

案例3：山东菏泽郓城建立扶贫车间。山东菏泽郓城有129个贫困村，村里年轻男人大多外出打工，剩下大量留守儿童、妇女和老人。2015年起菏泽市因势利导把原有小窝棚等改造为扶贫车间，截至2016年底菏泽全市建成扶贫车间1803个，直接安置带动19万名群众在家门口就业，5.8万名贫困人口脱贫。郓城整合资金建设扶贫车间，明确贫困人口招工比例，实行弹性工作制，把村里的老人、妇女组织起来，参与头发制品、户外家具、传统手动等地方特色产业的部分生产环节和工序，贫困人口就近就业，既能挣钱脱贫，又能照顾老小，还缓解了企业招工难用工贵的困难，实现了多赢。

案例4：贵州务川构树扶贫。2015年贵州省务川县开展构树扶贫试点，目前已有3家企业参与构树扶贫，共种植杂交构树2万多亩，组建53个农民构树和专业合作社，带动贫困农户1721户6845人，户均增收1800元。截至2016年底，贵州、安徽等11个省（区、市）35个县开展了构树扶贫工程，种植面积15万亩，带动了4万贫困人口增收。

案例5：西藏三有村易地扶贫搬迁。2016年3月，西藏首个易地扶贫搬迁安置点在曲水县大卡乡三有村动工，按照有房子、有产业、有健康的要求，统一规划配套建设水、电、路、通信等基础设施和村委会、幼儿园、卫生室等公共服务设施。同步开展奶牛和藏鸡养殖、药材种植等产业项目，并为搬迁群体设立就业岗位。2016年7月，曲水县3个乡10个村184户712名贫困群众陆续住进了三有村新家，产业项目实行股份合作社自运营同步投产，10月开始盈利，利润的60%用于全村712人分红、10%用于公益事业、30%留做流动资金。

案例6：重庆本土人才回引工程。重庆市针对农村，特别是贫困村“两委”班子普遍老化弱化、驻村工作队难以长留的状况，大力实施本土人才回流工程，通过给待遇、加强扶持、提供晋升渠道等政策，回引重庆市特别是在农村的大中专本土人才，以及在外地创业打工、事业小有成就的本土人才等，有效缓解了脱贫攻坚人才匮乏的问题。2016年全市回引1万多名本土人才回乡挂职或创业，累计领办、创办合作经济组织1062个、小微企业1852个，推进电商、金融、超市进村2970个，直接带动3万多贫困户增收，8000余名回引人才选进村的“两委”班子。

案例7：湖南十八洞村的变化。十八洞村是湖南湘西花垣县一个苗族村，2013年贫困发生率高达57.7%，年人均纯收入仅为全县平均水平4903元的34%。2013年11月3日习近平总书记考察了十八洞村后，十八洞村进入了精准扶贫精准脱贫快车道。通过选好驻村第一书记、建强村党支部、筹措资金、改善基础设施公共服务、精准发展特色产业等，十八洞村发生了可喜的变化。全村人均纯收入由2013年的1668元增加到2016年的8313元，贫困户全部实现脱贫，贫困村摘帽。

总之，全面实施精准扶贫精准脱贫基本方略，成效非常显著。一是农村贫困人口持续大规模减少。2013至2016年农村贫困人口年均减少1391万，累计脱贫5564万人，贫困发生率从2012年底的10.2%下降到2015年底的4.5%，下降5.7个百分点，为全面建成小康社会打下了坚实的基础。贫困人口生存发展权益得到有效保障。国家投入大量扶贫资金，吸引大量金融、社会资本投入，有效拓展了农村贫困人口的发展空间，加大了搬迁群众脱贫致富的步伐。井冈山、兰考等县率先脱贫摘帽，产生了良好的示范带动作用。

四、贫困退出机制和考核评估体系

精准扶贫精准脱贫基本方略是一套贫困治理体系。这套体系的实施最终结果是贫困人口脱贫、贫困县摘帽。那么，如何才能够退出贫困？摘帽需要什么机制？这就需要考核评估。

（一）贫困退出机制

1.贫困退出机制建立的重要性

建立贫困退出机制是实施精准扶贫精准脱贫基本方略的重要内容。党中央、国务院对此高度重视，习近平总书记在中央扶贫开发工作会议上指出，要加快建立反映客观实际的贫困县贫困户退出机制，努力做到精准脱贫。李克强总理强调要开展第三方评估，坚决杜绝假脱贫、被脱贫、“数字脱贫”。《中共中央　国务院关于打赢脱贫攻坚战的决定》中也明确提出要建立贫困户脱贫认定机制，抓紧制定严格、规范、透明的国家扶贫开发工作重点县退出标准程序、审核办法等。

2.准确理解贫困退出的标准和程序

一是贫困人口退出。贫困人口退出以户为单位，主要衡量标准是该户年人均纯收入稳定超过国家扶贫标准，而且吃穿不愁，义务教育、基本医疗、住房安全有保障，因此，贫困人口退出不仅需要收入超过国家扶贫标准，还要达到“两不愁三保障”。一般来说，“两不愁”比较容易，但是要到达义务教育、基本医疗、住房安全有保障，一些地方还是有难度的，特别是在基本医疗方面。贫困户的退出，由村“两委”组织民主评议后提出，经村“两委”和驻村工作队核实，退出贫困户认可，在村内公示无异议后公告退出，并在建档立卡贫困人口系统中销号。贫困退出的关键在于村“两委”、驻村工作队、贫困户要能够达成一致。贫困户达到标准，不愿退出也不行，村“两委”、驻村工作队要做好工作，其他村民也要帮助做好工作。二是贫困村退出以贫困发生率为主要衡量标准，统筹考虑村内基础设施、基本公共服务、产业发展、集体经济收入等诸多因素。原则上，贫困村的贫困发生率中部地区降至2%以下，西部地区降至3%以下，在乡镇内公示无异议后公告退出。三是贫困县退出（包括国家扶贫开发工作重点县和集中连片特困地区县）。贫困县退出以贫困发生率为主要衡量标准，原则上贫困县贫困发生率降至2%以下，西部地区降至3%之下，由县级扶贫开发领导小组提出退出，市级扶贫开发领导小组初审，县级扶贫开发小组检查核查，确定退出名单后向社会公示征求意见，公示无异议后由各省（区、市）扶贫开发领导小组审定后，向国务院扶贫开发领导小组报告。也就是说贫困县先提出退出，经过市里核查、省里再核查，最终才确定，同时要报国务院扶贫开发领导小组，国务院扶贫开发领导小组还要组织第三方独立核查。国务院扶贫开发领导小组组织中央和国家机关有关部门及相关的力量对地方退出情况进行专项评估，对不符合条件或者未完成退出程序的责成相关地方进行审查处理，对符合退出条件的贫困县由省级政府正式批准退出。

3.贫困退出工作的要求

加强领导，要履行好调查、核实、公示、公告、备案、管理、信息录入等工作。做好退出的方案，退出方案要符合脱贫攻坚实际情况，防止片面追求脱贫进度。完善退出机制做好跟踪研判，及时发现和解决退出机制实施过程中出现的苗头性、倾向性问题。认真开展效果评估，确保贫困退出机制的正面激励作用；强化监督问责，组织开展扶贫巡查督导和专项检查，对贫困退出工作中发生重大失误或造成严重后果的要问责。

4.贫困退出需要正确认识的相关问题

一是关于贫困人口稳定脱贫。只有稳定脱贫才能真正从贫困中退出来。《中共中央　国务院关于打赢脱贫攻坚战的决定》中明确了实现稳定脱贫的任务和目标。稳定脱贫是指在较长一段时间内贫困人口不返贫，人均纯收入超过国家扶贫标准，持续实现“两不愁三保障”。所谓持续实现是指今年实现了脱贫，明年依然稳定脱贫。由于扶贫考核以年度为单位，为防止发生突击脱贫的现象，稳定脱贫的确认时间应在一年以上。

二是关于贫困人口退出标准的问题。《决定》中也有规定，明确贫困人口退出以户为单位，主要衡量标准是该户年人均纯收入稳定超过国家扶贫标准，且吃穿不愁，义务教育、基本医疗、住房安全有保障。一定要注意，不能说收入达到了标准就脱贫，而是要实现“两不愁三保障”，并且收入达到标准才能退出。需要说明的是，我国扶贫标准是指按2010年不变价农民人均纯收入2300元，到2015年是现价2855元，这个标准是略高于世界银行确定的每人每天1.9美元的贫困标准的。判断贫困户是不是返贫，国家扶贫标准是定量指标，还需要定性指标综合判断，即“两不愁三保障”，这代表贫困家庭实际生活质量。如果一个家庭当年的收入达到了国家扶贫标准，但是学龄儿童没有上学，病人看不起病，住的房子不安全，就不能认为脱贫了。要注意，脱贫是干出来的，不是算出来的。脱贫结果要经本人认同、社会认可、政府认定。

三是关于贫困县摘帽是否继续执行相关政策的问题。《决定》已经明确要求，贫困县退出后在攻坚期内国家原有扶贫政策保持不变。包含国家的扶持优惠政策、贫困县正职保持稳定，也包含考核、约束、督察等方面的贫困县的管理政策。所以，现行对贫困县考核、督察、约束方面的规定原则不变，东西扶贫协作、定点帮扶、驻村帮扶等政策2020年前都保持稳定。

四是关于防止由争先戴帽变成争先脱帽的问题。首先要定好规矩。中共中央办公厅、国务院办公厅印发了《关于建立贫困退出机制的意见》，明确贫困退出的标准程序和政策，各地有据可依。其次要明确责任。按照中央统筹、省负总责、市县抓落实的工作机制，退出实行分级负责。每年要根据省级党委政府扶贫开发工作成效考核办法，对减贫进行考核。再次要开展第三方监督。会同扶贫领导小组各成员单位开展抽样调查、统计分析和监督检查，对贫困退出的真实性和满意度进行检查。最后要实行问责。组织开展扶贫巡查工作，对工作中发生重大失误或造成严重后果的，对存在弄虚作假违规操作等问题的，依法追究相关部门和相关人员的责任。只有踏踏实实按照中央的决策部署抓好各项政策的落实，让贫困人口真正受益，贫困村、贫困县达到脱贫、退出标准，自然而然就能退出来。

（二）脱贫攻坚考核评估体系

1.关于制度安排

2016年2月，中共中央办公厅、国务院办公厅印发《省级党委和政府扶贫开发工作成效考核办法》。2016年4月，中共中央办公厅、国务院办公厅印发《关于建立贫困退出机制的意见》。2016年10月，中共中央办公厅、国务院办公厅印发《关于进一步加强东西部扶贫协作工作的指导意见》。这三个文件构成了党中央、国务院关于脱贫攻坚成效考核评估的基本政策框架和总体制度安排，是考核评估的最基本的依据。

2.关于扶贫开发工作成效考核

一是考核范围。考核的范围是向党中央、国务院签订脱贫攻坚责任书的中西部22个省（区、市）省级党委和政府。东部地区脱贫的任务主要是靠自身的力量，国家支持有限，所以考核主要由地方负责。

二是考核时间。从2016年到2020年每年开展一次。

三是考核组织。由国务院扶贫开发领导小组组织进行，具体工作由国务院扶贫办、中央组织部牵头，会同国务院扶贫开发领导小组成员单位组织实施。

四是考核内容。省级党委和政府扶贫开发工作成效考核的内容主要是四个方面：（1）减贫成效。考核建档立卡贫困人口减少数量、贫困县退出、地区农民人均收入增长情况。（2）精准识别。考核建档立卡贫困人口的识别和退出的精准度，也就是说是不是存在应该纳进来的贫困人口没有识别进来，够条件退出的没退出。（3）精准帮扶。考核驻村工作队和帮扶责任人帮扶工作的满意度。也就是村民对派来的工作队、第一书记的驻村帮扶工作是不是满意，满意度是多少。（4）扶贫资金。依据财政专项扶贫资金绩效考评办法，重点考核各省（区、市）扶贫资金安排使用监管和成效。

五是考核步骤。包含省级总结、第三方评估、数据汇总、综合评价、沟通反馈等五个步骤，每一个步骤都有具体要求。

六是其他规定。考核中发现下列问题的由国务院扶贫开发领导小组提出处理意见：（1）未完成年度减贫计划任务的；（2）违反扶贫资金管理使用规定的；（3）违反约束规定、发生禁止作为事项的；（4）违反贫困退出规定、弄虚作假搞“数字脱贫”的；（5）贫困人口识别准确率、贫困退出准确率、帮扶工作满意度较低的；（6）纪检监察审计和社会监督发现违纪违规问题的。

七是结果运用。第一，考核结果由国务院扶贫开发领导小组予以通报。第二，对完成年度计划减贫成效显著的省份给予一定的奖励。第三，对出现五条其他规定问题的，由国务院扶贫开发领导小组对省级党委和政府主要负责同志进行约谈，提出限期整改要求，对情节严重、造成不良影响的追究责任。2016年，在考核评估中排在后面的有8个省，其中问题比较严重的有4个省，中央约谈了这4个省的省委书记、省长。被约谈的省正在整改，没被约谈的省也根据存在问题进行整改。第四，考核结果送中央组织部作为对省级党委和政府主要负责人和领导班子综合考核评价的重要依据。

3.关于财政专项扶贫资金的绩效评价。主要考核五个方面的内容：一是资金安排的情况。考核资金拨付进度情况、省级财政专项扶贫资金投入情况。二是资金使用情况。考核资金统筹整合使用。三是资金监管的情况。考核信息公开和公告公示制度建设和执行情况、省级监管责任落实情况、年度资金使用计划备案情况。四是资金使用成效。考核贫困人口减少的进度。五是调整指标。考核机制创新、违规违纪的情况等。

4.关于东西部扶贫协作考核。东西部扶贫协作是具有中国特色的一项扶贫工作制度，主要考核五个方面内容：减贫成效、劳务协作、产业合作、人才支援、资金支持。重点考核有多少建档立卡贫困人口脱贫。

5.关于改进贫困县经济社会发展实绩考核。这也是考核评估体系的重要方面，主要针对贫困县。其要点包括：（1）重视改进贫困县经济社会发展的实绩考核。主要根据贫困县经济社会发展的特殊性和目前对贫困县考核存在的突出问题，要有利于贫困县转变发展方式，有利于减贫脱贫、保护生态环境和调动干部积极性。（2）完善考核指标，强调加快发展是解决贫困问题的根本出路，在正确处理经济发展与扶贫减贫、资源开发与环境保护、强县与富民关系的基础上，合理调整经济指标，重点考核扶贫成就，强化社会事业发展的考核，加大生态环境保护考核权重。（3）改进考核评价办法，强调在坚持以往好经验、好做法的基础上，重点改进实际分析评价考核排名办法。既看在同类县中的排名，又看自身发展进步；既看统计数据，又看群众切身感受；既看发展成果，又看发展基础条件和干部主观努力。（4）强化结果运用，规定把考核结果作为领导班子和领导干部评选先进、确定年度考核档次、表彰奖励、选拔任用的重要依据，作为扶贫资金分配的重要依据，作为干部问责的重要依据。（5）加强组织领导，要求各省（区、市）加强调整完善对贫困县党政领导干部考核办法，在年度考核、目标责任考核、绩效考核、任职考核、换届考察以及其他考核考察中，落实中央文件精神。

6.关于考核评估体系的特点。主要是：（1）聚焦攻坚目标。贫困人口全部脱贫，贫困县全部摘帽。（2）坚持结果导向。以最终工作成果考核脱贫攻坚的工作实际，是结果导向型的考核评估。（3）程序科学严格。考核数据来源比较广泛，有第三方评估、综合分析评价、定价定量结合等。（4）注重结果运用。通报、奖励、约谈作为综合考核评估的重要依据。

（三）脱贫攻坚考核评估实践

《省级党委和政府扶贫开发工作成效考核办法》要求从2016年到2020年每年开展一次对党委和政府扶贫开发工作的考核。2016年对2015年省级党委和政府扶贫工作成效试考核，约谈了两个省分管领导，开展督察巡查。2016年12月到2017年3月，对2016年省级党委和政府扶贫工作成效正式考核，历时4个月。2017年3月23日中共中央政治局常委会听取考核情况汇报，2017年3月31日中央政治局会议审定考核结果，2017年4月1日国务院扶贫开发领导小组第16次全体会议听取考核情况汇报。

一是2016年脱贫攻坚考核评估的结果。综合收集的情况和各省总结，按照定性定量相结合、第三方评估数据和部门数据相结合、年度考核与平时掌握情况相结合的原则，并借鉴脱贫攻坚民主监督提供的情况，对22个省2016年脱贫攻坚成效进行综合分析形成考核意见。8个省综合评价好，6个省综合评价较好，4个省综合评价一般或发现某些方面有突出问题，4个省综合评价较差且发现突出问题。对于综合评价较差且发现突出问题的4个省，由中共中央政治局委员、国务院扶贫开发领导小组组长、国务院副总理汪洋同志代表中央分别约谈了省委书记和省长。对于评价一般或者发现某些方面有突出问题的4个省，汪洋同志代表中央约谈了分管的省委副书记和副省长。被约谈后的8个省压力非常大，马上开展整改工作。这就是考核“指挥棒”的作用。

二是省级交叉考核发现的问题。22个省分别抽签选取一个省到另外一个省开展交叉考核，采用随机抽样的方式对精准扶贫精准脱贫的质量进行检查。省级交叉考核发现的主要问题：（1）贫困人口识别不够精准，脱贫退出急于求成，质量不高，存在“数字脱贫”现象。（2）驻村帮扶工作不扎实，措施缺乏针对性，成效不明显，存在形式主义的问题。（3）部分地区“两不愁三保障”不到位，存在明显短板，医疗、教育、安全饮水、住房等问题解决不到位。（4）部分省重大扶贫政策措施不够精准，落实力度不够，易地扶贫搬迁、小额信贷、产业扶贫等方面落实不够精准。（5）财政扶贫资金使用效率不高，资金结转结余率高，资金整合效果不明显问题仍存在。

三是第三方评估发现的问题。包括：（1）精准识别方面，地方贫困人口识别标准执行不严格，“回头看”工作不扎实，年度动态调整不精细。（2）精准脱贫方面，一些地方精准脱贫缺少硬措施保障，精准施策的责任压实不力，脱贫退出操之过急，程序不规范和脱贫质量不高。（3）精准帮扶方面，存在工作不实、扶贫措施不够精准等突出问题，一些地方基层干部热情高、想法多，但是精准帮扶的措施少、收效差。（4）“两不愁三保障”方面，义务教育得到较好保障，仅个别地区存在因贫辍学问题，重症病和慢性病治疗保障率偏低。（5）行为主义和人为干预方面，一些地方平时扶贫工作不精准不到位，贫困人口识别走形式，驻村帮扶工作走过场，对精准脱贫把关不严，面对第三方评估存在突击应付现象。

四是扶贫资金绩效考核发现的主要问题。包括：（1）个别省份资金拨付较慢。（2）部分省份资金结转结余问题未有效解决，有2个省资金结转结余率超过20%，5个省2年的资金结转结余超过1亿元。（3）违规违纪问题时有发生。2016年中央纪委国家监委机关扶贫工作办公室加大了违法违纪案件通报和12317监督举报电话查处力度，共通报和查实涉及22个省专项资金案件49起，审计署对17个省40个县开展扶贫资金审计，发现扶贫资金虚报冒领和违规使用扶贫资金1.51亿元。

贫困退出和考核评估体系是相辅相成的，也就是说贫困退出是以考核评估为保障的，贫困退出设计的一系列标准和程序，其基础是考核评估。考核评估必须科学、客观、准确，要尽可能反映出客观实际，这样才能为精准退出打下基础。

新时代东西部扶贫协作的创新实践

党的十八大以来，以习近平同志为核心的党中央高度重视东西部扶贫协作工作，中共中央办公厅、国务院办公厅印发《关于进一步加强东西部扶贫协作工作的指导意见》，国务院扶贫开发领导小组制定了东西部扶贫协作考核办法，有扶贫协作任务的地方因地制宜制定了扶贫协作规划，出台了具体实施意见。江苏苏州与贵州铜仁在新时代脱贫攻坚进程中，发挥各自优势，有力有序推进全方位、多层次、宽领域的扶贫协作工作，为铜仁市脱贫攻坚连战连捷作出了重要贡献。苏州与铜仁扶贫协作是新时代东西部扶贫协作的创新实践，丰富了我国东西部扶贫协作的成功经验，为欠发达地区发挥东西部扶贫协作作用助力高质量打赢脱贫攻坚战、推进乡村振兴提供了有益借鉴。

《光明日报》2020年9月14日第6版

一、新时代东西部扶贫协作创新实践的生动呈现

以系统性思维把握扶贫协作基本规律。对口帮扶必须因地制宜，而不是把产业简单移植。只有深入了解被帮扶地区的优势在哪、短板是什么，看清形势，找准路径，扶贫协作才能真正有效果。2017年至今，苏黔两省主要领导互访考察6次，苏州、铜仁两市主要负责人互访12次，多次召开联席会、座谈会、专题会，研究具体问题，出台具有针对性的协作方案，推动苏州、铜仁扶贫协作工作落地落实，为铜仁全市脱贫攻坚顺利开展提供了坚实的组织保障。在2017年以来全国东西部扶贫协作考核中，苏州、铜仁两市均2次被评为好的等次。苏州、铜仁的扶贫协作创新实践取得了显著成效。

以人才交流提质增效促进扶贫更扶智。两地通过多层次多渠道的对口交流，提升相关人才的业务技能和专业素养。2017年以来，苏州、铜仁两市互派挂职和交流党政干部707名、专技人员2775名。苏州市帮助铜仁市培训党政干部5716人次、专技人员16227人次，有效提升了铜仁市干部人才的综合素质。2018年开展的21个教育和医疗“组团式”帮扶试点，从管理理念到技术革新全方位提升了铜仁中小学校和医院管理水平。太仓市与玉屏县合作开展的教育“组团式”帮扶模式作为国家发展改革委第二批新型城镇化试点经验在全国推广。

以拓展产业深度合作巩固脱贫攻坚成效。贫困地区由于现代营销意识不强、产销信息不对称等因素，往往陷于“产品卖不出去、卖不上好价”的发展困境。近年来，苏州、铜仁两市通过“江苏企业+贵州资源”“江苏市场+贵州产品”“江苏总部+贵州基地”“江苏研发+贵州制造”等模式，深化农业、工业、文旅等产业的全方位合作。苏州向铜仁输出开发区建设经验，两地结对县级市（区、县）合作共建了19个产业园区。其中，铜仁·苏州产业园成功获批国家级和省级双创示范基地以及贵州省级高新区。探

索形成消费扶贫“五到位”联动模式，苏高新集团及食行生鲜电商公司与铜仁市万山区合作建设农产品供应链示范基地，为“黔货出山”消费扶贫提供了借鉴经验。

以劳务协作内容创新推动人力资本持续提升。苏州、铜仁两市将劳务协作作为建档立卡贫困户增收脱贫的重要措施。双方互设14个劳务协作工作站，苏州帮助铜仁建成市内首个固定的人力资源市场，针对苏州用工市场需求合作举办劳务协作技能培训。推动双方中职院校合作办学，实施技能人才“千人”培养计划，创办“1+1+1”就学就业脱贫“铜仁班”，全力打造“产业军校”，为铜仁未来发展储能。面对新冠肺炎疫情，苏州、铜仁两市多措并举，采取复工专列、包机、包车等“点对点”方式，着力解决铜仁务工人员赴苏返岗难、就业求职难和苏州企业用工缺口大等问题，真正做到一人就业，全家脱贫。

以“携手奔小康”行动探索区域精准帮扶新路径。来自苏州的帮扶力量，为铜仁决战决胜脱贫攻坚注入强劲动力。苏州市各级政府、单位、企业与铜仁市广泛结对，实现对铜仁319个深度贫困村以及乡镇以上中小学校、医院结对帮扶全覆盖。昆山与碧江两地开展的“七结对”模式，张家港市善港村与沿河县高峰村从党支部联建、文化共建、乡村治理、产业同建等方面开展的“全面结对整村帮扶”模式等得到各方肯定。

二、东西部扶贫协作的成功经验

习近平总书记指出，坚持社会动员、凝聚各方力量，充分发挥政府和社会两方面力量作用，形成全社会广泛参与脱贫攻坚格局。

坚持以习近平总书记关于东西部扶贫协作的重要论述为指引，做好东西部扶贫协作顶层设计，是东西部扶贫协作深化发展的基础。苏州和铜仁将坚持工作项目化、项目目标化、目标节点化、节点责任化，把准扶贫协作“方向盘”，全力推动苏州、铜仁扶贫协作高质量发展，助力铜仁贫困人口全部脱贫、沿河县顺利摘帽，与全国同步进入全面小康社会。

坚持以共建共享为原则推进东西部扶贫协作，构建多元化的社会扶贫主体。这是东西部扶贫协作体系拓展的重要内容。苏州、铜仁两市在协作打赢脱贫攻坚战过程中，始终坚持不蛮干、不乱干，充分尊重市场价值规律，把握经济发展客观规律，充分发挥优势互补，共建共享。苏州、铜仁两市在政府主导推进扶贫协作的同时，下大力气培育多元化的社会扶贫主体，倡导民营企业扶贫。鼓励民营企业积极承担社会责任，充分激发市场活力，发挥资金、技术、市场、管理等优势，通过资源开发、产业培育、市场开拓、村企共建等多种形式到贫困地区投资兴业、培训技能、吸纳就业、捐资助贫，参与扶贫开发，发挥辐射和带动作用。充分尊重自然规律，坚守生态红线。守住铜仁的青山绿水，因地制宜科学开发、科学发展，让铜仁当地的百姓践行绿水青山就是金山银山的理念，共享发展成果。

坚持“输血”与“造血”相结合，不断增强铜仁贫困地区和贫困群体的自我发展能力。这是东西部扶贫协作成效提升的关键。苏州对铜仁的扶贫协作，除出钱出物外，还针对铜仁产业发展问题采取了产业园区共建、引导产业转移、加大招商引资力度等一系列扎实举措。铜仁市切实加强对贫困地区干部群众的宣传、教育、培训、组织工作。张家港市帮扶铜仁沿河工作队带着“团结拼搏、负重奋进、自加压力、敢于争先”的张家港精神，以现身说法的形式开展志智双扶工作，激发沿河当地广大干群的脱贫信心和热情，描摹出一幅一起脱贫共奔小康，筑梦未来，扬帆起航的生动画面。

坚持对口支援与双向协作相结合，努力建立完善苏州、铜仁两市协同发展、双向循环机制。东西部扶贫协作双方各有优势劣势。只有根据实际了解援受方所能所需，将各自所能所需紧密结合，才能在能需互促中形成优势互补、劣势互弥，携手并进、共建共享共赢的工作格局。苏州和铜仁在扶贫协作中着力探索新途径新模式。比如，加强生态环境建设，促进生态资源转化，放大生态效应，促进共建共享机制形成。再如，将巩固脱贫成果作为双方构建国内大循环为主体、国内国际双循环互相促进的新发展格局的重要动力。这既加快了贵州的全面脱贫、巩固脱贫成果，又为苏州在新征程中开放再出发注入新激情新动能，也在人才协作合作中构建起锻炼培养干部队伍的新平台。

扶贫模式创新：贵州实践

“十二五”以来，特别是党的十八大以来，贵州省委、省政府认真贯彻落实习近平总书记关于扶贫开发的一系列重要指示精神，把扶贫开发作为贵州最大的民生工程来抓，创新机制，突出重点，整体推进，走在了全国前列。

原题《扶贫模式创新——精准扶贫：理论研究与贵州实践》，《贵州社会科学》2016年第10期，合作者赖力、叶韬中央明确要求补好“短板”，到2020年我国现行标准下农村贫困人口实现脱贫，贫困县全都摘帽，解决区域性整体贫困问题。贵州把大扶贫作为“十三五”的大战略来抓，是贯彻落实中央部署的一项重要举措。

按照国家新的扶贫标准计算，截至2015年底，贵州省还有493万农村贫困人口，是全国贫困人口最多、贫困面积最大、贫困程度最深的省份，到2020年贵州要与全国同步建成小康社会，脱贫攻坚任务艰巨繁重。从这个意义上讲，贵州是全国脱贫攻坚的主战场、决战区，同时又是“短板”中的“短板”。到2020年能否实现同步小康，不拖全国的后腿，不仅是经济问题，而且是重大的政治问题，所以，贵州省委、省政府明确把大扶贫作为“十三五”贵州的重大战略来抓，举全省之力坚决打赢脱贫攻坚这场输不起的攻坚战。

在实施大扶贫战略中，贵州牢固树立“三大理念”：一是树立科学治贫理念，大胆创新、积极探索，走出一条体现中央精神、具有贵州特色的扶贫开发路子；二是树立精准扶贫理念，把扶贫对象搞精准、把扶贫主体搞精准、把扶贫路径搞精准、把扶贫措施搞精准，真正扶到点子上、扶到关键处；三是树立有效脱贫的理念，推动扶贫重点更聚焦、措施更有力，用实实在在的脱贫成效让贫困地区、贫困群众有实实在在的获得感。

另外，贵州尤其注重激发内生动力，尊重基层干部群众的首创精神，总结推广“资源变资产、资金变股金、农民变股东”的“三变”改革经验，让贫困地区的土地、劳动力、资产、自然风光等要素活起来，增强贫困地区发展支撑能力。

在实施大扶贫战略中，贵州将继续强调精准，真正把对象搞精准、把原因搞清楚、把管理搞规范，做到因户施策、因人施策。在路径上，通过发展生产脱贫一批、易地搬迁脱贫一批、生态补偿脱贫一批、发展教育脱贫一批、社会保障兜底一批，实现对症下药、精准滴灌、靶向治疗。为了避免返贫，贵州设定时间表，留出缓冲期，加强严格评估，实行逐户销号，防止“数字脱贫”，防止“平均数掩盖”，防止“富戴穷帽”，防止“脱贫即返贫”，努力做到脱贫成效精准。

近年来，贵州省以习近平总书记扶贫开发战略思想为指导，把扶贫开发作为第一民生工程，全面实施精准扶贫精准脱贫基本方略，扶贫开发取得显著成效，许多方面走在全国最前面。这表明贵州扶贫的许多经验和做法是行之有效的。2015年6月18日在贵阳召开的扶贫攻坚座谈会上，习近平总书记发表重要讲话，对贵州省的扶贫开发工作的一些做法和经验给予了充分肯定。汪洋副总理在深入调研的基础上指出，贵州省精准扶贫精准脱贫的做法为全国扶贫攻坚探索了可信可行、可学可用的“贵州经验”，创造了精准扶贫“贵州模式”，初步形成了脱贫攻坚的“省级样板”。因此，深入研究总结贵州精准扶贫精准脱贫模式，具有重要的理论实践意义。贵州省脱贫攻坚值得总结的经验和做法主要体现在以下十个方面：把扶贫开发作为全省“第一民生工程”；着力完善精准扶贫体系；广泛动员社会参与精准扶贫；积极探索生态保护脱贫新路径；创新财政与金融精准扶贫机制；深化党建扶贫；大力建设新型产业扶贫体系；有力有序推进易地扶贫搬迁；完善社会保障兜底扶贫；片区发展与精准扶贫到村到户有机结合。贵州省的这些做法和经验，是贵州省委、省政府带领全省广大干部群众，深入学习贯彻习近平总书记扶贫开发战略思想，把党中央、国务院决策部署和本省实际相结合，改革创新体制机制，实践探索路径模式，逐步总结完善而形成的，对其他地方具有一定的示范和借鉴意义。

按照习近平总书记提出的扶贫开发“贵在精准，重在精准，成败之举在于精准”的思想，在推进扶贫开发决战决胜的关键时刻，精准就是取胜的法宝。贵州省扶贫开发围绕“扶谁的贫、谁来扶贫、怎么扶贫”，大力实施“六个精准”扶贫政策，把贫困人口找出来，把帮扶措施落到位。一是准在扶持对象明晰。精准扶贫，建档立卡、细分扶贫对象是第一步。这项庞大而复杂的基础工作现在已全面铺开，形成了全省四级联动全面开展“遍访贫困村贫困户”机制，精准摸清贫困情况、致贫原因、帮扶需求。二是准在项目安排。按照抓大不放小的要求，因地制宜、因村施法、因户施策，推动区域经济、产业扶贫和到村到户三者有机统一、高度融合。三是准在资金使用。扶贫资金是“高压线”，更是老百姓的“救命钱”。严格建立财政专项扶贫资金安全运行机制，推行“政银企农”合作模式，推进小额信用贷款、农村青年创业小额贷款和妇女小额担保贷款工作。同时，以扶贫规划和项目为平台，在全省10个取消GDP考核县和10个有条件的县开展涉农资金整合试点。四是准在措施到村到户。对贫困村通过基础设施“六个小康建设”因村施法，对贫困户通过精准扶贫“六个到村到户”因户施策。五是准在干部选派。按照“一村一同步小康工作队、一户一脱贫致富责任人”的要求，实现了对贫困村、贫困户驻村帮扶的两个全覆盖。六是准在退出机制。建立完善贫困县退出机制，对退出的贫困县“摘帽不摘政策”。加强对贫困人口的识别建卡和动态管理，完善进退机制，对已经脱贫的要认真核实核准，完全脱贫的要及时销户，坚决杜绝“戴着贫穷帽子过着炫富日子”的现象。

贵州省根据2014年初中共中央办公厅、国务院办公厅下发的《关于创新机制扎实推进农村扶贫开发工作的意见》，修订了贫困县考核的办法。贵州省在贫困县考核机制改革方面以下做法值得借鉴：第一，完善考核体系。通过建立考核层级体系实现了对各市、县、乡的纵向考核，通过建立职能部门考核体系实现了对各级部门的横向考核。同时，以驻村帮扶考核制度为补充，基本形成了“三级多元”的贫困县考核机制工作体系。“三级”是指在县、乡、村三级组织都建立了相关的考核制度。“多元”是指考核的客体多元，既考核各级组织，也考核各级干部；既考核驻村工作队，也考核驻村工作队队员、第一书记；既考核各级部门、干部的职能工作，也考核驻村帮扶工作。第二，突出不同层级考核机制的重点。省级层面的考核办法，重点在于考核各贫困县，其作用在于导向作用，重点在于强化分类考核与弱化GDP考核两个导向；县、乡两级出台的相关考核办法，其重点在于对考核方式、程序和结果运用的明确规定；对职能部门的考核体系侧重对扶贫任务量化、转化为综合业绩考评；对领导干部的考核侧重扶贫业绩的权重。第三，创新考核方式方法。一是能够立足贫困县实际，对贫困县进行分类考核，将贫困县的工作重点引导到了扶贫开发上来，突出了可持续发展导向，把发展作为解决贫困的根本出路。二是考核指标体系兼顾了经济、社会、环境的综合因素，设置了较为合理的经济发展考核指标，更加注重对民生改善、社会事业发展情况的考核，开始注重生态环境保护情况的考核。三是考核评价及结果在扶贫工作中得到了较好运用，大幅改进了考核程序与方法。在考核方法上实现了统一标准和分类考核相结合、考核实施上实现了目标考核与过程考核相结合、民主程度上实现了上评与下评以及自评与互评相结合、考核周期上实现了定期考核与督察暗访相结合，同时，开始探索多种考核结果运用方式。总的来看，贵州省已经建立了较为科学、合理、可行的贫困县考核制度。贫困县考核制度运转良好，基本实现了预期目标。贫困县考核机制的实施，对贫困人口脱贫致富、贫困地区转型发展都取得了明显效果。

目前从实践看，贫困县考核机制存在的不足主要是：考核机制实施差异性和带来新压力需要适应和改进，尤其是乡镇面临的考核压力过大、考核工作进度差异明显的问题亟须改善；考核指标体系的科学性还有提高的空间，部分考核指标的标准化程度还较低、绿色发展的导向性还不够强；考核实施的参与性还不够理想，考核实施存在一定程度的形式主义；考核结果的运用还有待进一步提高，考核机制的动态性和长期性还有待加强。下一步，还要进一步强化和完善贫困县考核体制建设，进一步完善贫困县考核体系和考核指标，进一步完善考核的方法和方式，进一步扩展和完善考核结果的运用。

在扶贫开发过程中，给钱给物，只能解一时之困，增强贫困地区的“造血”功能，才能拔掉穷根、开掘富源。产业扶贫是以市场为导向，以经济效益为中心，以产业发展为杠杆的扶贫开发过程，是促进贫困地区发展、增加贫困农户收入的有效途径，是扶贫开发的战略重点和主要任务。一直以来，贫困地区靠着传统农业都没能解决温饱问题。而救济式扶贫也只能短暂性地解决贫困地区的温饱问题，并不能从根本上解决问题。但产业扶贫不一样，它可以使这些地方的贫困人群由“输血型”向“造血型”转变。

贵州省坚持扶产业就是扶根本，全力做好产业扶贫这篇大文章，推动贫困地区和贫困群众走上经济内生增长、自主脱贫致富的可持续发展道路。一是大力推进产业结构调整，立足资源禀赋、产业基础和市场需求，因地制宜选择发展产业，宜工则工、宜农则农、宜商则商、宜游则游。二是大力推进组织形式创新，精细打造“十大扶贫产业园区”，使园区成为扶贫开发主平台、主载体、主战场。推进农业大户、农业公司、农民专业合作社等新型主体建设，为扶贫产业发展创造条件、筑牢基础。三是加强农产品市场开拓，着力提高销售的组织化程度。“十二五”以来，贵州累计投入产业化项目财政专项扶贫资金69.2亿元，实施到村项目4万多个，以优质菜、果、茶、药、薯和牛、羊为重点的特色生态产业得到大力发展，全省形成了“东油西薯、南药北茶、中部蔬菜、面上干果牛羊”的扶贫产业格局，通过大力发展扶贫产业，有效促进了贫困群众就业增收，加快了脱贫致富步伐。实践证明，产业扶贫是解决生存和发展的根本手段，是脱贫的必由之路。

恒大牵手大方是贵州凝聚实施开放式扶贫的一个缩影。近年来，贵州广泛凝聚社会力量，依托定点扶贫、东西扶贫协作、社会帮扶等平台，形成了专项扶贫、行业扶贫和社会扶贫的“三位一体”大格局，上海、大连、苏州、杭州、宁波、青岛、深圳、广州等8个沿海发达城市“一对一”帮扶全省8个市（州）。39个中央单位对贵州省50个重点县开展定点扶贫工作；民主党派中央按照“三同”思想帮助毕节试验区发展和黔西南州实施“星火计划、科技扶贫”试验。

在形式多样的帮扶模式中，民营企业对贵州的帮扶可圈可点。万达集团牵手丹寨开启“整县帮扶”新模式；恒大集团将用3年投入扶贫资金30亿元，结对帮扶大方县。以这两家企业对贵州的结对帮扶为契机，贵州开启了民营企业“千企帮千村”精准扶贫行动；以每年举办扶贫日活动为平台，动员全社会力量广泛参与贵州省脱贫攻坚工作。民营企业是脱贫攻坚的重要力量，参与脱贫攻坚，既能为贫困地区带来先进生产力，帮助贫困人口转变发展观念，从根本上激发贫困地区的发展活力，增强贫困群众的自我发展能力；又能帮助企业树立良好社会形象、拓展新的发展空间，是一种扶贫主体与扶贫对象互利共赢的有效扶贫模式。在这场脱贫攻坚战中，换来了贵州人民的全面小康，以及贵州民营企业更好更大的发展。

贵州80%以上的贫困人口聚居在深山区、石山区、高寒山区和民族聚居区，脱贫攻坚任务十分繁重艰巨。但正是由于贵州“八山一水一分田”的气候多样性、地理多样性、生物多样性、民族文化多样性，成就了贵州发展山地旅游、乡村旅游的独特环境。近年来，乡村旅游已成为贫困地区贫困群众脱贫致富的重要渠道，是科学治贫、精准扶贫、有效脱贫的重要途径。据不完全统计，截至2016年10月，贵州省开展乡村旅游的自然村寨突破3000个，其中有517个村被国家列为乡村旅游扶贫重点村。“十二五”期间，乡村旅游受益贫困人口超过200万人。总结起来，贵州主要抓了6个方面工作：一是实施景区旅游扶贫示范工程。依托100个旅游景区工程建设，将适宜发展旅游的贫困村纳入项目建设名录，通过旅游景区扶贫项目实施，探索量化到户、股份合作、入股分红、滚动发展的利益链接方式，鼓励景区业主吸纳贫困人口就业和带动增收。二是实施“百区千村万户”乡村旅游扶贫工程。根据不同地区的自然资源和发展条件，根据贫困户意愿，按照一事一议的方式，采取“一村一品”“一家一艺”“一户一特”等形式，大力培育一批省级山地旅游扶贫示范区（村）、山地旅游扶贫重点村和乡村旅游扶贫示范户（点）。三是实施旅游扶贫品牌培育工程。围绕“山地公园省·多彩贵州风”旅游品牌定位，鼓励有历史底蕴、地域特色、民族风情的景观旅游名镇名村，创建具有地方特色的生态休闲、健康养生、户外运动等旅游产品品牌。雷山西江、平坝天龙屯堡、贵定音寨、黎平肇兴、丹寨石桥、余庆松烟、桐梓九坝等一批知名乡村旅游品牌已经成熟，正吸引越来越多的海内外游客慕名而来。四是实施旅游扶贫精准营销工程。以各地重要民俗节庆活动、地方特色文化活动和少数民族传统体育赛事为平台，加大山地旅游宣传促销力度，扩大旅游扶贫景点景区的影响力和知名度。五是实施旅游扶贫人才培训工程。把乡村旅游从业人员培训纳入了“雨露计划”，对乡村旅游从业人员分级、分批、分类进行培训。六是实施旅游扶贫金融扶持工程。以财政扶贫资金为“粘合剂”，通过“四台一会”等方式，与国家开发银行、农村商业银行合作，帮助各地的山地旅游企业、贫困农户解决贷款难、融资难的问题。下一步，贵州将深入实施旅游扶贫工程，到2020年，在全省建成100个省级旅游扶贫示范区、1000个以上旅游扶贫重点村、10000个以上旅游扶贫示范户（点），预计可以带动全省100万以上贫困人口脱贫致富。我们将继续采取切实措施，促进“旅游+扶贫”深度融合，让贵州的绿水青山为贫困群众带来源源不断的金山银山。

产业精准扶贫：实践困境和深化路径

——兼论产业精准扶贫的印江经验

产业扶贫因其有效性、安全性和益贫性，在开发式扶贫当中占据着重要地位。但进入精准扶贫阶段的产业扶贫面临着“简化论”思维、精英俘获现象普遍等诸多问题。产业精准扶贫要遵循习近平总书记的“绣花式”精准扶贫论述，处理好治国理政方略与脱贫攻坚事业之间的关系、市场主义逻辑与社会道德逻辑之间的关系以及事本主义思维与区域协调发展之间的关系，实现精准扶贫时期产业扶贫的深化拓展，助推全面建成小康社会宏伟目标的实现。2013年以来，贵州省印江土家族苗族自治县创新性开展和推进产业扶贫，深化精准扶贫理念，先行先试，探索出“绣花式”产业扶贫的早期经验。这些经验既为“绣花式”精准扶贫论述提供了经验支持，也是产业精准扶贫深化与拓展的实践呈现。

《贵州社会科学》2017年第9期，合作者邹英、刘杰

一、精准扶贫时期产业扶贫的实践困境

中国改革开放以来的扶贫开发实践证明，产业扶贫在推动贫困人口脱贫增收、带动贫困村整体发展方面有着明显成效。进入精准扶贫阶段以来，产业扶贫因其有效性、安全性和益贫性，在精准扶贫精准脱贫方面的重要性更加凸显。习近平总书记指出："贫困地区发展要靠内生动力，如果凭空救济出一个新村，简单改变村容村貌，内在活力不行，劳动力不能回流，没有经济上的持续来源，这个地方下一步发展还是有问题。一个地方必须有产业，有劳动力，内外结合才能发展。"①这为产业精准扶贫发展指明了方向，提供了遵循。但在各地扶贫工作中，产业扶贫面临着诸多实践困境：

一是产业精准扶贫的"简化论"思维。所谓"简化论"思维，指的是"将贫困治理片面理解为各项相关指标的改善，只见物而不见人，以行政思维替代发展思维，将贫困治理混同于指标管理"②。在产业扶贫方面，"简化论"思维主要表现在产业发展过程中的"唯经济效益论"，脱贫过程中的数字主义与指标化管理。

二是忽视贫困群体的主体地位导致贫困群体被动参与。精准扶贫阶段的对象都是硬骨头，这个阶段的扶贫对象存在自身能力低下、发展动力不足、思维固化等特点。由于精准脱贫的时点要求，在产业精准扶贫的过程中，地方政府往往代替建档立卡户做决定，出现外部力量强力干预推动贫困户参与产业扶贫过程的现象。在此过程中，贫困户参与的积极性与主动性被忽视。由于多方面因素的复杂作用，贫困户参与脱贫攻坚"在实践中

① 刘永富：《以习近平总书记扶贫开发战略思想为指导坚决打赢脱贫攻坚战》，载中共中央组织部干部教育局、国务院扶贫办行政人事司、国家行政学院教务部编《精准扶贫精准脱贫——打赢脱贫攻坚战辅导读本》，党建读物出版社，2016，第59页。

② 吕方、梅林：《"精准扶贫"不是什么？——农村转型视阈下的中国农村贫困治理》，《新视野》2017年第2期。

出现了一些操作性困难，在资源分配和使用中存在一些关系性障碍”，导致贫困户的参与“并没有发挥真正价值，也没能实现理想的充分参与与赋权状态”[①]。

三是精英俘获现象普遍。“精英俘获”最早应用于政治经济学的研究，指的是在发展的过程中“一些本应惠及大众的资源被政治或经济上有权力的集团或强势群体中的少数人所霸占”[②]的现象，这种现象导致弱势群体的利益被伤害。在我国扶贫开发工作的早期，“精英俘获”现象更多地表现为由于瞄准机制的不健全所呈现的“扶富不扶贫”现象，主要指扶贫对象瞄准中的偏离和资金使用中的“低命中率”及“高漏出量”现象[③]。精准扶贫阶段，由于精准识别等一些工作机制的建立，瞄准机制方面的“偏离”在很大程度上得到遏制。但由于贫困户在产业扶贫中的“被动参与”和利益联结机制不健全等原因，依然存在扶贫资源无法有效落地、贫困户与非贫困户受益不均等现象，这些现象成为精准扶贫精准脱贫阶段“精英俘获”的新特征。新型农业经营主体，即专业合作社是精准扶贫时期产业扶贫的重要主体，但在更大程度上专业合作社往往被大户所掌控，难以达到产业扶贫益贫性的效果，其原因在于“大户的市场逻辑与脱贫的合作性或利他性逻辑本身就存在矛盾”[④]。

四是产业精准扶贫过程中的技术或能力培训“有用无效”。在精准扶贫精准脱贫阶段，我们对贫困的认识已然从收入贫困转向能力贫困，推进和提升贫困人口的能力建设成为精准扶贫的重要内容。“阳光工程”“农村劳动力技能就业计划”以及“雨露计划”等提升贫困人口能力的各项培训工程，在这一阶段得到更好的实施和推进。但实地调研发现，这种“针对贫

---

① 毛绵逵、李小云、齐顾波：《参与式发展：科学还是神化?》，《南京工业大学学报（社会科学版）》2010年第9期。

② D Dutta：《Elite Capture and Corruption：Concepts and Definitions》，National Council of Applied Economic Research，Retrieved March，2009。

③ 江华：《7158万扶贫款哪里去了？——对贵州省习水县1994—1998年扶贫款流向的调查》，《中国改革（农村版）》2002年第1期。

④ 张翼：《当前中国精准扶贫工作存在的主要问题及改进措施》，《国际经济评论》2016年第6期。

困人口的农村实用技术培训存在‘有用’但‘无效’的结构性困境”[①]，这种能力培训“有用无效”的结构性困境与精准扶贫阶段沿袭的小农特色的产业扶贫密切关联。

五是短期脱贫目标与可持续发展、全面小康要求存在矛盾。总体而言，各地在具体操作中仍然把超过2300元（以2010年不变价计算的农民人均纯收入）作为唯一的脱贫标准。在当前精准扶贫精准脱贫的目标压力下，个别地区采取缺额补偿的方式进行快速脱贫。而《中共中央　国务院关于打赢脱贫攻坚战的决定》明确贫困人口脱贫的标准是实现“两不愁三保障”。由于产业精准扶贫具有投资大、风险高、见效慢等特点，因此，很多地方片面强调利用经济补偿手段达到“两不愁三保障”的要求，而忽视产业扶贫的“造血”功能。有些地区在精准扶贫的过程中片面强调产业扶贫的作用，出现产业配置与地方人力资本、产业政策与地区发展战略不协调甚至相脱节的现象，扶贫措施单打一，无法形成组合拳有效推进精准扶贫与地区发展、脱贫攻坚与乡镇基层政权建设的协调发展，因而影响稳定脱贫、长效脱贫。

上述问题给精准扶贫时期的产业扶贫带来了诸多挑战。在精准扶贫精准脱贫阶段，产业扶贫的战略与举措是否需要进行调整以适应精准扶贫战略的要求？产业扶贫如何超脱传统小农经济的束缚助推长效脱贫、稳定脱贫？产业扶贫对于提升贫困人口的内生发展能力、提升贫困村社会治理能力有何重要意义？等等。习近平总书记关于“绣花式”精准扶贫论述对这一系列问题的反思与破解提供了科学指南。

二、“绣花式”精准扶贫论述的提出及其内涵

党的十八大以来，全面建成小康社会成为新时期我国经济社会发展的总体目标。为实现这一目标，精准扶贫成为新时期我国扶贫开发体制机制创新的“总抓手”[②]。追溯精准扶贫论述的提出和发展历程，可以从三个阶

---

① 陆汉文、李文君：《“有用无效”：贫困人口能力建设的结构性困境》，《贵州社会科学》2017年第4期。

② 吕方、梅林：《“精准扶贫”不是什么？——农村转型视阈下的中国农村贫困治理》，《新视野》2017年第2期。

段来理解。

第一阶段，精准扶贫论述的提出与实践。2013年11月习近平总书记在湖南湘西考察时，首次提出了“精准扶贫”概念，指出“扶贫要实事求是，因地制宜。要精准扶贫，切忌喊口号，也不要定好高骛远的目标”[①]。以此为背景，《关于创新机制扎实推进农村扶贫开发工作的意见的通知》《关于印发〈建立精准扶贫工作机制实施方案〉的通知》《关于印发〈扶贫开发建档立卡工作方案〉的通知》等一系列关于精准扶贫的政策、文件相继颁布，精准扶贫工作的顶层设计、总体布局以及具体工作机制逐渐成形，精准扶贫论述开始形成，相关工作全面布局。

第二阶段，精准扶贫政策体系的发展与形成。关键时点在于2015年6月18日，习近平总书记在贵州召开部分省（区、市）党委主要负责同志座谈会，明确强调“扶贫开发贵在精准，重在精准，成败之举在于精准”，“六个精准”“四个一批”等精准扶贫论述提出，精准扶贫的各类政策体系逐步构建。2015年11月，《中共中央　国务院关于打赢脱贫攻坚战的决定》的颁布，意味着精准扶贫精准脱贫攻坚战开始打响，各地围绕精准扶贫论述展开了丰富的实践，涌现出一系列地方模式，但与此同时也暴露出精准扶贫工作中的诸多问题。

第三阶段，精准扶贫论述的深化。关键时点即为2017年两会期间“绣花式”精准扶贫论述的提出。2017年两会期间，习近平总书记在参加地方代表团座谈时指出要改进脱贫攻坚动员和帮扶方式，“扶持谁、谁来扶、怎么扶、如何退”，全过程都要精准，有的需要下一番“绣花”功夫。3月31日，习近平总书记主持召开中共中央政治局会议，指出要继续坚持精准扶贫精准脱贫基本方略，用“绣花”的功夫实施精准扶贫。

“绣花式”精准扶贫论述的提出，源于对前两个阶段精准扶贫实践问题把脉基础上的经验总结和理论提升，是习近平总书记站在治国理政的战略高度对精准扶贫论述的深化发展。准确把握“绣花式”精准扶贫论述的精确内涵要有全局意识。全局意识主要体现在三个方面：一是要把精准扶贫精准脱贫事业看作统筹推进“五位一体”总体布局、协调推进“四个全面”战略布局

---

① 曾伟、刘雅萱：《习近平的“扶贫观”：因地制宜“真扶贫，扶真贫”》。

的重要组成部分，是全面建成小康社会、实现中国梦的关键环节；二是指在推进精准扶贫精准脱贫工作过程中，要与我国的经济社会发展全局紧密契合，地方政府在推进脱贫攻坚的过程中，必须将脱贫攻坚与地区发展规划紧密结合，全面提升地区发展能力；三是指“全面”，“绣花精神”不能让一“针”在整个“刺绣”的过程中遗漏，小康路上一个都不能掉队。

“绣花式”精准扶贫要求各种扶贫举措要环环相扣，善于打组合拳。组合拳建立在对贫困地区资源全面、系统的分析和把握的基础上，需要对当地致贫原因与贫困现状进行综合分析，在把握地方实际情况的基础上精确规划、精准定位，灵活把握精准扶贫策略。产业扶贫是精准扶贫的重要举措，贫困地区发展产业需要因地制宜，根据地理、气候、市场等特点发展扶贫产业，精准定位。要有创新意识，找准市场，开创产业扶贫新路径。同时，“绣花式”精准扶贫要求扶贫开发要落到实处，杜绝扶贫工作中的形式主义，把求真务实的导向立起来，把真抓实干的规矩严起来，让真干假干不一样、干多干少不一样、干好干坏不一样，确保脱贫攻坚工作成效经得起实践和历史检验。

“绣花式”精准扶贫论述要求推进精准扶贫精准脱贫工作要“用心”“倾情”，做实做细。习近平总书记强调，扶贫要精准，工作要做到贫困地区、贫困户的心坎儿上，就既要善于在面上“织布”，更要精于在点上“绣花”。当前精准扶贫进入深化期，精准脱贫工作的关键要精准发力，向基层聚焦聚力。“用心”强调脱贫攻坚过程中的认真态度，强调对待贫困户的“绣花”的耐心，在对贫困户实际困难精准把握的情况下强调扶贫过程中贫困户的参与，根据贫困户的特殊性有针对性地在产业扶贫过程中设计贫困户参与机制，强化利益联结机制的益贫性与因人而异。“倾情”强调精准扶贫过程中的能人带动，破解扶贫资源配给中的“精英俘获”。既要考虑增加贫困户短期内收入的“数字脱贫”，更要建立贫困户的长效脱贫致富机制，提高贫困户经营性收入和资产收益，拓宽和夯实贫困户产业发展和劳务收入渠道。

三、“绣花式”精准扶贫论述下产业扶贫的深化路径

“绣花式”精准扶贫论述的提出与实践，是中国国家贫困治理现代化体系的重要目标与经验表达，在中国政府主导的开发式扶贫道路上具有里程

碑意义。“绣花式”精准扶贫论述的提出，为精准扶贫时期破解产业扶贫实践困境提供了理论基础。基于产业扶贫实践困境的问题视角，精准扶贫时期产业扶贫的深化拓展需要从处理三个方面的关系着手。

（一）处理好治国理政方略与脱贫攻坚事业之间的关系

“绣花式”精准扶贫论述是习近平总书记治国理政方略在扶贫开发事业中的综合体现。要摒弃精准扶贫只是一种技术举措的片面看法，将精准扶贫视为治国理政方略下涉及体制、制度、文化、资源与技术的一场事关贫困治理与区域发展的整体性社会发展与改革行动。习近平总书记2014年3月18日在兰考考察时，从三个层面阐述了精准扶贫与县域治理之间的关系，指出：第一，把强县和富民统一起来；第二，把改革和发展结合起来；第三，把城镇和乡村贯通起来[①]。这也为通过产业发展实现精准扶贫指明了路径：一是要做到强县与富民相统一。强县与富民是辩证统一的关系。产业扶贫陷入实践困境的主要原因之一就在于将强县与富民简单对立化。强县与富民之间的辩证统一关系需要树立共享发展理念，二者的辩证统一关系“要在发展路径选择和发展成果共享上有全面把握，既善于集中资源办大事、增强县域经济综合实力和竞争力，又注重激励城乡居民创业增收和勤劳致富、持续提高城乡居民生活水平”[②]。要做到强县与富民相统一，就需要在扶贫产业类型的选择、税收和就业之间的偏好以及产业发展政策等方面进行深化。二是要处理好改革与发展之间的关系。当前的供给侧改革为产业扶贫中改革与发展的关系处理提供了较好契机。落实到产业扶贫，需要将供给侧改革与农业产业结构调整紧密结合，在产业类型选择层面，需要结合地方的资源禀赋与实际区情，有机处理传统农业产业、新兴产业与特色产业之间的比重和关系，同时探讨如何更好地在产业扶贫过程中促进一、二、三产业融合，探讨产业发展过程中的融资机制，利用金融杠杆撬动社会资金发展农业产业化，探索农业保险全覆盖。三是要结合新型城镇化做到城乡贯通。新型城镇化是相对于“快速城镇化”“政治城市化”而

---

① 习近平：《在河南省兰考县委常委扩大会议上的讲话》（2014年3月18日），载《做焦裕禄式的县委书记》，中央文献出版社，2015，第52-53页。

② 同上。

言，其核心在于以人为本的“人的城镇化”和城乡统筹发展。产业扶贫需要树立城乡统筹发展理念，构建“产城融合”发展体系，其关键在于“要推动城镇基础设施向农村延伸，城镇公共服务向农村覆盖，城镇现代文明向农村辐射，推动人才下乡、资金下乡、技术下乡，推动农村人口有序流动、产业有序集聚，形成城乡互动、良性循环的发展机制”①。

（二）处理好市场主义逻辑与社会道德逻辑之间的关系

产业发展本身存在着市场主义逻辑。这种逻辑天然追逐利润，追求各类资源特别是经济资源的市场配置和经济效益的最大化，这种逐利行为在产业发展的过程中要求以市场为导向，以经济利益为中心，片面强调产业的做大做强。然而，扶贫强调的是社会道德逻辑。扶贫的社会道德逻辑强调扶贫济困的社会功能，通过发展产业带动贫困群体脱贫致富，这是一种社会责任，亦是一种底线思维。在精准扶贫背景下，这两种逻辑之间的关系如果不协调好，就会出现两种后果：一种后果是产业精准扶贫过程中的“精英俘获”与“弱者吸纳”，另一种后果即为产业扶贫的资本化导致产业发展与扶贫开发工作的完全脱嵌。正确处理市场主义逻辑与社会道德逻辑之间的关系，需要从以下两个层面入手：一要构建益贫性的利益联结机制。所谓利益联结机制，指的是在产业化扶贫的推进过程中，参与产业化运作的各个利益主体之间所形成的各种利益关系。闫玉科认为利益联结机制可从外在表现和内涵两大层面进行分析。所谓外在表现即为参与产业化经营的龙头企业与农户之间的联结模式，内涵则是指参与产业化经营的龙头企业与农户之间的利益分配规则②。由于产业扶贫的“扶贫”特性，在构建利益联结机制的过程中，尤其要凸显产业扶贫的社会道德逻辑，凸显产业发展过程中对贫困农户的“益贫性”，参与产业扶贫的市场主体需要更多地体现社会关怀与社会责任，政府需要在构建利益联结机制的过程中起到至关重要的监督和监管责任。二要注重产业扶贫过程中贫困户内生动力的挖掘和培育，倡导参与式扶贫。从根本上而言，市场主义逻辑与社会道德逻辑

---

① 习近平：《在河南省兰考县委常委扩大会议上的讲话》（2014年3月18日），载《做焦裕禄式的县委书记》，中央文献出版社，2015，第53页。

② 闫玉科：《农业龙头企业与农户利益联结机制调查与分析——以广东省为例》，《农业经济问题》2006年第9期。

的平衡点与结合点在于参与产业扶贫的主体之间的关系处理与利益分配。产业扶贫主要包括市场主体和贫困群体两大主体，产业扶贫陷入两大逻辑实践困境的原因之一在于市场主体的强势介入与贫困户内生动力的缺失。如何挖掘和培育贫困群体发展产业的内生动力，既是当前精准扶贫精准脱贫的难点，亦是重点。参与式扶贫强调“赋权于民”，通过贫困户全程参与产业发展的项目设计、产业选择、资金监管等各个环节，有效激发和调动贫困群体参与产业发展的积极性、主动性。

（三）处理好事本主义思维与区域协调发展之间的关系

当前产业精准扶贫主要采取项目制的运作方式。在一定程度上，项目化的产业精准扶贫在项目资金、具体用途和使用方式上有规可循，能有效防止产业发展资金滥用或挪用。但这种项目化的产业精准扶贫容易陷入事本主义的思维误区。“事本主义理念是注重以事而事为中心的执行理念，其特点主要有效果快、效期短、效幅窄、效用差，容易产生功利性的可视效果，重视眼前而忽视长远，易造成资源的过度浪费。”[①]事本主义思维往往导致产业精准扶贫过程中虽然在短期内实现了真扶贫、扶真贫，但却容易使贫困地区陷入条块化、碎片化的治理困局，无法与贫困地区的长远规划、区域协调发展形成有效衔接。破除事本主义思维，深化精准扶贫时期的产业扶贫，可以从以下两个方面入手：一是精准扶贫时期的产业扶贫必须回应当前农村社会面临的诸多问题。长期以来，在城乡二元结构的社会背景下，在“快速城镇化”“政治城市化”的作用下，我国农村基础设施的严重不足与落后、农村精壮劳动力的大量外流等造成农村空心化、“三留”人员等社会问题，阻碍了我国农村社会发展。产业扶贫的事本主义思维往往无视这些社会问题的存在，片面追求产业发展的短期效益与规模“轰动效应”。精准扶贫时期的产业扶贫必须正视这些问题，有针对性地选择产业，制定相应支持政策，做到产业扶贫与农村社会发展密切关联。二是精准扶贫时期的产业扶贫要与农村社会治理密切衔接。当前农村社会治理面临诸多困境，这些困境的存在，与上述农村社会问题的存在密切相关，但其关

① 张扬金、张增勇：《新农村建设视域中的政府政策执行成长路径探究》，《湖北社会科学》2008年第1期。

键点在于农村基层政权组织的涣散与基层治理能力的缺失。农村基层治理主体主要包括乡镇一级政府机构与村委会，而这两者恰恰应成为产业扶贫推进与发展的依托主体与责任主体。因此，精准扶贫时期的产业扶贫需要关切当前农村社会治理的难题和困境，产业扶贫需要与区域发展、社区治理协调进行。

四、产业精准扶贫深化拓展的印江经验

“绣花式”精准扶贫论述的提出，既是对党的十八大以来精准扶贫工作的总结和反思，也是未来精准扶贫工作的行动指南和思想导引。其中，地方经验是构成“绣花式”精准扶贫论述来源的重要基础。贵州省贫困面广、贫困程度深，农村贫困人口规模大，长期以来是我国扶贫开发的重点省份。贵州省在精准扶贫实践中，始终贯彻“扶产业就是扶根本”的理念，致力于上述三大关系的处理，推动贫困村和贫困户走上自主脱贫致富的内源式、可持续发展道路。

印江苗族土家族自治县是贵州省较具代表性的贫困县之一，有着较为完整的喀斯特地貌，生存环境非常恶劣，人畜饮水困难，农业生产方式非常落后。其贫困特征主要表现在生存贫困、经济贫困及发展贫困三个层面。在多重贫困的影响下，前期“撒胡椒面式”的扶贫开发模式在一定程度上缓解了印江的贫困程度，但如何“摘穷帽”“拔穷根”一直是印江扶贫开发的困境和难题。2013年精准扶贫工作开展以来，印江创新性开展和推进产业精准扶贫，深化精准扶贫理念，先行先试，探索出“绣花式”产业精准扶贫的早期经验，这些经验与做法既为“绣花式”精准扶贫论述提供了经验支持，也是精准扶贫时期立足于三大关系产业扶贫的深化拓展。

（一）整体规划，围绕农业产业结构调整战略布局产业扶贫

印江在推进产业精准扶贫的过程中立足自身的地域特点、资源禀赋、产业基础以及市场需求，尊重山地农业经济发展规律，着眼于调整产业结构，促使传统农业产业结构转型、升级、换代。一是因地制宜选择地区发展产业，确定将茶叶、食用菌、核桃、绿壳蛋鸡等作为产业扶贫主导产业，按照“山腰种茶、坝上种菇、宜茶则茶、宜果则果、宜菇则菇、宜畜则畜、循环发展”的思路布局山地农业产业。二是总体设计，突出政策红利，打

组合拳，集合科技、金融等相关政策、技术支持体系，创新山地农业发展模式，大力推进完善优质高效的山地农业体系。三是转型升级，积极融合现代农业发展新理念、新技术和新方法，发展立体农业，促进一、二、三产业融合，大力发展农产品加工业，增加农产品附加值，构建从生产到简单加工、深加工、包装、储运、销售、服务等现代农业产业链。同时，印江结合地理地貌特点，充分发挥“公园省”的生态优势，推动农业生产与乡村旅游相结合的农旅一体化发展。四是开展有针对性的培训，提升贫困户产业发展能力。正如前文所述，“有用无效”的技术培训产生的原因在于传统的小农经济与现代化的农业技术之间的矛盾。印江在推进产业精准扶贫的过程中，将技术培训、能力培训与升级换代后的山地农业体系紧密结合，将作为市场主体的企业、培训主体的农业科技部门、后续产业链条与销售服务等主体结合起来，将技术培训嵌入产业精准扶贫过程中，增强技术培训的针对性、实用性及有效性，提升贫困户稳定脱贫、可持续发展能力。

（二）突出重点，发展农业扶贫园区实现集聚效应

2015年，中共贵州省委办公厅、贵州省人民政府办公厅联合发布《关于扶持生产和就业推进精准扶贫的实施意见》，主张要深入推进产业化扶贫，着力促进贫困人口创业就业，大力实施扶贫攻坚“三个十工程”，促进一、二、三产业融合发展，大力发展劳务经济，推动产业分类更科学、脱贫路径更精准、实现方式更具体，进一步提高产业和就业对贫困人口的扶持带动作用，加快脱贫致富奔小康步伐。据此，贵州省在产业扶贫领域提出每年打造“十大扶贫产业园区”的目标。以此为背景，印江大力发展农业扶贫园区，重点打造木黄镇食用菌农业扶贫园区。园区的建设和发展坚持“政府扶持，社会参与，企业管理，市场化运作”的原则，在产业扶贫过程中集聚扶贫主体、资源及规则：一是从农业扶贫园区的参与力量来分析，其集聚的扶贫主体包括政府、企业、园区、农户四大层面。政府层面的主体涉及县、乡（镇）以及村委。农业扶贫园区有着省级、市级、县级等级别差异，作为省级园区的木黄镇食用菌农业扶贫园区在建设和发展过程中，省也是重要参与主体之一。但在统筹情况下，园区参与扶贫的政府主体主要是县、乡（镇）一级。企业层面的主体包括参与农业扶贫园区产业发展过程的外来企业、本地企业、作为新型经营主体的经济合作社等。园区层面的参与主体一般是指在农业扶贫园区建设过程中为了协调各方而设置的园区指挥部。农户在农业扶贫园区的发展过程中并不单纯是劳动力的角色，他们更多地利用土地承包权、村民身份等深度参与园区发展，特别是建档立卡贫困户，是农业扶贫园区的重要主体之一。二是从园区资源层面分析，涉及的资源包括行政资源、土地资源、政策资源、资金资源、劳动力资源等。其中行政资源包括县、乡（镇）以及园区指挥部基于行政级别所赋予的行政权力，以及这些基层政府基于行政权力所能采取的行政举措或强制性措施的能力；土地资源包括基层地方政府利用行政权力所能调动的支持园区发展的土地资源以及以土地资源为优惠条件吸引企业资金或金融扶贫资金；政策资源指的是当前脱贫攻坚语境下，诸多针对贫困地区、针对贫困群体的各项有利政策；资金资源包括普惠性的涉农资金、各类扶贫资金以及进驻园区的企业所投资金等；劳动力资源指的是园区范围内的能参与园区发展和生产的有效劳动力，既包括在园区长期务工的合同工，也包括在劳动力需求旺季招聘的季节性工人。三是从治理规则层面分析，农业扶贫园区包括治理的公共规则、地方性规则，同时市场规则占据着重要地位①。

（三）秉承理念，致力于产业扶贫与地区发展能力提升相结合

全面建成小康社会时期的精准扶贫已然超越提升收入水平、促进经济发展的单一经济目标，而是希冀达成经济、文化、政治等综合协调的地区复合发展目标，这一复合发展目标与社区营造理念不谋而合。社区营造是“一个社区的自组织过程，在这个过程中提升社区内的社群社会资本，达到社区自治理的目的”②。社区营造的开篇布局大都从经济角度伊始，但其最终目标绝不仅限于地区产业发展，而往往是综合了文化、生态、旅游观光、教育等多种目标为一体。社区营造通过多管齐下的手段以达到社区自我组织、自我发展、自我治理的目的，这是一种可持续的社区发展模式。印江

① 邹英：《资本输入与乡村社会秩序的重建》，博士论文，华中师范大学社会学系，2017。

② 罗家德：《社区营造与社会建设》，载朱蔚怡、侯新渠编著《谈谈社区营造》，社会科学文献出版社，2015，第3页。

在推进产业精准扶贫的过程中，社区营造理念的贯彻和坚持主要表现在农旅一体化的一、二、三产业融合的产业发展过程中：一是使得产业扶贫与社区发展相结合，是一种全方位的发展模式，不仅注重经济脱贫，更注重向人文历史传承开发、生态环境保护、生态农产品开发等诸多领域扩展，注重贫困农户的综合发展，也注重贫困地区社区的多维度发展。二是“农旅一体化”的社区营造促使印江的产业扶贫的扶贫方式更向扶智、扶志意义层面深化。在介入和扎根农村社区的过程中，更加注重自身扎根的深度，并着重挖掘农户的能力，发现社区的综合资源，并组织农户参与到扶贫产业及社区发展的各个环节，培养其调查、管理、协商等各方面的综合能力，为贫困社区脱贫及长远发展做铺垫。三是注重社区可持续发展。对农户主体性的尊重和培养是实现社区可持续发展的根本，也是脱贫攻坚的根本意义所在。如何实现贫困地区脱贫以及长久发展，说到底还是要归根于人。既包括挖掘提高当地贫困人口的反贫困能力和组织能力，也包括吸引具有更高知识水平的流动人员和返乡人员，他们是贫困地区未来的主人①。

（四）强调参与，构建益贫性的利益联结机制促使内源性发展

《中国农村扶贫开发纲要（2011—2020年）》将“更加注重增强扶贫对象自我发展能力”列为新时期扶贫开发的重要目标之一。“将发展能力的提高作为未来扶贫的重要目标，这意味着贫困不仅仅是发展机会的缺失导致的，也是发展能力的不足导致的。”②精准扶贫时期的产业扶贫被定位为“造血式”扶贫模式的主要举措，注重贫困人口的能力提升，促使贫困地区的内源性发展是全面建成小康社会时期扶贫开发工作的终极目标所在。内源性发展注重内生性作用的发挥，注重外部协助以及外部环境的协调，强调主体的参与性③。内源性发展重视能力建设，强调本地民众潜能和能力的挖掘和培养。印江在产业扶贫的过程中，内源性发展的推进主要表现在：第一，注重培育新型经营主体，支持以贫困户为主体的经济合作社发展，

---

① 邹英：《资本输入与乡村社会秩序的重建》，博士论文，华中师范大学社会学系，2017。

② 黄承伟：《新形势下我国贫困问题研究的若干思考》，载黄承伟著《与中国农村减贫同行：上》，华中科技大学出版社，2016，第79页。

③ 范如湖：《内源发展作为另一种选择——可能性与障碍》，载黄高智等编著《内源发展——质量方面和战略因素》，中国对外翻译出版公司，1991，第29-30页。

发挥贫困户在产业扶贫中的主体性作用。农业合作社的发展在一定程度上能克服小农分散生产的弊端，增加农业附加值，增加农业综合生产能力，优化资源配置，增强抵御风险的能力。更重要的是，在农业专业合作社中，贫困户通过参与生产与技术培训，增强生产经营的意识，提高自身的生产能力。第二，在考察和借鉴龙头企业带动型模式和专业合作社带动型模式利弊的基础上，构建“公司+农业园区+贫困户”多元主体利益联结机制。这种利益联结机制优先考虑贫困户的利益，将贫困户列为重点扶持对象，将政策层面的扶贫资金变成贫困户入股股金，保底分红，保底收购，减少风险。更多强调参与企业的社会责任，相关企业采用承担地租、赊购原料、技术支持和服务、保底收购、超额利润返还等形式保证参与项目的贫困农户的相关利益，承担相关社会责任。第三，强调贫困户的参与。贫困户的参与可避免扶贫开发工作中单向的物质扶贫，有利于提升贫困户的生产能力。就贫困村而言，参与式扶贫体系的建立需要从两个方面来着手：“一是以行政村为基础，采用参与式的理念、原则和方法，组织、引导、发动群众制定、实施、管理贫困村扶贫开发规划，并监测、评价每一个项目的质量、效果和影响；二是以参与式村级扶贫开发规划为载体，培育基层组织参与扶贫开发的程度和能力。”[①]

① 黄承伟：《论我国开发式扶贫的拓展与完善》，载黄承伟著《与中国农村减贫同行：上》，华中科技大学出版社，2016，第147页。

减贫与生态耦合目标下的产业扶贫模式探索

——贵州省石漠化片区草场畜牧业案例研究

贵州省石漠化片区草场畜牧业产业化扶贫是兼顾减贫与生态双重目标下的创新模式，这种绿色减贫发展模式破解了石漠化地区的“贫困陷阱”，通过促进本土资源、市场资源、扶贫资源的有效衔接，贫困地区土地资本、劳动力资本、生态资本等核心要素的带动运转，实现了贫困地区减贫目标和生态文明的双赢目标，促进了贫困地区的可持续发展。

《贵州社会科学》2016年第2期，第二作者周晶贫困地区往往与生态脆弱地区高度重合。贫困与生态的相互作用一直是研究贫困地区和贫困人口可持续发展的重要议题。1992年的联合国可持续发展世界首脑会议、2000年的联合国千年发展目标、2002年环境与发展大会均提出，环境治理与贫困治理是最重要的两个发展议题。2015年联合国发展峰会通过了2015年后全球发展议程，2030年消除极端贫困是首要目标，可持续发展是核心内容。中国国家主席习近平指出，要牢固树立绿水青山就是金山银山的理念，守住发展和生态两条底线。中共十八届五中全会提出的“创新、协调、绿色、开放、共享”发展理念更为贫困地区实施绿色减贫战略指明了方向。

贫困和生态是相互交叉和不可分离的，生态是导致贫困的重要因素。长期以来，生态环境被当作诱发或者是加剧贫困的成因之一，生态的脆弱性导致贫困地区的发展资源禀赋不足，由于工业化、产业化引起的环境污染、生态退化，使人们跌入了贫困的深渊，可再生资源和不可更新资源逐渐耗尽，加剧了贫困的进程[①]。从地理环境决定论的观点出发，人类的人文环境失衡在自然环境中有明显的表征，对于贫困地区环境资源的粗放式开发，导致生态环境进一步恶化，生态系统遭到破坏，进而造成周边地理特征相似地区的环境不断恶化，形成“生态脆弱→贫困→人口增加→掠夺式开发→环境退化→进一步贫困”恶性循环的“贫困陷阱”。从绿色减贫的观点出发，学者倾向于从改善生态环境入手，将生态环境作为反贫困的一种策略，将生态扶贫作为一种扶贫战略，结合生态保护和减贫目标，实现资源的优化配置，发挥资源禀赋，提高扶贫效率。贵州省石漠化片区草场畜牧业产业化扶贫兼顾减贫与生态双重目标，破解了石漠化地区的“贫困陷阱”，实现了贫困地区减贫与生态文明双赢。

---

① 丁一文：《生态抑制型贫困研究文献综述》，《中国环境管理》2014年第4期。

一、贵州省草地畜牧业产业化扶贫实践及其成效

（一）草场畜牧业产业化实践探索历程

贵州省石漠化片区，以山区农业县为主，地表干旱缺水，岩溶地貌发育强烈，生态环境脆弱。同时石漠化片区贫困面大、贫困人口多、贫困程度深，贫困人口分布呈“大分散小集中”态势，主要聚居在深山区、石山区、高寒山区和民族聚居区，扶贫攻坚难度大，传统的陡坡种植导致水土流失和石漠化严重，加剧了贫困与生态矛盾的恶性循环。

石漠化地区草场畜牧业发展起源于1999年，晴隆县利用宁波对口帮扶资金引进波尔山羊与本地黑山羊杂交改良肉羊品种，并成立公益性事业单位——晴隆县草地畜牧中心（简称畜牧中心）进行研发推广，中心下设办公室、财务室、市场营销股、生产技术股，各乡镇草地站等机构，为推动晴隆县草地畜牧业发展打下实体组织基础。畜牧中心组织农户在荒陡坡岩溶山地种植人工牧草，将散养和圈养相结合养殖肉羊，逐步探索出一条石漠化地区草场开发与产业扶贫相结合的道路，促进了石漠化治理、扶贫开发和农民增收增能的有机结合，成为南方喀斯特地貌区域草场畜牧业发展的典范，被称为“晴隆模式”。2003年在畜牧中心的基础上成立了以种羊、商品羊的养殖为主要业务的晴隆县草地畜牧业开发有限责任公司推动农业产业化。该模式得到国务院扶贫办和全国各地扶贫部门的广泛重视，并逐步从省内向省外推广，形成了较好的示范效应，逐步形成草场畜牧业的产业化。

草场畜牧业产业扶贫是以政府扶贫项目为契机，加强资源整合和技术开发，并与金融扶持相结合，通过政府、企业、合作社、养殖基地、养殖大户、农户的共同参与来实现种草养羊结合，实现产业带动农户收入增加、拉动本地就业、带动生态改善的模式。在产业实施前期，政府扶贫资金为农户修建羊舍、购买养羊相关农机器械等基本生产资料提供补贴，并按照金融贴息贷款的方式，确立标准对养羊户购买基础母羊和有养羊意愿的农户提供一定年限的贷款贴息；对规模以上的企业、合作社、养殖基地或养殖大户给予一定的贴息。同时，对于实施退耕还草的农户给予补贴和技术服务支持。在产业扶贫投入阶段，政府部门整合资源，结合集团帮扶，改

善养羊户的技术设施建设，为肉羊的养殖、运输提供良好的配套基础设施；在产业扶贫的后期，政府集合各方力量加强草场畜牧业养殖的宣传，加大肉羊基地的建设，并不断促进技术更新，提高肉羊选育质量，与企业共同打造良好的肉羊品牌，发挥品牌效应。

（二）草场畜牧业产业化扶贫效益分析

1.减贫效应。减贫效应主要是从贫困地区、贫困社区和贫困人口三个方面展开。对于贫困地区而言，石漠化地区草场畜牧业产业化扶贫实际上集聚了市场要素，拉动了社会投资，拓宽了增收渠道，探索了成功的模式机制，不仅拉动了当地草地畜牧业的发展，而且促进了石漠化地区经济、生态、社会效益三赢。

从贫困社区来看，项目实施以来，带动了当地农村劳动力本地就业，培养出一批懂技术、懂生产和质量控制的新型农民，促进了农业生产结构的调整。随着产业的发展，种植业、饲料加工业、肉羊屠宰业、运输服务业等相继发展起来，形成了更长的产业链，促进了多元化就业，提高了贫困地区人们的生产生活水平，为社会主义新农村建设和和谐社会注入了活力。同时，在产业发展过程中村级集体经济得到了增强，村级公益性事业得到有效的促进，特别是石漠化地区少数民族聚居的山区贫困县，发展了其具备传统优势的种养产业，增强了在基础设施、技术和教育等方面的投入，改善了村寨面貌。

从贫困农户的角度来看，草场畜牧业产业化带来了丰厚的经济效益。首先，人工种草可以产生鲜草和干草两种产品，产品在市场上价格稳定，纯利润较高，是种植玉米的5倍，经过牧草品种的不断改善和加强后续产业发展，种草养羊可以将利润提高到种植玉米的7倍。劳动力就业方面，可以获得务工收入，同时按照目前每亩租金500元至1000元的价格，土地租金和土地补偿费也是收入的重要部分。据统计，按照实际家庭户均劳动力1人、养殖30只羊、繁殖率150%、均价800元/只、每年出栏30只来计算，户均现金收入可超过2万元，加上务工收入和土地补偿费，农户年均收入可达3万元以上[①]。

① 资料来源于晴隆县扶贫办刘树军等著的《贵州晴隆岩溶石漠化土地种草养畜案例》。

2.生态效应。生态效应主要是生态意识和生态效益两个方面。提升生态意识是推动生态文明建设的重要部分，草场畜牧业产业化发展过程中，在荒坡荒地上创造出经济效益，让农户意识到土壤、山林以及水资源等对于牧草生长的重要性，同时也是肉羊肉质提升的重要因素，从一定层次上更新了政府、企业和农户的发展观，政府不再单纯地进行大规模工业化开发，而是以绿色GDP为核心，在原有青山绿水的基础上打造出现代化可持续的农业畜牧业产业化发展模式。企业在追求市场利润的同时，寻求到了生态产业化发展之路，将生态概念产品进行推广，成为市场的新生力量。农户在产业化过程中，随着基础设施的不断改善，家庭收入的增长，改变了原先长期的封闭式村庄贫困循环状态，在绿色家园中寻求生计发展，构建了人居环境的和谐。

从生态效益上来看，退耕还草，结合季节特征科学管理，保持草场的水源和肥力，合理载畜，使用多种草籽混合播种，土壤草场可常年供羊群饲食。减少水土流失，防治石漠化扩展。种草前水土流失严重，种草后土地植被覆盖率上升，植物的高度增加，一般土表径流量减少794.2公斤/亩，土壤流失量减少88.4公斤/亩，减少土壤冲刷56.8%①，人工草场四季常青，增加了土壤有机物含量，改善了草场石漠化的土质，提高土壤蓄水能力，生态环境明显改善。

二、减贫与生态耦合中的草场畜牧业发展的核心要素机制

综合贵州省石漠化片区草场畜牧业产业化发展的历程，可以看出减贫与生态耦合目标的实现实际上是多种要素的共同作用。这些要素将草场畜牧业的发展形成一个完整的互动系统，各自发挥着不同的功能。这些核心要素中制度是基本政策保障，组织架构和体系是重要的组织保障，核心技术和创新研发能力是重要的技术保障，多方资源投入和链接是重要的资源保障，土地流转是重要的运营保障，利益联结机制则发挥着隐形的关系组带作用，将本土的生态资源、土地资源、本土性技术资源逐步转化成资产，进而资本化形成市场终端产品。

① 资料来源于晴隆县扶贫办刘树军等著的《贵州晴隆岩溶石漠化土地种草养畜案例》。

贵州省石漠化地区的草场和荒坡、独特的气候和土壤条件构成了生态资源和土地资源，本土少数民族传统畜牧业的养羊产业具有一定的技术资源优势。在减贫与生态耦合的制度环境下，将土地连片开发，打破传统的行政界限，形成土地流转和规模化的经营基础，使资源逐步转化为可创造利润的资产。此时资产的产权明晰后，贫困村以及农户成为资产的潜在获益方。但资产是静态的，并不能产生利润，只有在赋予资产以技术要素和投资之后，资产才有可能转化为资本，同时加强配套服务的基础设施和产业园区草场建设做好硬件保障。此时资本进入市场运营，运营效果的好坏直接决定了产品产生的利润情况，利益联结机制作用于资本向产品转化的全过程，将农户、基地、合作社、企业通过资本的捆绑形成利益共同体，保证资本的持续供给和产业链的完整供应，使得产品得以有序产出。运营体系中涉及政府、市场和社会等多方关系的协同，实现政府、企业、社区和农户多方共赢的局面。结合贵州省石漠化地区的经验，草场畜牧业产业化扶贫将政府、龙头企业、技术基地、村级组织以及农户连接起来，形成责任共担、利益共享的共同体，通过公司带动市场、基地提高技术、组织整合资源、合作社带动劳动力等方式，在短时期实现资源的重新组合，促进规模效应的形成和产业化经营目标的实现，降低了单个农户进入市场的风险，提高了农民组织化参与程度，盘活了农村的现有资源。

（一）制度要素：耦合的制度设计

产业化扶贫与生态发展的耦合的制度设计是将减贫目标与生态发展的目标结合起来，是草场畜牧业产业产生减贫和生态双重效应的重要制度保障。在生态文明建设和可持续发展的总体发展目标下，贵州省创新机制扎实推进农村扶贫开发，并积极制定和推动《滇桂黔石漠化片区区域发展与扶贫攻坚规划（2011—2020年）》的制定和实施，区域发展带动扶贫开发，扶贫开发促进区域发展。2014年6月，国家批复了《贵州省生态文明先行示范区建设实施方案》，要求贵州省加快推进生态文明先行示范区建设，探索可复制可推广的有效模式。贵州省出台《贵州省草地畜牧业产业化扶贫规划（2014—2020年）》，并在全省33个县以发展种草养羊为主，实施草地生态畜牧业产业化科技扶贫项目，结合《贵州省畜牧业发展“十一五”规划》，学习借鉴“晴隆模式”。2015年7月，《中共贵州省委、贵州省人民政府关于贯彻落实〈中共中央　国务院关于加快推进生态文明建设的意见〉深入推进生态文明先行示范区建设的实施意见》（简称《意见》），为贵州发展定位提供了重要的支撑，《意见》要求坚守发展和生态两条底线，实现发展和生态环境保护协同推进，推动生态文明建设与经济、政治、文化、社会建设高度融合，走出以生态文明理念为引领的绿色发展之路①。

（二）技术服务要素：合理的技术—服务体系

技术—服务体系是草场畜牧业产业化模式的关键。在保持石漠化地区原有的贵州黑山羊养殖传统的基础上，研发和改良肉羊新品种，并对产业链的上游和下游分别投入技术支持和服务支撑，为形成产业创造了良好的基础。这种基础主要是由饲草、良种、服务、加工、园区平台建设等组合而成，饲草体系实现了草料的本土化和因地制宜，并结合石漠化片区的生态土壤特征研发出套种和分层种植的技术，并通过标准化的方式，为草场畜牧业产业化模式的推广打下了良好的基础。同时，由于贫困农户的致贫原因多样化，大多数贫困户存在着养殖技术不足、受教育程度较低、能力欠缺等问题，标准化的种植体系，使农户可以模仿和学习，更加简化了参与的成本，为贫困农户提供了更多的机会和可能性，为贫困社区和贫困农户参与到产业化之中提供了重要的支持。良种体系是技术创新的重要环节，在良种体系中提高肉质、成活率和降低饲养成本，可以增强肉羊的市场竞争力，为产业化的持续发展提供动力。服务体系是配套服务于饲草和良种，加工体系是提高产品价值的过程，是产业化过程中质量控制和提升的重要环节。扶贫园区建设是整合多方要素的重要平台，园区硬件设施的建成让产业化和规模化成为可能，政府投入扶贫资金建设扶贫园区为孵化产业提供了支持。

（三）土地—劳动力要素：利益联结机制

利益联结机制是将农户、企业、合作社形成利益共同体，建立稳固的利益关系，保持长效的合作，发挥各自的优势。在此过程中土地和劳动力是重要的合作要素，一方面土地流转为产业化规模化经营提供了基础，农户土地与集体土地（包含荒坡荒山以及少数集体林）确认产权之后，进入

---

① 资料来源于2015年7月27日《贵州日报》。

土地市场流转，使其从分散化经营模式向集约化规模化的经营方式转化，土地的经济价值得到提升。另一方面，农村劳动力为产业化提供了重要的人力资本，这种人力资本具有天然的优势，既熟悉本地土地结构和气候环境，同时在利益联结过程中可以获得收益。

土地流转过程主要是分为土地出租和土地入股两种形式。在流转过程中又分为农户土地和集体土地。在这些不同形式中，龙头企业与合作社以及农户之间形成不同逻辑的利益联结机制。比较具有代表性的有三种。第一种是以草场畜牧中心为引导的流转模式，这种模式下单个农户将土地流转到草场畜牧中心，由政府投入集中建成示范基地，农户获得土地租金和牧场放牧的劳务收入两项收入，抑或农户以土地入股，获得土地入股分成和劳务收入（或种草养羊收入），在此过程中草场畜牧中心在进行技术服务的同时，又承担了联结企业和市场的功能。第二种则是养羊专业合作社引导下的土地流转，合作社与农户之间通过土地租赁、入股分红、联户养殖、集中代养、转产务工、示范带动等方式与农户之间实现利益联结。这种形式下，草场中心投入种羊在农户之间传递，草地畜牧中心针对符合种用标准的合作社给农户饲养的新增羊，组织合作社、种羊场统一收购，收购的种羊投放到新项目区。第三种是以羊放贷，草场畜牧中心与农户以协议的形式明确责任权利关系，对农户实行以羊放贷，借母还犊（母），利益分成，收获的羊群又投放帮助其他贫困户发展。中心负责配套技术培训和服务、保护价收购产品，降低了贫困户风险，自身也得到发展，确保了扶贫产业持续发展。合作社发展项目农户、农户按要求种好草，建好圈，组好羊。草地中心负责技术指导项目验收和资金兑现等，畜牧业公司负责回收种羊和商品羊；合作社（企业）负责发展项目农户、组织项目农户培训和监督项目农户管理山羊等；农户负责种草、建圈、养羊等。这种利益联结模式将农户、草场畜牧中心、合作社和企业进行了明确的分工，形成了促进贫困户提高养殖技术和增加家庭收入的有效模式。

（四）资源要素整合：多方资源投入

畜牧业产业化扶贫作为贫困地区扶贫开发的重要方式，资源投入是促进生态资源、土地资源资本化的重要保障。畜牧业产业化扶贫总体上来讲仍然是政府主导下的龙头企业带动的技术驱动型产业化过程，在此过程中，先进的种草和种羊培育技术是产业化的技术核心内容。产业扶贫的资金支持渠道来源多元，但仍然受到外部环境的影响，政策环境影响政府支持和资源投入力度的大小，投资环境影响投资者的信心，金融机构影响企业借贷和投融资，产业组织的状况影响市场的规模和产业的市场构成，而农户作为重要的参与主体则影响技术能力和劳动力等，资源环境影响产业的要素禀赋，任何一个环节的支持出现问题，都有可能导致产业扶贫项目的夭折或失败。在促进石漠化片区草场土地的资本化进程中，主要的资源投入来自政府畜牧部门的技术及人力资源投入，扶贫资金的投入、扶贫贴息贷款以及企业的货币化投资等，这些资源通过产业化项目的形式整合起来，发挥规模化的功能。农业产业扶贫机制既形成了城乡农业产业化发展诸要素资源的优化整合，创新性地实现了农业现代化技术在贫困地区的推广，促进贫困人口提高自我发展能力，并将外部技术与主体能力紧密结合到产业扶贫行动中，具有重大的启示意义[①]。

三、结语与思考

草场畜牧业产业扶贫的过程将减贫与生态二者有机地结合起来，发挥了绿色减贫效应，调动了本地的资源要素，将技术、服务、土地、劳动力以及政府扶贫资金在贫困社区和产业园区运转起来，注入了新鲜的活力。然而，对于这种政府主导发展的产业化模式，仍然有一些不足与风险，需要在后续研究中继续探索。这些风险与不足主要表现在四个方面：一是同质性产业内部竞争问题。政府主导的产业化扶贫开发模式，主张可推广性和可复制性。从市场的角度，过度的推广会导致同质性产品之间的相互竞争，不利于产业的良性发展。应当从产业的内源性产品差异的角度，采用差异化竞争的模式，因地制宜，在不同土壤和气候群的地区采用差异化的产业发展模式。二是生态资源开发的限度的问题。当产业化发展到一定的阶段，经济效益较好时，市场主体的逐利行为与农户自我发展能力的增强，必然会引起对于生态资源的过度开发。在市场主体的逐利性和农户自我发

---

① 黄承伟、覃志敏：《统筹城乡发展：农业产业扶贫机制创新的契机：基于重庆市涪陵区产业扶贫实践分析》，《农村经济》2013年第2期。

展的个体理性化的进程中，要思考如何发挥政府和社会力量的监督作用，保持生态与经济发展的平衡，而不是杀鸡取卵的短视性发展。三是产业化扶贫与精准扶贫对接问题。产业化扶贫中政府大量资源的投入，并不是直接针对贫困人口，且在一定程度上具有发展能力和市场眼光的农村社区精英会更多地享受到扶贫资源带来的福利，从这个角度看扶贫资金具有一定的“漏贫济富”的作用。如何在发展产业中，充分考虑贫困人口发展能力的提升和精准带动贫困户脱贫致富，成为一个重要的议题。四是参与主体的利益保障问题。一方面是企业主体，在贫困地区进行投资和带动当地发展首先是一种市场行为，这种市场行为不同于慈善行为，它必须是企业在保证的基本利益不受损和正常运转利润的基础上，发挥自身的带动能力。将企业的技术和运营理念与贫困地区的本地资源对接，在此过程中，要建立政府与企业的互信互惠关系，并在“共赢—协同”的发展理念下，促进企业参与到贫困治理中①。另一方面是农户主体，农户在市场风险中处于弱势地位，在自我经营能力不足和技术条件有限的情况下，难以抵抗市场风险和突如其来的自然风险，此时企业与农户之间利益冲突矛盾较多。由于市场主体的逐利性，企业在面对风险时必然是降低自身损失，追求利润最大化，因而带动贫困农户的扶贫目标在风险面前容易被忽视，从而导致农户利益受损，对产业化扶贫丧失动力和信心。在市场风险中，保证各方主体利益的前提下，使企业目标与扶贫目标相互兼容，是亟待探索的课题。

---

① 黄承伟、周晶：《共赢—协同发展理念下的民营企业参与贫困治理研究》，《内蒙古社会科学》2015年第2期。

沟通理性与贫困农村参与式扶贫的完善路径

——基于武陵五县参与式扶贫的案例分析

沟通理性与参与式扶贫在核心理念、外部环境及实现媒介方面存在着高度统一性。目前，中国的参与式扶贫存在行动主体参与地位失衡、参与目标的工具理性以及参与机制的脆弱性三大发展困境，扶贫者系统与贫困者生活世界之间缺少自主性的普遍共识。以沟通理性为理论基调，中国参与式扶贫要以一种反思性的心态和人文关怀的立场去解释扶贫所处的复杂社会情境，明晰扶贫的知识背景，设置统合性的扶贫政策，构建真实、真诚和正确的沟通环境，使贫困群体在关于“自我—他人”“此在—彼在”的认识和重建之中，获得一种互为主体的更加宽广的发展视野，最终实现贫困地区的文化传承和社会整合。

《中共福建省委党校学报》2015年第3期，合作者苏海、向德平

一、问题的提出

《中国农村扶贫开发纲要（2011—2020年）》指出，要鼓励和帮助有劳动能力的扶贫对象通过自身努力摆脱贫困，增强扶贫对象的自我发展能力，要注重转变经济增长方式，实现基本公共服务均等化。这表明，未来10年扶贫开发工作将把重点放在提高扶贫对象的发展能力和缩小区域发展差距上。参与式扶贫是指政府和社会组织等扶贫主体，通过投入扶贫资源，调动贫困群体在项目规划、决策、实施和监督过程中的参与积极性，提升其发展能力，最终实现自我脱贫的一种扶贫方式。参与式扶贫在理论上突破了传统扶贫方式的诸多弊端，既是对已有扶贫方式的反思，也是对“内源式发展理论”的应用和体现。它起源于20世纪中期西方社会提出的“社区发展战略”，即发达国家在对发展中国家进行有计划的干预和提供发展援助中，探索如何增强当地人的社区参与意识，最终实现社区的内源式发展。20世纪90年代开始，以“社区发展战略”为契机，世界银行等组织开始运用参与式发展模式开展全球性援助工作，参与式扶贫也逐渐成为国际扶贫领域的主要实践方式[①]。李小云在《参与式发展概论》一书中，引进了西方的参与式思想和参与式发展理论，并结合我国扶贫的实际需求，认为参与式扶贫是我国现阶段农村扶贫模式的必然选择[②]。我国政府以及各种国内外社会组织开展的扶贫实践，也都开始积极运用参与式扶贫方式，在一定程度上提高了贫困群体的责任感和积极性，也提高了扶贫资金的使用效率，促进了干群关系的和谐，初步形成了政府和贫困人口共同参与扶贫的行动模式[③]。但由于发展干预中的权力、制度和文化等多方面因素的复杂作用，

① 来仪：《“参与式”农村扶贫模式在四川民族地区的实施及非经济性因素分析》，《西南民族大学学报（人文社科版）》2004年第10期。

② 李小云主编《参与式发展概论》，中国农业大学出版社，2001，第57-60页。

③ 张宏：《欠发达地区参与式扶贫开发模式研究》，博士论文，兰州大学，2007。

参与式扶贫在实践过程中出现了一些操作性困难，在资源分配与使用中存在一些关系性障碍，并没有发挥真正价值，也未能实现理想的充分参与和赋权状态[①]。

本文以湖北恩施土家族苗族自治州建始县、湖南湘西土家族苗族自治州凤凰县、贵州铜仁市印江土家族苗族自治县、重庆黔江区以及四川凉山州普格县这5个少数民族聚居区的10个村庄为研究样本，对连片开发扶贫过程中的村民参与情况进行了分析。从研究的分析结果看，村民参与依然是扶贫工作中一个薄弱环节，政府外部力量的干预，贫困村民对基层执行部门的不信任，贫困村民自身能力以及思想的固化都导致了扶贫参与过程中的被动，也使得参与式扶贫无法实现长效发展。沟通理性是哈贝马斯沟通行动理论的中心概念，它是一种以行为主体间的平等对话为基础，借助于更佳论据的力量进行反复论述的理性[②]。沟通理性如中国学者提出的“中庸理性”[③]一样，都是在尝试为社会的理性化困境提出一种解决途径。它的现实指导意义远远超过了它是否能够实现的命题讨论。哈贝马斯认为社会行动必须考虑别人，考虑行动者所处的社会关系，因此，他提出了在社会行动情境中以沟通为取向的沟通行动来区别于以前非社会的只考虑自身目的工具行动[④]。他把理性重建在生活世界和交往行为的统一活动中，为现代性问题奠定了新的生长基点和方法论基础。他的理想言语情境为人们提供了参与民主决策的途径，而他的共识概念则为人们达成一致意见进而推进民主实践提供了民主规范，从而为社会批判和社会重建提供新的基础[⑤]。这一理念对当前参与式扶贫有着很好的启示作用，能在一定程度上重塑各扶贫主体间的关系，也能为未来扶贫政策的制定与实施提供新的理论研究视角。

---

① 毛锦逵、李小云、齐顾波：《参与式发展：科学还是神化?》，《南京工业大学学报（社会科学版）》2010年第2期。

② 谢立中主编《西方社会学名著提要》，江西人民出版社，2007，第517页。

③ 张德胜、金耀基、陈海文：《论中庸理性：工具理性、价值理性和沟通理性之外》，《社会学研究》2001年第2期。

④ 陶艳兰、张小山：《社会学视野中的理性发展》，《社会》2002年第4期。

⑤ 李怀：《捍卫现代性：哈贝马斯的策略》，《社会科学》2004年第9期。

二、沟通理性：一个新的解释框架

在参与式扶贫的具体发展情境中，关于哈贝马斯的理性批判策略，用沟通理性去反思参与式扶贫的设计理念、实施环境及群体合作困境，有助于我们审视和吸取西方现代化过程中积累的经验和教训，如工具理性和价值理性的均衡问题、共识与歧见的兼容问题、文化与政策的统合问题等，从而对其中破坏性的方面有意识地加以克服，构建中国本土特色的贫困治理模式。

（一）核心理念的相似

社会的发展不仅表现为技术理性和功能理性的增长，更重要的是体现在沟通理性的发展过程中①。沟通理性力图突出各行为主体间的双向理解所蕴含的人真诚沟通的本质，从而走出原有的主客体之间单向解释的困境，实现各自权利的平衡，促进社会的发展。参与式扶贫强调贫困者本身的能动性和主体地位的发挥，通过赋予贫困群体更大的选择权和实践权，构建平等的对话机制来实现贫困社区内各利益群体的共同进步和发展。它在瞄准机制、项目制定、项目实施和评估等环节上都强调贫困群体的主动参与，促进各利益群体的良性合作，这与沟通理性的核心理念是一致的。将沟通理性放在参与式扶贫过程中理解其实质内涵，有助于让我们重新审视扶贫开发中贫困者实现权利的途径以及项目实施过程中的协调合作问题，它会成为扶贫过程中的权利赋予困境和项目协调困境的“安全阀”，既可以避免使扶贫成为单一主体的施舍行为，也可以避免贫困社区原有的生存文化被破坏，而使现代生存型的竞争文化无法持续的现象发生。

（二）外部环境的复杂

当前，我国的参与式扶贫面临的实施环境比较复杂。一方面，我国的社会转型速度加快，传统的经济发展方式、社会发展模式以及文化传承方式都受到了挑战，这对我国的扶贫工作提出了新的要求。另一方面，现代化的自由主义思潮与利益交换理念逐渐影响到了每一个生存个体，这就给强调主动参与和集体合作的参与式扶贫设置了新的困境。在这种情况下，用沟通理性的视角来审视当前的参与式扶贫境遇，可以看到参与式扶贫并

① 曹卫东：《曹卫东讲哈贝马斯》，北京大学出版社，2005，第6页。

不是政府或者民间组织单方的资源提供，而是多重方式生产的协商，它始终存在着各种资源、利益的竞争，展现着特定的资源和能力动员模式，其具体内涵、涉及范围和持续程度也非常复杂。它面临的并不是没有外在压抑和内在制约的环境，而是一个具有协商紧迫性的环境。这就需要与扶贫相关的各利益群体对自身所处情境的共同性有某种共同理解，才能改变这种被动的环境制约。当然，要想面对和解释目前的环境，确定共同的协商模式，就需要运用沟通理性，在一个平等合作的基础上反思各自的问题，阐释现实的困境，最终付诸共同行动。

（三）实现媒介的统一

沟通理性是一种交互主体性的理性，是以主体间的相互认同、相互理解和相互接受为基础的，其实现媒介是在生活中创造没有制约的辩论作为行动则。在现实生活中，每个行为主体都在一定程度上共有一组庞大的背景资料并以此作为沟通的指引，可以在彼此的协商互动中，创造出没有制约的辩论作为协调行动的准则。参与式扶贫强调反思与共谋，它意味着贫困群体在特定的发展环境中能够自主地对资源施以控制、对扶贫制度的改善施以影响，其实现媒介是贫困群体能够在社会发展中与其他群体建立平等合作的关系，共享平等的政治、经济权利[①]。在扶贫过程中，通过协调互动的沟通行动形成对当地文化的理解和解释性规范的贮存，达到对扶贫地区地方性文化的传播、保存和更新，可以使我们更好地理解贫困群体对扶贫资源的控制和支配能力，满足社会整合和群体团结的需要。在此基础上，建立起行动者之间的社会信任机制，有助于解决扶贫信息的真实性问题以及相对获益对集体协作的干扰问题。参与式扶贫和沟通理性一样，都需要在实际行动中通过理解、搭建构合理的文化机制，搭建互惠信任的沟通平台，保证行动主体在发展过程中的决策权利。

沟通理性作为参与式扶贫的一个新的解释框架，是建立在二者核心理念相似性和实现媒介统一性基础上的。它能够让我们明白参与式扶贫作为一种社会行动，是在复杂的扶贫环境中开始的，也是在一定的社会关系中实施的，其目的不单单是实现贫困群体自身的发展，还应该实现整个贫困

① 陈华平：《参与式扶贫与政府角色转换》，《赣南师范学院学报》2006年第1期。

社区的共同发展，实现扶贫理念的进步更新。各行为主体应该以主体间关系的合理性为基础，共同寻求他们对情境和行动计划的理解，以便以意见一致的方式协调彼此的行动，提升扶贫的整体效益。

三、参与式扶贫困境：武陵山区五县的案例分析

在上述解释框架的基础上，本文以武陵山区五县连片开发扶贫为研究案例，分析当前参与式扶贫过程中各行动主体的参与地位、参与目的和参与机制，从理论层面总结了当前参与式扶贫的现实困境。

（一）行动主体参与地位的失衡

赋予贫困人群以充分的发展权利，是参与式扶贫的核心和关键，即发展对象不仅要执行发展，还要作为受益方参与监测和评价，而这又直接体现在扶贫资源的供给和分配上。政府及社会组织首先要投入一定数量的资金和项目，才能为贫困农户创造发展机会，提高贫困农户自我发展能力。连片开发扶贫模式的一个特点是将连片开发的界定权、规划制定权、资金使用权及具体运作方式等权利都下放到试点县区基层政府，上级政府只保留监督和审核权，试点县区基层政府在此过程中的主导权大大增加。这就使参与式扶贫进入了一个矛盾境遇。一是在权利的归属层面，政府作为扶贫资源的拥有者和提供者，享有充分的话语权和支配权，贫困群体作为弱势群体，则缺少足够的发展资源和发展能力，是被扶助的对象，二者在参与式扶贫的权利归属上产生了实质性的不平衡，这会给贫困群体的参与心理产生影响。二是在资源分配以及项目实施过程中，会出现一些与前期规划相悖的情形，政府的主导性地位在此显现，他们具有最终的决定权，贫困群体依然是被动的接受者，没有真正的权利意识和参与意识。事实上，在一个被假设为干预者主导或精英统治的权力结构中，发展干预过程中的任何资源分配方案，本质上就是权力的配置方案。参与式发展的干预者与被干预者之间被先天性地分开了，干预者成为参与式发展过程权力结构变迁和制度形成的事实上的最重要的影响者，也是真正的赋权者，而所有被干预者，则都是发展目标和被赋权者。在这种结构下，干预者成为超脱于干预目标之外的权力拥有者和资源控制者以及确保干预目标能充分参与发展过程的制度规则的制定者。

武陵五县在连片开发扶贫中，充分意识到了参与式扶贫的核心价值，并尝试在项目实践中将赋权与增权作为基本运作逻辑，实现贫困群体的能力提升和收入提升。这是一个由被动脱贫到主动脱贫的过程，只是这种价值理念更多体现在国家对基层政府扶贫开发权利的赋予与增加上，而在对贫困村民的权利赋予上明显不足。武陵五县的基层政府人员和村干部都曾谈到如何激发村民生产积极性的问题，这说明他们希望村民积极参与到产业发展中来，希望村民发挥主体创造性。不过，这种态度是基于他们已经将政策标准和分配标准制定好的前提之下，他们只需要村民按照自己的要求去参与，并不是在真正尊重了解村民民主参与权利基础上展现的。村民的参与地位在形式上得到了承认，但因缺少足够的发展资源和发展能力，其权利弱势的定位并没有实质改变。

“连片开发时，我们设置了一个比较好的实施方案，叫作‘以代补、先建后补’，在开展基础设施建设时，需要老百姓出大部分，政府出一小部分。当然村民必须按照政府的标准建好后才能获得款资助。在发展关口葡萄和猕猴桃时，也要先按照政府的标准打好水泥柱，完成后政府再验收部分资金。”（ESJS1107001访谈）[①]

如上述访谈所提，各利益群体在连片开发扶贫中的地位是根据其拥有的资源和资源分配情况决定的，他们对参与式扶贫有着不同的理解和定义。

（二）参与目标呈现工具理性

参与目标的工具理性体现在不同行为主体的扶贫参与具有强烈的工具理性特点。在这种理性支配之下，一切扶贫手段都被从实际效用的角度予以考察，手段效用的高低成为其取舍的标准。工具理性下的主体参与难以产生共通性、普适性的问题解决规则。为了生存与竞争，必须讲求效率与实绩，但由此而膨胀的工具理性常常会导致价值上非理性的行为方式，把工具理性当作扶贫的终极目标来追逐。工具理性下的主体参与难以产生共通性、普适性的问题解决规则，本应该发挥主要效用的沟通机制则成为手

① 本文的数据与访谈资料来源于华中师范大学社会学院与香港乐施会共同开展的“连片开发扶贫模式对少数民族社区的效应评估及政策建议”项目，号中的编码为访谈对象编码，特此说明。

段。对贫困群体而言，大多数贫困群体的文化知识、劳动技能水平较低，他们比较注重个人利益和眼前利益，会将眼光聚焦在现有资源的分配上。一旦感觉资源分配不均或没有受到扶持，就会认为这是因为关系不够，或者基层政府决策不公。同时，很多贫困群体不了解市场经济运行规则和市场供需状况，更不了解国际市场的发展及趋向，他们往往从自身的近期利益出发来评估扶贫项目，而对涉及公共利益的项目不太关心，认为与已无关。这造成了在村民大会上对扶贫项目的讨论往往议而不决，无果而终[①]。对基层政府和村委会等行为主体而言，现有的扶贫机制造成不少基层政府与贫困村存在着为了报项目而报项目的盲目性，扶贫资金成为项目的关键诱因。在项目协调方面，各政府部门的配合，政府与民间组织的协调以及村庄自己组织的协调，都是依据当时、当地的现实情况自发形成的短期性整合，并没有制度化和规范化。不同行为主体参与目标的工具理性导致了部门的集体利益与村民的个体利益产生冲突，在武陵五县连片开发扶贫中部门利益与村民利益冲突的典型事例，是近两年的林果产业与烟叶产业争地的情况："在产业发展中，有水果和烟叶争地的现象，政府、烟叶公司希望大量种植烟叶，而村民则更倾向于发展水果产业。因为烟叶可以产生较多税收，水果则没有这么多税收。猕猴桃去年1亩地可以产到3000斤，1亩地可以收6000元，烟叶1亩地只有1000多块，且猕猴桃管理成本低，这样村民就更倾向于种特色水果了。"（ESJS1107001访谈）

在武陵五县的连片开发扶贫过程中，贫困群体对种植一般都具有排斥心理。许多村民由于土地流转发展集体烟叶种植，无法按照自己意愿发展其他产业，心理一时接受不了。还有部分村民没有参与种植不知产业发展细则，村干部也没有在产业发展中对此进行耐心讲解和说明，造成一些误解，村民们认为村干部与大户间可能有不透明的利益关系。连片开发后没有能力承包种植的农户所得的补助只能维持基本生活，他们感觉生活质量远不如连片开发扶贫前，外出打工收入也所获无几，干群关系比较紧张。

（三）参与机制的脆弱性

包括扶贫项目设计、执行和监督在内的参与式发展机制是参与式扶贫

---

① 陈华平：《参与式扶贫与政府角色转换》，《赣南师范学院学报》2006年第1期。

的核心内容，合理灵活的参与机制的建构，是参与式扶贫工作能够长效运作的关键。就参与机制而言，从形成项目规划，到具体实施、监督，都需要村民作为参与主体，全程进行参与，这种形式不仅具有建构意义，而且具有沟通价值。村民参与是体现其主体性的重要途径，是对其扶贫主体能力的认可。武陵五县的连片开发扶贫，构建了以项目为参与主体的扶贫方式，只是很多项目存在重复建设的情况，参与式发展机制比较脆弱。

“产业扶贫是根本。但不均衡投入，重复项目多，例如螺髻山镇有8000亩土地，规划种植烤烟7000亩，规划种植马铃薯2000亩，那么多出1000亩到哪里去实施项目？重复的结果是造成需要扶贫的地方都没得到帮扶，而经常有重复项目的地方老百姓就养成了等靠要的思想。”（SCPG1107000-A访谈）

武陵五县连片开发扶贫项目的设计、执行和监督一般由项目实施部门决定和负责。这个过程遵循政府部门工作上传下达的一般程序，村民意见往往不被纳入考量范围。村民对项目的参与，多是在项目执行过程中，即有是否参与项目的决定权，对于项目的选择以及监督则并无发言权。一些项目设计和执行过程中未考虑到当地实际发展情况，造成了一些扶贫资源浪费，也使贫困群体和县级政府的沟通产生了障碍，二者间没有形成稳固的信任机制，参与机制更加脆弱。而且，随着项目的执行时间和执行条件发生变化，一旦项目结束就会造成后期扶贫工作的滞后，无法让扶贫主体的参与成为一种行为习惯。

“村干部征用我们土地后，我们什么都没有了。收完后，我们只能从大户那里以每亩50元再租回来种植元根和萝卜。烟叶收摘时可以去给老板打工摘烟叶，但100片才得2元钱，一天忙到晚最多得40—50元，而且时间也不长，烤烟有专门的技术人员，不需要我们。以前我们的这些土地连片种植烤烟时进行了机耕深翻，为了坡改田下面又填了石头，现在退回来都无法种植其他作物了。”（SCPUG1107009访谈）

上述事件反映出，连片开发扶贫中某些项目的开展并没有对村庄的实际情况进行设计和规划，没有听取村民的意见。在出现问题后，扶贫部门、村委会以及村民等行动主体间并没有很好协调沟通来解决问题，这使项目实施没有达到原定目标。由于参与决策与监督的渠道缺失，村民的决策权和监督权无法实现，因而村民的主体性地位与村民参与的效果并不好，参与式扶贫效果降低。

在整个参与式扶贫过程中，村民意见的表达，也是评估项目实施量的一个重要指标。当前武陵五县参与式扶贫主体的意见反映渠道和沟通渠道较为单一。调查数据显示，有74.3%的参与者并没有反映过自己的建议，有相当一部分对项目不满意的人也没有反映过自己的意见。在访谈中，大多数村民在参与式扶贫中并非没有意见，只是认为反映意见是没有用的。这说明，从项目运作的整体情况来看，村民并没有参与决策和实施监督的权利，因此，村民的意见和想法得不到体现，使村民对项目运作的满意度降低。在基层政府与村民的沟通协调方面，村民从整体上处于相对弱势的地位，没有合理的意见反映渠道，意见反映后也缺乏相应的反馈机制。因此，村民的想法在整个项目的实施中，缺乏充分有效的表达，各行动主体间的信任机制未能建立，这成为参与机制脆弱的主要诱因。

四、参与式扶贫的完善路径

参与式扶贫作为提升贫困对象发展能力、改善扶贫项目运作环境的一种比较有效的模式，是对于扶贫发展计划和活动全过程的权力再分配。它是在平等商谈的基础上增强和提高社区贫困人口和弱势群体的自信、自尊和能力的过程。参与式赋权过程具有明确的方向性，它是自下而上的，扶贫项目要以贫困者的需求和愿望为基础，这是对贯穿于传统发展模式中的自上而下的权力结构的挑战①。当前的参与式扶贫行动在扶贫理念、扶贫环境和扶贫关系等方面存在着体制性和现实性的发展困境，不利于贫困群体自我发展意识和发展能力的提高。沟通理性不是简单地存在于一种主体或者一种体系的状态上，而是参与所应该维持的东西的结构化上②。将沟通理性作为一种学科规范应用于扶贫行动，以此让我们重新审视当前的扶贫境遇，创造出一种新的具有解释和演绎功能的理论，从而成功地将发展中的行动问题转换为可以协调的社会交往问题，保证扶贫行动的科学性和延续性。

---

① 沈红：《穷人主体建构与社区性制度创新》，《社会学研究》2002年第1期。

② 哈贝马斯：《交往行动理论：第一卷——行动的合理性和社会合理化》，洪佩郁、蔺青译，重庆出版社，1994，第506页。

（一）反思扶贫面临的复杂情境

沟通理性通过反思行动者所处的复杂情境，倡导行动者在互动中实现相互理解与共识协作。这启示我们，要用一种反思性的态度来看待当前的参与式扶贫。我国扶贫地域的差异性和社区的异质性，决定了贫困主体对公共物品的需求具有多样性和复杂性的特点。同时，扶贫资源的有限性，行动主体价值观的多元性，扶贫行动情境的多变性以及情境变化引起扶贫应用规则的变化，都会使扶贫行动变得更加复杂和不可预测。对参与式扶贫面临复杂情境的反思，能让我们以一种更理性包容的心态开展扶贫工作。一是要以贫困主体忍受的痛苦和贫困主体的尊严为扶贫工作的出发点，所有扶贫政策和规划都应是在满足贫困主体的合理需求，提升其发展能力和尊重其发展尊严基础上作出的。要对贫困主体给予积极的尊重，采取保护行动，鼓励贫困主体凭借自身条件来实现自我提升。只有当权利关系中的弱势一方感受到施助者的积极尊重，他才会克服对施助者的内在抵制，互惠才变得可能，才能实现贫困社区的长足发展。二是要在满足整体性原则的前提下，考虑不同贫困主体的特殊性，正确引导贫困主体的需求，最大限度地确保贫困主体需求和市场需求持一致。三是要充分考虑扶贫区域的整体性和系统性。扶贫区域不是一个封闭的发展区域，而是一个开放的发展空间。要注重分析它所处的外部环境，关注扶贫过程和权利赋予的可变性和动态性，整合市场和社会力量，提升扶贫整体效能。

（二）明晰扶贫的知识背景

沟通理性的统一力量是在生活世界中形成并发挥作用的。生活世界是基于面对面的家庭、群体和公共领域形成的文化同一性。这种文化同一性，包括相互共享的意义和相互主体性。生活世界为行动主体间的交往互动行为提供了知识背景和意义基础。人们的交往形式是由参与在生活世界中的各方行动者进行讨论而达成的，这样的讨论是在没有内在、外在压力和制约的知识背景中进行的，是基于理解基础上的自由讨论和真诚沟通。参与式扶贫也是在一个具有自身发展经验和地方性知识的生活世界中开展工作的。它认可贫困群体拥有平等的生存和发展权利，也认为应该在扶贫过程中保护和发展贫困人群所认同的地方性文化和民族文化，承认和接纳多样化的、非线性的发展方式。贫困区域具有自身地域性的价值文化，贫困群体的参与意识是贫困区域的传统文化和行为规范长期积累的结果，具有自身的共通性和特殊性。当前，传统价值文化、西方植入文化和转型期特有的组装文化不断发生交汇、撞击，致使贫困群体在自身文化定位、道德认同、价值取向等方面陷入两难境地[①]。参与式扶贫需要明晰贫困区域的知识背景，设置更具针对性的扶贫规划，以此来回应贫困区域的特殊性需求。要对贫困群体的知识、技能和能力进行重新认识和公正认识，并给予充分尊重。对家庭本位意识强、血缘关系聚集程度高的贫困区域，则需要在规划制定与项目实施动员时抓精英、抓关键人物，利用地方性知识来提高贫困群体的参与程度。同时，要以贫困社区的文化理念和社会规范为媒介，构建各利益群体的互信机制，以一种无形的文化力量简化贫困社区的复杂性机制，提高贫困群体参与的积极性，保障社区社会关系的稳固发展。

（三）设置统合性的扶贫政策

中国扶贫政策的出发点应该是帮助贫困群体过上一种美好的、有尊严的生活，因此要在共有文化资源的基础上，建立一种统合性的共有语域，最终形成一种明智的有潜力的生活方式。参与式扶贫要通过设置统合性的扶贫政策，发挥政策的整体性和规范性功能，协调各行动主体对资源控制程度及需求方面的差异，使个体利益与集体利益在一个沟通平台中实现统一。在扶贫政策的制定和执行过程中，要让贫困群体在集体目标的引导下，发挥自我组织功能，使其充分参与扶贫行动的设计、实施及评估，增强其资本动员能力、社区参与和管理能力，以此来确定他们的真正需求，构建沟通理性得以运行的公共环境。具体而言，一方面，要明确政府的替代性角色。它要求扶贫办及扶贫干部实现向上负责与向下负责的统一，保证扶贫项目的实效性和针对性，并通过双向交流沟通机制，改善干群关系，提高村民参与的积极性[②]。政府对贫困群体的承诺和政策引导，使贫困群体暂时放弃对个人利益的追逐，实现角色间利益相关向角色内利益相关的转变，使贫困群体真实感受到自己拥有权益，也使外部干预者在失去部分利益的

---

① 颜世晔：《沟通理性：走出和谐社会构建困境的新选择》，《社会科学论坛（学术研究卷）》2009年第9期。

② 陈华平：《参与式扶贫与政府角色转换》，《赣南师范学院学报》2006年第1期。

同时获得新的利益[①]。另一方面，一定要寻找符合地方实际情况的发展项目，唯有契合地方特点的发展项目，才是具有生命力和可持续性的项目。要更好地评估贫困社区和贫困群体的资源基础、能力条件，减少不符合社区实际状况的强制性供给，减少扶贫资源的浪费，提高扶贫效率。同时，要在县级发展区域内制定统一的规划管理办法、统一的监测管理办法和统一的评估管理办法，鼓励贫困群体对项目体系进行审视和审察，对项目可行性作出社区性评判，调动贫困群体参与的积极性[②]。

（四）构建真实、真诚和正确的沟通环境

沟通理性来自辩论和对话，行动主体需要在生活世界中构造有效性条件，达成行动主体间的理解，通过以有效意见一致为目的的交往，在日常交往实践中寻找理性因素，构建合理性概念[③]。在沟通理性的实现过程中，行动双方都将对方视为意见交流的主体，借助于程序、机制、话语的表达与交流，达成统一和共识。未来，中国的参与式扶贫应该寻找各行动主体间实现对话交往的有效性条件，构建真实、真诚和正确的沟通环境。一是要在认知层面和客观世界中真实呈现出贫困状态。这种真实体现在基层政府和贫困群体对当地贫困状况的主体感觉和有效统计，要真实呈现当地的贫困程度及贫困影响因素。既不能因为争取扶贫资源刻意“哭穷”，也不能因为贫穷失去斗志和希望，而是要根据当地实际情况，明确各利益群体在扶贫中的地位和职责，将政府决策机制和贫困村民需求表达机制有效衔接。二是在项目实施过程中要做到真诚，构建社会信任机制。在参与式扶贫过程中，每个行动主体都会从自身立场出发建构自己的概念体系和思维风格，其行为会受到以自我为中心的利益算计的左右，也会被不同的利益阵营协调起来，但他们还是以言语行为为中介的。所以，各利益主体要真诚表达自己的意见需求，传达自身的感情。需求是扶贫过程中一个重要的变量，贫困群体的需求通过一个什么样的方式表达出来，基层扶贫部门又是以什么样的态度接受表达，这是一个非常

---

① 叶敬忠：《参与式林业规划过程中的利益相关群体分析》，《绿色中国》2005年第12期。

② 黄承伟：《参与式扶贫规划的制定与实施案例研究——从龙那村看广西贫困村的扶贫规划》，《贵州农业科学》2004年第3期。

③ 哈贝马斯：《交往行动理论：第一卷——行动的合理性和社会化合理》，洪佩郁、蔺青译，重庆出版社，1994，第499页。

重要的信息流动过程，只有真诚的信息表达与接受，才能实现各扶贫主体关系的有效维持。贫困群体可以在需求表达中，共同讨论发展面临的实际困难，分享各自的生产、生活经验，分担经营风险，找到解决发展困难的途径。三是在项目监督评估过程中要保证正确性，要与社会规范和贫困群体的自身发展期望相一致。在参与式扶贫中，要遵循扶贫的行为原则和文化规范。要用制度去约束扶贫行为，监督扶贫过程，评估扶贫质量。对受到质疑的扶贫行为，要听取贫困群体关于贫困的切身经验，以贫困群体能理解的方式转述他们的生存状态以及对未来发展的期望，提升贫困群体的发展能力。

五、总结与讨论

扶贫本质上是国家追求社会进步的一种发展方式，发展则是每个人都需要面临的主观选择，也是一个世界性的难题。从发展的角度与现代化的宏观背景来看待中国的参与式扶贫，它同样经历着外界系统对生活世界的侵蚀过程。在识别贫困户、项目选择与实施、项目监测与评估等实际操作过程中，依然存在着权利失衡和合作障碍等现实性的矛盾和问题，无法达到最佳参与度。哈贝马斯认为，在行动者默默地创造、挑战和接受彼此效度要求的交往行动过程深处，存在着一种沟通理性，沟通理性能以较少的压迫方式潜在地作为重建生活秩序的基础[①]。它通过创造一种不受金钱、权力等系统中介的干扰而进行沟通的环境，以重新平衡系统和生活世界，解决现代性的发展危机。沟通理性为中国的参与式扶贫提供了一种新的思维方式，也为自主性不断提升的各个扶贫主体间建构了一个尊重差异、平等协商的沟通原则。在参与式扶贫过程中，用沟通理性去理解客观世界、社会世界和主观世界，并在此基础上规范社会行动准则，通过社区发展来营造发展环境，协调扶贫系统与贫困群体生活世界之间的关系，创造一个自主性普遍共存的存在，不失为一个可行方案。中国的参与式扶贫要在各扶贫参与者之间搭建平衡协商的桥梁，既要唤醒贫困群体的发展意识，又要让其自然而有力地生存，使贫困群体重建关于“自我—他人”“此在—彼在”的认知，获得一种互为主体的更加宽广的发展视野，最终实现贫困地区的文化传承和发展。

---

① 乔纳斯·特纳：《社会学理论的结构》，邱泽奇、张茂元等译，华夏出版社，2006，第206页。

毕节深度脱贫攻坚之路：『扶志+扶智』

毕节市通过兴办“新时代农民讲习所”探寻了一条“扶志+扶智”的深度脱贫攻坚之路，有利于贫困群众树立“弱鸟先飞”的追赶意识，补齐脱贫攻坚中内生动力不足的短板，可为全国深度贫困地区的发展提供有益经验。

《行政管理改革》2018年第3期，第二作者许军涛党的十九大报告提出实施乡村振兴战略，并史无前例地把这个战略庄严地写入党章，将其列为全面建成小康社会的重大战略部署，为农业农民农村改革发展指明了航向。目前，农村的贫困仍是实施乡村振兴战略的突出短板。党的十八大以来，国家及地方已出台各种针对建档立卡户的帮扶政策，社会各界亦积极参与帮扶，成绩斐然。但少数贫困群众等靠要思想依然存在，部分地区甚至有加剧的趋势。攻克深度贫困堡垒的一项重要工作，就是让贫困群体具有自我脱贫的内生动力与愿望，树立"弱鸟先飞"的追赶意识①，这是思想的扶贫，是脱贫攻坚过程中的硬骨头，更是彻底解决深度脱贫的关键。面对大量的政策措施，要让老百姓理解、把握，首先需要执行干部吃透政策精神，熟知具体操作方式。贵州省毕节市兴办"新时代农民讲习所"（简称"讲习所"），上一级对下一级讲，干部对群众讲，群众自己讲，营造了集体学习宣传脱贫思想政策的良好氛围，既锻炼基层干部的执行能力，更让贫困群众逐步建立起自我脱贫意识和提高脱贫能力。2017年10月19日，习近平总书记在参加党的十九大贵州省代表团讨论时强调，新时代的农民讲习所，要赋予它新的内涵，这是创新。党的根基在基层，一定要抓好基层党建，在农村始终坚持党的领导。

一、"讲习所"建设成效显著

自2017年4月14日，威宁彝族回族苗族自治县成立贵州省首家"讲习所"后，随即大方、黔西、七星关、纳雍等区县均建立"讲习所"。截至2017年11月，毕节市共建立"讲习所"2989个，平均每位农民专职讲师半年为上千名村民授课63场，已开展培训1万多场，培训干部群众100万余人

① 习近平：《在深度贫困地区脱贫攻坚座谈会上的讲话》，《人民日报》2017年9月1日。

次。罗飞扬原本是纳雍县一名普通的手工艺人，但因其从小跟随家人学习刺绣和织麻，并长期从事相关产业，使他拥有了一些“绝活”。2017年，罗飞扬被邀请成为纳雍“讲习所”的一名专职讲师，几个月内他已到全县各个村寨开展63场授课，为上千名村民讲解刺绣和织麻手艺，鼓励指导广大苗族妇女重拾苗家传统刺绣手艺并到昆寨乡小花苗苗族服饰蜡染刺绣加工厂工作，这些苗族妇女人均月工资达2500元以上。

（一）县乡村“讲习所”三级纵向联动，实现村级全覆盖

2017年7月27日，毕节市纳雍县成立了“讲习所”，提出组织专职讲师深入农家小院、田间、地头，向贫困村民讲解扶贫政策和致富经，为决战贫困提供智力支持。纳雍县全县陆续建立“讲习所”454个，其中县城1个，26个乡（镇、街道）各1个，427个行政村各1个，实现了县、乡、村“讲习所”三级纵向联动，实现村级全覆盖。

（二）多种讲习方式促进村民思想观念转变，助力产业扶贫

在纳雍县中岭镇坪箐村，“讲习所”通过院坝会、群众会、走村串户等方式，积极向村民宣传扶贫政策，讲解农村经济发展，从经济学教村民算账，从营销学教村民销售，从种植养殖学教村民技术，破除村民等靠要的思想，让广大村民从守旧的思想中解放出来，逐步向有思想、懂技术、会经营、能致富的新型农民转变。利用“讲习所”这个载体，坪箐村“两委”趁热打铁，邀请本村及周边村寨种植和养殖“土专家”讲授种植养殖技术。目前，坪箐村已经成立16个专业合作社，已经有490名村民加入合作社，同时联合全村76户208名精准扶贫户发展茶叶、核桃、苏州大白鹅、根雕、大棚蔬菜、八月瓜等产业。

实践表明，毕节市通过兴办“讲习所”，促使全市干部群众脱贫攻坚的精气神有了很大提升，贫困群众的思想观念明显转变，主动脱贫意愿高涨，帮扶干部的信心和工作动力也显著增强。

二、“讲习所”的探索经验

毕节市在创办“讲习所”的过程中着重从以下几个方面入手[①]：

① 中共贵州省委宣传部：《关于在全省兴办“新时代农民讲习所”的实施意见》，2017年11月10日。

（一）创新讲习阵地的标准："五有标准"

各市（州）、县（区）、乡（镇）、村（社区）的讲习阵地均按照"五有标准"：一是有场地，每个市（州）、县（区）、乡（镇）、村（社区）要有至少一个固定场所作为集中讲习的阵地，村民可视具体情况设立固定讲习场所；二是有机构，各地成立"讲习所"管理机构，有专人负责开展讲习活动，围绕活动开展、师资建设、资料管理、效果评估等建立健全讲习制度，定期研究"讲习所"事宜；三是有师资，各"讲习所"有固定讲习队伍，并可针对需要聘请外地外单位讲习员开展讲习；四是有标识，所有讲习员开展讲习时须佩戴统一制作的徽章，固定"讲习所"在显眼位置悬挂"新时代农民讲习所"牌子，流动"讲习所"有印着"新时代农民讲习所"的红旗；五是有资料，各"讲习所"按照省、市、县的安排，结合本地实际制订切实可行的讲习计划和课程表，每月至少开展两次集中讲习，认真收集整理讲习计划、讲习记录、考勤记录等有关资料，分门别类进行规范整理归档。

各市（州）、县（区）、乡（镇）、村（社区）均创建"讲习所"，"讲"出干部群众的新动能、新状态，"习"出干部群众的新作为、新成效，把"讲习所"建成凝心聚力的大阵地、脱贫攻坚的大课堂、同步小康的大本营。

（二）拓展讲习主体的方法："五级联动"

1.组建五级讲习队伍

省委宣传部会同有关部门，选调熟悉党的理论路线方针政策、了解全省改革和发展实际，政治素质好、理论水平高、宣讲能力强的相关人员组建省级讲习员队伍。按照分级负责的原则，市（州）、县（区）、乡（镇）、村（社区）根据本地实际，相应组建讲习员队伍。

2.拓展充实讲习主体

讲习主体除全省各级党政领导干部和讲师团队伍外，各地根据工作实际，拓展扩大讲习主体范围，建立讲习员库。各高校、企事业单位党员领导干部、专业技术人员，"贵州脱贫攻坚群英谱"成员及各类先进模范人物，驻村第一书记、驻村干部、农民讲师、技术专家、学校教师、带富能手、退休老干部、行业领域精英、文化和传统工艺传承人，以及推动脱贫攻坚的"土专家""田秀才""乡贤榜样"等，都可纳入讲习主体范围，通过定期或不定期方式进行讲习。

（三）讲习结合："六讲六干"

1.讲思想，干有方向

深入宣讲习近平新时代中国特色社会主义思想，党的十九大精神和习近平总书记在参加贵州代表团讨论时发表的重要讲话精神，宣讲中国特色社会主义进入新时代的新论断、我国社会主要矛盾发生变化的新特点、分两步走全面建设社会主义现代化国家的新目标、党的建设的新要求，要讲清楚、讲明白，让广大干部群众听得懂、能领会，坚定不移沿着正确方向前进。

2.讲感恩，干有激情

深入宣讲习近平总书记对贵州的关怀厚爱，对贵州各族人民的关怀牵挂，对贵州发展提出的总体要求、重点任务及对党的建设作出的指示要求，宣讲贵州干部群众感恩党中央，感恩习近平总书记，将习近平总书记的亲切关怀和殷切期望转化为奋发有为的磅礴力量，奋力开启新征程、谱写新篇章、实现新跨越。

3.讲政策，干有思路

深入宣讲党和国家的方针政策和重大决策部署，宣讲中央及贵州省出台的产业发展政策、扶贫开发政策、改善民生政策，帮助干部群众熟悉明白这些政策，特别要弄懂弄通、用好用活与当地发展、与自身有关的政策，认清本地资源和自身优势，理清发展思路和举措。

4.讲技术，干有本领

根据当地发展特色和群众需要，按照"缺什么补什么"的原则，联合有关职能部门专家技师开展各类知识、技术技能培训，增强群众各种技能本领，提升综合素质。

5.讲"比武"，干有榜样

围绕"讲习所"兴办及活动开展等工作，省里对省直各单位讲习员队伍建设、深入基层开展讲习情况，各市县讲习阵地建设及活动开展情况，各媒体宣传报道讲习活动情况，进行三场"大比武"。讲习员之间可就讲习次数、效果、群众欢迎程度等进行"比武"。通过"比武"，促进各"讲习所"在比中学习、在比中提升、在比中赶超，推进全省讲习活动长效发展。

6.讲道德，干有精神

大力培育和弘扬团结奋进、拼搏创新、苦干实干、后发赶超的新时代贵州精神，深入开展理想信念教育、社会主义核心价值观教育、国情省情世情教育及中华优秀传统文化教育，深入宣传宣讲民主法治、传统美德、团结和谐、家训家风等，使其内化于心、外化于行，进一步激发干部群众决战脱贫攻坚、决胜同步小康的内生动力和发展信心。

（四）结合当地实际创新方式方法

1.分类讲习

根据当地工作实际和现阶段发展需要，合理区分各级各地“讲习所”的不同功能定位，按照新时代农民的不同特点、不同需求，结合不同层次群体的文化程度、年龄结构和语言习惯等特点，针对党员干部、社区居民、农村群众等关心的问题，分类施策、因人施教，确保宣讲效果。

2.丰富形式

采取“课堂式大集中、互动式小分散”的方式，推动讲习阵地“便民化”。开展好“课堂讲习”，充分运用各地兴办的“讲习所”，集中干部群众开展课堂式宣讲；开展好“流动讲习”，针对群众个体需求，在田间地头、居民院落、园区工地等场所，通过院坝会、板凳会、座谈交流等多种形式开展讲习；开展好“新媒体讲习”，充分运用互联网、远程教育等信息化手段拓展讲习平台和载体，通过广电网络、“村村通·户户用”工程在电视信息平台开展讲习，注重发挥微博、微信群、QQ群、手机客户端、门户网站等新兴媒体平台作用进行讲习。

3.讲究方法

紧密结合当地实际、听众实际，从大处着眼、小处着手，用小事例讲清楚大道理，与群众身边熟悉的生活实例相结合，把专业术语通俗化、逻辑论证简明化、枯燥问题风趣化、抽象事物鲜活化，让群众喜闻乐见、易于接受，增强针对性、实效性和感染力，将讲习做深做实，避免流于表面。如黔西县洪水镇新桥村食用菌产业园建立“讲习所”，在党总支部的领导下，打造“党支部+合作社（基地）+农户”的发展经营体系，解决61人就业问题，其中贫困户23人，突出特点是把科技人员放到园区实干，避免企业缺人才、先进技术，人才缺资金、缺动力，把专利技术与产业相结合，产生双赢效果。

4.侧重一线实干

讲习重点面向基层党员干部队伍及广大群众，深入基层、深入群众、深入脱贫攻坚最前线开展讲习，走进群众的门槛做动员，下到群众的田坎教技术，融入群众的心坎转思想，确保党的十九大精神入耳、入脑、入心。如黔西县中建乡金兰镇、金碧镇、新仁乡等乡镇总结出让群众能听得懂、反映生活实践的生动语言，类似“懒鬼变能手”“酒鬼变工人”“赌鬼变股东”等语句，引起群众的强烈反响。

三、“讲习所”存在的问题与困难

毕节市兴办“讲习所”取得了显著成效，措施、方法都很丰富，但与党的十九大对深度脱贫工作的新部署新要求、贫困群众的新期待相比还有差距，主要存在以下困难和问题：

（一）“讲习所”发展不平衡现象比较明显

兴建“讲习所”的工作目前尚处于初探期，发展不平衡的现象比较明显。有些地方基层领导和社会各界比较重视，步伐走得快一点，干得多一些，如纳雍县，专职讲习老师能够通过不停地讲不停地完善，有一些还自觉搜集反馈意见，热情积极、做法得当，成效显著。有些地方的讲习工作就比较流于形式，处于为了完成任务的工作状态。

（二）讲习深度、讲习效果有待提升

目前，“讲习所”能够吸引贫困群众来学习的内容大多涉及与生活生产切实相关的东西，如家禽饲养、产业技术等，若涉及党的思想方针路线等政治性问题，就较难引起百姓的积极参与，或者就呈现出形式主义。但这内容实际上相辅相成，只有用正确的社会主义核心价值观引领，才有技术上的高效运用与发展，才更可能谈得上“扶志+扶智”。讲习缺乏政治性，深度不够是一个比较突出的问题，需要更加创新讲习方式，拓展传播渠道，使思想政治性讲习得到深入有效地加强。

（三）“讲习所”持续性有待加强

从客观实际来看，毕节市的“讲习所”建设已经轰轰烈烈干起来了，成效不错。但大家未必有信心作出长期的付出与坚持，从大家的反馈意见来看，评价都很好，收获也很大，同时对其接下来的发展是否会慢慢出现悄无声息的状态持有保留意见。如何从系统性、战略性的角度，创造一系列条件，来提高“讲习所”创建的可持续性，让它不是一个权宜之计，而是成为伴随着整个新时代、新征程的长期之举，是目前兴办“讲习所”面临的一个巨大困难与挑战。

四、推广毕节市“讲习所”的建议

（一）准确把握习近平总书记关于“讲习所”的重要指示

1.充分认识“讲习所”的新特征

第一，政治性。“讲习所”一定要讲政治，一定要有这样的基础性认识。“讲习所”要成为宣讲习近平新时代中国特色社会主义思想的一个重要的阵地，成为宣讲、宣传我们党和国家各项方针政策的重要场所。按照党的十九大报告和对深度脱贫工作的新部署新要求，分解任务点、列出时间表、画出路线图，协同相关时间节点谋划脱贫事业，一件接着一件办，一年接着一年干，这些措施都要作为讲习的重点内容。

第二，系统性。所谓系统性，从管理过程看，脱贫攻坚工作需要扶贫部门将人、物资、基础设施和其他资源在一定目标下组成一体化系统，其决策的产生、资源的配置、政策的实施与服务的供给等都同时受到组成要素的影响，一个环节出现问题，有可能会影响到全局的发展。“讲习所”不应简单理解为“讲习”两个字，而是要在原有基础上，根据习近平总书记的新的要求，进行新的设计，这决定了“讲习所”工作的每一个环节都要把基础工作做好，并保持整个系统顺畅运行，才能有效保障各项扶贫工作的最终落地。

第三，战略性。“讲习所”需要“风物长宜放眼量”，讲习应该怎么服务于新时代，服务于整个国家的战略发展需要，服务于人民群众日益增长的美好生活需要，这些都是需要具体执行的领导干部以及讲习教师深入剖析，并结合农村脱贫工作的实际，用生动丰富的传播方式丰富讲习工作，增强“讲习所”建设的长远性与战略性。

第四，参与性。不能让“讲习所”仅仅办成我们干部宣讲的一个场地，而要和群众多互动，让群众充分参与，办成一个干部和群众一起办、大家平等参与的“讲习所”。要广泛接受、动员社会各方力量支持，通过各种方式，如发展旅游、出售产品等，充分扩展其参与性。

第五，创新性。“讲习所”的兴办不仅有助于深度脱贫攻坚工作，还极有利于我国乡村振兴战略的实施，将伴随整个新时代，因此需要不停地根据中央新的要求、各地方实践的需求，持续创新举办的内容、方式，更好、更充分地发挥其作用。

2.充分释放“讲习所”的功能和作用

第一，成为新时代执政的基层抓手。一分部署，九分落实，没有好的落实，再好的决策也是水中月、镜中花。脱贫工作的最终落实往往是由多种因素决定的，包括数据统计、调查研究、政务流程管理、职责分工和队伍建设等基础工作是前提和保障，需要建立起责任机制、责任清单、工作台账、推进计划；需要建立督查机制、检查机制、反馈机制，特别是将督查督办融入脱贫工作各领域、各环节，做到事前提醒、事中监督、事后追责，减少违规事件、触碰道德底线事件的发生。通过兴办“讲习所”，打通政策落地“最后一公里”，为各项脱贫工作的最终落实提供保障，促进村“两委”的凝聚力、号召力、执行力的提高，巩固我们党的执政基础。

第二，成为提升扶贫机构运转效率的支撑。扶贫机构运转效率取决于政务运转的流程管理方式和工具、运转过程中人员的业务知识和责任意识、运转督办机制等，这些因素对于扶贫机构的机关运转在硬件、程序、能力和制度等方面发挥重要支撑性作用，直接影响到扶贫机构的办公效率。因此，转变文风、精简会议，优化信息共享交流，提升政务运转效率，实际上就是要对政务运转流程中各要素进行调整、创新和优化，根据“讲习所”的业务需求，也即要根据老百姓的脱贫需求去改善机构运转的方式与效果。

第三，成为激发基层干部群众脱贫内生动力的平台。近年来，国家及地方出台了各种针对建档立卡户的帮扶政策，加上社会各界的参与和帮扶，使少数贫困户产生了等靠要的思想，只等“输血”，不愿“造血”。更有甚者，达到脱贫标准，却不愿意退出贫困行列。面对大量的政策，要让老百姓理解、把握，首先需要执行的干部吃透政策精神，熟知具体操作方式。但从很多实际情况看来，不少村干部和驻村第一书记尚未清楚知晓，因此难以肩负政策落地的重任。办“讲习所”，上一级对下一级讲，让大家都跟着学，既锻炼执行能力，也让老百姓受益。

第四，成为农村精神文明建设的阵地。从全国范围来看，部分农村地区的各种迷信活动还较多，有些地方因此而导致的社会不安定情况还比较突出。如果党不加强基层群众的教育工作，让老百姓在精神上有与时俱进的需求，民族复兴的伟业就难以真正实现。我们要讲好党的十八大以来，以习近平同志为核心的党中央以巨大的政治勇气和强烈的责任担当提出的一系列脱贫攻坚新理念、新思想、新战略，讲好一系列扶贫重大方针政策，以此推动党和国家扶贫事业发生历史性变革，构筑乡村新的精神文明样态。

第五，成为干部转变作风的途径。抓好扶贫部门党风政风作风建设，需要推进全面从严治党，认真践行密切联系群众的理念，严明党纪国法、严肃责任追究，不断加强干部教育和队伍建设，提高制度执行力度和刚性约束。党风政风建设永远在路上，没有休止符，也没有完成时，因此，需要采取多种具体措施，通过"讲习所"的兴办，改进工作作风，建立落实主体责任和相关责任措施，规范干部职工的工作行为，从而使良好的党风政风内化为干部的工作理念和工作习惯。

第六，成为乡村振兴的基础和创新农村基层社会治理的举措。党的十九大报告提出实施乡村振兴战略，史无前例地把这个战略庄严地写入党章，是全面建成小康社会的重大战略部署，为农业农民农村改革发展指明了航向。乡村振兴离不开每一位群众的努力，尤其是脱贫工作。所谓贫困治理，就是脱贫攻坚工作的各方面都要经过讨论，同群众商量着办，以达到群众满意的效果。没有一个互动的过程，很难达到好的效果。"讲习所"应以政府为主导，同贫困群众勠力同心，推动农村基层社会治理，为乡村振兴打下坚实基础。

（二）健全完善持续发展的制度机制

伴随整个中国特色社会主义现代化进程，特别是农村的现代化，"讲习所"的功能定位已相对清晰。它应该是促进农村基层党建，夯实党的执政基础，促进扶贫同扶志、扶智相结合，激发贫困群众的内生动力，促进农民的科技素质提升，推动特色产业发展壮大，促进乡村文明建设，提高乡村社会治理水平，包括从文明、道德、法治的角度，促进干部作风转变的重要场所。与此同时，要将其做成一个夯实执政基础的重要途径，立足长远发展，在同一地区因地制宜、非均匀地投放讲习资源，增强发展的平衡性与战略性。

1.强化组织机构

成立“讲习所”联席会议领导小组，下设办公室在省委宣传部，负责全省“讲习所”兴办及活动开展等工作的统筹协调、督查指导，根据实际情况适时召开会议。各市、县党委宣传部要高度重视，参照省里的做法，建立相应的组织机构，认真抓好辖区内“讲习所”的建设完善。各地要将兴办“讲习所”所需经费纳入同级财政预算。

2.强化任务分工

各地各部门自觉做到认识到位、责任到位、措施到位，充分发挥职能作用，着力构建协调统一、资源聚合、特色鲜明、效果显著的大讲习格局。讲师团负责成立讲习员专家库，培训讲习员，根据各地需要推荐讲习员。省委党校、行政学院、省社科院对全省各地“讲习所”的做法经验开展深入研究，形成研究成果。省直机关工委负责协调省直机关各部门党员干部赴各地“讲习所”开展讲习。省委教育工委负责协调高校教师赴各地“讲习所”开展讲习。省委国防工委、省国资委负责协调有关企业专家、技师等赴各地“讲习所”开展讲习。各成员单位要成立讲习员队伍，根据各单位职能定期选派讲习员赴各地“讲习所”开展讲习。各成员单位在每月末、每季度末将本月或本季度开展讲习情况报联席会议办公室，年底将本年讲习情况总结报联席会议办公室。

3.强化载体整合

把兴办“讲习所”作为当前一项重要工作，既要不断拓展“讲习所”外延，又要把讲习活动与当前正在开展的各种宣讲活动有机结合，既各有特色各有重点，又相辅相成形成合力。要充分运用“道德讲堂”、党员活动室、“夜校”等现有阵地平台，有效整合现有资源。要与选拔、树立、宣传相结合，在脱贫攻坚战场中发现不同行业不同领域涌现的“群英”，大力弘扬先进典型精神，示范带动干部群众决胜脱贫攻坚。

4.强化师资力量、配备

兴办“讲习所”，要与干部队伍建设相结合，把开展讲习活动作为发现干部、锻炼干部、培养干部的重要途径，对工作积极、成效明显、群众欢迎的单位和个人进行表彰。充分运用讲师团队伍，充分发动社会力量，积极建设好讲习队伍，形成专兼职讲习队伍紧密配合、合力讲习的良好态势。同时，五级书记在一起抓工作，高度重视讲习业务，积极推动讲习工作。

5.强化讲习课程

根据不同的贫困群体进行分类讲授，实讲、实干、抓落实，确保效果，并采用课堂式大集中、互动式小分散的方式，丰富讲习形式，采取多种信息化手段，开设对村民脱贫切实有效的课程，帮助他们提高脱贫技能，增强脱贫能力与信心。

6.强化氛围营造

各级媒体要认真挖掘各地各部门“讲习所”的做法经验和取得的成效，加强宣传报道。主要新闻媒体要开设“讲习所”专栏，对“讲习所”工作进行重点报道，营造浓厚舆论氛围。各地各有关部门要及时总结推广开展“讲习所”活动的好做法好经验，加大督查指导力度，确保工作取得实效。如黔西县“讲习所”工作得到《人民日报》、中央电视台《焦点访谈》等主流媒体报道后，引起社会各界普遍关注。

新时代，脱贫攻坚战正以排山倒海之势向前推进。“讲习所”是解决深度贫困的创新方式，它针对困难群众所需、所想，丰富多样化形式，充实实践内容，指导百姓生产，使基层党建在田间地头、水塘山坡都始终坚持党组织的领导，让百姓真切感受到美好生活就是自己的奋斗目标。在党的领导下，贫困群众通过在“讲习所”学习，自力更生，艰苦奋斗，结合当地特色产业，规模化生产，积极融入市场，日子必将越过越好。

中国扶贫小额信贷的改革发展之路

——从社会创新项目到社会政策工具

党的十八大以来，基于精准扶贫精准脱贫基本方略，有关部门对扶贫小额信贷的形式进行了系统性和综合性创新，并系统总结了扶贫小额信贷作为社会政策工具为打赢脱贫攻坚战积累的基本经验，及其对社会政策其他领域的创新发展的启示意义。

《从小额信贷到普惠金融——中国小额信贷发展二十五周年回顾与展望纪念文集》，杜晓山、刘文璞主编，中国社会科学出版社，2018年12月出版。第二作者袁泉党的十八大以来，扶贫小额信贷被列入“精准扶贫十大工程”，是打赢脱贫攻坚战重要的政策工具。截至2017年10月底，中国扶贫小额信贷总量达3931亿元，支持建档立卡贫困户近1000万户（次），户（次）获贷率达到36%[①]，充分满足了贫困群众脱贫的资金需求。这不仅极大地扩展了小额信贷的益贫边界，创造了中国扶贫小额信贷发展进程的最好成绩；而且进一步挖掘了小额信贷的减贫效应，在全球范围内为这一扶贫模式的发展树立了典范。

经过20多年丰富的实践探索，扶贫小额信贷在中国由最初的社会创新项目逐步转化成为减贫与发展的政策工具。从20世纪90年代初一些官员和学者赴孟加拉国考察学习，到1996年“世界银行秦巴山区扶贫项目”实施，再到2014年多部门《关于创新发展扶贫小额信贷的指导意见》出台，中国的扶贫小额信贷基于中国实际以及减贫发展的阶段性特征，不断改革创新、调整完善，形成了一条具有中国特色的扶贫小额信贷发展之路。

中国扶贫小额信贷的发展历程，完整地呈现了从试点推广的社会创新到制度化的政策工具的过程。在更广泛意义上，社会创新项目转化为制度化政策工具不仅有助于社会政策的发展和完善，而且对于激发社会活力、凝聚社会共识、动员社会资源都具有积极影响。回顾和总结这一转化发生的历史情境与进程，对于中国贫困治理的完善和发展具有一定的启示意义，同时对于社会政策其他领域的创新发展也能提供参考借鉴。

一、党的十八大以前中国扶贫小额信贷的发展历程

在中国金融史的视野中，新中国成立初期农村的金融合作社也被视为小额信贷的雏形；在减贫领域，研究者多将20世纪90年代以来，模仿自孟

① 《要闻》，《农村经营管理》2017年第12期。

加拉国乡村银行的信贷模式视为中国扶贫小额信贷的起点。此后，由最初的非政府组织试点，再到政府推动发展，小额信贷逐步成为中国减贫制度化、系统化、规范化的扶贫政策工具。其发展历程可以划分为如下几个阶段。

（一）1986—1995年：非政府组织和地方政府探索试验阶段

20世纪80年代中期，中国启动了有组织、有计划、大规模的农村扶贫开发，开始由救济式扶贫转向以区域为主的开发式扶贫。有别于简单地送钱给物，开发式扶贫注重营造发展机会与条件以促进贫困人口的发展，而缺资金正是贫困人口摆脱贫困的主要障碍之一。因此，为贫困户提供信贷资金支持成为开发式扶贫的一条重要措施，以便为缺乏资金且不能从银行获得贷款的贫困农户提供资金支持，改善他们的生产条件，提高生产率和收入①。这一举措在减缓农村贫困过程中发挥了积极作用，但也出现了扶贫资金瞄准贫困人口的偏离现象，政府补贴难以惠及真正的贫困人口，且贷款还款率很低，信贷模式的创新势在必行。1982年，中国开始出现类似小额信贷扶贫的农村救灾扶贫互助储金会。江西省民政厅率先提出创办村级农村救灾扶贫互助储金会，为入会会员提供有偿小额借款。民政部对这一做法给予肯定，并于1986年倡导各地积极兴办农村救灾扶贫互助储金会②。

20世纪90年代以后，小额信贷作为一种扶贫理念和信贷技术逐渐引入中国，并开始在国际资金（软贷款或赠款）和技术援助下，由非政府组织运行和实施。1993年底，中国社会科学院农村发展研究所的部分科研人员在孟加拉国乡村银行和福特基金会的支持下，实施了一项“行动—研究计划”。在河北易县组建了国内第一个非政府组织操作的专业小额信贷机构——易县扶贫经济合作社，随后2年还在河南省和陕西省先后建立起虞城、南召、丹凤等3个扶贫合作社。

随后，商务部国际经济技术交流中心、中国扶贫基金会、地方妇联和扶贫办也逐渐探索开展相应的小额信贷项目。这类非金融的民间或半政府

① 吴国宝：《扶贫模式研究：中国小额信贷扶贫研究》，中国经济出版社，2002，第115页。

② 高灵芝、胡旭昌：《中国小额信贷扶贫实践模式的综述与反思》，《济南大学学报（社会科学版）》2005年第6期。

项目机构专门向中低收入群体和贫困户（其中多数为妇女）提供小额信贷服务。他们利用社会筹资，其中主要是国（海）外机构和人士的捐助，开展只放贷款、不吸收社会存款的小额信贷扶贫活动。在运营方式上，主要借鉴孟加拉国的乡村银行模式，实行小组或联保小组方式，小组成员间互相帮助和监督[①]。

总体上看，这一阶段中国小额信贷还处于试验和探索阶段，主要借鉴国外小额信贷主流规范模式，开展以扶贫为目标的单一信贷业务，或将小额信贷作为社区综合发展项目的一部分，展现出显著的扶贫社会效益，且在一定程度上建立了较完善的运作管理制度[②]，为下一阶段政府主导的扶贫小额信贷项目发展奠定了基础。

（二）1996—2004年：政府推动实施阶段

伴随非政府组织及地方开展扶贫小额信贷项目的探索和试点，地方政府直接参与小额信贷扶贫试验的强度和范围进一步加大，这也推动了以国家为主体的扶贫小额信贷政策的发展。自1996年10月开始，中国开始实施由国家政府和农业银行主导的政策性小额信贷扶贫项目，项目资金主要来自国家财政资金和扶贫贴息贷款，主要由农业银行管理并直接以扶贫贴息贷款的形式发放到户。

1997年，为解决贴息贷款到户率低的问题，借鉴国内非政府组织操作小额信贷的做法，国家开始在扶贫贴息贷款的分配管理体制中新建负责贷款小组组建、贷款项目选择和帮助资金回收的扶贫社，使原来由扶贫办和农业银行组成的“二位一体”体制，转变为由扶贫办、农业银行和扶贫社组成的“三位一体”的体制。1999年和2001年，中国人民银行先后颁布了《农村信用社小额信用贷款管理暂行办法》和《农村信用社农户小额信用贷款管理指导意见》，要求全面推行农户小额信贷，解决农户贷款难的问题。

1998年，在各地开展小额信贷试点基础上，中央政府将小额信贷扶贫提升到政策层面对待。在中共中央作出的《中共中央关于农业和农村工作

① 杜晓山、张保民、刘文璞等：《对民间或半政府机构开展扶贫小额信贷的政策建议》，《红旗文稿》2004年第6期。

② 同上。

若干重大问题的决定》中，明确提出“总结推广小额信贷扶贫资金到户的有效做法”。1999年，中央扶贫开发工作会议也进一步指出：“小额信贷是一种有效的扶贫到户形式，资金到户率高，还款率高，项目成功率高，深受贫困农户欢迎。各地要把小额信贷作为保证信贷资金扶贫到户的重要措施，在总结经验、规范运作的基础上，积极稳妥地推广。”同年，为规范小额信贷扶贫到户贷款工作健康发展，扶持农村贫困人口尽快解决温饱问题，中国农业银行总行颁布了《中国农业银行“小额信贷”扶贫到户贷款管理办法（试行）》。根据这一管理办法，小额信贷扶贫是农业银行向贫困农户提供小额有偿扶贫资金而无须农户出具财产抵押的一种扶贫贷款方式，采取“小额短期，贷户联保，整贷零还”的基本运作方式，贷款对象为被列入政府扶贫开发规划并建档立卡的农村贫困户，原则上采用孟加拉国乡村银行的小组联保型方法，贷款用户组成小组之后才能获得贷款[①]。进入21世纪以后，在促进“三农”发展战略背景下，农村信用社、农村商业银行、农村合作银行等一批政府主导的农村合作金融机构，在中央银行支农再贷款支持下，也开始发放小额信用贷款和农户联保贷款。

这一阶段中国小额信贷获得较快发展，项目覆盖到两三百个国（省）定贫困县，资金总额十多亿元[②]。由此，小额信贷成为中国扶贫资金和项目到户的一种重要方式，不仅有助于增加贫困人口发展生产的物质资本，在此过程中也增加了贫困人口参与项目选择的机会和权力，减少了决策的盲目性，在一定程度上强化了政府主导扶贫的组织和管理[③]。

（三）2005年以来：多主体参与、多元化发展阶段

随着小额信贷成为中国农村扶贫开发的重要行动举措，小额信贷在扶贫领域发挥的作用越来越受到重视。同时，也显现了政府主导扶贫小额信贷的局限和不足，并催生了商业性小额信贷的产生发展，中国扶贫小额信贷逐步步入多主体参与、多元化发展阶段。

---

① 见《中国农业银行关于印发〈中国农业银行“小额信贷”扶贫到户贷款管理办法（试行）〉的通知》（农银发［1999］49号）。

② 杜晓山、张保民、刘文璞等：《对民间或半政府机构开展扶贫小额信贷的政策建议》，《红旗文稿》2004年第6期。

③ 吴国宝：《扶贫模式研究：中国小额信贷扶贫研究》，中国经济出版社，2002，第143页。

2004—2006年，中共中央连续出台三个一号文件，对农村金融改革和发展提出了全面要求，同时对小额信贷的发展也有明确指向，即“鼓励大力推动，试行多种模式，保证健康发展”。2004年提出“农业银行等商业银行要创新金融产品和服务方式，拓宽信贷资金支农渠道……继续扩大农户小额信用贷款和农户联保贷款”；2005年提出“有条件的地方，可以探索建立更加贴近农民和农村需要、由自然人或企业发起的小额信贷组织”；2006年提出“大力培育由自然人、企业法人或社团法人发起的小额贷款组织；引导农户发展资金互助组织”，并要求有关部门应尽快制定小额信贷机构的具体管理办法。由此，中国小额信贷扶贫进入商业性小额信贷的探索发展阶段。中国人民银行和银监会开始分别支持小额信贷公司和村镇银行试点工作。2006年底，中国成立了邮政储蓄银行，开始向农村贫困人口提供小额贷款服务，拓展了扶贫小额信贷项目的参与主体。

伴随国家提出鼓励和支持个人、企业法人或社团法人发起的小额贷款组织，国家有关部门也开始制定相应的指导意见和管理办法，以规范扶贫小额信贷的运行和管理，更好地发挥金融信贷支持的扶贫减贫作用。2008年，中央人民银行、银监会发布《关于小额贷款公司试点的指导意见》，要求小额信贷公司在坚持为农民、农业和农村经济发展服务的原则下，自主选择贷款对象，发放贷款坚持“小额、分散”的原则，鼓励其面向农户和微型企业提供信贷服务，着力扩大客户数量和服务覆盖面。

总的来看，小额贷款从最初的国际援助和非政府组织试点探索，发展到国际机构和非政府组织资助小额信贷项目、政府主导的小额信贷扶贫项目和农村信用社的小额信贷、具有商业性质的小额信贷公司和村镇银行多元主体并存的发展格局[①]。但同时，一方面小额信贷在农村减贫发展方面发挥了积极作用，扶贫小额信贷发展的政策环境和社会环境日趋完善；另一方面，中国扶贫小额信贷的持续发展和益贫性建设方面也存在一定的制约因素。

---

① 郑智峰：《农村小额信贷——扶贫与可持续发展研究》，《中国农业银行武汉培训学院学报》2010年第1期。

二、党的十八大以来中国扶贫小额信贷的创新发展

党的十八大以来，扶贫小额信贷被列入“精准扶贫十大工程”。国务院扶贫办总结中国过去小额信贷有益经验，结合打赢脱贫攻坚战的现实需要，和相关金融部门合作，探索出了一条适合贫困农户资金需求与发展禀赋、兼顾金融机构商业可持续性的扶贫小额信贷政策体系，取得了良好的金融精准扶贫成效。2014年底出台的《关于创新发展扶贫小额信贷的指导意见》，标志着扶贫小额信贷开始成为中国国家贫困治理的重要政策工具。作为为建档立卡贫困户量身定制的金融精准扶贫产品，其政策要点是“5万元以下、3年期以内、免担保免抵押、基准利率放款、财政贴息、县建风险补偿金”。扶贫小额信贷自推出以来，在帮助贫困农户发展生产、增收脱贫等方面发挥了重要作用。

具体来说，这一政策创新体现在以下几个方面。

（一）完善激励和约束机制，实现信贷服务管全程

扶贫小额信贷兼具金融和扶贫两种存在张力的功能，如果缺少合理的激励机制，资金往往无法通过有效的金融途径配置到贫困农户；如果没有约束机制的规范，小额信贷也极易偏离扶贫目标，甚至导致农户间经济地位的分化。扶贫小额信贷政策则充分考虑这两种机制的张力，通过合理的制度设计促使两者耦合发力，既使扶贫小额信贷可以落地落实，又规避了其实践所包含的困境和风险。

具体而言，该政策以激励机制和规范机制创新解决小额信贷实施过程中的关键问题和关键环节，使资金能贷得出，让贫困农户用得上、用得好，最终实现能致富、可持续的目标。首先是鼓励各地建立县、乡、村“三级联动、政银合作”服务体系，不仅将贫困农户信贷需求信息有效传递，也将农户的信用信息与银行共享，利用政府治理资源降低了小额信贷的交易成本。在此基础上，扶贫小额信贷的政策设计还充分考虑贫困农户运用资金致富的各方面，既落实了“谁来管”的责任，解决了“谁来贷”“怎么贷”“如何用”“怎么还”等一系列问题，也有了政策激励和规范，真正实现了促进贫困户贷得到、用得好、还得上、逐步富。

综合运用激励机制与规范机制，减少了过去或强调银行作用，或偏重

政府推动单向发力的弊端。政府和银行行为的规范化避免了地方政府为规避责任而使小额信贷扶贫“瞄不准”，也避免了金融机构因高风险和高成本而不愿放贷或高利率放贷，从而解决了贫困农户贷款难和贷款贵的问题。在具体的政策安排中，一方面强调通过政府引导、市场运作，发挥了政府统筹协调作用，注重按市场规则推动扶贫小额信贷持续健康发展，协调金融机构为建档立卡贫困户量身定制贷款产品，完善信贷服务。另一方面，则积极通过规范运作、防范风险，要求各地加强金融风险防控，探索建立贷款风险分散和化解机制，维护地方金融秩序稳定；同时要求金融机构根据建档立卡贫困户的信用评级，审慎核定授信总额，合理设定贷款管理比率，实现贫困农户资金管理市场化和规范化。

（二）降低贫困农户贷款门槛，施行“免抵押、免担保”信贷

长期以来，尽管小额信贷扶贫定位服务于贫困人群，但实践中为了规避金融风险或节约交易成本，金融机构仍然保持对贷款对象的甄别和筛选，抵押和担保往往是筛选和甄别的重要依据。因而在只有银行和农户参与的信贷实践中，农户依然面临一定的信贷门槛。而从银行的角度来看，这种门槛的设置又是必需的，在金融稳定运行的前提下，银行难以甄别缺乏抵押和担保的农户对资金的真实需求和经营能力，也无法通过利率机制充分覆盖无抵押和担保的风险。

农户有资金需求，银行有资金供给，二者无法充分匹配的困局需要制度创新来突破。扶贫小额信贷政策基于对这一矛盾的认识，利用政府掌握的建档立卡贫困户信息以及政府信誉的担保功能，打通贫困农户和银行之间资金流动的渠道。对于已录入建档立卡信息系统的贫困户，政策规定“凡有发展愿望、生产能力、发展项目和还款能力的，都有资格申请贷款”。同时支持鼓励“金融机构从实际出发，适度放宽申请贷款的年龄条件”。

然而打通农户与银行的对接渠道并非不计后果或无的放矢，通过“三级联动、政银合作”的管理体系，以及全国扶贫信息网络系统与银行贷款管理系统有效对接，贫困农户的资金需求得到充分识别；通过驻村工作队、帮扶责任人、村“两委”以及驻村第一书记（或者村级组织）对扶贫小额信贷全过程跟踪监督，各级扶贫部门还要实地察看、走访农户开展定期监测，资金的使用过程也得到了规范，从而使资金“贷得出”，也能“用得好”。

（三）调动农户和银行积极性，进行财政贴息和风险补偿

由于银行凭借垄断地位可以有效地控制风险，贫困农户抵御风险的能力弱，因而完全通过市场机制难以充分实现小额信贷的扶贫功能，于是政府重构小额信贷的利益关系和风险结构则成为扶贫小额信贷创新的突破点。扶贫小额信贷政策在探索建立贷款风险分散和化解机制方面作出了重大创新，通过财政资金建立风险补偿金将金融机构不愿承担、贫困农户难以承担的风险“打包”由政府来承担。这一做法创造性地实现了财政扶贫政策与金融良性互动，有效克服了信贷中市场失灵的问题，也解决了一些地方财政扶贫资金规模小且分散化的困境。

为了避免地方政府推卸相关责任，政策也对政府的行为进行了约束，中央和省级将扶贫小额信贷县级风险补偿金建立情况、贫困户贷款获得以及贷款偿还情况等分别纳入对地方政府考核的范畴。与此同时，政府责任的边界也得到了明确，并非为贫困农户承担无限的责任，对于非恶意或非故意不还款情形，经村级金融服务组织核实后，贫困户可申请按政策要求办理无还本续贷或展期业务。而对于恶意或故意不还款情形，银行将通过法律途径持续追偿，农户也将承担相应的法律责任。此外，在实际操作中，除县级运用财政资金建立扶贫小额信贷风险补偿资金外，建立银、保、政三方共担坏账损失的机制，按规定对不良贷款进行补偿和分摊，政策还鼓励村级将帮扶单位捐赠的资金用于风险补偿。

“贴息”与“风险补偿”的综合运用，一方面有效激发了贫困农户的贷款意愿，降低了“风险厌恶”导致的内生动力不足；另一方面通过风险分担机制的设计，减少了金融风险对农户的冲击，避免了对银行风险控制的干扰。

（四）释放小额信贷优势，拓展信贷规模和期限

一般而言，资金规模小、贷款时间短被认为是小额信贷的重要特点，然而这也是小额信贷的局限所在，是一种银行更多受益的制度设计。事实上，对于农业生产，尤其是特色农业生产而言，其对于资金规模和还款周期都有一定要求，资金太少难以实现产业升级换代，周期短又无法适应一些特色农牧业生产周期长的特点。

扶贫小额信贷在风险控制的基础上，将小额信贷资金规模上限设置为5万元，周期上限设置为3年。这一安排基本可以满足农户一般农业生产的资金需求。在具体操作中，村级组织除对申请人审查外，还要对申请发展的项目进行评判，根据项目规模和生产周期初步审查其贷款金额或贷款期限。银行对申请人情况进行复核，如情况属实，原则上满足贫困户提出的贷款申请额度和使用期限，但贷款额度不超过5万元，期限不超过3年。此外，贷款资金必须户借、户用、户还，但按照贫困户的意愿，多家多户可抱团发展生产，还可以财务合作社的方式共同发展生产。

资金规模的扩大和贷款周期的延长，不仅有效地助推了贫困农户摆脱贫困，也为贫困农户进一步发展提供了空间。作为一项金融创新，扶贫小额信贷这一制度设计打破了长期以来小额信贷“解决‘温饱’有效而对促进‘发展’乏力”的局限①。其不仅对打赢中国脱贫攻坚战和全面建成小康社会有积极作用，而且对于世界减贫事业有重要启示，即可在发展中解决贫困问题，在解决贫困问题中促进发展。

（五）面向建档立卡贫困户，强化配套帮扶

解决贫困农户发展资金的约束只是扶贫小额信贷实践的第一步，贫困农户最终致富，还需要资金能够用得好。解决好金融精准扶贫中“怎么扶”的问题，不仅需要资金做保障，更需要以“绣花功夫”帮助贫困农户发展产业自力更生。以往小额信贷面临的主要矛盾是农户致富意愿、资金需求与自身能力三者之间的矛盾。不少贫困农户运用资金发展生产的能力较弱，即使获得资金也很难充分利用好。可见，资金只是促进贫困农户发展的外因，真正使其能致富，还需要提升其生产能力这一内因。对此，扶贫小额信贷不仅构建了贫困农户发展的有利条件，同时也激活和培育了其发展的意愿和能力。

扶贫小额信贷的一大亮点就在于不仅解决贫困农民的资金需求，也充分利用政府、银行、驻村帮扶队等多种力量来帮助农民用好资金。首先，政策明确了农户申请贷款需要同帮扶责任人、驻村工作队、村“两委”、驻村第一书记等共同协商，从而选择适合自己发展的项目。其次，贷款资金

① 杜晓山、刘文璞等：《小额信贷原理及运作》，上海财经大学出版社，2001，第132页。

原则上只能用于申请贷款合同规定的项目，并且应专款专用。在使用过程中，村级组织、帮扶责任人、驻村干部等要对贷款贫困户进行走访，了解他们的生产生活状况、经营状况，监督贫困户将贷款用于申请发展的项目，对没有按贷款约定发展项目和更改贷款用途的，及时上报。这一安排不仅避免了过去农户将信贷资金视作财政补贴的做法，也通过经常性的互动来影响和鼓励农户专心发展。

为了应对贫困农户技术和能力方面的短板，政策安排也突出了相关部门对于农民的非资金帮扶。贫困农户贷款发展项目需要的技术服务主要通过村级组织来获得，贫困农户可将技术服务需求告知村级组织负责人、驻村工作队、乡镇驻村干部、第一书记，并通过他们衔接县、乡镇相关业务部门技术人员开展针对性的技术服务。市场服务主要通过帮扶单位，让龙头企业、农民专业合作社等新型农业经营主体积极运用批发市场或电商平台，获取市场信息和产品营销服务。

总之，党的十八大以来的创新发展将小额信贷所包含的市场机制、社会机制同政府减贫干预的政策优势相结合，使扶贫小额信贷真正成为中国减贫发展重要的政策工具。

三、中国扶贫小额信贷的基本经验与启示

扶贫小额信贷经历了多年实践和发展。党的十八大以来，基于精准扶贫精准脱贫基本方略，有关部门对于这一金融扶贫的重要形式进行了系统性和综合性的创新，充分发挥了扶贫小额信贷的各项优势。扶贫小额信贷从社会创新项目到社会政策工具的转化，不仅为打赢脱贫攻坚战积累了基本经验，也对社会政策其他领域的创新发展具有启示意义。

（一）坚持政策创新发展

小额信贷在国内的运用并非首创，然而党的十八大以来所取得的实践成就无疑是前所未有的。扶贫小额信贷政策不仅将小额信贷扶贫的潜力进一步挖掘，而且很大程度上规避了以往小额信贷扶贫的诸多弊端。这主要得益于党的十八大以来创新发展理念的运用，以及在扶贫小额信贷实践中贯彻精准扶贫精准脱贫基本方略。

首先，扶贫小额信贷在政策设计和制度安排上做了诸多创新，敢于突

破既有政策模式和成熟经验。这些创新不仅体现在风险分担机制的运用，而且融合了财政资金和金融资金，充分发挥两者的优势，有效地规避了过去小额信贷扶贫实践的诸多弊端；还体现在银行与保险融合，通过保险机制来分散金融风险。这种将过去多种相对独立的领域和机制以特殊的方式统筹融合的模式，对于扶贫开发其他领域具有很好的借鉴意义。

其次，制度创新融合只是技术路线层面的改变，创新不应无的放矢，而是要具有明确的针对性。扶贫小额信贷正是紧紧围绕如何实现金融精准扶贫而进行的一系列创新。不仅要缓解贫困户发展的资金约束，更要激发建档立卡贫困户的内生动力，实现脱贫致富；不仅要通过金融创新打赢脱贫攻坚战，还要通过脱贫攻坚行动提升政府治理能力，改善基层社会治理状况。

（二）坚持利益共享发展

扶贫小额信贷是普惠金融实践的重要载体，充分体现了以利益平衡为特点的金融资源再分配，通过将稀缺资源向贫困人口倾斜配置来实现社会的整体公平正义。然而，社会整体公平正义的实现，并非没有成本和代价，考虑到贫困人口金融的高交易成本和利用资源的效率，金融扶贫并非社会整体福利的最优配置。因而以小额信贷实现助力贫困人口脱贫，不仅要充分考虑贫困人口的需求特点与利益诉求，还要在系统层面来分析小额信贷的运行与功能。

从宏观来看，扶贫小额信贷乃是共享发展理念的有力体现，将金融、财政等资源合理融合，共同支持贫困农户发展生产。然而小额信贷相比财政资金支持的优势在于充分利用了市场机制，即贫困农户和金融机构在其中均能受益，而且从整体上促进了地区的经济发展。因而小额信贷的实践必须遵从基于市场机制，获得商业的可持续性。扶贫小额信贷的实践就做到了这一点，在具体的政策安排中，政府搭建了平台，设置了市场机制得以运行的条件，从而使银行在扶持贫困农户发展的同时，也获得了可持续的利润来源。

（三）坚持“输血”与“造血”结合

精准扶贫精准脱贫乃是要通过政策的“组合拳”实现激发贫困农户内生动力改变贫困状况的目标，这就意味着不仅需要运用好政策工具和金融工具，还需要着力激发贫困群体的内生动力。扶贫小额信贷的政策创新的出发点也正是在于以贫困农户的需求以及禀赋为核心，进而去调整政府和银行在政策结构中的角色和功能。在小额信贷扶贫实践中，银行和政府不仅向贫困农户提供资金，也在尊重贫困农户自身发展意愿的基础上帮助其发展产业。在这种帮扶的模式中，政府不再是过去干预者的角色，而是成为贫困农户发展的合作伙伴。

“政银农”三者关系的重构，不仅改变了贫困农户的弱势经济地位，同时也为其市场价值的实现提供了途径，从而为其内生动力的生长提供了空间。对于农户而言，“造血”能力的实现首先是以“输血”为前提，但单纯的“输血”不仅难以培育“造血”机能，甚至还会损害既有的“造血”能力。因而对于金融一类具有“输血”性质的扶贫手段，如果不注重内生动力的激活，不仅无益于贫困农户发展，甚至还会造成不可逆的损害。

激发内生脱贫动力的理论与实践

激发贫困群体的内生脱贫动力一直是全球减贫领域共同面临、必须解决好的难题。本文着力对精神贫困研究、脱贫攻坚内生动力不足的主要挑战进行了梳理和分析，系统阐释了习近平总书记关于激发内生动力扶贫论述的科学内涵和践行要求，进而通过典型案例总结分析了各地激发内生脱贫动力的生动实践，提出了进一步激发内生脱贫动力的对策建议。

《广西民族大学学报》2019年第1期

一、问题提出

改革开放40年来，中国扶贫开发取得举世瞩目成就，走出了一条中国特色扶贫开发道路。特别是党的十八大以来，以习近平同志为核心的党中央带领全党全国全社会全面打响新时代脱贫攻坚战并取得决定性进展，奋力谱写了人类减贫史上的壮丽篇章，创造了人类发展史上的奇迹。但在精准扶贫精准脱贫实践中，不少地方还存在着贫困人口内生动力不足、等靠要思想比较严重等现象。党的十九大把精准脱贫作为决胜全面小康社会的三大攻坚战之一。在限定时间内完成明确的脱贫目标，内生动力不足成为最大制约。内生动力不足实质就是精神方面的贫困。摆脱贫困既包括摆脱物质贫困，也包括摆脱精神贫困。近年来，有关精神贫困的研究逐渐成为热点，研究者围绕精神贫困的内涵、表现、特征、分类及其产生的原因和干预路径等，形成了心理、文化、情境等不同分析视角和观点。

关于精神贫困的界定。一些研究者对照有关物质贫困的研究，在理论层面将精神贫困界定为社会、群体或个人对某种个性的或特性的价值观念的认同程度低于某一水平①。另一些研究者则从对现象的归纳出发，将精神贫困定义为贫困人口志向缺乏、信念消极和行为决策的非理性行为表现，本质是个体失灵的结果②。还有研究者综合观念与行为层面诸因素来界定精神贫困，认为精神贫困是某一社会群体或个人在思想道德素质、文化知识水平、价值观念、价值取向和行为方式上落后于社会主要物质生产方式，以致影响物质生活资料获得和精神生活需求满足的生存状态③。

① 朱华晔：《“精神贫困”的概念辨析》，《经济研究导刊》2011年第28期。

② 杭承政、胡鞍钢：《“精神贫困”现象的实质是个体失灵——来自行为科学的视角》，《国家行政学院学报》2017年第18期。

③ 余德华、麻朝晖：《欠发达地区的精神贫困与精神脱贫思路探析》，《毛泽东邓小平理论研究》2002年第2期。

关于精神贫困的表现。在反贫困实践中，精神贫困主要表现为一部分人的“穷占便宜富吃亏”思想；“扶贫就是给钱”，不给钱就认为不是扶贫思想；以及越穷越懒、越懒越散、越散越穷，坐等上级救济的思想[①]。脱贫攻坚进程中，我们可将精神贫困划分为有减贫目标而手段偏离的“等靠要型精神贫困”、有减贫手段无减贫目标的“消极盲目型精神贫困”以及无目标且无手段的“安于天命型精神贫困”。

关于精神贫困的测量。精神贫困具有隐蔽性、深层次性、主观性等特点。国外学者在研发精神性的测量工具方面作出了卓有成效的努力，形成并不断完善了有关精神性测试量表。有学者通过对多维贫困测量中的Alkire-Foster方法的应用，对农民工群体面临的精神贫困、精神贫困如何影响整体多维贫困两个问题进行了量化分析[②]。

关于精神贫困的原因。一些研究者强调精神贫困发生的结构性原因，认为精神贫困是物质因素、教育因素、社会因素等共同作用的结果，其中物质贫困是根本原因，教科文的不发达是直接原因，自然环境条件差、土地贫瘠是外在原因，人口过多、负荷过重是社会原因[③]。另一些研究者则聚焦于精神贫困的文化解释，分析其与物质贫困、文化贫困、心理贫困等的关系[④]。在这些研究者看来，文化贫困是指特定文化的一种低水平、低层次的状态或特征，精神贫困在一定程度上可视为文化贫困。

关于解决精神贫困问题的对策。从内容上看，研究者主要从经济援助、社会融合、文化建设、制度变革等角度应对精神贫困现象。具体而言，一些研究者强调思想扶贫、文化智力扶贫和科技扶贫的作用[⑤]，注重做到精神扶贫与物质扶贫、精神扶贫与心理关怀以及精神扶贫与队伍建设的结合[⑥]。

---

① 王剑、路远：《既要抓物质扶贫　更要抓精神扶贫——由扶贫调查引起的思考》，《青海社会科学》1988年第4期。

② 麻朝晖：《贫困与精神贫困——欠发达地区农村贫困“钢性”探究》，《丽水师范专科学校学报》2001年第6期。

③ 孙咏梅：《中国农民工精神贫困识别及精准扶贫策略——基于建筑业的调查》，《社会科学辑刊》2016年第2期。

④ 王尚银：《精神贫困初探》，《贵州民族学院学报（哲学社会科学版）》2000年第1期。

⑤ 佘德华：《精神贫困对欠发达地区脱贫的影响》，《贵州社会科学》2003年第1期。

⑥ 王剑、路远：《既要抓物质扶贫　更要抓精神扶贫——由扶贫调查引起的思考》，《青海社会科学》1988年第4期。

从具体路径来看，包括发展经济，创造消除精神贫困的物质条件[①]；将扶贫同扶志、扶智相结合，帮助贫困群众树立起摆脱困境的斗志和勇气；提高教育水平，转变思想观念，提升综合素质和能力[②]。

总的来看，学术界关于内生动力的研究体现了全面性、指导性等特点，有效地支持了有关扶贫同扶志、扶智结合政策的制定和实施，也取得一定的效果。但精神贫困的复杂性，决定了摆脱精神贫困的艰巨性，激发内生脱贫动力必须要有新的理论指导、新的实践经验总结借鉴、新的对策措施促进。

二、新时代脱贫攻坚激发内生动力的理论阐释

习近平总书记关于激发内生动力重要论述是习近平总书记关于扶贫工作重要论述的重要组成部分，内涵丰富，主要包括以下五个方面。

（一）激发内生动力是扶贫脱贫的根本目标

习近平总书记指出，我们坚持开发式扶贫方针，把发展作为解决贫困的根本途径，既扶贫又扶志，调动扶贫对象的积极性，提高其发展能力，发挥其主体作用。只要有信心，黄土变成金。贫穷不是不可改变的宿命。人穷志不能短，扶贫必先扶志。要做好对贫困地区干部群众的宣传、教育、培训、组织工作，让他们的心热起来，让他们行动起来，引导他们树立“宁愿苦干、不愿苦熬”的观念，自力更生、艰苦奋斗，靠辛勤劳动改变贫困落后面貌。贫困群众既是脱贫攻坚的对象，更是脱贫致富的主体。摆脱贫困首要的并不是摆脱物质的贫困，而是摆脱意识和思路的贫困。扶贫必扶智，治贫先治愚。脱贫致富不仅要注意“富口袋”，更要注意“富脑袋”。要统筹安排使用扶贫资源，把各部门制定的政策措施落实到位，创造可持续发展条件，激活内生动力，加大教育、健康扶贫力度，调动群众积极性和主动性，建立健全稳定脱贫长效机制，注重脱贫质量。

习近平总书记上述论述，其根本要求就是在脱贫攻坚中，要始终强调

---

① 程肇基：《精神扶贫：一个亟待关注的精准扶贫新领域》，《江西社会科学》2016年第11期。

② 杨建晓：《贫困地区的精神贫困与精神脱贫思路探析》，《安顺学院学报》2017年第1期。

发挥贫困群众的主体性、能动性和创造性，并倡导艰苦奋斗、自力更生精神，把内生动力激发、提升、培育作为精准扶贫精准脱贫的重要内容和根本目标，以实现贫困地区贫困人口内源式发展。

（二）尊重贫困群众脱贫攻坚的主体地位

习近平总书记指出，贫困群众既是脱贫攻坚的对象，更是脱贫致富的主体。要注重扶贫同扶志、扶智相结合，把贫困群众积极性和主动性充分调动起来，引导贫困群众树立主体意识，发扬自力更生精神，激发改变贫困面貌的干劲和决心，靠自己的努力改变命运。群众动力是基础。必须坚持依靠人民群众，充分调动贫困群众的积极性、主动性、创造性，坚持扶贫同扶志、扶智相结合，正确处理外部帮扶和贫困群众自身努力的关系。

习近平总书记上述重要论述，就是要求要充分发挥贫困群众在脱贫攻坚中的主体作用，要采取系统性措施，从理念到落实，让贫困群众在项目选择、设计、实施、管理、监督、验收、后续管理全过程每一个环节发挥主体作用，强化贫困群众的主体意识和拥有感，最大程度提升贫困群众在脱贫攻坚中的获得感。

（三）多措并举激发内生动力

习近平总书记指出，授人以鱼，不如授人以渔。扶贫必扶智，让贫困地区的孩子们接受良好教育，是扶贫开发的重要任务，也是阻断贫困代际传递的重要途径。新型农村合作医疗和大病保险政策要对贫困人口倾斜，门诊统筹要率先覆盖所有贫困地区，国家财政对贫困人口参保的个人缴费部分要给予补贴。要统筹安排使用扶贫资源，把各部门制定的政策措施落实到位，创造可持续发展条件，激活内生动力，加大教育、健康扶贫力度，调动群众的积极性和主动性，建立健全稳定脱贫长效机制，注重提高脱贫质量。要弘扬中华民族传统美德，勤劳致富，勤俭持家。要改进工作方式方法，改变简单给钱、给物、给牛羊的做法，多采用生产奖补、劳务补助、以工代赈等机制，不大包大揽，不包办代替，教育和引导广大群众用自己的辛勤劳动实现脱贫致富。

习近平总书记上述关于激发内生动力的重要论述，就是要求针对精神贫困的综合性成因，采取综合性举措。教育扶贫阻断贫困代际转移，健康扶贫降低贫困脆弱性和因病致贫的风险性，发展产业就业增加收入，“富口袋”为“富脑袋”提供支撑。

（四）外部帮扶与内生动力结合

习近平总书记指出，用好外力、激发内力是必须把握好的一对重要关系。对贫困地区来说，外力帮扶非常重要，但如果自身不努力、不作为，即使外力帮扶再大，也难以有效发挥作用。要进一步发挥部门和地方的积极性，外部帮扶要与内生动力更好结合。要改变我们习惯的送钱送物方式，坚持“扶贫先扶志，扶贫必扶智”，深入细致做好群众的思想工作，帮助贫困群众提高增收致富的能力，帮助贫困群众摆脱思想贫困、意识贫困。要建立正向激励机制，总结推广脱贫致富成功经验，宣传脱贫致富先进典型，让大家充分认识到勤劳致富、扶贫济困是伟大光荣的事业。通过组织开展贫困识别和贫困退出、实施扶贫项目，贫困地区基层治理能力和管理水平明显提高，增强了农村基层党组织凝聚力和战斗力。通过选派驻村第一书记和驻村工作队，锻炼了机关干部，培养了农村人才。要加强教育引导，各地要办好各种类型的农民夜校、“讲习所”，通过常态化宣讲和物质奖励、精神奖励等形式，促进群众比学赶超，提振精气神。要尊重扶贫对象主体地位，各类扶贫项目和扶贫活动都要紧紧围绕贫困群众需求来进行，支持贫困群众探索创新扶贫方式方法。

习近平总书记上述重要论述，要求我们要用好外力，激发内力。从政策设计上，形成正向引导激励机制，防止政策“养懒汉”；加强教育宣传，通过树立典型引导贫困群众自力更生，在外力帮助下实现自主脱贫、稳定脱贫；改变外在帮扶方式，创新各类更有利于调动贫困群众参与的途径方式，把扶贫脱贫和贫困群众的自我发展能力建设有机结合起来。

（五）注重贫困地区基层干部的能力建设和素质培养

习近平总书记指出，一方面，要抓好党建促脱贫攻坚。“帮钱帮物，不如帮助建个好支部”。要把夯实农村基层党组织同脱贫攻坚有机结合起来。在乡镇层面，要着力选好贫困乡镇一把手、配强领导班子，使整个班子和干部队伍具有较强的带领群众脱贫致富能力。在村级层面，要注重选派一批思想好、作风正、能力强的优秀年轻干部和高校毕业生到贫困村工作，根据贫困村的实际需求精准选配第一书记、精准选派驻村工作队。致富不致富，关键看干部。在脱贫攻坚战场上，基层干部在宣讲扶贫政策、整合扶贫资源、分配扶贫资金、推动扶贫项目落实等方面具有关键作用。要采取双向挂职、两地培训等方式，加大对西部地区干部特别是基层干部、贫困村致富带头人的培训力度，帮助西部地区提高当地人才队伍的能力和水平，打造一支留得住、能战斗、带不走的人才队伍。重视发挥广大基层干部群众的首创精神，支持他们积极探索，为他们创造各显神通的环境和条件。

习近平总书记上述重要论述，要求我们要切实加强对基层干部的培训，着力提高他们的能力和素质。特别是通过有效培训，帮助基层干部转变传统观念。帮助基层干部理解和掌握精准扶贫精准脱贫的方法和要求，理解和掌握“六个精准”的根本要求、“五个一批”的脱贫路径、解决好“四个问题”的方式方法。帮助基层干部理解和掌握组织群众、发动群众参与的能力。

三、激发内生脱贫动力的实践探索

在习近平总书记关于激发内生动力重要论述的指引下，各地以激发贫困群众内生动力为目标，持续探索、积累了不少摆脱精神贫困的好路径和好方法。以下的案例，从七个方面展现了各地激发内生动力的生动实践。

（一）党建引领激发内生动力：“党建+”驱动扶贫内生动力

“党建+产业”，增强发展动力。福建省建瓯市注重发挥党支部在产业发展的政治引领作用，立足资源优势，积极发展现代特色农业和乡村旅游业，实现产业发展到哪里，党支部就建到哪里。大力推行“支部+公司（合作社）+基地+贫困户”“支部+集体经济”“支部+电商”的党群共富机制，引导村集体把土地、山林等资源，通过转让、租赁、参股等形式转化为“红色股本”，鼓励农民通过流转山林、土地等方式参与经营分红或务工增收，促进贫困村早出列、贫困户早脱贫。

“党建+能人”，增强发展引力。充分发挥农村党员能人在致富、帮富、带富方面的先锋模范作用，探索实施“红色细胞”工程，通过创建党员创业示范基地，开展“三定三帮”（定片、定人、定责，帮群众解决困难、帮群众代办事项、帮群众致富增收）活动，帮助贫困户找穷因、寻良方、挖穷根。

“党建+金融”，增强发展活力。东峰镇井岐村党支部在培育和发展雷竹产业过程中，采取“支部协调、五户联保，统贷统还、分散使用”金融扶贫创新推动计划，向银行低息贷款560多万元，确保想种竹的农户干得下去、有钱赚。贫困户陈国华通过种植20多亩雷竹，年收入达10多万元，一举脱贫致富。

“党建+项目”，增强发展助力。坚持把群众致富需求与党建项目紧密结合起来，积极开展党员脱贫专项帮扶、就业全程帮扶、“双技”培训帮扶、无住房解困帮扶“四项帮扶计划”，实现困难群众困有所助。

建瓯市的“党建+”还在进一步探索扩大着。此举有效激发了扶贫内生动力，实现基层党建与脱贫攻坚相融互动，互利共赢。

（二）创新激励激发内生动力：奖补结合激发群众脱贫内生动力

缺资金、缺技术、不敢作为和不想作为，是贫困群众脱贫普遍存在的几大障碍。2017年，汉中略阳县积极推动“扶志+扶智”工作，从贫困群众最关心也最能体现他们现实利益的角度出发，推出了因地制宜的产业奖补政策，从而激发贫困群众脱贫致富的内生动力。主要做法：从2017年9月起，略阳县采取奖补结合、资金到户的方法，按照每户不超过1万元的标准，分3个年度对全县13255户建档立卡贫困户产业发展进行补助和奖励。具体实施中，主要分3个类别进行扶持和管理。如在补助方面，第一类是对发展特色种养业的贫困户，每户补助资金总额不超过1万元，分3年兑付到户，原则上第一年补助5000元，第二年补助3000元，第三年补助2000元。在奖励方面，发展特色种养业，连续3年年度销售收入累计达到5000元以上的贫困户，按照销售收入的10%予以奖励，每年度最高奖励不超过1000元，等等。按照产业奖补政策，那些发展产业规模越大、类别越多的贫困户，得到的补助和奖励就越多，脱贫致富的动力就越强。在重奖实补产业政策的激励下，越来越多的贫困户选择了适合自己发展的项目。

略阳县对产业脱贫实行补助和奖励，较好地解决了贫困群众发展产业缺资金的问题，帮助他们迈出了脱贫致富的步伐，而且树立了勤劳致富光荣的鲜明导向，实现了群众内生动力与产业脱贫的共同促进。

（三）更新观念激发内生动力：办好“讲习所”，提升脱贫内生动力

2017年4月，贵州省毕节市威宁县成立首家“讲习所”，切实提升了贫困群众的脱贫技能。同年10月19日，习近平总书记在参加党的十九大贵州省代表团讨论时强调，新时代的农民讲习所，要赋予它新的内涵，这是创新。罗飞扬是纳雍县脱贫攻坚讲习所的一名专职讲师，拥有刺绣和织麻“绝活”，通过63场授课指导了很多苗族妇女重拾传统刺绣手艺并到昆寨乡小花苗苗族服饰蜡染刺绣加工厂工作，这些苗族妇女现人均月收入可达2500元以上。毕节市兴办“新时代农民讲习所”已有一整套规范的做法，如要达到“五有标准”，确保“五级联动”，把讲习内容“菜单化”，做到“六讲六干”，分类讲习、因人施教，等等。“新时代农民讲习所”的创办取得显著成效，大力发展产业扶贫。

（四）提高技能激发内生动力：“周末学堂”激发脱贫内生动力

山西省阳曲县于2016年5月创造性地搭建“周末学堂”平台，践行了先富“脑袋”、再富“口袋”、再出“学堂”搞创收的想法，激发起全县干部群众尤其是贫困群众的脱贫主动性，城东路社区居民李素珍就是受益群众之一。每堂课她总是早早地来到“学堂”占座，说：“现在每月上课的居民很多，大家都是抢着学，尽可能多参加，学习的内容对我们很有启发。”通过大量实践探索，“周末学堂”已形成一套特色鲜明的做法：一是“全覆盖+常态化”，二是“规定内容+干群需要+正能量教育”，三是“送学下乡+典型引领”。阳曲县“周末学堂”成效显著，受益的困难群众较多，积极推动产业扶贫。据统计，一年来参学的党员干部6600余人次，群众参与89000余人次，送学下乡225人次，有2000余名困难群众找到新的创业就业门路。通过阳曲县案例得到以下启示：要找准凝聚民心的点；要发扬务实肯干的作风、打造好讲授工作的各个环节；坚持同群众商量；设置多学科、多领域、实用性强的讲授内容，课堂形式多样化。

（五）发展促进激发内生动力：“支部+电商”点亮脱贫精气神

近年来，江苏省宿迁市借乘“互联网+”的东风，积极探索、通过推行“支部+电商”的多种形式，强化政治引领，完善服务功能，初步探索出一条增强内生动力，摆脱精神贫困的路径。贫困村充分利用党群服务中心，通过开设电商代购代销点、服务点帮助群众开发“一村一品一店”，实现买全国、卖全国。党群服务中心的功能延伸为宣传、培训、策划、示范、物流等5个功能。党支部充分发挥基层堡垒作用，通过在“三会一课”中间穿插开展电商培训、技术指导，引导村民触网上线，主动当起电商发展的“红色引擎”。引导合作社、龙头企业利用电商拓宽线上销售渠道，带动更多贫困户就业增收。创建行业协会党支部，通过确定“统一标准、统一生产、统一价格、统一物流”的行业规范，引导组团发展。促规范，讲诚信，帮助群众解决生产经营中不正当竞争等问题。全市实施农村红色电商“321”培养计划，将农村电商培养成党员，将党员培养成电商和“红色电商达人”。全市4.2万家网店中，五分之一为党员户和入党积极分子户开办，销售份额超过40%，涌现一大批依法诚信经营、主动帮贫带困的党员示范户。宿迁通过“支部+电商扶贫”成功完成了由“土地掘金”向“网上掘金”的转变，激发了贫困群众的内生动力，扭转了社会风气，营造良好的社会氛围，促进了干群、党群关系和谐发展。在转变贫困群众思想观念的同时，还提高了他们的市场意识、风险意识、诚信意识和品牌意识。探索出一条加强基层党建、助力精神脱贫的新路子，其经验可资借鉴。

（六）典型带动激发内生动力：多措并举攻克精神贫困

四川省乐山市峨边彝族自治县在社会制度“一步千年”同陈规陋习“根深蒂固”共存互斥大背景下，坚持将精神扶贫作为提升扶贫成效和提高贫困群众获得感的良方，探索走出了一条多措并举攻克精神贫困的新路子。一是制订移风易俗三年攻坚计划，全面开展卫生文明、勤俭创业、遵法守约“三大行动”，实施思想先导、基础设施、社会治理“三大工程”，强化组织、制度、经费“三个保障”；深入开展“感恩奋进·我的脱贫路”活动，通过典型贫困群众代表的集中宣讲，以说帮扶、说变化、说未来、说感恩等为主要内容，采取对下说、对外说、相互说等形式讲述脱贫心路历程，营造励志感恩奋进、脱贫示范引领的良好氛围。二是创新建立“双高”（高聘金、高礼金）治理工作考核、约谈和管理运行“三个机制”，引导群众从简办理“红白事”，“因婚致贫”“因丧返贫”现象得以有效遏制；巩固深化“德古”依法调解制度，建立健全“德古”纠纷排查调处、督查督办等7项工作机制；深入开展“千名干部联万家”活动，凡群众办“红白事”，县、乡、村联户干部第一时间“赶人情”，主动把群众当亲人，把民生当家事。三是创新宣传载体，提振贫困群众精气神。四是挖掘传统民俗，滋养群众精神世界。峨边精神扶贫的大胆探索取得了良好的效果，切实促进了彝族群众养成好习惯、形成好风气，有效增强了贫困群众自强不息、自我脱贫意识，有效解决了服务群众“最后一公里”问题，让全社会凝心聚力奋战攻坚的正能量得到有效传递，让彝族群众勤劳质朴、善良坚贞的精神品质焕发出全新时代风采。

（七）综合扶贫激发内生动力：多维“精神扶贫”破解五大脱贫难题

近年来，广西合山市积极探索精神扶贫新思路，从思想、志气、信心、心灵、智力等方面实施精神扶贫，破解了不想脱贫、不敢脱贫、不能脱贫、不望脱贫、不会脱贫等五大难题。实施“思想扶贫”，破解“不想脱贫”难题。实施“志气扶贫”，破解“不敢脱贫”难题。在全国率先实施“脱贫争先工程”，从宣传引导、励志教育、典型引路入手，采取“线上+线下”“纸媒+电媒”等方式，以身边的致富典型感动人、以身边故事鼓舞人、以贫困党员比学赶超争先摘帽带动人。着力破解部分贫困群众因目标不清、志气不足而导致的“不敢脱贫”等问题，激发贫困户脱贫斗志。实施“信心扶贫”，破解“不能脱贫”难题。出台一系列惠农政策提振信心，对建档立卡贫困户进行信用评级授信，引导金融机构加大对扶贫开发的支持力度。实施“心灵扶贫”，破解“不望脱贫”难题。实施“智力扶贫”，破解“不会脱贫”难题。“会脱贫、要脱贫、敢脱贫、争脱贫”成为合山建档立卡贫困户的精神常态和共同追求。

四、进一步激发内生脱贫动力的对策

（一）对建档立卡的贫困群众进行大规模、全覆盖的培训教育

一是准确解读中央和省市脱贫攻坚的决策部署、政策举措。二是培训宣传脱贫攻坚等政策法规，普及社会主义核心价值观、文明礼仪、法律常识、文化知识、感恩奋进教育等，提高贫困群众素质，唤醒贫困群众主动脱贫意识，帮助他们分析致贫原因，引导他们牢固树立自强自立、自力更生、不等不靠的意识。三是深入脱贫攻坚一线，采写推出一大批有深度、有温度、有力度、鲜活、生动、感人的报道，大力弘扬中华民族自强不息、扶贫济困的传统美德，坚定贫困人口脱贫的信心和决心，构建脱贫攻坚精神支撑，让“靠劳动和智慧脱贫光荣、懒惰和无为致贫可耻”成为一种新风尚。

（二）提高贫困群众劳动技能培训的针对性、精准度

开展有针对性的职业技能培训，如定向培训、订单培训、电商业务培训等，就业、创业相结合，围绕发展富民增收产业开展实用技能培训，使每位有脱贫能力的贫困群众至少掌握一门劳动技能或种养殖技术，实现就业一人，脱贫一户。同时，建立“扶上马、送一程”的三年脱贫后续扶持机制，及时打消贫困户思想顾虑，跟进解决具体困难，让贫困户成长为有本领、懂技术、会经营、肯实干的劳动者，全面提高人力资源素质，增强自身“造血”能力。

（三）创新基层干部帮扶方式

通过实施全员轮训、外出参观学习培训等方式，让乡（镇）贫困村村支“两委”班子和扶贫专干拓宽眼界，开阔思想，提升素质，增长才干，使他们真正成为脱贫致富带头人。做给群众看，带着群众干，发挥脱贫攻坚示范引领作用，并通过培训提高他们的基层治理能力和水平，激活群体力量共同投身到脱贫攻坚战场。同时，开展干部主动走亲结对活动，各级干部和驻村工作队要发挥领头羊作用，深入基层，深入群众，真正把贫困户当亲人，帮助贫困户解决实际困难和问题。建设一支懂农村、懂经营、有公心的基层“两委”干部队伍。

（四）增强贫困群众参与能力

一方面，驻村工作队将各类扶持项目、优惠政策制作成“政策项目菜单”，直接提供给贫困户，由其在乡镇干部、村“两委”和驻村帮扶干部的指导下，自主选择申报发展项目，有关部门和帮扶责任人进行跟踪服务，凡是到户到人的产业开发、易地扶贫搬迁、光伏扶贫、旅游扶贫、电商扶贫、教育扶贫、就业培训等项目，应充分考虑贫困群众的实际需要，引导贫困户积极参与。另一方面，引导群众参与项目监督。在贫困村落实村级重点项目公告公示的基础上，选派贫困户作为项目监督组成员，全程监督项目建设进程，协助把好质量关。群众参与项目验收，让贫困户有更多获得感。

（五）加强基层党组织建设激发内生脱贫动力

一是加强自身建设，夯实精神扶贫组织堡垒。选优配强村领导班子及村组干部，增强贫困农村基层党组织的“造血”功能，提升基层治理能力和管理水平，激发其凝聚力和战斗力。充分利用第一书记和驻村工作队，抓好村领导班子建设。加强党员的宗旨意识、责任意识教育。二是营造良好氛围，激发贫困群众“我要脱贫”的自觉。加强脱贫典型宣传。充分利用“村规民约”，发挥“熟人社会”的道德制约作用，营造以争当贫困户为耻、懒惰为耻的风气。三是推进智力扶贫，坚定贫困群众“我能脱贫”的信心。充分发挥乡贤文化激励作用，加强贫困群众的技能培训，加强贫困地区教育，阻断贫困的代际传递。

下篇／前沿与热点

习近平总书记大年三十批示的这项工作，进入决战决胜期

打赢脱贫攻坚战，是2020年如期全面建成小康社会的底线任务。2019年决战决胜脱贫攻坚，须从坚持精准方略、坚持目标标准、坚持聚焦难点等八个方面坚定方向并综合施策。

原题《习近平大年三十批示的这件事，进入决战决胜期》，2019年3月7日海外网

2019年3月7日上午，国务院扶贫开发领导小组办公室主任刘永富在十三届全国人大二次会议记者会上透露了这样一个讯息：脱贫攻坚工作是习近平总书记亲自抓的。党的十八大以来，习近平总书记每年都要开专题会议对脱贫攻坚工作进行部署；党的十九大以来，习近平总书记每个月都对脱贫攻坚工作作出重要指示批示；即使在2019年大年三十和正月初一这么重要的节日，习近平总书记也对脱贫攻坚工作作出了重要批示。

事实上，自2013年中央开始实施精准扶贫，到2016年开始打响脱贫攻坚战，脱贫已经成为全党、全国乃至全世界关注的焦点。在全党、全国、全社会同心协力下，贫困地区经济社会加快发展，农村贫困人口从2012年底的9899万人减少至2018年底的1660万人，累计减少8239万人；贫困发生率从2012年的10.2%下降至2018年的1.7%，累计下降8.5个百分点。基础设施明显改善，公共服务水平明显提高，乡村治理能力显著提升。

打赢脱贫攻坚战，是2020年如期全面建成小康社会的底线任务。距离2020年底还有20个月的时间，越来越多难啃的硬骨头逐渐显现出来，决战决胜脱贫攻坚也面临不小的挑战。比如，深度贫困问题突出、长效脱贫机制还需加强等，但不能因为时间紧迫、任务艰巨，就不顾质量。笔者认为，2019年决战决胜脱贫攻坚，必须从以下8个方面坚定方向并综合施策。

一是坚持精准方略，着力完善攻坚克难机制。根据差异性需求，结合实际，根据精准要求，不断完善脱贫攻坚制度体系生根落地的措施。

二是坚持目标标准，着力完善“两不愁三保障”突出问题。既不提高标准、吊高胃口、超越发展阶段，给可持续发展带来新的困难，也不能降低标准，要紧扣“两不愁三保障”基本目标，补齐短板，确保所有贫困人口达到现行扶贫标准。要以脱贫实效为依据，以群众认可为标准，严格按照国家贫困退出标准和程序，实施贫困县、贫困村和贫困人口有序退出，确保脱贫成果经得起历史和实践检验。

三是坚持聚焦难点，着力攻克坚中之坚。聚焦深度贫困群体和深度贫困地区，加快补齐基础设施建设的短板，着力推进基本公共服务均等化，强化要素投入保障，动员全社会力量参与深度贫困地区脱贫攻坚。建立脱贫风险预警机制，确保如期脱贫不漏死角。

四是坚持质量优先，着力建立健全脱贫长效机制。大力发展扶贫产业，政府引导、市场主导结合，不断推进特色农产品走品牌化、高端化的发展道路，避免产业扶贫的同质化、短期化和低端化倾向，推动完善新型农业经营主体与贫困户联动发展的利益联结机制，推广股份合作、订单帮扶、生产托管等有效做法，实现贫困户与现代农业发展有机衔接。创新就业扶贫机制模式，探索建立资产收益扶贫模式，建立稳定增收来源。着力提升医疗保障水平，着力建立长效的因病返贫预防机制。做好易地扶贫搬迁的后续帮扶工作，切实做到扶贫搬迁与产业发展同步推进。强化资金投入和监管，不断提高扶贫资金使用效率。

五是坚持扶贫扶志，着力激发脱贫内生动力。坚持开发式扶贫和保障性扶贫相结合，发挥两种方式的综合脱贫效应。完善激励约束机制，对“因懒致贫、因赌致贫、因婚致贫、因子女不赡养老人致贫”等不良现象，要因户施策，教育惩戒，杜绝不良导向。强化教育引导和典型引路，组织开展脱贫示范户创建活动，深入挖掘脱贫典型的精神内涵，用身边的事教育身边的人，让贫困群众有目标、有方向。

六是坚持统筹推进，着力促进脱贫攻坚与乡村振兴衔接。实施乡村振兴战略，摆脱贫困是前提。脱贫攻坚期内，贫困地区乡村振兴主要任务是脱贫攻坚，要保持攻坚力度和政策强度不减，确保目标不变、靶心不散。已脱贫的地区要利用好乡村振兴相关支持政策优先在脱贫摘帽县实施的时机，重点抓好巩固提升，确保稳定脱贫。

七是坚持强化责任，着力加强作风建设。各有关方面要进一步增强“四个意识”，明确政治责任和使命担当，坚持问题导向，以高度的责任感和时不我待的紧迫感，狠抓责任落实和工作落实，咬定目标使劲干，确保如期打赢脱贫攻坚战。采取更为有效的措施，切实减轻基层扶贫工作负担。树立正确的监督考核评估导向，确保精准扶贫的监督考核评估机制发挥应有的作用。要进一步发展完善乡村政权和基层党组织，抓好乡村治理体系建设，充分发挥农村基层党组织的战斗堡垒作用。

八是坚持面向长远，着力谋划2020年后扶贫战略思路。要立足于第二个百年目标，着手研究2020年后的减贫战略和政策体系，尤其要积极推动扶贫开发立法。

攻克深度贫困地区脱贫任务

——深刻领会习近平总书记关于解决深度贫困问题的重要论述

习近平总书记关于解决深度贫困问题作出了一系列重要论述，我们要深刻领会，深化对深度贫困问题复杂性艰巨性的认识，精准聚焦，精准发力，进一步激发深度贫困群体内生脱贫动力，确保坚决打好打赢脱贫攻坚战。

《中国扶贫》2018年第11期

2017年6月23日，习近平总书记在山西太原主持召开深度贫困地区脱贫攻坚座谈会（简称太原座谈会）并发表重要讲话，指出脱贫攻坚本来就是一场硬仗，而深度贫困地区脱贫攻坚是这场硬仗中的硬仗，强调要重点研究解决深度贫困问题，以解决突出制约问题为重点，强化支撑体系，加大政策倾斜，聚焦精准发力，攻克坚中之坚，确保深度贫困地区和贫困群众同全国人民一道进入全面小康社会。

2017年6月23日以来，各地各部门认真学习贯彻习近平总书记太原座谈会重要讲话精神，确定深度贫困地区，识别深度贫困群体，出台重点支持政策，加大支持力度，深度贫困地区脱贫攻坚取得新进展。

2018年春节前夕，习近平总书记深入四川凉山深度贫困地区调研；2月12日，习近平总书记在四川成都市主持召开打好精准脱贫攻坚战座谈会，听取脱贫攻坚进展情况汇报，集中研究打好今后3年脱贫攻坚战之策，向全党全社会发出了新的动员令，为全面打好精准脱贫攻坚战指明了方向，提供了行动纲领。打好打赢脱贫攻坚战中的硬仗，需要我们深刻领会习近平扶贫重要论述特别是关于解决深度贫困问题的重要论述，牢固树立“四个意识”，更加精准聚焦，精准发力，如期攻克深度贫困地区脱贫任务，确保坚决打好打赢精准脱贫这场对全面建成小康社会具有决定意义的攻坚战。

一、进一步深化对深度贫困问题复杂性艰巨性的认识

党的十八大以来，脱贫攻坚取得决定性进展。农村贫困人口从2012年底的9899万人减少至2017年底的3046万人。剩下的贫困人口主要分布在深度贫困地区，成为“贫中之贫，困中之困”。习近平总书记在太原座谈会上指出：“脱贫攻坚工作进入目前阶段，要重点研究解决深度贫困问题。”全国还有约120个贫困发生率超过18%的深度贫困县，2.98万个贫困发生率超

过20%的深度贫困村，这些都是脱贫攻坚的难中之难。推进深度贫困地区脱贫攻坚，需要精准识别深度贫困地区的贫困特殊性，找准导致深度贫困的主要原因，并采取有针对性的脱贫攻坚举措。

深度贫困地区的共同特征决定了完成脱贫任务的复杂性艰巨性。一是地域分布方面。深度贫困地区主要集中在革命老区、民族地区、边疆地区。在189个深度贫困县中，少数民族县占133个。在这些地区，自然地理、经济、民族、宗教、国防等问题交织交融，这些地区的发展，关系到民族团结、国家安全。二是基础设施方面。基础设施建设严重滞后，道路、危房等修缮或重建任务重。三是文明程度方面。教育落后，社会文明程度低。四是生态环境方面。生态环境脆弱，生存环境恶劣，生态保护同经济发展之间的矛盾较为突出。五是经济发展方面。区域经济发展落差巨大，产业发展难度大。区位优势和自然条件恶劣，缺乏产业发展基础，在全国区域发展排名中大多处于末端。六是基本公共服务方面。基本公共服务严重落后于全国平均水平。接受正规教育的贫困人口比例不高，有幼儿园、小学的行政村比例较低。贫困人口地方病发病率高，但基层医院少，医疗专业人才缺乏，医疗保险和养老保险的参保率和报销水平远低于全国平均水平。

从多维贫困视角出发，深度贫困地区贫困人群的基本特征表现为“贫困程度深且长期陷于贫困状态”。“贫困程度深”指的不仅是物质匮乏，深度贫困人口在投资理财意识、教育机会、饮水卫生及健康、社会资本、社会排斥等能力指标上均落后于平均水平。“长期陷于贫困状态”指的是无力摆脱目前的匮乏处境，即使暂时脱离了贫困状态也很容易返贫，同时由于生活方式、行为规范、价值观念体系等“亚文化”的影响，贫困人群的后代极易陷于贫困，表现出明显的代际传递特征。深度贫困地区贫困群体贫困程度深且长期陷于贫困状态有深刻的原因：一是有劳动能力但不认为自己贫困，没有脱贫的愿望，或有脱贫愿望但缺乏脱贫的勇气和行动。二是有劳动能力，有脱贫愿望，但缺乏谋生技能，属于能力制约型贫困。三是有劳动能力，但深受环境条件制约，属于资源匮乏型贫困。四是深度贫困地区的深度贫困人口集聚形成了一种恶性循环的“贫困亚文化”。在人生观方面，对贫困听天由命、逆来顺受、消极无为；在生活观方面，得过且过、安于现状、好逸恶劳、寻求低水平心理平衡；在乡土观方面，固守田园、封闭保守、金窝银窝不如自家草窝；在经济观方面，小农本位、重农惧商、“种田为饱肚，养猪为过年，养牛为犁田，喂鸡喂鸭换油盐”；在劳动观方面，等靠要思想较重，懒散、疲沓、怕创业；等等。

二、进一步精准聚焦深度贫困地区脱贫任务精准发力

坚持既定脱贫目标不动摇。习近平总书记在太原座谈会上指出：“要坚持实事求是，不好高骛远，不吊高各方面胃口。”深度贫困地区的脱贫目标与党中央对2020年脱贫攻坚的目标保持一致。深度贫困地区的脱贫攻坚战，重点解决的是绝对贫困问题，使农村贫困人口人均纯收入超过国家扶贫标准，稳定实现“两不愁三保障”，底线是保证吃穿不愁，解决上不起学（义务教育）、看不起病、住房不安全等基本问题。在脱贫目标考核上，不能搞层层加码。

完善政策顶层设计抓好精准落地。2017年11月，中共中央办公厅、国务院办公厅印发《关于支持深度贫困地区脱贫攻坚的实施意见》（简称《意见》），对深度贫困地区脱贫攻坚工作作出全面部署。《意见》提出，中央统筹重点支持“三区三州”。新增脱贫攻坚资金、新增脱贫攻坚项目、新增脱贫攻坚举措主要用于深度贫困地区。围绕《意见》，人民银行、银监会、证监会、保监会联合印发了《关于金融支持深度贫困地区脱贫攻坚的意见》，要求金融部门坚持新增金融资金优先满足深度贫困地区、新增金融服务优先布设深度贫困地区，力争2020年以前深度贫困地区贷款增速每年高于所在省（区、市）贷款平均增速，为深度贫困地区打赢脱贫攻坚战提供重要支撑。国家旅游局、国务院扶贫办印发《关于支持深度贫困地区旅游扶贫行动方案》，聚焦深度贫困地区，切实加大旅游扶贫支持力度。国土资源部制定《国土资源部关于支持深度贫困地区脱贫攻坚的意见》，明确提出要完善土地利用规划计划管理，科学安排深度贫困地区各类各业用地，足额保障基础设施、易地扶贫搬迁、民生发展等用地。2018年1月，中共中央、国务院印发《关于实施乡村振兴战略的意见》（又称“2018年中央一号文件”），强调激发深度贫困人口内生动力，把扶贫同扶志、扶智结合起来，把救急纾困和内生脱贫结合起来，提升贫困群众发展生产和务工经商的基本技能，实现可持续稳固脱贫。更多采用生产奖补、劳务补助、以工

代赈等机制，推动贫困群众通过自己的辛勤劳动脱贫致富。各深度贫困地区也出台了相应的政策规定，以超常规的手段措施，确保2020年深度贫困地区如期顺利脱贫。政策的顶层设计已经完成，关键是要抓好落实，确保每一项措施精准落地，尽快提高精准脱贫效益。

充分发挥好政治制度优势。习近平总书记在太原座谈会上指出："集中优势兵力打攻坚战。要发挥集中力量办大事的制度优势，重点解决深度贫困地区公共服务、基础设施以及基本医疗有保障的问题。"打好打赢深度贫困地区脱贫攻坚战，必须始终坚持党对脱贫攻坚的领导，充分发挥中国特色社会主义政治制度的巨大优势，集中优势兵力打攻坚战。各级党委要坚持把脱贫攻坚作为头等大事和第一民生工程。发挥检查督查制度的利器作用，实施最严格的考核评估制度。集中力量重点解决深度贫困地区的基础设施、公共服务以及基本医疗保障的问题。坚持因地制宜突出分类施策。对居住在自然条件特别恶劣地区的群众加大易地扶贫搬迁力度；对生态环境脆弱的禁止开发区和限制开发区群众增加护林员等公益岗位；对因病致贫群众加大医疗救助、临时救助、慈善救助等帮扶力度；对无法依靠产业扶持和就业帮助脱贫的家庭实行政策性保障兜底。强化驻村帮扶，加强基层组织建设，下大力气培育贫困村创业致富带头人。

坚持精准扶贫与区域发展相结合。区域发展是解决深度贫困地区深度贫困问题和精准扶贫的基础性条件，精准扶贫要与区域发展相结合。习近平总书记在太原座谈会上指出："要重点发展贫困人口能够受益的产业，交通建设项目要尽量向进村入户倾斜，水利工程项目要向贫困村和小型农业生产倾斜，生态保护项目要提高贫困人口参与度和受益水平。"

确保超常规举措落到实处。习近平总书记在太原座谈会上指出："新增脱贫攻坚资金主要用于深度贫困地区，新增脱贫攻坚项目主要布局于深度贫困地区，新增脱贫攻坚举措主要集中于深度贫困地区。"贯彻落实习近平总书记的重要指示，就必须在新增资金、新增项目、新增举措、惠民项目、涉农资金整合、财政转移支付、金融投入、资本市场、保险机构、建设用地指标等方面，切实加大对深度贫困地区投入支持力度的政策倾斜。同时，注意更广泛动员民营经济、社会组织、公民个人等社会帮扶力量更多投入深度贫困地区解决深度贫困问题。按照2018年中央一号文件的要求，以解决突出制约问题为重点，以重大扶贫工程和到村到户帮扶为抓手，加大政策倾斜和扶贫资金整合力度，着力改善深度贫困地区发展条件，增强贫困农户发展能力，重点攻克深度贫困地区脱贫任务。

加强深度贫困地区特殊贫困群体关爱服务体系建设。习近平总书记指出："我们搞社会主义就是要让人民群众过上幸福美好的生活，全面建成小康社会一个民族、一个家庭、一个人都不能少。"[①]"我们坚持政府主导，把扶贫开发纳入国家总体发展战略，开展大规模专项扶贫行动，针对特定人群组织实施妇女儿童、残疾人、少数民族发展规划。"[②]留守儿童、妇女、老人和残疾人是深度贫困地区贫困人口中的特困群体，是检验精准扶贫效果、精准脱贫稳定性可持续性的标志。攻克深度贫困地区脱贫任务，必须建立完善特殊贫困群体的关爱服务体系。要不断完善相关政策并抓好落实，不断深化深度贫困地区特殊贫困群体关爱服务体系建设的路径。

三、进一步激发深度贫困群体内生脱贫动力

习近平总书记指出："贫困群众既是脱贫攻坚的对象，更是脱贫致富的主体。要加强扶贫同扶志、扶智相结合，激发贫困群众积极性和主动性，激励和引导他们靠自己的努力改变命运。"[③]在精准扶贫精准脱贫基本方略实施过程中，要把扶贫同扶志、扶智有机结合起来，不断激发和培育贫困人口的内生脱贫动力。

一是要广泛宣传脱贫政策，激发脱贫热情。大力宣传《关于支持深度贫困地区脱贫攻坚的实施意见》等政策文件，宣传各地各部门出台并实施的深度贫困地区脱贫攻坚专项规划，宣传国家对深度贫困地区和深度贫困群体的资金、项目、举措的倾斜和支持力度，进一步坚定贫困地区干部群众打赢脱贫攻坚战的信心决心。掌握贫困户的贫困心理，了解其脱贫思维，树立脱贫光荣、扶贫光荣的良好风尚，抓好贫困乡村文明建设和移风易俗，

---

① 《"脱贫攻坚战一定能够打好打赢"——记习近平总书记看望四川凉山地区群众并主持召开打好精准脱贫攻坚战座谈会》，《人民日报》2018年2月15日。

② 习近平：《携手消除贫困　促进共同发展——在2015减贫与发展高层论坛的主旨演讲》（2015年10月16日）。

③ 中共中央党史和文献研究院编《习近平扶贫论述摘编》，中央文献出版社，2018，第143页。

抵制陈规陋习，积极倡导现代文明理念和生活方式，改变落后风俗习惯。鼓励劳动、鼓励就业，鼓励靠自己的努力养活家庭、服务社会、贡献国家。改进工作方式方法，改变简单给钱、给物、给牛羊的做法，采用生产奖补、劳务补助、以工代赈等机制，教育和引导广大群众用自己的辛勤劳动实现脱贫致富，激发深度贫困地区贫困群众奋发脱贫的热情。推广运用参与式扶贫等方法，增强贫困群众对帮扶项目的拥有感、效益的获得感，不断激发和培育贫困群众内生动力和自我发展能力。

二是要加强基层组织建设，培育脱贫典型。深度贫困地区人才外流严重，优秀基层干部很少。要注重创新村干部培养选拔机制，打破城乡、地域和行业界限，从致富能手、农民经纪人、外出务工返乡农民党员等人群中选拔优秀人才担任贫困村的村党支部书记，建设坚强有力的领导班子。积极选派第一书记到贫困村任职，深入开展服务型党组织创建活动，强化深度贫困地区农村基层组织服务功能。引导社会力量参与培育致富带头人，强化农业技术培训和金融扶持，鼓励农民创业，开展贫困村创业致富带头人、扶贫干部专题培训，加强对贫困家庭劳动力技能培训和转移就业服务，提升贫困人口的脱贫能力。

三是要注重优秀传统文化作用，促进本土文化与市场经济有效衔接。农村有一套既定的行动规则、风俗、认知和行为习惯，贫困村民在社区之中长期生存、发展出来的本土知识和经验是抗击各种社会风险的重要保障。实施精准扶贫，要重视贫困区域的地方性发展特征，要注意把深度贫困地区传统文化传承和发扬与现代市场经济发展相衔接、结合。在实施精准扶贫过程中，肯定并拓宽贫困群体独特的发展知识和经验，引导贫困群体自主利用和建设社区，把外部先进的发展理念和贫困群体自身的智慧结合起来，充分利用互联网等现代信息平台，培育特色农产品，发展特色文化产业，激活贫困地区的内生动力。

四是要发展多层次教育，阻断贫困代际传递。落实好教育部、国务院扶贫办出台的《深度贫困地区教育脱贫攻坚实施方案（2018—2020年）》，以“三区三州”为重点，以补齐教育短板为突破口，以解决瓶颈制约为方向，充分调动各方面的积极性、主动性和创造性，采取超常规举措，推动教育新增资金、新增项目、新增举措进一步向“三区三州”倾斜，切实打好深度贫困地区教育脱贫攻坚战。各级政府要不断加大教育投入，在深度贫困地区和村庄制订学前教育和实施儿童营养计划、志愿支教计划、学前教育三年行动计划和资助政策，改善农村义务教育基本办学条件，推进乡村教师队伍建设，实施面向贫困地区定向招生专项计划，建立起覆盖学前教育到研究生教育各个学段的学生资助政策体系，优化职业教育，促进教育公平，阻断贫困代际传递。

五是要充分激活社区内部力量，营造互助共济的扶贫氛围。各级政府要注意通过引导组建扶贫互助组织，采取乡村互助、团结发展的方法，激发社区内在活力及向心力，形成新的摆脱贫困的合力。把村级集体经济发展和农民组织化结合起来，把提高村级自我发展能力和贫困户的参与能力、分析能力、判断能力结合起来，培育贫困社区、贫困群体独立走向市场的能力，规避因扶贫项目撤出或者市场自发性、盲目性和滞后性带来的各种风险。

脱贫攻坚是各级党政干部的重大政治任务

打赢脱贫攻坚战是我们党的庄严承诺，是对中华民族和整个人类都有重大意义的伟业。各级党委和政府切实把打赢脱贫攻坚战作为重大政治任务，充分认识打赢脱贫攻坚战面临的困难和挑战，坚持精准扶贫精准脱贫基本方略，集中力量攻克贫困的难中之难、坚中之坚，才能如期打赢脱贫攻坚战。

2018年6月1日中国网

党的十九大把打好精准脱贫攻坚战作为决胜全面小康社会的三大攻坚战之一，再次展现了中国共产党决战决胜贫困的信心决心。

2018年5月31日，习近平总书记主持召开中央政治局会议，审议《关于打赢脱贫攻坚战三年行动的指导意见》，对未来三年打赢脱贫攻坚战作出全面部署，明确要求确保坚决打赢脱贫这场对如期全面建成小康社会、实现第一个百年奋斗目标具有决定性意义的攻坚战。离2020年还有不到三年时间，时不我待，必须凝聚共识，进而凝心聚力，坚决打赢脱贫攻坚战。

强化政治责任是基础。打赢脱贫攻坚战是我们党的庄严承诺，是对中华民族和整个人类都有重大意义的伟业。脱贫攻坚是习近平总书记亲自带领省市县乡村五级书记一起抓的一把手工程，是一项极其重大、极为严肃的政治任务，更是各级党政干部不可推卸的重大政治责任。

这就需要各级党委和政府切实把打赢脱贫攻坚战作为重大政治任务，始终加强党对脱贫攻坚的领导，把全面从严治党要求贯彻脱贫攻坚全过程，进一步落实脱贫攻坚责任制，强化使命担当。只有这样，才能不断夯实打赢脱贫攻坚战的政治基础。

清醒认识是前提。只有充分认识打赢脱贫攻坚战面临的困难和挑战，才能切实增强责任感、紧迫感和工作主动性。

截至2018年5月底，全国农村贫困人口还有3046万，今后三年每年要减贫1000万人左右，数量仍然不少，且剩下的都是硬骨头。“三区三州”贫困发生率达14.6%，334个深度贫困县贫困发生率达11.3%，有1.6万个深度贫困村贫困发生率超过20%，剩余三年完成脱贫任务十分艰巨。

老弱病残、劳动技能和内生动力不足的贫困人口脱贫难度大。因病、因残致贫和65岁以上贫困老人占比高，内生动力不足贫困人口占比上升。在基础薄弱的农村做精准扶贫精准脱贫工作难度和挑战巨大，还存在不落实、不到位、不精准、形式主义、官僚主义、“数字脱贫”、虚假脱贫、扶贫资金管理使用不规范等问题。

未来三年，唯有再接再厉、精锐出战、精准施策，以更有力的行动、更扎实的工作，集中力量攻克贫困的难中之难、坚中之坚，才能如期打赢脱贫攻坚战。

坚持方略是核心。精准扶贫精准脱贫是脱贫攻坚的基本方略。脱贫攻坚取得决定性进展充分证明了习近平精准扶贫论述的科学性、有效性。坚持基本方略，就是要坚持中央统筹、省负总责、市县抓落实的工作机制，坚持大扶贫工作格局。

一要坚持脱贫攻坚目标和现行扶贫标准，确保到2020年现行标准下农村贫困人口全部脱贫，消除绝对贫困；确保贫困县全部摘帽，解决区域性整体贫困。稳定实现贫困人口“两不愁三保障”，贫困地区基本公共服务领域主要指标接近全国平均水平。既不能降低标准、影响质量，也不能调高标准、吊高胃口。

二要强化到村到户到人的精准帮扶举措，做好产业扶贫、就业扶贫、易地扶贫搬迁、生态扶贫、教育脱贫、健康扶贫、农村危房改造、综合保障性扶贫等重点工作，开展贫困残疾人脱贫行动。

三要扶贫同扶志、扶智相结合，着力激发贫困人口内生动力，树立脱贫光荣导向，弘扬自尊、自爱、自强精神，提高贫困群众自我发展能力，着力夯实贫困人口稳定脱贫基础，激发内生脱贫动力。

四要聚焦深度贫困地区和特殊贫困群体。加大深度贫困地区政策倾斜力度，突出问题导向，优化政策供给，下足绣花功夫。集中力量支持深度贫困地区脱贫攻坚，着力改善深度贫困地区发展条件，精准化解特殊贫困群体难题。

加强扶贫领域作风建设是关键。一是完善脱贫攻坚考核监督评估机制。通过实行最严格的考核制度，倒逼干部作风的转变，切实提高考核评估质量和水平，切实解决基层疲于迎评迎检问题。二是加大督查巡查力度，集中力量解决扶贫脱贫领域“四个意识”不强、责任落实不到位、工作措施不精准、资金管理使用不规范、工作作风不扎实、考核评估不严格等突出问题。三是强化扶贫资金监管，健全公告公示制度，接受群众和社会监督，完善阳光扶贫、廉洁扶贫机制。坚决依纪依法惩治贪污挪用、截留私分、虚报冒领、强占掠夺等行为。四是对发现的作风问题，举一反三，完善政策措施，加强制度建设，扎紧制度笼子，切实将作风建设贯穿脱贫攻坚全过程。五是深入宣传脱贫攻坚典型经验，宣传脱贫攻坚取得的成就，营造全党全国全社会参与脱贫攻坚的良好氛围。

深刻认识打赢脱贫攻坚战的伟大意义

坚决打赢脱贫攻坚战，让贫困人口和贫困地区同全国一道进入全面小康社会是我们党的庄严承诺，将在中华民族几千年历史发展中首次整体消除绝对贫困现象，具有伟大的意义。

《光明日报》2018年9月25日第15版

党的十八大以来，习近平总书记在多个重要会议、重大场合反复强调脱贫攻坚，多次就脱贫攻坚作出重要指示。习近平总书记在党的十九大报告中再次强调，坚决打赢脱贫攻坚战。让贫困人口和贫困地区同全国一道进入全面小康社会是我们党的庄严承诺。习近平总书记关于脱贫攻坚重要性的深刻阐述，指引我们更充分地认识打赢脱贫攻坚战的伟大意义，进一步增强了我们坚决打赢脱贫攻坚战的信心决心和工作主动性。

一、从历史维度看，如期打赢脱贫攻坚战将在中华民族几千年历史发展中首次整体消除绝对贫困现象

中华文明历史悠久，中国的济贫历史同样久远。早在先秦时期，中国就有“夫施与贫困者，此世之所谓仁义”的观点和论述。在儒家文化影响下，古代中国逐渐形成了以民本思想、大同思想为基础的慈善传统，开展了以个体、邻里、宗族、会社、机构及政府为主体的慈善救助行为，为近现代中国慈善救助事业发展奠定了思想和实践基础。近代以来，以孙中山为代表的爱国人士提出民生和社会救助思想，倡导建立了以政府为主导的社会救助制度，形成了近代中国国家社会救助制度的雏形。但是这些努力无法从根本上改变旧中国积贫积弱、普遍处于绝对贫困状态的现实。

历史和人民选择了中国共产党。我们中国共产党人从党成立之日起就确立了为天下劳苦人民谋幸福的目标。1949年，中华人民共和国成立，标志着中国人民从此站起来了，社会主义制度的建立为消除贫困奠定了制度基础。1978年，中国开启改革开放进程。1986年，国务院贫困地区经济开发领导小组（1993年改为国务院扶贫开发领导小组）成立，标志着中国开始启动大规模、有计划、有组织的扶贫开发。1993年以来，国家开始实施《国家八七扶贫攻坚计划（1994—2000年）》《中国农村扶贫开发纲要（2001—2010年）》《中国农村扶贫开发纲要（2011—2020年）》。新中国成

立后特别是改革开放以来，中国减贫成就举世瞩目。然而至2012年底，根据现行贫困标准，全国还有近亿农村贫困人口，消除绝对贫困现象依然任重道远。

党的十八大以来，党中央从全面建成小康社会要求出发，把扶贫开发工作纳入“五位一体”总体布局、“四个全面”战略布局，作为实现第一个百年奋斗目标的重点任务，作出一系列重大部署和安排，全面打响脱贫攻坚战。脱贫攻坚力度之大、规模之广、影响之深，前所未有，取得了决定性进展。党的十九大对脱贫攻坚作出新部署。《中共中央　国务院关于打赢脱贫攻坚战三年行动的指导意见》指出，以更有力的行动、更扎实的工作，集中力量攻克贫困的难中之难、坚中之坚，确保坚决打赢脱贫这场对如期全面建成小康社会、实现第一个百年奋斗目标具有决定性意义的攻坚战。2020年如期实现现行标准下农村贫困人口脱贫、贫困县全部摘帽、解决区域性整体贫困的脱贫攻坚目标，将是中华民族几千年历史发展中首次整体消除绝对贫困现象。

二、从政治维度看，让贫困人口和贫困地区同全国一道进入全面小康社会是我们党的庄严承诺

打赢脱贫攻坚战是中国共产党的执政宗旨、政治优势和制度优势的充分彰显。一大批党员干部深入基层发动群众，以精准扶贫新理念，为贫困群众办实事、好事，帮助贫困群众摆脱贫困、改变贫困现状，以实际行动回应群众的基本需求，通过把扶贫同扶志、扶智结合起来，采取宣传引导、政策激励、典型示范、村规民约等多种方式，把群众的积极性、主动性调动起来，不断增强贫困群众在参与中的主体感、获得感，促进他们改变传统观念。这正是全心全意为人民服务根本宗旨的充分体现，必然使党群关系、干群关系更加密切，巩固共产党的执政基础。

打赢脱贫攻坚战成为培养锤炼干部和人才的重要平台。到贫困村和群众一起脱贫攻坚，是培养锻炼干部的重要形式之一。脱贫攻坚各种政策的落实，为人才培养提供了具体支撑。第一书记、驻村干部不仅有事干，而且有条件干事、干成事，这对于年轻干部是非常难得的锻炼机会，对于他们建立正确的人生观、价值观、世界观无疑是有益的。把干部锻炼培养和

脱贫攻坚结合起来，把真正能干事的干部派下去，若干年后，这些干部中就会出现一批对乡村有感情、懂农村、懂农民的国家治理骨干，这是我们党的宝贵财富，是脱贫攻坚的重要价值体现。

打赢脱贫攻坚战是营造良好社会氛围的重要途径。实践证明，脱贫攻坚对整个社会形成扶贫济困氛围、培育社会主义核心价值观、营造更和谐的发展氛围，都是重要抓手和载体。东西部扶贫协作，东部地区在支持西部地区减贫发展的同时，拓展了自身发展空间，彰显了社会主义实现共同富裕的价值取向。中央和国家机关单位定点扶贫，不仅为定点帮扶县带来资金项目、新理念和新思路、新技术和新市场，而且定点扶贫成为中央和国家机关单位干部了解农村、密切干群关系、培养锻炼干部的重要平台和渠道。广泛动员民营经济、社会组织、公民个人参与脱贫攻坚，激发了人们内心深处扶贫济困的情感，在帮扶中促进了社会和谐发展。

打赢脱贫攻坚战是对整个人类都具有重大意义的伟业。新时代脱贫攻坚展现了我国贫困治理体系的巨大价值：以实施综合性扶贫策略回应发展中国家扶贫问题的复杂性和艰巨性；发挥政府在减贫中的主导作用以回应全球依靠经济增长带动减贫弱化的普遍趋势；我国在实践中逐步形成并经过大规模实践检验的自上而下、分级负责、逐级分解与自下而上、村民民主评议相结合的精准识别机制，为有效解决贫困瞄准这一世界难题提供了科学方法。脱贫攻坚不仅成为中国特色社会主义道路自信、理论自信、制度自信、文化自信的生动写照，而且成为全球反贫困事业的亮丽风景。

三、从发展维度看，打赢脱贫攻坚战是我国发展必须完成的底线任务

全面小康目标能否如期实现，关键取决于脱贫攻坚战能否打赢。没有农村贫困人口全部脱贫，就没有全面建成小康社会，这个底线任务不能打任何折扣，我们党向人民作出的承诺不能打任何折扣。如期完成脱贫任务是全面建成小康社会的刚性目标、底线目标。只有脱贫攻坚目标如期实现，解决好贫困人口生产生活问题，满足贫困人口追求幸福的基本要求，才能凸显全面小康社会成色，让人民群众满意、国际社会认可。

党的十八大以来，脱贫攻坚取得决定性进展，我国农村贫困人口累计

减少6853万人，减贫幅度达到70%，年均脱贫人数1370万人，是1994年至2010年年均减贫人数的2倍多，贫困地区农村居民人均可支配收入与全国农村平均水平的差距进一步缩小。前所未有的大规模、高强度集中投入，促进了贫困地区农村基础条件的明显改善和公共服务水平的明显提升，变化之快、变化之大前所未有。贫困地区特色优势产业迅速发展，旅游扶贫、光伏扶贫、电商扶贫等新业态从无到有、从小到大，快速发展。生态扶贫、易地搬迁扶贫、退耕还林等明显改善了贫困地区生态环境，奠定了实现生态保护和扶贫脱贫有机结合的基础。精准识别、精准帮扶、精准管理、精准退出等精准扶贫精准脱贫基本方略实施，明显提高了贫困地区基层治理能力和管理水平。打赢脱贫攻坚战，不仅要在改善贫困人口生产生活条件上着力，更要注重提升贫困地区教育、医疗、文化等方面的公共服务水平，使贫困群众跟上全面小康的步伐。全体人民安居乐业，是社会和谐稳定、国家长治久安的坚实基础。

四、从治理维度看，在脱贫攻坚战中不断完善的中国特色脱贫攻坚制度体系成为贫困治理的中国方案

实施精准扶贫精准脱贫，是习近平总书记关于扶贫工作论述的重要内容，是对传统扶贫开发方式的根本性变革。党的十八大以来，我国围绕精准扶贫精准脱贫，以改革为动力，创新扶贫体制机制，逐步建立了中国特色脱贫攻坚制度体系。

中国特色脱贫攻坚制度体系主要包括以下方面：一是责任体系。加强党对脱贫攻坚的全面领导，实行中央统筹、省负总责、市县抓落实的工作体制。中西部22个省（区、市）党政主要负责同志向中央签署脱贫攻坚责任书，立下军令状，省市县乡村五级书记一起抓。贫困县党委和政府承担脱贫攻坚主体责任，党政一把手攻坚期内保持稳定。强化东部省份和中央各单位脱贫攻坚责任。二是政策体系。围绕落实《中共中央　国务院关于打赢脱贫攻坚战的决定》，中央各部门和各地区相继出台和完善“1+N”的脱贫攻坚政策举措，打出政策组合拳。三是投入体系。确保扶贫投入与打赢脱贫攻坚战要求相适应。扶贫资金由过去的中央财政投入为主，转变为中央、省、市县投入“三三制”局面，金融资金、社会资金成为新的投入

渠道。出台扶贫小额信贷和扶贫再贷款政策，加强保险扶贫、资本市场扶贫和土地政策支持等。四是工作体系。开展建档立卡，摸准贫困底数，着力解决“扶持谁”的问题；组织驻村帮扶，增强一线力量，着力解决“谁来扶”的问题；实施“五个一批”，推进分类施策，着力解决“怎么扶”的问题；制定退出办法，严格考核评估，着力解决“如何退”的问题。五是动员体系。发挥社会主义制度集中力量办大事的优势，动员各方面力量合力攻坚。加强东西部扶贫协作，深化细化中央和国家机关单位定点扶贫。动员中央企业开展“百县万村”精准扶贫行动，动员民营企业开展“万企帮万村”精准扶贫行动。确定10月17日为国家扶贫日，设立全国脱贫攻坚奖和全国脱贫攻坚模范，建设中国社会扶贫网，不断完善社会动员和参与机制。六是监督体系。对各地开展脱贫攻坚督查巡查、民主监督，中央巡视把脱贫攻坚作为重要内容，加强纪检监察、检察、审计、财政等部门和媒体等监督力量的合作，改进督查巡查办法，确保监督工作质量。七是考核体系。出台省级党委和政府扶贫开发工作成效考核办法、东西部扶贫协作考核办法、中央单位定点扶贫考核办法，组织省际交叉考核、第三方评估、财政扶贫资金绩效评价和媒体暗访，实行最严格的考核评估。

这套体系在实践中不断完善，具有鲜明的创新性、科学性、指导性，是国家治理体系的重要组成部分。

习近平总书记指出，各级党委和政府要把打赢脱贫攻坚战作为重大政治任务，强化中央统筹、省负总责、市县抓落实的管理体制，强化党政一把手负总责的领导责任制，明确责任、尽锐出战、狠抓实效。各级党委和政府要以更加昂扬的精神状态、更加扎实的工作作风，团结带领广大干部群众坚定信心、顽强奋斗，万众一心夺取脱贫攻坚战全面胜利。

凝聚打赢脱贫攻坚战的力量和干劲

打赢脱贫攻坚战，必须以更加坚定的决心信心，凝聚更强大的力量和更足的干劲，要从坚持脱贫攻坚目标标准、聚焦发力攻坚克难等方面，有效应对脱贫攻坚战面临的硬骨头和“险滩”。

2018年11月27日央视网

党的十八大以来，我国扶贫开发进入脱贫攻坚新阶段。以习近平同志为核心的党中央高度重视扶贫工作，把脱贫攻坚摆在治国理政突出位置，明确到2020年我国现行标准下农村贫困人口实现脱贫、贫困县全部摘帽、解决区域性整体贫困的目标任务，把如期实现脱贫攻坚目标作为建成全面小康社会、实现第一个百年奋斗目标的底线任务和标志性指标，确定了精准扶贫精准脱贫的基本方略。2015年11月，《中共中央　国务院关于打赢脱贫攻坚战的决定》印发，全面打响脱贫攻坚战，力度之大，规模之大，影响之广，前所未有。

经过几年来的不懈努力，脱贫攻坚取得了决定性进展和历史性成就。现行标准下的农村贫困人口由2012年的9899万减少到2017年的3046万，累计减少6853万，年均减贫1370万人，取得了历史上最好的减贫成绩。贫困县减少153个，解决区域性整体贫困迈出坚实步伐。大规模、高强度的基础设施、产业发展投入，明显增强了贫困地区优势产业发展结构，加快了贫困地区经济发展进程，改善了贫困地区基础条件，提升了贫困地区公共服务水平，促进了生态环境改善和脱贫的融合。精准扶贫精准脱贫基本方略的全面实施使扶贫方式实现了“精准滴灌”，一系列激发内生动力的举措明显提高了贫困地区和贫困人口的自我发展能力。过百万干部常年驻村帮扶，明显提升了农村基层治理能力和管理水平，增强了农村基层党组织凝聚力和战斗力。坚持党对扶贫工作的领导并把全面从严治党要求贯穿脱贫攻坚全过程各环节，为高质量脱贫提供了保障。脱贫攻坚的伟大成就，为历史性消除中华民族千百年来的绝对贫困问题打下了坚实基础，为全球减贫事业贡献了中国智慧和中国方案，彰显了中国共产党领导的政治优势和社会主义制度优势，证明了中国发展道路完全正确。

尽管脱贫攻坚已取得决定性进展，但正如习近平总书记所指出的，打赢脱贫攻坚战，不是轻轻松松一冲锋就能解决的。脱贫攻坚从决定性进展到全面胜利，还面临许多硬骨头和“险滩”。从脱贫任务看：一是深度贫困地区脱贫任务艰巨。部分地区贫困发生率比全国贫困发生率3.1%高出好几倍，是如期完成脱贫任务的硬骨头。二是在剩下的贫困人口中特殊贫困群体脱贫难度大。因病、因残致贫人口占比较高，内生动力不足贫困人口占比有所上升，越往后脱贫难度越大，是脱贫路上的“险滩”。从扶贫工作看：一是部分基层干部扶贫内生动力不足，形式主义、官僚主义问题依然存在；弄虚作假、数字脱贫问题在一些地方比较突出。二是脱贫进度和脱贫标准把握不准，急躁情绪与消极拖延并存，盲目提高标准和随意降低标准同在，精准方略贯彻不彻底。三是激发贫困群众内生动力流于形式或存在急功近利。四是扶贫资金管理使用不规范问题仍然存在，效益不高问题突出。五是部分贫困地区出现“摘帽综合征”。

打赢脱贫攻坚战，必须以更加坚定的决心信心，凝聚更强大的力量和更足的干劲。总的要求就是必须以习近平扶贫重要论述武装头脑、指导实践、推进工作，坚决抓好《中共中央　国务院关于打赢脱贫攻坚战三年行动的指导意见》的贯彻落实，有效应对脱贫攻坚战面临的硬骨头和“险滩”。

一要坚持脱贫攻坚目标标准。既不能降低标准，也不能吊高胃口，要促进脱贫攻坚从注重全面推进向更加注重深度贫困地区攻坚转变，从注重减贫进度向更加注重脱贫质量转变，从开发式扶贫为主向开发式与保障性扶贫并重转变。

二要聚焦发力攻坚克难。加大支持力度，着力强化深度贫困地区基础设施和公共服务建设，为稳定脱贫创造环境条件。对深度贫困村着力加强基层组织建设，培训创业致富带头人，培养“不走的工作队”，培育壮大集体经济。针对深度贫困群体，因村因户因人精准施策。对强劳动力、全劳动力，主要引导他们发展产业和转移就业，促进稳定增收脱贫；对弱劳动力、半劳动力，通过设置公益性岗位等措施，为他们参与力所能及的劳动提供帮助；对没有劳动能力的人群，主要通过社会保障兜底，保障他们的基本生活。

三要提高脱贫攻坚工作水平。加强扶贫领域干部作风治理，着力纠正形式主义等问题。完善扶贫资金使用管理机制，提高资金使用效果，努力做到阳光扶贫廉洁扶贫。加强脱贫攻坚干部培训，引导领导干部树立正确政绩观，提高基层干部脱贫攻坚能力。

四要构建稳定脱贫长效机制。虽然目前越来越多的贫困县实现了脱帽，但这只是阶段性成果，还需要加大力度巩固，要增强“造血”功能，做到摘帽不摘责任、摘帽不摘政策、摘帽不摘帮扶、摘帽不摘监管。乡村振兴的相关政策措施，优先在脱贫摘帽县村实施，确实建立起稳定脱贫长效机制，确保不返贫，为下一阶段缓解相对贫困、逐步实现共同富裕打下坚实基础。

中国特色扶贫开发道路不断拓展

改革开放以来特别是党的十八大以来，我们坚持共同富裕的价值理想，发挥我国特有的政治优势和制度优势，根据国情实际深化扶贫体制机制改革，不断拓展中国特色扶贫开发道路。扶贫开发不仅有效缓解了农村贫困状况、有力促进了贫困地区乃至全国经济社会发展，而且对于巩固党的执政基础、培养锻炼干部队伍、激发贫困群众内生动力、提升基层社会治理水平等都起到了重要作用。中国特色扶贫开发道路越走越宽广，使我们党和人民的“四个自信”不断增强。

《人民日报》2018年8月26日第5版

一、中国特色扶贫开发的经验做法

在改革开放后扶贫开发的探索与实践基础上，党的十八大以来，习近平总书记就精准扶贫精准脱贫发表一系列重要论述，阐明了新时代中国扶贫开发的重大理论和实践问题，丰富和拓展了中国特色扶贫开发道路的内涵。中国特色扶贫开发的经验做法，可以归纳为如下五个方面。

坚持改革创新。中国扶贫开发的突出成就在于，在长期扶贫开发实践中，在不同经济社会发展阶段，在不同贫困标准下，都能有效实现既定扶贫开发目标。这主要得益于我们党和政府不断推进扶贫开发体制机制改革创新。从改革开放之初以制度改革推动减贫，到1986年实施有组织的大规模扶贫开发战略，再到党的十八大以来实施精准扶贫精准脱贫，中国特色扶贫开发道路一直在改革创新中拓展。在这一过程中，坚持从实际出发，根据国家经济社会发展的不同阶段、贫困人口分布及特征的变化及时调整扶贫战略和政策，避免了一些国家简单进行抽象的赋权、干预措施却脱离经济社会发展现实条件，因而减贫成效不彰显的困境。中国建立起符合本国实际的贫困标准及其调整体系，根据人民对美好生活的向往，在改革创新中保障和改善民生，不断出台有利于贫困地区和贫困人口发展的社会政策。

坚持党的领导、政府主导。改革开放以来，中国扶贫开发始终坚持党的领导、政府主导，把扶贫开发纳入国家总体发展战略，纳入国家五年发展规划，并在党的代表大会、全国人民代表大会报告中作为战略性任务进行部署，分阶段、有计划、集中力量组织开展大规模的专项扶贫行动，并针对特定人群组织实施妇女儿童、残疾人、少数民族发展规划。同时，注重发挥党和政府顶层设计、整体规划、统筹协调的作用，不断提升扶贫脱贫国家动员能力，凝聚起脱贫攻坚的强大合力。

坚持可持续投入。改革开放以来，中国不断创新扶贫开发投入体制机制，采取多种方式加大扶贫投入力度。进入脱贫攻坚阶段，国家用于扶贫开发的资金和各类资源迅速增长，为打赢脱贫攻坚战奠定了坚实的物质基础。高水平的扶贫投入背后是我国经济长期保持平稳较快增长，加大扶贫开发投入力度的经济基础不断巩固。与此同时，中国在经济社会发展中注重将公平与效率统一起来，保障社会资源投入与社会财富增长相适应，从而为扶贫开发提供了可持续的经济支撑。

坚持开发式扶贫。开发式扶贫把发展作为解决贫困问题的根本途径，视贫困群众为扶贫开发的重要主体。贫困治理不仅要减少贫困人口数量，还要提高贫困人口发展能力，促进贫困人口融入社会；不仅要帮助贫困人口摆脱贫困状态，还要降低人们陷入贫困的风险。开发式扶贫通过建构有利于农村产业发展的基础条件，引导贫困人口参与其中，不仅在经济意义上使贫困人口摆脱了贫困，而且在社会层面使贫困人口远离贫困。它还注重调动扶贫对象的积极性、主动性、创造性，提升其自身发展能力，充分体现了我们党的人民立场和为民情怀。

坚持协同推进。贫困问题的复杂性在于其成因包含微观与宏观、个体与社会、经济与政治诸要素，单一的贫困治理手段往往收效甚微。中国充分发挥中国共产党领导和中国特色社会主义制度能够集中力量办大事的政治优势，强化政府责任，引导市场、社会协同发力，构建专项扶贫、行业扶贫、社会扶贫互为补充的大扶贫格局。

二、打赢脱贫攻坚战面临的困难和挑战

中国特色扶贫开发道路是中国特色社会主义道路的重要组成部分。打赢脱贫攻坚战，是全面建成小康社会的标志性指标，是解决发展不平衡不充分问题的关键之举。我们要清醒认识打赢脱贫攻坚战面临的困难和挑战，切实增强责任感和紧迫感，集中力量攻克贫困的难中之难、坚中之坚。

脱贫攻坚任务依然艰巨繁重。党的十八大以来，我国脱贫攻坚取得决定性进展，但截至2017年底，我国贫困人口总量仍有3046万。到2020年实现全面脱贫，平均每年需要减贫1000多万人，而且越到最后脱贫难度越大。从剩余贫困人口的构成上看，很多是残疾人、孤寡老人、长期患病者等特殊贫困群体以及教育文化水平低、缺乏技能、内生动力不足的贫困群众，

面临的挑战十分严峻。

攻克深度贫困堡垒难度更大。截至2018年8月，全国300多个深度贫困县的贫困人口超过千万，贫困发生率在10%以上；3万个深度贫困村中，贫困发生率超过20%的比重占到53%。深度贫困地区特别“三区三州”，大多生存条件比较恶劣，自然灾害多发，地理位置偏远，基础设施和公共服务明显落后，脱贫基础更为薄弱。贫困地区由于经济社会发展进程存在特殊性，文化传统和生活观念存在特殊性，与既有成熟扶贫模式匹配难度较大，大大增加了做到“六个精准”、实施“五个一批”以及解决好“四个问题”的难度，也对体制机制创新、政策设计与执行提出了更高要求。

形式主义、官僚主义等问题和现象还不同程度存在。全面从严治党、加强作风建设促进了脱贫攻坚良好氛围的形成，但形式主义、官僚主义、弄虚作假、急躁和厌战情绪以及消极腐败现象在一些地方仍然存在，有的还很严重，直接影响脱贫攻坚有效推进。有的地方存在扶贫产业选择上闭门造车、扶贫项目设计上好大喜功、工作开展上脱离实际脱离群众的问题，如不及时解决，势必影响脱贫攻坚目标的如期实现，甚至会损害党和政府形象。

脱贫内生动力有待增强。随着脱贫攻坚的深入，脱贫内生动力的重要性愈发凸显，而对于如何激发贫困群众内生动力的探索与研究仍显不足。有的地方对于缺乏内生动力的贫困群众，简单贴上等靠要、观念落后保守的标签。这不但不能激发出他们脱贫的内生动力，反而可能强化其既有价值观念和行为模式。如何打破束缚贫困群众发展的观念枷锁、激发其脱贫的内生动力，亟须进行深入探索和实践，以及更加广泛的宣传和引导。

三、努力夺取脱贫攻坚战全面胜利

全面建成小康社会，一个也不能少。面对脱贫攻坚决胜期的困难和挑战，我们要全面落实《中共中央　国务院关于打赢脱贫攻坚战三年行动的指导意见》，以更有力的行动、更扎实的工作，确保坚决打赢脱贫攻坚战，不断拓展中国特色扶贫开发道路。

进一步强化政治责任。打赢脱贫攻坚战是我们党作出的庄严承诺，脱贫攻坚是省市县乡村五级书记一起抓的一把手工程，是一项极其重大、极为严肃的政治任务。这就需要各级党委发挥总揽全局、协调各方的领导核心作用，把全面从严治党要求贯彻到脱贫攻坚全过程，真正落实脱贫攻坚责任制，强化使命担当，不断夯实打赢脱贫攻坚战的政治基础。要通过完善脱贫攻坚考核监督评估机制、加大督查巡查力度、强化扶贫资金监管、将作风建设贯穿于脱贫攻坚全过程等措施，把强化政治责任落到实处。

坚持精准扶贫精准脱贫基本方略。脱贫攻坚，贵在精准，重在精准，成败之举在于精准。要坚持精准扶贫精准脱贫，确保到2020年现行标准下农村贫困人口全部脱贫，消除绝对贫困；确保贫困县全部摘帽，解决区域性整体贫困。强化到村到户到人的精准帮扶举措，做好产业扶贫、就业扶贫、易地搬迁扶贫、生态扶贫、教育脱贫、健康扶贫和农村危房改造、综合保障性扶贫等重点工作，开展贫困残疾人脱贫行动。加大东西部扶贫协作力度，深入开展定点扶贫工作，扎实做好军队帮扶工作，广泛动员民营企业、社会组织、公民个人参与社会扶贫。突出问题导向，优化政策供给，下足绣花功夫，集中力量支持深度贫困地区脱贫攻坚，着力改善深度贫困地区发展条件，精准化解特殊贫困群体难题。

持续激发贫困群众脱贫内生动力。扶贫开发重在持续激发、培育和形成贫困群众脱贫的内生动力。要树立脱贫光荣导向，弘扬自尊、自爱、自强精神，为激发贫困群众脱贫内生动力营造良好氛围。帮扶干部应深入贫困群众，引导其树立正确价值观念，努力找准发力点，精准施策，有效激发贫困群众脱贫内生动力。总结宣传推广成功经验和做法，如有的地方从个体、家庭以及社区的角度营造奋发有为的环境，有的地方运用经济、社会和文化手段打破“甘于贫困”的思想意识和行为模式等，取得良好效果。着力夯实贫困人口稳定脱贫基础，这也是持续激发贫困群众脱贫内生动力、建立稳定脱贫长效机制的有力保障。注重提升各类贫困人口的风险防范能力，强化社会保障的防贫减贫功能。增强农村社区的扶贫济困功能，强化邻里互帮互助、患难相恤的传统，发挥社会资本在减贫中的作用，做好脱贫攻坚与实施乡村振兴战略的有效衔接。

我国精准扶贫实践成效、存在问题及对策建议

精准扶贫精准脱贫基本方略实施以来，我国的扶贫开发取得了巨大成效，但还存在深度贫困地区、深度贫困群体没有完全精准瞄准，脱贫计划脱离实际，扶贫资金使用管理不精准等问题，要进一步学习领会习近平总书记的系列重要论述，通过细化目标任务、坚持问题导向、强化资金监管等措施予以解决。

《民主与科学》2018年第1期

在习近平精准扶贫论述指引下，精准扶贫精准脱贫基本方略实施以来，我国的扶贫开发取得了巨大成效。与此同时，由于面临治贫主体、治贫方式和治贫客体等多方面的挑战，加之越往后扶贫难度越大，精准扶贫方略在实施过程中暴露出一些问题，亟待解决。

一、精准扶贫方略实施以来的扶贫开发成效

2013年底，以中共中央办公厅、国务院办公厅《关于创新机制扎实推进农村扶贫开发的意见》为标志，我国开始实施精准扶贫。以《中共中央　国务院关于打赢脱贫攻坚战的决定》为标志，我国在全国范围全面实施精准扶贫精准脱贫方略。至2016年底，我国精准扶贫取得显著成效。

一是农村贫困人口大幅减少，贫困发生率持续下降。按现行国家农村贫困标准（2010年价格水平为每人每年2300元）测算，全国农村贫困人口由2012年的9899万人减少至2016年的4335万人，累计减少5564万人，平均每年减少1391万人；全国农村贫困发生率由2012年的10.2%下降至2016年的4.5%，下降5.7个百分点。内蒙古、广西、贵州、云南、西藏、青海、宁夏、新疆等民族8省区农村贫困发生率从2012年的21.1%下降到2016年的9.4%，累计下降11.7个百分点；贫困人口从2012年的3121万人减少到2016年的1411万人，累计减少1710万人，减少幅度为54.8%。

二是贫困地区农村居民收入保持快速增长，增速持续高于全国农村平均水平。2016年，贫困地区农村居民人均可支配收入8452元，名义水平是2012年的1.6倍；排除价格因素，实际水平是2012年的1.5倍。2013—2016年贫困地区农村居民人均收入连续保持两位数增长，扣除价格因素，年均实际增长10.7%。其中，扶贫开发工作重点县农村居民人均可支配收入8355元，是2012年的1.65倍；扣除价格因素影响，实际水平是2012年的1.52倍，是2010年的2倍，扶贫开发工作重点县农村居民收入提前实现翻番目

标。2013—2016年，贫困地区农村居民人均可支配收入年均实际增速比全国农村平均水平高2.7个百分点。扶贫开发工作重点县年均实际增长11.1%，比全国农村平均水平高3.1个百分点。2016年贫困地区农村居民人均可支配收入是全国农村平均水平的68.4%，比2012年提高了6.2个百分点。农村居民就业机会增多，工资性收入占比提高。2016年贫困地区农村居民人均工资性收入2880元，与2012年相比，年均增长16.5%，占可支配收入的比重为34.1%，比2012年提高4.1个百分点。相关统计数据显示，贫困地区农村居民人均收入对传统农业依赖下降，收入来源日益多元化。

三是贫困地区农村居民生活消费水平持续提高，质量不断改善。2016年贫困地区农村居民人均消费支出7331元，与2012年相比，年均增长11.7%，且连续4年保持两位数增长，扣除价格因素，年均实际增长9.6%。消费结构明显优化，吃饭穿衣支出占比下降。居住条件不断改善，2016年贫困地区农村居民户均住房面积为137.2平方米，比2012年增加19.1平方米。耐用消费品升级换代，传统耐用消费品拥有量稳步提高。

四是贫困地区农村生活条件得到改善，教育文化医疗水平明显提高。

（1）基础设施条件不断完善。截至2016年，贫困地区通电的自然村接近全覆盖；通电话的自然村比重达到98.2%，比2012年提高4.9个百分点；通有线电视信号的自然村比重为81.3%，比2012年提高12.3个百分点；通宽带的自然村比重为63.4%，比2012年提高25.1个百分点。2016年，贫困地区村内主干道路面经过硬化处理的自然村比重为77.9%，比2013年提高18个百分点；通客运班车的自然村比重为49.9%，比2013年提高11.1个百分点。

（2）教育文化状况明显改善。2016年，贫困地区农村居民16岁以上家庭成员均未完成初中教育的农户比重为16%，比2012年下降2.2个百分点；79.7%的农户所在自然村上幼儿园便利，84.9%的农户所在自然村上小学便利，分别比2013年提高12.1个百分点和6.9个百分点；有文化活动室的行政村比重为86.5%，比2012年提高12个百分点。

（3）医疗卫生水平显著提高。2016年，贫困地区农村拥有行医资格医生的行政村比重为90.4%，比2012年提高7个百分点；91.4%的农户所在自然村有卫生站，比2013年提高7个百分点。

五是我国为全球减贫作出重大贡献。按照现行农村贫困标准测算，从1978年到2016年，我国农村贫困人口减少7.3亿，贫困发生率从1978年的97.5%下降至2016年的4.5%。按照每人每天1.9美元的国际极端贫困标准，根据世界银行发布的最新数据，1981年至2013年中国贫困人口减少了8.5亿，占全球减贫总规模的69.3%，为全球减贫作出了重大贡献。联合国开发计划署2015年发布的《联合国千年发展目标报告》明确指出，“中国在全球减贫中发挥了核心作用”。中国精准扶贫的新理论、新实践也为全球减少贫困提供了范例。

二、精准扶贫具体实践中存在的主要问题

以精准扶贫精准脱贫为基本方略的脱贫攻坚战进展顺利。但在最困难、条件最差的地区，做最精准的事，困难可想而知。因此，深入推进精准扶贫精准脱贫，举措落实、政策见效、工作开展还需要一个过程，困难不能低估，问题不能回避。从目前各地实践看，精准扶贫精准脱贫基本方略实施存在以下困难和问题。

一是硬骨头还没有完全精准瞄准。对于深度贫困地区、深度贫困群体的瞄准需要采取更有效的措施。深度贫困地区主要是自然条件恶劣、基础设施和公共服务欠账较多、贫困发生率高、脱贫难度大的地区。12.8万个建档立卡贫困村也是难啃的硬骨头，这些村居住着60%的贫困人口。大部分贫困村基层组织功能弱化，无人管事；人才严重流失，无人干事；村集体经济薄弱，无钱办事；基础设施滞后，陈规陋习严重，发展基础不牢。深度贫困群体主要是因病致贫返贫群体。截至2016年底，全国还有4335万贫困人口。建档立卡数据显示，贫困人口中因病致贫比例从2015年的42%上升到2016年的44%。

二是工作中仍存在不严不实不精准问题。主要表现是脱贫计划脱离实际。有的地方违背客观实际，层层加码提前脱贫时间，患了“急躁症”；有的地方认为贫困人口不多，脱贫任务不重，按时完成没有问题，犯了“拖延病”；有的政策措施缺乏针对性、操作性，没有有效落实；有的把脱贫工作“文件化”“会议化”“表格化”，有的把大量资金用在垒大户、堆盆景、制作精美挂图展板上；有的驻村干部不驻村、假驻村，帮扶措施没到位；

有的甚至在考核评估中弄虚作假，组织群众统一答复口径，试图在考核评估中蒙混过关。在贫困识别上，有的地方“搞摆平”，人为割裂低保与扶贫，导致一定数量符合条件的贫困人口未纳入建档立卡。在精准帮扶上，有的表面看帮扶到户到人，实质上还搞一刀切，是缩小版的“大水漫灌”。在贫困退出上，有的算账脱贫，有的突击脱贫，有的一兜了之，脱贫质量不高。

三是扶贫资金使用管理存在不精准问题。贪污、挤占、挪用等问题仍时有发生，在乡、村两级尤为突出。中央纪委监察部网站2016年通报的扶贫领域325起突出问题中，有86%涉及乡村干部。资金闲置滞留等新问题逐步显现。随着扶贫投入增多，权限下放到县，一些地方扶贫能力未及时跟上，项目规划不科学、不合理，接不住、整不动、用不好。2016年资金闲置问题占审计发现问题的2/3。资金使用公开透明不够，这方面的监管亟待加强。

四是精准扶贫主体（贫困群众）内生动力不足问题。从帮扶工作来看，有的地方为图省事、赶进度，大包大揽、送钱送物；有的地方“干部干，群众看”，造成养懒汉现象。从贫困群众来看，有的穷怕了不敢想，安于现状，单纯依靠外界帮扶被动脱贫；有的穷惯了，习惯了等靠要，靠穷吃穷，依赖政策不愿脱贫。如果不能充分发动贫困群众，扶贫就只是治标不治本，帮扶效果就很难可持续。

三、深化精准扶贫精准脱贫的对策建议

2017年是精准扶贫精准脱贫的深化之年。2月21日，习近平总书记主持中共中央政治局第三十九次集体学习。这次学习以更好地实施精准扶贫为主题，习近平总书记发表重要讲话，对精准扶贫、精准脱贫提出新的更高要求。3月，习近平总书记在全国两会期间提出“绣花式”精准扶贫重要论述。3月31日，习近平总书记主持中共中央政治局会议，听取2016年度省级党委和政府扶贫开发工作成效考核情况汇报，对严格考核、确保精准退出作出新部署。6月23日，习近平总书记在山西太原主持召开深度贫困地区脱贫攻坚座谈会，研究破解深度贫困问题之策。习近平总书记上述重要论述，丰富、发展了精准扶贫论述，为深化精准扶贫精准脱贫指明了方向，

提供了根本遵循。我们要认真学习，深刻领会，贯彻落实到实践中。

1.细化目标任务

脱贫的标准就是“两不愁三保障”，不能盲目提高也不能降低，时限就是2020年，不能急躁，也不能拖延。从当前情况看，按照现有的政策力度和工作力度，只要真抓实干，是可以实现脱贫目标的。一要调整完善脱贫攻坚滚动规划和年度计划。贫困县一般应在2019年前摘帽，贫困人口应在2020年如期脱贫。低保兜底尽量往后靠，对那些确实不能依靠自身努力脱贫的，到最后才低保兜底。脱贫规划要有合理时序，既要防止急躁，又要防止拖延。二要保持脱贫攻坚政策的稳定。贫困县党政正职稳定、驻村帮扶、东西部扶贫协作、党政机关定点扶贫，2020年前都不变。三要在做好贫困县贫困村脱贫攻坚的同时，高度重视非贫困县非贫困村的脱贫攻坚，防止出现死角。

2.坚持问题导向

针对当前突出困难和问题，一要集中力量攻坚。要进一步瞄准贫困地区、贫困村、因病致贫贫困户，这是要攻的“坚”。加大对典型的深度贫困地区的基础设施和公共服务建设支持力度。组织实施贫困村提升工程，培育壮大集体经济，完善基础设施，打通脱贫攻坚政策，落实“最后一公里”。落实健康扶贫政策，降低因病致贫贫困户医疗费用支出，进一步解决大病和慢性病治疗、救助问题，减轻贫困家庭医疗负担。二要抓好考核，发现问题要及时整改。纠正不严不实不精准，特别是要纠正形式主义，严防弄虚作假。要通过教育培训等措施，增强基层扶贫干部“绣花”能力，提高贫困识别、帮扶、退出精准度。

3.打牢精准基础

完善建档立卡，摸准贫困底数。准确识别贫困户是很难的，农村基础薄弱、情况复杂、人口流动性大，再加上人情社会、落后观念等因素，难度更大。精准永远在路上。下一步，要把符合建档立卡条件的贫困人口全部纳入，只要是贫困人口，不管什么原因、什么类型，都应纳入，做到不落一人。与此同时，还要对2014年以来的脱贫人口的返贫情况进行调研，探索建立稳定脱贫的长效机制。

规范驻村帮扶，增强基层力量。中共中央要求，每个贫困村都要派驻村工作队，每个贫困户都要有帮扶责任人，实现全覆盖。第一书记和驻村干部要积极帮助群众出主意干实事，推动各项扶贫措施落地落实，打通精准扶贫“最后一公里”。国家层面应出台指导意见，各地要加强驻村干部管理，加强贫困村“两委”建设，选好配强村“两委”班子，培养一支永远不走的工作队。

强化资金监管，提高使用效益。继续加强纪检、检察、审计、财政监督和群众、社会监督，特别是把乡村两级组织作为重点，加大惩处力度，保持高压态势。全面推进贫困县财政涉农资金统筹整合，加大指导、督促、检查，提高扶贫资金使用效率和效益。进一步完善扶贫资金公告公示制度，提升扶贫资金项目的透明度。

4.从严考核倒逼精准落地

考核是全面从严治党在脱贫攻坚领域的重要体现，是倒逼各地抓好落实、检验脱贫质量的重要手段。要按中共中央要求，继续实行最严格的考核评估制度，坚决防止虚假脱贫、“数字脱贫”、一兜了之等敷衍了事、不实不准、弄虚作假的行为，倒逼各地落实脱贫攻坚工作责任，把求真务实的导向立起来，把真抓实干的规矩严起来，确保脱贫结果经得起历史和实践的检验。

5.着力创新带贫机制

随着脱贫攻坚深入推进，难题和矛盾还会不断出现，必须结合实际，创新扶贫工作方式。鼓励基层探索试点，建立容错纠错机制，对探索中出现的问题，及时纠正。对陈规陋习等也需要改革，但需要一个过程。

6.有力有序总结推广经验

要总结党的十八大以来精准扶贫的实践和成就，总结各项工作成功经验，总结产业扶贫、就业脱贫、易地搬迁扶贫、教育扶贫、健康扶贫等重点工作的典型范例。继续开展全国脱贫攻坚奖评选表彰活动，及时发现并表彰全国脱贫攻坚模范。建立扶贫先进典型台账，及时推广好的经验做法。脱贫攻坚，不仅仅是脱贫攻坚，而是涉及经济社会发展各方面。不能就扶贫而扶贫，还要改善农村基层组织建设、集体经济、管理水平、思想观念等。

中国确保实现高质量脱贫的路径

要做到高质量脱贫，总的要求就是按照《中共中央　国务院关于打赢脱贫攻坚战三年行动的指导意见》要求抓好贯彻落实，具体做到“四个坚持”，实现“三个转变”，完善“两个体系”。

原题《中国如何确保实现高质量脱贫?》，《今日中国》2018年7月5日中国全面打响脱贫攻坚战以来，习近平总书记从全面从严治党、推进国家贫困治理体系和治理能力现代化的高度，反复强调：扶贫工作必须务实，脱贫过程必须扎实，脱贫结果必须真实，使脱贫攻坚成效真正获得群众认可、经得起实践和历史检验。

在2017年10月召开的中国共产党第十九次全国代表大会上，习近平总书记作出“脱贫攻坚战取得决定性进展”的重要论断，进一步明确要“脱真贫、真脱贫”。2018年2月，习近平总书记又专程赴四川凉山深度贫困地区调研脱贫攻坚工作，在成都主持召开打好精准脱贫攻坚战座谈会，对打好今后三年脱贫攻坚战进行新部署，就确保高质量脱贫提出新的要求：今后三年脱贫攻坚工作必须确保焦点不散、靶心不变，严格坚持现行扶贫标准，落细攻击点位，各项脱贫举措都要找准问题、聚焦短板、精准施策，完善督战机制。要聚焦深度贫困地区和特殊贫困群体，确保不漏一村、不落一人。

习近平总书记关于确保高质量脱贫的一系列重要论述，是习近平扶贫重要论述的重要内容，为打好精准脱贫攻坚战、实现高质量脱贫指明了方向，提供了根本遵循。

2018年8月，《中共中央　国务院关于打赢脱贫攻坚战三年行动的指导意见》印发，旨在进一步完善脱贫攻坚顶层设计，细化实化政策举措，加强工作环节，实现高质量脱贫。要做到高质量脱贫，总的要求就是按照《指导意见》要求抓好贯彻落实，具体是做到“四个坚持”，实现“三个转变”，完善“两个体系”。

一、做到“四个坚持”是确保脱贫质量的根本要求

一是坚持脱贫攻坚目标和现行扶贫标准。脱贫攻坚目标就是实现贫困人口全部脱贫、贫困县全部摘帽，标准就是稳定实现农村贫困人口

“两不愁三保障”。这一目标和标准符合中国国情和发展阶段，略高于国际标准，是科学合理的。“两不愁三保障”就是确保贫困人口不愁吃、不愁穿；保障贫困家庭孩子接受九年义务教育，确保有学上、上得起学；保障贫困人口基本医疗需求，确保大病和慢性疾病得到有效救治和保障；保障贫困人口基本居住条件，确保住得上安全住房。坚持脱贫目标标准要量力而行，既不能降低标准，也不能擅自拔高标准、提不切合实际的目标。

二是坚持精准扶贫精准脱贫基本方略。做到扶持对象精准、项目安排精准、资金使用精准、措施到户精准、因村派人精准、脱贫成效精准。通过发展生产脱贫一批、易地搬迁脱贫一批、生态补偿脱贫一批、发展教育脱贫一批、社会保障兜底一批，因地制宜综合施策，从实际出发，解决好“扶持谁、谁来扶、怎么扶、如何退”的问题，做到扶真贫、真扶贫，脱真贫、真脱贫。

三是坚持中央统筹、省负总责、市县抓落实的管理体制。强化党政一把手负总责的领导责任制，五级书记一起抓。明确责任、尽锐出战、狠抓实效。

四是坚持大扶贫格局。深化东西部扶贫协作和党政机关定点扶贫，调动社会各界参与脱贫攻坚积极性，实现政府、市场、社会互动和行业扶贫、专项扶贫、社会扶贫联动，凝聚社会各方面力量合力攻坚。

二、实现“三个转变”是确保脱贫质量的重要举措

一是从注重全面推进向更加注重深度贫困地区攻坚转变。既要全面推进脱贫攻坚，从总体上不留死角，更要着力改善深度贫困地区发展条件，着力解决深度贫困地区群众特殊困难，着力加大深度贫困地区政策倾斜力度。

二是从注重减贫进度向更加注重脱贫质量转变。把提高脱贫质量放在首位，更加注重帮扶的长期效果，夯实稳定脱贫、逐步致富的基础，防止虚假脱贫、返贫，确保脱贫攻坚成果经得起历史和实践检验。

三是从开发式扶贫为主向开发式与保障性扶贫并重转变。把开发式扶贫作为脱贫基本途径，针对致贫原因和贫困人口结构，加强和完善保障性

扶贫措施，“造血”“输血”协同，发挥两种方式的综合脱贫效应。

三、完善“两个体系”是确保脱贫质量的实现路径

一是完善精准扶贫落实工作体系。在贫困识别上，继续完善建档立卡，确保应纳尽纳、应退尽退，加强数据共享和数据分析，为宏观决策和工作指导提供支撑。在驻村帮扶上，强化贫困村第一书记和驻村工作队的选派管理，着力解决驻村帮扶中选人不优、管理不严、作风不实、保障不力等问题，更好发挥驻村干部脱贫攻坚生力军作用。在精准施策上，扎实推进“五个一批”，因村因户因人精准施策。比如，产业扶贫要建立带贫机制，防止简单发钱发物，要把贫困群众组织动员起来，依靠发展产业和就业增收脱贫。在贫困退出上，要按照贫困退出标准、程序严格评估，确保脱贫成果经得起历史和实践检验。低保兜底的应在县村摘帽时标注退出。对摘帽贫困县、贫困村和脱贫人口，攻坚期内相关扶贫政策保持稳定，扶上马、送一程。

二是完善脱贫攻坚考核监督体系。改进贫困县退出专项评估检查，2018年以后申请退出的贫困县，由各省（区、市）统一组织，中央结合督查巡查进行抽查。改进第三方评估方式，简化程序、精简内容，突出重点、注重实效。改进约谈方式，变定期约谈算总账为常态化约谈。取消与脱贫攻坚无关的搭车任务和验收指标，为基层帮扶工作减负。对督导检查和考核评估发现的问题，各地要举一反三，全面主动查摆，深入剖析根源，建立长效机制。

此外，通过完善政策措施、加强教育培训、加强典型引导、发挥村规民约作用等措施，不断激发贫困群众脱贫内生动力。加强对可能出现的完不成任务的风险以及经济、债务、社会等风险的防范工作，也是确保实现高质量脱贫的重要对策。

打好精准脱贫攻坚战的着力点

全面打好精准脱贫攻坚战，需要从强化政治责任、坚定信心决心、坚持基本方略、转变工作作风、培育内生动力等方面着手。

《学习时报》2018年3月14日第A4版

党的十八大以来，以习近平同志为核心的党中央高度重视脱贫攻坚。2018年新年伊始，在全党深入学习贯彻党的十九大精神、脱贫攻坚进入啃硬骨头的关键时期，习近平总书记再次深入四川凉山深度贫困地区调研，向全党全社会发出了新的动员令，为全面打好精准脱贫攻坚战指明了方向，提供了行动纲领。

强化政治责任，这是全面打好精准脱贫攻坚战的基础。打好脱贫攻坚战是党的十九大提出的“三大攻坚战”之一，对如期全面建成小康社会、实现我们党第一个百年奋斗目标具有十分重要的意义。脱贫攻坚已经成为习近平总书记亲自带领省市县乡村五级书记一起抓的一把手工程，是一项极其重大、极为严肃的政治任务，更是各级党政干部义不容辞的重大政治责任。只有从政治高度深化思想认识、深化政治责任、深化使命担当，才能不断夯实打好打赢脱贫攻坚战的政治基础。

坚定信心决心，这是全面打好精准脱贫攻坚战的保障。党的十八大以来，党中央从全面建成小康社会要求出发，把扶贫开发工作纳入“五位一体”总体布局、“四个全面”战略布局，作为实现第一个百年奋斗目标的重点任务，作出一系列重大部署和安排，全面打响脱贫攻坚战。脱贫攻坚力度之大、规模之广、影响之深前所未有，取得了决定性进展。党中央不断加强对脱贫攻坚工作的全面领导，围绕精准扶贫精准脱贫，从责任、工作、政策、投入、帮扶、社会动员、考核评估等七个方面，建立形成了中国特色脱贫攻坚制度体系，为全面打好精准脱贫攻坚战提供了有力制度保障。在脱贫攻坚伟大实践中，积累了坚持党的领导、强化组织保证，坚持精准方略、提高脱贫实效，坚持加大投入、强化资金支持，坚持社会动员、凝聚各方力量，坚持从严要求、促进真抓实干，坚持群众主体、激发内生动力等六条弥足珍贵的经验，为全面打好精准脱贫攻坚战提供了方法路径支持。

坚持基本方略，这是全面打好精准脱贫攻坚战的核心。坚持精准扶贫方略，就是坚持精准脱贫的目标标准，确保到2020年现行标准下农村贫困人口全部脱贫，消除绝对贫困；确保贫困县全部摘帽，解决区域性整体贫困。稳定实现贫困人口“两不愁三保障”，贫困地区基本公共服务领域主要指标接近全国平均水平。既不能降低标准、影响质量，也不要拔高标准、吊高胃口。继续完善建档立卡，深入推进精准施策，扎实做好产业扶贫、易地扶贫搬迁、就业扶贫、危房改造、教育扶贫、健康扶贫、生态扶贫等重点工作。聚焦深度贫困地区，精准着力化解特殊贫困群体难题。精准识别分析存在的问题，精确分析问题成因，准确采取针对性措施解决问题。严格考核评估，强化脱贫成效。

转变工作作风，这是全面打好精准脱贫攻坚战的关键。党中央已经明确，将2018年作为脱贫攻坚作风建设年，扎实开展扶贫领域作风建设。与时俱进改革创新，落实好中央统筹、省负总责、市县抓落实的管理体制。坚持问题导向，集中力量解决脱贫领域“四个意识”不强、责任落实不到位、工作措施不精准、资金管理使用不规范、工作作风不扎实、考核评估不严格等突出问题。强化扶贫资金监管，健全公告公示制度，接受群众和社会监督，完善阳光扶贫、廉洁扶贫机制。对发现的作风问题，举一反三，完善政策措施，加强制度建设，扎紧制度笼子，切实将作风建设贯穿脱贫攻坚全过程。

培育内生动力，这是全面打好精准脱贫攻坚战的根本。打好脱贫攻坚战，关键在人，在人的观念、能力、干劲。一方面，抓好各级扶贫干部学习培训，着力提高并保持其开展精准扶贫精准脱贫的动力。通过培训，帮助县级以上领导干部提高思想认识，树立正确的政绩观，掌握精准脱贫方法论，提高研究攻坚问题、解决攻坚难题的能力；帮助基层干部切实提高精准扶贫实际操作能力。另一方面，充分发挥贫困群众脱贫致富主体作用。加强扶贫同扶志、扶智相结合，激发贫困群众积极性和主动性，激励和引导贫困群众自力更生，努力改变命运。改进帮扶方式，提倡多劳多得，营造勤劳致富、光荣脱贫氛围。

打好决战决胜深度贫困硬仗

深度贫困地区和深度贫困问题是脱贫攻坚的坚中之坚，决战决胜深度贫困要深化认识，坚定信心，勇于担当，综合施力，求真务实。

《瞭望新闻周刊》2017年第22期

2017年6月23日，习近平总书记在山西太原市主持召开深度贫困地区脱贫攻坚座谈会，听取脱贫攻坚进展情况汇报，集中研究破解深度贫困之策。习近平总书记强调，要深刻认识深度贫困地区如期完成脱贫攻坚任务的艰巨性、重要性、紧迫性，以解决突出制约问题为重点，强化支撑体系，加大政策倾斜，聚焦精准发力，攻克坚中之坚，确保深度贫困地区和贫困群众同全国人民一道进入全面小康社会。

“行百里者半九十”，脱贫攻坚越到最后越难。习近平总书记在深度贫困地区脱贫攻坚座谈会上的重要讲话，高屋建瓴、博大精深，内涵丰富、思想深刻，是完善贫困治理体系的科学指南，为决战决胜深度贫困指明了前进方向、提供了根本遵循。

决战决胜深度贫困需要深化认识。应该清醒地看到，深度贫困地区和深度贫困问题之所以是脱贫攻坚的坚中之坚，其原因：一是分布广，包括生态环境恶劣、致贫原因复杂的连片深度贫困地区、贫困发生率仍然超过20%的深度贫困县以及贫困人口集中、基础设施公共服务严重滞后、村“两委”能力普遍不强、大多数没有集体经济的贫困村。二是贫困程度深，体现在深度贫困人口人均可支配收入远低于所在省份的平均水平。三是脱贫难度大，主要是深度贫困地区贫困人口占比高、贫困发生率高；低保五保、因病致贫返贫、老年人三类贫困人口占贫困人口总量比重大。

决战决胜深度贫困需要坚定信心。党的十八大以来，党中央把贫困人口脱贫作为全面建成小康社会的底线任务和标志性指标，在全国范围打响了脱贫攻坚战。脱贫攻坚四梁八柱性质的顶层设计基本形成，五级书记抓扶贫、全党动员促攻坚，党中央各项决策部署得到较好落实，脱贫攻坚取得了显著成绩，这为决战决胜深度贫困奠定了基础。改革开放近40年来，我们实现了大规模减贫，也创造了集中连片深度贫困地区、贫困县、贫困村脱贫的成功经验。党的十八大以来，我们在全面推进脱贫攻坚的同时，加大对深度贫困地区的支持力度，各地积极探索，在实践中积累了很好的新成果和新做法。

决战决胜深度贫困需要勇于担当。这方面，习近平总书记为我们树立了榜样。2012年12月，习近平总书记履新伊始，就前往太行山深处的河北阜平县骆驼湾村、顾家台村看望贫困群众，访真贫、扶真贫、真扶贫。从黄土高坡到雪域高原，从革命老区到民族地区，从地震灾区到祖国边陲，习近平总书记走村入户，把党中央的关怀送到乡亲们的心里，把群众心愿转化为党和国家的方针政策。习近平总书记始终牵挂着贫困地区和贫困群众，“绝不能让一个少数民族、一个地区掉队，要让13亿中国人民共享全面小康的成果”。习近平总书记代表中国共产党人作出郑重承诺，亦如他上任伊始的庄严宣示：人民对美好生活的向往，就是我们的奋斗目标。这是决战决胜深度贫困的力量源泉。

决战决胜深度贫困需要综合施策、精准发力。一是要明确对象重点，找出找准深度贫困地区、深度贫困县、深度贫困村和“直过民族”、人口较少民族等深度贫困群体，这是攻坚的重点。二是要明确工作重点，把解决产业发展、公共服务、基础设施、基本医疗、技能培训、生态环境等硬骨头问题摆在突出位置。三是要坚持精准扶贫精准脱贫基本方略，聚焦问题，找准成因，做到精准识别、精准施策、精准退出。四是要坚持专项扶贫、行业扶贫、社会扶贫“三位一体”大扶贫格局。五是要强化区域发展，把贫困地区民营经济、县域经济、园区经济发展作为稳定脱贫的重要依托和精准扶贫的主攻方向，通过发展特色产业带动贫困群众脱贫致富奔小康。六是要着力增强内生动力，深入实施脱贫攻坚与基层党建结合，改变等靠要思想。七是要强化组织领导，层层压实责任。

决战决胜深度贫困需要求真务实久久为功。习近平总书记指出，打赢脱贫攻坚战绝非朝夕之功，不是轻轻松松冲一冲就能解决的。党的十八大以来，习近平总书记在阜平听取扶贫开发工作汇报，在延安主持召开陕甘宁革命老区脱贫致富座谈会，在贵阳主持召开涉及武陵山、乌蒙山、滇桂黔集中连片特困地区脱贫攻坚座谈会，在银川主持召开东西部扶贫协作座谈会，召开中央扶贫开发工作会议、中央政治局集体学习、深度贫困地区脱贫攻坚座谈会，贯穿始终的是我们党实事求是的思想路线，始终体现的是习近平总书记久久为功的战略定力和求真务实的工作作风。决战决胜深度贫困，必须实打实干，一切都要落实到为深度贫困群众解决实际问题上，切实防止形式主义。要加强检查督查，防止“数字脱贫”、虚假脱贫。同时，在脱贫攻坚政策完善和各项措施落实过程中，要注意处理好精准扶贫的一般性和特殊性、底线目标实现和稳定脱贫机制建立、区域发展和到村到户到人、物质帮扶和扶志扶智、近期目标和长远发展等辩证关系，确保到2020年深度贫困地区完成脱贫攻坚任务，确保深度贫困群体实现稳定脱贫。

共赢—协同发展理念下的民营企业参与贫困治理研究

民营企业是重要经济主体之一，民营企业参与贫困治理是社会治理的客观要求。共赢—协同发展理念下民营企业参与贫困治理具有重要的理论和现实意义，既实现了工具性与价值性的统一，又实现了经济效益与社会效益的共赢。结合当前社会扶贫的实际来看，民营企业参与贫困治理的路径应落实到从内外部环境和制度保障来实现贫困治理中政府—企业—贫困人口的共赢。

《内蒙古社会科学》2015年第3期，第二作者周晶民营企业是社会运转的重要部分，其参与贫困治理是促进社会良性运行的重要方面。民营企业参与贫困治理不仅是中华民族扶贫济困传统文化的传承，也是践行社会主义核心价值观的综合体现。中国社科院发布的慈善蓝皮书《中国慈善发展报告（2013）》显示，民营企业在重大灾害事故、扶贫济困、助残、助学等方面发挥着重要作用，民营企业在解决这些社会问题的过程中扮演着越来越重要的角色。据《2013年度中国慈善捐助报告》显示，民营企业在参与数量和捐赠金额等方面占有更大份额，2013年企业法人的捐赠额占年度捐赠总额的70%，成为捐赠的绝对主力，其中民营企业和外资企业占企业捐赠的90%以上，民营企业占其中60%左右。但现阶段民营企业参与贫困治理仍然面临参与动力不足、参与动机多元、缺乏正向的环境支持等现实困境。与此同时，尽管我国扶贫开发工作取得了巨大成就，但是贫困面广、贫困程度深、扶贫难度越来越大、扶贫任务依然十分艰巨的局面仍没有根本转变，贫困地区、贫困人口脱贫发展已成为全面建成小康社会、实现中国梦的短板。显然，民营企业快速增长是改革开放以来最引人注目的现象之一，但与之相随的是贫富差距不断增大，贫困仍然掣肘着区域经济整体发展和民生改善。

一、共赢—协同发展理念的提出及其理论内涵

民营企业参与贫困治理一直存在着工具性—价值性对立的视角之争，这种对立在民营企业的参与动机和参与方式上体现得尤为明显，并导致民营企业在贫困治理中角色定位以及与其他主体之间的合作行为长期处于一种模糊的状态。在构建大扶贫格局，推动多元力量参与贫困治理、贫困地区和贫困人口共同富裕的背景下，提出民营企业参与贫困治理的共赢—协同发展理念。这一新的发展理念是基于工具性—价值性视角和社会治理理论视角确立的，试图从工具性—价值性对立中找到新的佐证和分析思路，

同时尝试在社会治理的框架体系下，重塑民营企业在贫困多元治理领域的角色定位，对于新时期民营企业参与贫困治理有着重要的理论贡献。民营企业与政府协同参与扶贫开发有利于发挥政府和企业的整体优势，营造政府、企业以及贫困人口共赢的局面①，并且有利于政府职能的转变、贫困治理结构的优化和为实现全面建成小康社会目标创造条件。最终，在共赢—协同发展理念下，民营企业参与贫困治理应当是共赢合作、协同治理的结果，应倡导民营企业及其他多元主体共担社会责任、互利共赢、协同参与贫困治理的治理思路。

（一）工具性—价值性视角

工具性—价值性视角是根据马克斯·韦伯的《经济与社会》一书中的“合理性”进行的划分，工具理性和价值理性成为一对重要概念出现，工具性视角是以自身基本物质需求的满足为导向，追求效用的最大化，最优化地使用和配置资源在市场中进行交换以达到自身的盈利目标；价值性视角则是以传统为取向，受到情绪的制约，包括建立在宗教奉献、孝顺的情感等类似的以情绪为取向的行为②。

工具性视角认为，人们作出参与决策以及参与度的高低是利益使然，人们在行动过程中对机会或项目是否参与，完全取决于由此带来的收益和所付出的必要代价。民营企业参与贫困治理中所获得的价值越高，其行动的可持续性越强。基于工具性的视角，企业参与贫困治理、发展产业这一过程是有经济利益的。民营企业的发展与国家政策支持是相关的，这种民营企业与政府的微妙关系对企业的理性选择是有影响的。价值性视角认为，人们参与的意愿是伦理道德等文化因素价值内化的结果。人们对机会项目的选择是因为内在价值取向告诉他们这样做是应该的，而不在于他们认为这样做对自己是有利可图的。基于价值性的视角，企业参与贫困治理是回报社会的重要方式，也是履行社会责任的重要表现。

共赢—协同发展理念的提出是民营企业参与贫困治理的工具性视角和

---

① 刘娜、骆欣庆：《政府与企业协同扶贫机制研究》，《经济纵横》2007年第17期。

② 戴卫东：《私营企业参与社会保障意愿的分析——一个基于理论层面的研究》，《河南社会科学》2007年第2期。

价值性视角的有机结合，这既是一种参与动机的呈现，也是一种参与结果的激励。共赢—协同发展理念也实现了工具性—价值性视角的统一。

（二）社会治理理论视角

张康之在思考社会治理体系变革问题时，提出了合作治理理论构想，试图用“合作的治理”取代“民主的治理”，并指出“整体性治理”是达到“合作治理”的过渡形式①。从理论研究来看，田星亮从多主体之间的关系角度提出建立一个合作共治的网络状治理结构。在此结构中，作为核心主体的政府、参与主体的企业和作为第三种力量的非政府组织等众多公共行动主体如何以多元合作治理的形式实现社会共治②。常雅慧从实证研究和经验总结的角度指出“社会治理”强调多元行为主体之间密切、平等的合作关系，在参与、分享与潜能的发挥中完成对公共事务的管理与优化，任何单一主体都难以垄断规范与管理过程。社会治理主张多元参与、“双向互动”，强调合作协商、法治理念，更重视公开透明、体制机制创新，在怎样进行治理和治理的方式、方法上，社会治理比社会管理更具备现代化的特征③。治理理论强调政府、企业、社会组织和个人共同作用，注重民主、公开的现代意识，倡导政府、社会、社会组织多元治理、协作互动；充分挖掘政府以外的各种管理和统治工具的潜力，重视网络社会各种组织之间平等对话的系统合作关系，发挥社会力量参与治理的作用④。

将“社会治理”理论及其预设运用于贫困治理领域。从治理的视角看待扶贫开发，这给我们带来的基本思路是：其一，贫困治理不是政府单方面的事，而是全社会的事，即贫困治理主体不应是政府单一主体，而应是政府、市场组织、社会组织、民众多主体合作的网络状结构；其二，贫困的治理过程是多主体资源投入并相互协商、协作的过程；其三，贫困治理

① 周义程、黄菡：《用“合作的治理”取代“民主的治理”——评张康之〈行政伦理的观念与视野〉中的合作治理构想》，《理论探讨》2010年第4期。

② 田星亮：《论网络化治理的主体及其相互关系》，《学术界》2011年第2期。

③ 李强：《创新社会治理体制》，《前线》2014年第1期。

④ 周耀虹：《转变社会治理方式与扩大公共参与——以上海非政府组织参与公共服务为例》，《天府新论》2007年第6期。

的总体效应是贫困人口减少及其贫困程度减低，社会均衡程度提高[①]。

将“社会治理”理论及其预设运用于民营企业参与贫困治理的行为层次。民营企业是社会治理的重要主体之一。民营企业是伴随着生产资料所有制形式变化而产生的重要企业形式，在国民经济中发挥着越来越重要的作用。国有企业在20世纪80年代“八七扶贫”中便开始参与社会扶贫，民营企业则一直是政府鼓励参与社会扶贫的一个重要主体。改革开放以来，民营经济的数量规模和发展贡献持续增长，2012年的数据显示，民营经济在全国GDP中的比重已超过60%[②]。在这种蓬勃发展的趋势下，民营企业的外部参与符合社会治理多元主体参与的基本理念，也是社会治理的基本要求。在多元主体参与社会治理的格局中，民营经济是民生经济、富民经济，是实现中国梦的重要推动力量。同时，民营企业参与贫困治理的公共行为是促进社会治理的重要力量。这种行为有利于社会治理中公共产品和公共服务的供给，有利于民主政治建设，有利于弘扬慈善精神和社会责任以及促进社会的稳定和谐[③]。

二、民营企业参与贫困治理的机理评析

个人情感能量的传递、企业的利益博弈、社会效益产出三者在企业作出参与理性选择的过程中均有作用，这些都是影响参与结果的相关因素。

在设定企业家和企业作出决策时均出于理性选择的前提下，从个人层次到企业层次和社会层次，对民营企业参与贫困治理的机理分别作出分析。第一是个人层次分析。企业家精神和企业社会责任之间的相互转化是动力传导机制。第二是企业层次分析。企业利益博弈过程中，民营企业采用更有利的手段增加自身的获利性，这个过程中的博弈就存在着资本交换或者是互惠行为。主要体现在民营企业参与贫困治理过程中，如何将自身的经济利益与政治身份、社会声望等进行有效的交换，最终获得互利共赢的目

① 向德平、黄承伟主编《中国反贫困发展报告（2014社会扶贫专题）》，华中科技大学出版社，2014。

② 潘跃：《民营经济占GDP比重超60%》，《人民日报》2013年2月3日。

③ 王春福：《民营企业的公共行为与地方治理——以浙江民营企业调查为基础的分析》，《学术交流》2012年第2期。

标。第三是社会层次分析。即社会效益产出，实际上是共赢结果的体现。对于企业而言，良好的社会声誉和广告效应，同时也有利于营造扶贫济困的社会氛围。

（一）个人层次：企业家精神与企业社会责任的传导

企业社会责任由谢尔顿从学术角度提出，一般认为“企业社会责任”指在市场经济体制下，企业除要为股东追求利润外，也应该考虑相关利益者的利益诉求，即要承担对员工、消费者、社区和环境的社会责任，包括遵守商业道德、生产安全、保护员工合法权益、保护环境、扶贫开发等[①]。企业的社会责任并不仅仅是企业家个人对于社会的责任，而且意味着“一个企业必须为自己影响人们、社会和环境的任何行为承担责任”[②]。基于这种理解，企业的社会责任也应当包含对利益相关者的经济责任、法律责任和社会责任三者之上的伦理道德责任。

民营企业社会责任向企业家社会责任传导的过程，实际上就是企业社会责任人格化为企业家社会责任的过程。民营企业家的社会责任和民营企业的社会责任是不同的。一般来讲，企业家的社会责任更多地体现在个人层次，而企业社会责任则体现在企业的整体形象。但二者也有着不可分割的联系，民营企业家是一个企业的经营者、所有者或者管理者，影响着企业的角色和生产经营方向。民营企业是无自我意志的经济组织，其运行和管理离不开人的意志和主观能动性的发挥。正是这样一种关系致使企业家社会责任可以与企业社会责任互相转化。企业家社会责任是企业社会责任的人格化体现，一个企业的社会责任终究是要靠这一企业的企业家所担负和履行的[③]。

企业家社会责任影响企业社会责任主要是通过个人情感能量向企业传递。作为社会人的个人动机是由利他动机和利己动机两部分组成的，两者之间的相互作用决定着人的道德行为。互惠利他的过程中，个体从利己走向利他的分析过程真正体现了参与者的主体地位，实现了个人价值和社会

① 陈旭东、余逊达：《民营企业社会责任意识的现状与评价》，《浙江大学学报（人文社会科学版）》2007年第3期。

② 詹姆斯·E·波斯特、安妮·T·劳伦斯、詹伯斯·韦伯：《企业与社会：公司战略、公共政策与伦理》，中国人民大学出版社，2005。

③ 毕素华：《论我国民营企业家的社会责任》，《广东社会科学》2011年第2期。

价值相统一的德育价值观[①]。个人成长经历及情感经历都促使价值观形成，抛开利益因素，这些内化的价值是作出选择的驱动力之一。企业家的成长也是如此。大多数民营企业家在创业初期，都是在改革开放的大背景和相关政策支持下创建企业，创业阶段的启动资金大部分都来自当地的支持，包含社区、亲友的支持等，雇用的员工大部分是来自家乡，因此民营企业家具有很强的乡土情结。特别是经历过20世纪50—80年代的民营企业家，大多感受了从物质资源极度贫乏到改革开放之后逐渐富裕的过程，对贫困和发展是见证者也是经历者。他们得到了党和国家政策的支持引导，见证了个人、社区、村庄、企业的快速发展，也见证了国家和社会的不断发展变化，对于党和国家具有更深的感恩情怀。

从这个角度看，民营企业的社会责任并不是完全依靠外部政策框架要求或者市场属性的强制，而是有一部分内发自个人情感能量向企业社会责任的传递。个人能量向企业社会能量的传递就集中体现在民营企业家的精神上，民营企业家在企业决策中扮演着重要角色，个人的价值判断可以直接影响企业的发展方向和企业文化。民营企业家对于企业社会责任的影响，主要是基于民营企业家对于贫困问题和社会变迁的特殊情感。这种情感潜移默化地影响着民营企业家在贫困领域的参与积极性。

（二）企业层次：利益博弈到合作共赢

在市场经济条件下，政府和民营企业都存在着不同程度追逐利益的行为。不同的是，政府是基于公共产品的供给来实施具有利他性质的逐利行为，而民营企业具有很强的市场导向性，经济利益中的盈利性是企业进行投入和参与的主要动机，这种逐利行为具有利己的性质。但随着市场经济不断发展，劳资关系不断变化，民营企业也在不断追求社会利益，这种社会利益与经济利益既具有矛盾性又具有同一性。同一性表现在企业不论追求经济利益还是社会利益，都是为了自身的发展，具有利己性质；矛盾性表现在获取社会利益需要投入钱财等资源，在某种程度上是以牺牲经济利益为代价来实现的。因此，在企业层次，政府与民营企业之间存在一定的博弈行为。

民营企业试图通过获取政治资本来达成利益最大化的目标，在控制成

---

① 郭菁：《互惠利他博弈的人学价值》，《自然辩证法研究》2005年第11期。

本追逐利润的过程中，注重维持与政府之间的良性互动，进而获得政策支持和税收优惠等方面的利益。从资源视角看，对企业而言，政治身份或政治关系是一种非常有价值的资源[①]，通过这种资源，企业不仅能够享受到合意的政府政策，获得诸如信贷支持、税收减免、土地优惠、财政补贴等方面的好处，提高企业在市场中的声誉，而且这些最终有助于提升企业的长期财务绩效[②]。

政府对于企业存在一定的管控，在市场经济条件下，企业的发展是具有外部性的，即当一个行为主体的行动直接影响到另一个或另一些行为主体的福利时，前者的行动对后者具有外部性。从经济学的角度看，由于这种影响是某一经济主体在谋求利润最大化的过程中产生的，是对局外人产生的影响，且这种影响又是出于市场交易或价格体系之外的，故称之为外部性影响。在民营经济发展的前期，即民营企业在自身发展过程中，贫困地区承担了这些外部性影响的后果，如环境污染、务工人员人身安全等。

政府作为管理部门，在降低外部性影响上有相应的管理职能，此时采用政策或者是规定具有行政权威的手段来对企业进行管控。这种管控包括两个方面。其一，政府对资源的配置调控。由于企业的经济活动必须在政府的管控下开展，即政府尽可能降低企业在运营过程中的外部性影响。因此，企业自身的自主性受到很大限制，对外部资源的需求和依赖更加强烈。而政府在资源配置方面，通过宏观和微观的财政政策、货币政策来调节市场，并通过税收政策、产业政策等实现对民营企业的引导。其二，民营企业对合法性的需求。民营企业在市场中的行为必须以取得合法性为前提，包括：政治合法性，即在不违反国家规定的前提下展开经营活动，并得到当地政府的认可；法律合法性，即民营企业必须在不违反和不触犯法律的前提下开展生产经营活动；社会合法性，即得到社会各界和大众的认同。在合法性的赋予和取得过程中，政府运用了行政方式直接或间接地干预企业行为。政治合法性和法律合法性可以直接进行干预和测评，但社会合法

---

① Faccio：《M..Politically Connected Firms》，American Economic Review，2007。

② Hillman：《A.J..Politiciansonthe Board of Directors：Do Connections Affect the Bottom Line》，Journal Management，2005。

性的取得依赖于企业的社会效益，需要企业和政府共同参与。

（三）社会层次：社会效益与社会效应

政府与民营企业的博弈在社会层次上的效果是二者实现共赢。一方面，社会效益的获取是民营企业参与贫困治理的重要目标之一，企业通过社会效益来影响政府和社会公众对其合法性的认定。目前民营企业参与贫困治理的方式主要集中在以下几个方面：一是发展主导产业，即在政府的产业政策引导下参与到贫困地区的产业扶贫之中，在贫困村投资兴业、展开人才培训、推广生产技术、发展农产品贸易、拉动当地人口就业等；二是展开村企合作，即通过“公司+合作社+基地+农户”的模式，鼓励农民参与到农产品产业链的各个环节中，加强村庄和企业的联系，促进二者的合作，实现互利共赢；三是促进农村人口就业，通过就业培训和劳务输出，吸纳农村劳动力到民营企业就业，间接参与到贫困治理中，增加了农民向产业工人转变的机会，或扶持手工业和家政服务等，引导农民投身到第三产业领域；四是参与扶贫开发的光彩事业和其他捐资捐物的扶贫救困活动，通过合作援建、对口帮扶的形式对农村基础设施和科教文卫等项目进行帮扶；五是开展金融支持，如通过市场化运作方式，投入一定的帮扶资金到村级互助基金或是开展帮扶性质的小额贷款，提升农村金融市场的活力，激发农民的积极性，将政府资金和民间资本集中引导到贫困村的贫困治理工程中。民营企业通过这些方式参与到贫困治理中，在政府和社会民众中都树立了良好的企业形象，同时也做了公益形象宣传，提升了知名度和美誉度。伴随着民营企业参与程度的不断加深，贫困群体生产生活得到切实改善，政府逐渐肯定民营企业的社会效益，社会对民营企业的认同度逐步提高，民营企业便最终能够在参与贫困治理中获得社会合法性。

民营企业参与贫困治理不仅有利于逐步形成多元参与贫困治理的机制，也为企业的自身发展和企业社会责任的履行带来契机。政府得到了民营企业在贫困治理领域的配合，结合市场化手段使扶贫效率得到了提高，缓解了政府单方面投入的压力，整合了多种资源，同时给予民营企业的政策优惠和鼓励支持更加多样化。民营企业的社会效益也会影响政府的决策，最终达到共赢—协同的目标。扶贫济困应当成为一种全社会的价值系统，民营企业的扶贫济困行为与政府的不同。政府的扶贫济困在价值系统中是完全的责任，政府取得合法性的保障。而民营企业作为社会的一个微观主体，其扶贫济困行为是一种有选择的行为，民营企业能够积极参与进来，并产生一定的示范效应带动其他主体，对于营造全社会的扶贫济困氛围有着重要的推动作用，这也是全社会价值系统中重要的组成部分。

三、促进民营企业参与贫困治理的路径选择

在共赢—协同的分析框架下，促进民营企业参与贫困治理关键在于从内外部保障民营企业参与结果实现共赢，以及政府、企业、媒体、社会公众的共同协作。要实现政府—企业—贫困人口的共赢，主要是加强政策引导、舆论宣传、文化传承、社会责任感和社会监督规范等。

（一）加强民营企业参与贫困治理的政策导向

政府的政策导向对动员民营企业及其他社会力量参与扶贫开发十分重要。政策环境是指从制度上确立民营企业参与贫困治理的定位和方向，完善相关的激励措施，创造一种既有利于民营企业自身发展，又可以带动贫困人口脱贫致富、贫困地区和谐发展的双赢制度环境。政策环境具有引导作用，要制定并完善民营企业参与贫困治理的相关政策，包括税收优惠政策等。这些可以使民营企业认识到在帮助贫困人群解决贫困问题的同时，可以通过各种优惠政策提升企业发展的能力，还可以通过参与贫困治理树立企业在民众心中良好的企业形象，促进企业自身的发展。政策环境中的制度建设必须兼顾对民营企业在贫困治理中行为的规范。这种规范主要体现在对企业的参与动机、参与方式和参与内容上，政策的规范作用能够促使企业重视社会效益的作用，在参与贫困治理时兼顾经济效益和社会效益；在参与方式和参与内容上，企业的经营行为必须是在不损害贫困群体的利益前提下的合法经营，不以牺牲贫困地区生态环境为代价，以促进和推动节约资源、保护环境为目标，同时促进社区及社区人口在收入和能力等方面有所改善。

（二）加强民营企业参与贫困治理的舆论宣传

促进民营企业参与贫困治理需要依靠政府、民营企业、媒体和社会大众相互协同合作，共同营造良好的参与氛围。政府以及媒体应当对社会扶贫中表现突出的民营企业和民营企业家的事迹进行宣传和表彰，总结其参

与社会扶贫的经验及成效，营造民营企业和民营企业家参与扶贫光荣、受人尊敬的氛围，激发其他民营企业参与社会扶贫的积极性。注重发挥优秀民营企业家在当地民营企业中的影响力和说服力。各个主体需要发挥主观能动性，加强合作，充分利用自身企业的示范带动作用，引导其他民营企业参与到扶贫行动中来。

（三）弘扬传统文化中扶贫济困精神

慈善精神是社会文化的积淀和支撑，通过道德行为和爱心行为来体现。中华民族具有悠久的慈善文化，儒家的“仁爱”和墨家的“兼爱”思想，倡导人人互敬互爱、互济互助。在社会主义市场经济条件下，慈善行为更是社会主义核心价值观的体现和要求，扶贫济困、乐善好施、行善积德的慈善理念也应当成为全社会价值系统的一部分，促进人们和谐地处理个体之间、个体与家庭、个体与社会的各种关系，最终促进扶贫济困的良好社会氛围的形成。

（四）培育企业家社会责任感和企业家精神

培育企业家社会责任感的意义在于通过加强企业家对社会责任的认识，充分调动企业家的乡土情怀，发挥社会资本的作用参与贫困治理。对于本地的民营企业家，应进一步激发他们对贫困地区的乡土情结。对于外来的民营企业家，则应使其更深地融入当地文化传统中，激发其更强烈的企业发展与地区发展休戚相关的认同感。

企业家精神是企业家面对企业的竞争、创新、合作等时体现的精神面貌。贫困地区相比于发达地区，基础设施、投资环境等方面均处于弱势，民营企业参与贫困治理是理性选择的结果。企业会作出盈利情况的权衡，在保障企业正常运转风险最低的情况下，参与到贫困地区的产业开发、社区发展等项目中。贫困地区受基础设施薄弱、交通落后、信息闭塞等条件制约，长期处于发展的边缘地位。在这种外部条件较差的情况下，民营企业家的参与实际上是一种冒险精神的体现。培育企业家精神可以从根源上推进民营企业参与贫困领域的协同治理。参与贫困治理的过程也是民营企业家践行企业家精神的一种途径。

（五）提高民营企业社会责任意识

民营企业应当将参与贫困治理作为一项发展战略纳入企业的文化中，

将其视为一项经营业务和可持续发展的主题，突出企业的社会责任，并长效地参与到贫困治理的实践中。

明确企业追求利润和履行企业社会责任二者是不相矛盾的关系。在合理的制度框架下，二者可以转变为共赢—协同的合作关系，企业追求经济利益可以为贫困地区创造经济价值，从而带动整体经济水平的提升，同时也可以带动贫困人口脱贫致富。企业履行社会责任是在保障追求经济利益的同时不损害社会利益，为社会公众和贫困地区创造更高的社会效益。

（六）强化法律规范与社会监督

法律规范和社会监督是企业参与贫困治理过程中社会责任切实得到履行的重要力量。政府应当为民营企业履行社会责任创造良好的基础，这些基础包括良好的市场环境、法律和制度保障。企业的社会责任与政府责任二者需要有明晰的界限，此时社会监督就发挥了重要的作用。社会监督是对政府和民营企业的共同监督，政府和民营企业共同协调分担，明确职责分工，共同参与贫困治理，企业才能更好地履行社会责任。

四、结论与启示

民营企业参与贫困治理是在社会治理框架下的一项系统性工程，也是扶贫开发形势下的必然要求。民营企业在贫困治理中具有天然的优势：宏观上，民营企业是市场经济中的主要经济体之一，具有庞大的组织数量，涵盖一、二、三产业的各个领域；微观上，民营企业的乡土性更加浓郁，与贫困地区有着天然的千丝万缕的联系。民营企业自身发展态势良好，积极履行企业社会责任是民营企业参与贫困治理的重要力量源泉。在共赢—协同的框架下，从民营企业家到民营企业，从情感、经济利益和社会效益等方面进行剖析，贫困治理既是国家职责，也是社会高度关注的一大领域，政府与民营企业在农村扶贫中的应然状态就是在贫困治理中合作互动。民营企业参与贫困治理是一项互利共赢的行动，民营企业在取得经济利益的同时履行了企业社会责任并获得社会效益，政府在此过程中，获取多主体协同治理贫困、多渠道的资源投入进行扶贫开发。政府与民营企业结合起来，二者相辅相成，才能共同促进贫困地区的共同富裕，构建和谐社会。

关于教育精准扶贫的若干思考

提高扶贫质量，摆脱贫困的代际传递，关键在于提高贫困群众的综合素质，激发和培育贫困群众的内生发展动力。要想激发贫困群众的内生动力、培养稳定脱贫能力，教育精准扶贫是根本之策。

《民主与科学》2018年第2期

党的十八大以来，党中央作出了一系列重大部署和安排，全面打响脱贫攻坚战。脱贫攻坚力度之大、规模之广、影响之深，前所未有，取得了决定性进展，显著改善了贫困地区和贫困群众生产生活条件，谱写了人类反贫困历史的新篇章。

习近平总书记指出：教育是阻断贫困代际传递的治本之策。贫困地区教育事业是管长远的，必须下大力气抓好。扶贫既要富口袋，也要富脑袋[①]。提高扶贫质量，摆脱贫困的代际传递，关键在于提高贫困群众的综合素质，激发和培育贫困群众的内生发展动力。要想激发贫困群众内生动力、培养稳定脱贫能力，教育精准扶贫是根本之策。

一、开展教育精准扶贫的意义

教育精准扶贫对于打好精准脱贫攻坚战具有重要作用，具体可归结为以下三个方面：

第一，教育精准扶贫是解决脱贫问题、实现脱贫目标的重要举措。扶贫政策紧紧围绕着精准脱贫攻坚目标而制定，致力于解决目标当中的缺口。中共中央将保障贫困人口义务教育作为“两不愁三保障”目标之一，由此也决定了教育必然是精准扶贫的重要内容。

第二，教育精准扶贫能够有效提高整体脱贫效果和扶贫效率。如果没有精准的教育扶贫机制激发贫困群众的内生动力，单纯依靠外力帮扶，贫困群众很难建立稳定的脱贫能力，也难以巩固脱贫成果。联合国教科文组织研究表明，不同层次受教育者提高劳动生产率的水平不同：本科300%、初高中108%、小学43%，人均受教育年限与人均GDP的相关系数为0.562。

① 中共中央党史和文献研究院编《习近平扶贫论述摘编》，中央文献出版社，2018，第68、137页。

“积财千万，不如薄技在身”，“一技在手，终身受益”，教育在促进扶贫、防止返贫方面的作用是根本性、可持续的。实施教育精准扶贫，可以有效提高整体脱贫效果和扶贫效率，其作用是其他脱贫手段无法替代的。

第三，教育扶贫是教育均等化的重要手段，为长远的脱贫奠定了基础。造成贫困人口贫困的原因有很多，但公共服务不均等，尤其是教育、卫生资源的不均等，是致贫的重要原因，脱贫攻坚就是要消除这种不均等。在教育方面，通过加大教育扶贫力度，可以有效促进贫困地区的教育均等化，逐渐建立其自身的内生发展动力，为从根本上解决贫困群众的脱贫问题奠定更好的基础。

二、不断丰富教育精准扶贫的内涵方式

教育扶贫既包括在学前教育、义务教育、高中教育和高等教育学校阶段的扶贫，也包括职业教育扶贫，还包括校外教育扶贫。

在校教育精准扶贫，顶层设计和实践行动由追求教育起点公平转向追求教育过程公平。学前教育三年行动计划，使贫困地区适龄幼儿接受学前教育的权利得到了更好的保障；城乡义务教育一体化改革行动，不断缩小县域内城乡义务教育差距；普通高中普及攻坚计划，率先为建档立卡的家庭经济困难学生实施普通高中免除学杂费制度；高等教育培养提升行动，为贫困家庭大学生建立起多种方式并举的资助体系。

此外，为使在校教育精准扶贫达到更好效果，发挥更大作用，让每个乡村孩子都能接受公平、有质量的教育，一系列教育扶贫行动也相继开展。如教育扶贫结对帮扶行动，为贫困地区教育发展提供了富有成效的针对性帮助和支持；乡村教师支持计划，则着重加强了老少边穷等边远贫困地区乡村教师队伍建设，确保了乡村教师培训的针对性和实效性，以缩小城乡师资水平差距。

职业教育扶贫则是在校教育扶贫的重要补充形式。近年来，国家加大了职业教育的扶贫力度，特别是围绕在校生学费补助、住宿费减免等方面制定出台了多项政策，主要目的是通过职业教育，使未能考入高中或大学的贫困家庭子女，在接受九年义务教育后，能进入职业培训学校，学习就业技能，提高自身的就业竞争力，为脱贫奠定基础。

各地还探索形成了校外教育精准扶贫的有效方式。主要有三种：一是贫困村的创业致富带头人培训。从实践经验来看，通过对贫困村中具有创业激情且带头能力强的村民进行有效培训，提高其创业技能和创业成功率，是实现整村脱贫和精准扶贫的有效手段。如地方探索形成的“1+11”培训模式，以脱贫村为培训基地，为周围甚至跨省、县的贫困村群众提供1个月的集中培训，通过实地考察脱贫成果、面对面沟通交流等方式，增强信心、开阔视野、开启思维。在集中培训期间，创业导师帮助每位学员结合自身情况，提出创业的设想和项目。培训结束后，学员回家按照学到的方法创业。在此后的11个月中，创业导师通过电话、邮件、视频等方式提供指导，确保他们创业成功。实践证明，这种教育扶贫方式不仅能明显提高贫困地区群众的创业效果，还能有效带动周边贫困户脱贫。通过开展大规模有效培训，将逐渐培养出一批贫困村致富带头人，发挥他们在带领贫困群众脱贫中的作用。这是内生脱贫的一种重要方式，也可以作为精准教育扶贫的一种重要辅助形式。二是富裕村与贫困村结对帮扶。比如两广地区，广东富裕村与广西贫困村结对，以跟、帮、学和项目对接为载体，将广东的市场、技术、人才与广西贫困村的资源对接起来，提高广西贫困村创业致富带头人的创业能力，同时形成创业氛围。这实际上也是一种教育，是教育扶贫的重要形式。从国家的角度，希望每个贫困村都能通过创新教育扶贫方式，培养出3—5个创业致富带头人。目前这种富裕村与贫困村结对帮扶的教育方式已在部分地区成功试点，后续还将在更多地方推广。三是通过举办“讲习所”“农民夜校”“道德讲堂”等形式，在贫困村中营造勤劳致富、光荣脱贫氛围。如贵州的“新时代农民讲习所”，采取灵活机动、接地气的方式，给村民讲习近平扶贫重要论述、讲攻坚政策、讲脱贫、讲技术、讲信息、讲市场、讲乡村文明，取得了非常好的效果；海南的农民夜校通过电视台、网络等平台，有效、有序地开展培训课程；山西一些地方开办道德讲堂，也取得了不错的教育效果。

三、进一步提高教育精准扶贫的精准度和有效性

一是要坚持目标标准。既不能低也不能高，确保2020年扶贫对象接受义务教育目标的实现。避免人为地将义务教育的范围扩大，不能超越现阶

段实际去解决问题，否则就形成了新的不精准，对其他人也不公平。

二是坚持聚焦建档立卡的贫困家庭。包括两方面的内容：第一，要精准识别贫困家庭。教育扶贫要紧紧扣住建档立卡的贫困户，不能扩大范围，不能把所有事情都放在脱贫攻坚的篮子里。在现阶段，教育扶贫政策要紧扣目标，避免因力量分散而造成真正的贫困户落在后头。第二，要根据精准扶贫群体的具体情况采取针对性措施，不能大而化之。例如：有些孩子放弃上学，不是因为没钱交学费，而是学校离家太远；有些地方教育落后，不是因为缺少硬件设施，而是缺少师资。只有精准施策，才能有效提高教育扶贫的精准度和效率。

三是教育扶贫需立足当前，面向长远。教育扶贫的政策设计和支持，不仅是要让贫困家庭的孩子上得起学，还要阻断贫困的代际传递。教育精准扶贫要考虑如何让这些孩子通过上学不断提高自身的素质和能力，特别是打牢未来就业的能力基础，这样才能从根本上摆脱贫困。如果教育扶贫仅考虑让孩子上得起学，不考虑长远，那么即使保证了义务教育，精准度和效率也达不到要求。

四是要总结宣传典型，发挥示范引领的作用。通过教育摆脱贫困的例子很多，但总结和宣传不够，需要加大此方面的工作力度，引导其他贫困家庭重视教育，从而提升教育扶贫的精准度和效率。

四、更加广泛动员社会力量参与教育精准扶贫

社会力量是实施精准扶贫精准脱贫方略、打好打赢脱贫攻坚战不可或缺的重要力量。中共中央、国务院一贯鼓励社会力量参与脱贫攻坚。特别是党的十八大以来，始终坚持政府、市场、社会协同发力的大扶贫格局，密集出台的各领域各项扶贫政策，均体现了广泛动员社会力量参与脱贫攻坚、参与精准扶贫的顶层设计思想和要求。如《中共中央　国务院关于打赢脱贫攻坚战的决定》中，就详细阐述了如何动员社会力量参与脱贫攻坚、参与精准扶贫的内容。

教育扶贫是精准扶贫、脱贫攻坚的重要内容，是社会力量参与扶贫的重要着力点。实践表明，社会力量参与教育扶贫，有以下几个方面的突出作用：

一是增加了教育扶贫的资金投入。教育是扶贫的重要内容，很多企业、社会组织和公民个人都比较倾向于把教育作为参与和支持扶贫的重要领域，从而增加了教育扶贫投入，弥补了政府力量在教育资金投入方面的不足。

二是探索有效的精准教育扶贫模式。与政府办学相比，社会力量更具灵活性和自主性，措施也更有针对性，比如：阿里巴巴开展的贫困地区师资培训和奖励计划，为贫困地区学校培养师资队伍；一些社会组织机构在贫困村建立儿童学习交流中心，关爱儿童尤其是留守儿童的成长；还有大量个人的一对一资助等。社会力量通过不同方式参与教育扶贫，探索形成了许多有益的实践模式，推动了教育扶贫的发展，为未来的教育改革提供了宝贵的实践经验。

三是营造良好的扶贫社会氛围。社会力量参与教育扶贫是一个可以传递和传承的扶贫模式，今天被帮助的孩子，长大后就很可能会成为帮助别人的人。这种感恩方式的持续传递，能够形成良好的互帮互助氛围，激发社会扶贫热情，传承中华民族优秀的传统文化。

在全面打好精准脱贫攻坚战进程中，更广泛动员社会力量参与教育精准扶贫，需要进一步解决面临的问题和困难，采取更有力有效的举措。

一是提高认识。人们对社会力量参与教育扶贫的认识，仍停留在做善事的层面，而没有真正理解到教育扶贫对于帮助贫困家庭彻底摆脱贫困、实现共同富裕，进而促进中华民族伟大复兴的深刻意义。只有从更高的高度、更大的范围和更深的层次理解其中的意义，才能从宣传、动员和执行中获得更好的效果。否则，社会力量参与教育扶贫，只是临时性、功利性、浅层次的帮扶行为，难以形成长期有效的机制。需要通过总结宣传的方式，提高全社会对教育扶贫重要性的认识，大力营造全社会参与扶贫攻坚的良好氛围。

二是拓展方式。提到教育扶贫，人们想到的往往是帮助几个孩子上学，但实际上，现在学校的硬件设施和学费已经不是他们面临的根本问题。不同类型的孩子在教育上面临着不同的问题，例如有的学校校舍修建得非常好，但师资力量很弱。目前，有的地方开始探索通过借助社会力量的方式，支持异地办学、支教等，吸引更多好老师进入教育资源相对匮乏的学校，这是一种更创新、有效、与时俱进的方式。应加大力度，深入总结这些成功的典型案例，发挥示范引领的作用，让更多的社会力量了解如何参与教育扶贫工作。

三是凝聚合力。教育是复杂的系统工程，教育扶贫也不例外，需要整合政府、学校、社会力量、用工单位等各个相关方，协同推进形成合力，扶贫的效果才能事半功倍。目前，不同力量处于分散状态，各成体系，合力明显不够，帮扶力量有限。需要逐步形成各方力量统一协作的工作机制，充分发挥政府和社会各方力量的作用，形成全社会广泛参与的脱贫攻坚格局，促使各方资源的效益最大化，提升教育扶贫效果。

四是精准对接。一方面，爱心企业、社会组织以及个人，希望帮助那些真正有困难的人，但不知道去帮谁、帮什么，缺乏相应的信息渠道。另一方面，需要帮助的人不知道从哪里获取扶持资源。双方信息错位，增加了社会扶贫参与教育扶贫的难度。国家和社会有关方面应大力搭建信息对接平台，实现贫困地区、贫困家庭、贫困人口的需求和社会爱心力量的精准对接。比如2016年10月17日，由国务院扶贫办牵头建设的中国社会扶贫网正式上线，截至2017年底，注册用户超过1000万，发布贫困户帮扶需求200多万条，对接成功超过120万条，其中相当一部分是教育扶贫方面的内容，社会扶贫效果显著。

五是加强监管。项目监管不到位，透明度不够，还有个别存在的资金挪用或贪污问题，严重影响了社会力量参与教育扶贫的积极性。需要通过建立多方监督机制的方式，形成公开透明、公平公正的社会扶贫环境。此外，应建立社会扶贫激励机制，通过评选表彰社会扶贫先进人物、先进组织、具有创新性的项目等方式，动员更多的社会力量积极参与教育精准扶贫，更充分发挥教育扶贫的特殊作用。

论新时代脱贫攻坚总结的认识和方法

我国新时代脱贫攻坚进入决战决胜关键时期，既要坚决打赢脱贫攻坚战，还要做好脱贫攻坚总结宣传工作。新时代脱贫攻坚总结，需要以深化认识与科学方法为基础做好顶层设计，有力有效实施。对脱贫攻坚及其总结的重大意义进行全面阐述，对脱贫攻坚总结的原则方法、主要内容、成果运用进行了系统设计，对脱贫攻坚总结需要处理好的相关关系进行深入分析，可为开展脱贫攻坚实践总结、经验凝练、理论研究提供参考。

《贵州民族大学学报》2019年第1期

党的十八大以来，我国扶贫开发进入脱贫攻坚新阶段。在习近平扶贫重要论述的指引下，新时代脱贫攻坚创造了我国减贫史上的最好成绩，改善了贫困地区发展条件，促进了贫困地区经济发展，锻炼培养了一大批优秀干部，提升了农村治理能力，建立了脱贫攻坚制度体系，取得了重大决定性成就。新时代的脱贫攻坚实践证明，新时代的脱贫攻坚是中国乡村发展的深刻革命，是中国共产党执政宗旨的生动体现，是中国共产党全面从严治党的有益探索，是中国国家治理体系完善和治理能力现代化的重要内容，是中国发展道路的世界呈现。新时代的脱贫攻坚必将在中国几千年发展史上留下浓墨重彩的篇章。在脱贫攻坚进入决战决胜的阶段，对脱贫攻坚进行全面、系统、深入、客观地总结，意义重大。有力、有序、有效开展新时代脱贫攻坚总结工作，做好顶层设计是基础。

一、新时代脱贫攻坚及其总结的认识问题

（一）新时代脱贫攻坚的伟大意义

新时代脱贫攻坚的伟大意义，既是脱贫攻坚总结的动因，更是脱贫攻坚总结的努力方向。通过科学、客观总结，完整、体系化呈现脱贫攻坚的伟大意义，既是历史责任使然，更是勇于担当的体现。深刻认识新时代脱贫攻坚的伟大意义，是进行新时代脱贫攻坚总结的前提，是凝聚各方共识、合力总结的基础。从实践看，新时代脱贫攻坚已经产生和即将产生的伟大意义，最少体现在以下方面。

1.从发展理论看，脱贫攻坚最伟大的成果是习近平扶贫重要论述体系的形成。党的十八大以来，习近平总书记把脱贫攻坚摆到治国理政的重要位置，亲自挂帅出征，作出一系列新决策新部署，提出一系列新观点，形成习近平扶贫重要论述。世界上最大规模的减贫成果实践检验，证明这些论述内涵丰富、思想深刻、逻辑严密，具有鲜明的科学性、实践性、战略性、

指导性和国际性，是习近平新时代中国特色社会主义思想的重要组成部分，丰富发展了马克思主义反贫困理论，创新发展了中国特色的扶贫开发道路，为新时代打赢脱贫攻坚战提供了行动指南，为全球贫困治理贡献了中国智慧。习近平扶贫重要论述不仅将在全球的贫困治理中发挥指导性的作用，也将作为中华文明的一部分，对全球发展产生积极影响。

2. 从“五位一体”总体布局看，脱贫攻坚在政治、经济、社会、文化、生态文明建设方面都产生了积极的推动作用。脱贫攻坚既是全面建成小康社会的底线任务和标志性指标，也是中国共产党全心全意为人民服务宗旨的最生动体现，更是中国共产党以人民为中心发展思想的具体实践。脱贫攻坚从政治上夯实了中国共产党的基层执政基础，促进了贫困地区经济社会加快发展，推动了贫困地区供给侧结构性改革，对拉动内需、拓展贫困地区经济发展空间发挥了积极作用；提升了贫困地区乡村治理能力，激发了贫困地区贫困群众内生发展活力和发展动力；易地扶贫搬迁、生态保护脱贫等一系列措施，为贫困地区保护生态环境、促进生态文明的建设作出了重要贡献；探索了将传统文化传承、弘扬和贫困地区贫困群众内生发展动力激发有机结合的多种形式，促进了贫困地区文化的发展。

3. 从推进“四个全面”战略布局看，脱贫攻坚对于统筹协调“四个全面”战略布局具有基础性作用。脱贫攻坚是全面建成小康社会的底线任务和最突出的短板，是全面深化改革的重要内容和重大成果呈现，是全面依法治国在扶贫领域的实践探索，是全面从严治党管党的实践平台。在脱贫攻坚中，各地各部门始终把全面从严治党贯穿脱贫攻坚的全过程，开展扶贫领域腐败和作风问题专项治理，五级书记抓脱贫攻坚，层层落实责任制，建立多元化立体式最严格的考核评估体系，开展第三方评估，确保真脱贫、脱真贫。这一系列措施，充分体现了中国共产党实事求是的思想路线，体现了中国共产党管党治党措施的落实及其实现路径。

4. 从“两个一百年”奋斗目标看，打赢脱贫攻坚战是实现第一个百年奋斗目标的底线任务。习近平总书记指出，我们不能一边宣布全面建成了小康社会，另一边还有几千万人口的生活水平处在扶贫标准线以下，这既影响人民群众对全面建成小康社会的满意度，也影响国际社会对我国全面建成小康社会的认可度。打赢脱贫攻坚战是实现第一个百年奋斗目标的底线任务。从第二个百年奋斗目标看，我们要实现中华民族的伟大复兴，不仅需要经济实力的不断增强，更需要体现出我们在发展道路、发展理论、发展制度方面的科学性和可借鉴性，这样我国在国际社会中的影响力才会不断提高，在全球治理中的话语权才能不断增强。

从实现中华民族伟大复兴的中国梦看，脱贫攻坚将对中华民族伟大复兴中国梦的实现产生重要推动作用。为实现中华民族伟大复兴的中国梦，对内，需要激发全社会的正能量，振奋中华民族的精神，脱贫攻坚的伟大成就是最好的载体和呈现；对外，需要增强参与全球治理的话语权，不断增强我国的软实力，脱贫攻坚积累形成的贫困治理论述、模式、经验具有很强的可借鉴性和全球推广度。近期看，在联合国《2030年可持续发展议程》的实施进程中，我国将在减贫领域继续发挥示范带头作用；中期看，到2050年我国将建成富强民主文明和谐美丽的社会主义现代化强国，共同富裕是最基本特征，脱贫攻坚战的成果将为逐步解决我国不平衡、不充分发展问题奠定基础，也为下一步逐步实现从基本共同富裕到共同富裕提供基础性支撑。从精神层面来看，中华民族的伟大复兴可以理解为中华民族每一个成员精神状态的提振。显然，如果我国依然还有相当数量的贫困人口，尽管是相对贫困人口，那也会表明中华民族复兴的质量难以得到广泛认同。从全球贫困治理看，经过实践证明的习近平扶贫重要论述及其在脱贫攻坚实践中积累的经验模式，无疑为全球贫困治理提供了可借鉴的模式和方案。中国多年扶贫开发实践特别是新时代脱贫攻坚实践的检验，证明了这些经验模式在全球贫困治理中的普遍性，特别是可以供其他发展中国家在实现《2030年可持续发展议程》“消除一切形式极端贫困”目标过程中借鉴参考。正如联合国秘书长古特雷斯指出的那样，（中国）精准减贫方略是帮助贫困人口、实现《2030年可持续发展议程》宏伟目标的唯一途径。中国已实现数亿人脱贫，中国的经验可以为其他发展中国家提供有益借鉴。显然，中国扶贫经验模式对于配合中国“一带一路”倡议的实施，增强“一带一路”倡议实施过程中各种投资活动、投资项目的民生效应，进而促进合作国家更主动接受中国发展理念模式具有重要的推动意义。

（二）新时代脱贫攻坚总结意义重大

1.脱贫攻坚总结是打赢脱贫攻坚战的内在要求。任何一项工作都需要不断地总结。总结可以肯定成绩、凝练经验、发现问题、提高工作管理水平，打赢脱贫攻坚战也不例外。新时代脱贫攻坚战是一项复杂的系统工程，涉及方方面面。如何总结好脱贫攻坚成就，凝练好实践经验，发现存在的困难和问题，对于如期实现攻坚战的目标、巩固脱贫攻坚成果、谋划好脱贫攻坚目标任务完成后的战略思路，具有重要意义。要摒弃打赢脱贫攻坚战后再开展总结工作的认识，总结工作一直伴随着脱贫攻坚战的进程，进入决战决胜的关键阶段，脱贫攻坚总结工作的重要性、时效性越发凸显。

2.脱贫攻坚总结是客观评价脱贫攻坚成果、总结经验的需要。脱贫攻坚战是全党全国全社会动员、五级书记一起抓的最大民生工程。近百万名干部驻村帮扶，每年近万亿元资金投入，全面实施精准扶贫精准脱贫方略，脱贫攻坚产生的效果无疑是巨大的，所取得的成就无疑是伟大的。客观总结、评价这场脱贫攻坚的战果及其形成的成功经验，不仅仅是作为脱贫攻坚的一项成果铭记于史册，更主要是通过经验的总结可以为推动贫困地区更好更快发展提供借鉴，为解决贫困地区减贫发展问题提供参考。

3.脱贫攻坚总结是稳定脱贫成果、推进脱贫攻坚与乡村振兴衔接、为研究2020年后的扶贫战略提供参考的需要。国家关于如何稳定脱贫成果已经出台了一系列政策，明确了贫困县脱贫摘帽后要保持不摘责任、不摘政策、不摘帮扶、不摘监管，但具体如何操作，相关政策供给远远不能满足需求，其根本原因是总结不够、研究不够，因此，通过总结加强相关政策供给研究，十分重要和紧迫。习近平总书记明确指出，打好脱贫攻坚战是实施乡村振兴战略的优先任务，要做好脱贫攻坚和乡村振兴的衔接。怎么实现脱贫攻坚和乡村振兴的有机衔接，目前各地有不同的探索和实践。但就贫困地区而言，两者衔接难度更大，如何根据乡村振兴五个方面的要求找到与脱贫攻坚相衔接的路径，需要从脱贫攻坚战中认真总结，提供实践经验和成功模式借鉴。关于2020年后的扶贫工作，习近平总书记明确指出，要立题开展研究。为此，在不影响脱贫攻坚战如期夺取全面胜利的同时，如何系统、深入研究脱贫攻坚目标任务完成后的战略思路，为中央的决策提供参考，实际上也是打赢脱贫攻坚战的题中之义。

4.脱贫攻坚总结是有效开展宣传、有力激发社会正能量的需要。有力有效的宣传必然以客观科学的总结为基础。脱贫攻坚总结工作是有效宣传和有力激发全社会正能量的基础和需要。我国发展正处于关键时期，放眼全球，我们正面临百年未有之大变局。对外，以美国为首的西方贸易保护主义对我国的发展空间进行挤压；对内，全面深化改革的推进和社会各种矛盾的呈现需要激发全社会的正能量。而脱贫攻坚的伟大成就，正是最有效有力的宣传内容，蕴藏着丰富的最具振奋民族精神的正能量。

5.脱贫攻坚总结是发展中国减贫知识产品，为全球减贫治理提供国际公共产品的需要。一个国家，尤其是一个有影响力的国家，最终能产生深远影响的是其价值观。价值观体现在方方面面，也是各种国际公共产品内涵的具体呈现。为全球治理提供国际公共产品，是一个国家的责任担当，也是一个国家经济实力和综合国力的重要体现。

“一带一路”倡议是我国重要的国际公共产品，我国改革开放以来积累形成的各种各样经验，所呈现出来的、能满足其他国家发展借鉴参考需要的各类案例、报告、学术研究成果和知识书籍等，也是重要的公共产品。习近平扶贫重要论述和中国减贫实践积累的经验模式，无疑为全球减贫治理提供了中国智慧和中国方案。对脱贫攻坚进行总结，正是将中国智慧和中国方案转换为国际公共知识产品的基础。

（三）新时代脱贫攻坚总结具有紧迫性

1.时间紧。目前距离2020年打赢脱贫攻坚战还有两年的时间，但脱贫攻坚的总结工作涉及方方面面，要从不同角度、不同类型、全面呈现脱贫攻坚的成效，总结好脱贫攻坚的直接效果、间接影响和溢出效应，工作量巨大，时间非常紧迫。

2.时效性。任何一件工作、任何一个历史事件都具有特定的时效性和场景，错过了最佳的时效就难以呈现应有的效果。脱贫攻坚的总结也不例外。脱贫攻坚进入决战决胜阶段，如果总结工作还没被列入重要议事日程，很有可能许多呈现的场景就会失去历史价值。如何在确保打赢脱贫攻坚战的前提下，做好脱贫攻坚的总结工作，需要精心谋划和组织。

3.实践性。脱贫攻坚总结工作的价值，不仅体现在打赢脱贫攻坚战之后，更体现在打赢脱贫攻坚战的决胜阶段。一方面，通过总结，针对存在的问题和困难，提出对策建议，完善政策，聚焦发力，精准攻坚克难；另一方面，通过总结成效、影响，用以振奋贫困地区干部群众的精神，坚定各方面信心，确保决战决胜脱贫攻坚。

4.前瞻性。2020年我国将历史性地解决整体绝对贫困现象。脱贫攻坚目标任务完成后的战略思路，也就是我国2020年后的扶贫战略，同样需要及早开展研究，而脱贫攻坚总结就是该战略研究的前提和重要组成部分，总结成果将为更系统、更深入地研究2020年后的扶贫工作战略提供参考。

二、新时代脱贫攻坚总结的方法问题

（一）新时代脱贫攻坚总结需要把握的主要原则

脱贫攻坚总结的基本原则，就是始终以习近平扶贫重要论述为主线，对新时代脱贫攻坚进行理论、实践的全面总结。在此基础上，脱贫攻坚总结工作的具体原则集中体现在以下六个方面。

一是全面性。脱贫攻坚的总结要全覆盖，也就是从区域、参与主体、各利益相关方等都要进行总结。要从不同角度对脱贫攻坚战的方方面面进行总结，全面呈现脱贫攻坚的成效、影响及溢出效应。

二是典型性。脱贫攻坚总结的重点应放在有代表意义的、典型意义的亮点上。从对工作亮点的全面总结、深入研究中提炼经验、凝聚精神，对决胜脱贫攻坚发挥典型引领作用，对减贫知识产品开发提供支撑。

三是客观性。在脱贫攻坚总结工作中，对成效的评价、经验的凝练、精神的提炼都需要基于实践事实，需要客观、实事求是地开展总结工作，既不夸大，也不缩小；既避免泛化，也做到不遗漏。

四是科学性。在脱贫攻坚总结方法上，要坚持科学精神，体现科学性。既要定性分析，也要定量分析；既要有点的深入剖析，也要有面的概括总结；既要见事，也要见人；既要总结物质层面的成效和经验，也要总结精神层面的成效和经验。

五是群众性。脱贫攻坚的总结过程要充分体现各方参与，特别是受益目标群体的参与，体现脱贫群体和基层帮扶干部的主体性。把脱贫攻坚总结和进一步激发贫困群众内生发展动力、艰苦奋斗精神结合起来；把脱贫攻坚总结和提高群众自我管理、自我发展能力、社区治理能力结合起来。只有充分发动群众积极主动参与，才能真实呈现目标群体的获得感。

六是国际性。在脱贫攻坚总结工作中，要注意讲好中国脱贫故事。既要对国内受众讲好脱贫故事，也要对国际受众讲好中国脱贫故事。为此，总结工作要充分考虑国际受众的因素，充分考虑总结成果在国际传播交流中的需要。

（二）新时代脱贫攻坚总结的基本内容

一是脱贫攻坚的效果评价。脱贫攻坚的效果评价要将重点放在脱贫攻坚预期目标的实现程度上。脱贫攻坚预期目标对贫困人口来讲就是“两不愁三保障”；对于贫困地区，就是贫困县脱贫摘帽，解决区域性整体贫困。围绕脱贫攻坚预期目标的实现程度，评估贫困人口“两不愁三保障”是否完全实现、贫困县摘帽的质量是否经得起考验。从贫困地区基础设施的改善、公共服务水平的提高、产业结构的优化、乡村治理能力的提升以及贫困群众内生发展动力的培育等方面，全面评价脱贫攻坚的成效。

二是脱贫攻坚的影响。脱贫攻坚的影响既包括脱贫攻坚产生的直接效果，也包括脱贫攻坚产生的间接影响和溢出效应。脱贫攻坚的直接效果是指通过与原来贫困状态的对比，总结在脱贫攻坚战中投入了多少资金、采取了哪些举措、取得了什么成效。总结脱贫攻坚的间接影响，要把重点放在以脱贫攻坚统揽经济社会发展全局的影响上，既要总结脱贫攻坚对县域经济社会发展、促进县域治理体系和治理能力现代化的影响，又要总结脱贫攻坚体制机制创新带来的影响，还要总结提炼脱贫摘帽的基本经验等。脱贫攻坚作为一项关系国家治理和发展的宏伟工程，具有丰富的溢出效应，比如夯实中国共产党执政基础，提升中国共产党国际形象，推动国家治理能力的提高，促进治理观念的转变，增强我们的“四个自信”，为推动实现中华民族伟大复兴中国梦提供动力，改变和增强各行各业包容性发展理念，优化发展模式，充分呈现中国共产党在不同历史时期所形成的精神，等等。

三是扶贫理论的发展。脱贫攻坚的总结是在肯定已有工作成效的基础上，更好地推进扶贫工作，而扶贫理论的创新发展正是扶贫实践最前沿的指引。习近平扶贫重要论述是新时代中国扶贫理论最核心的内容。在习近平扶贫重要论述的指引下，如何呈现中国改革开放以来扶贫理论探索发展，特别需要基于新时代脱贫攻坚这样集大成的总结和系统提炼。以习近平扶贫重要论述为核心的中国扶贫理论，将更具有普遍性、国际性特征，将在全球减贫治理中发挥指导作用。为此，新时代脱贫攻坚总结，理应把发展扶贫理论作为重要内容。

（三）新时代脱贫攻坚总结的基本方法

一是纵横结合。脱贫攻坚总结既要包含省、市、县、乡、村五级，也要包含贫困人口脱贫、贫困县摘帽、解决区域性整体贫困，更要按照习近平总书记关于社会扶贫的重要论述，全面总结政府、市场、社会互动和专项扶贫、行业扶贫、社会扶贫联动的理论实践。

二是点面结合。脱贫攻坚战是一项涉及方方面面的系统工程。脱贫攻坚总结既要全面覆盖，也要突出重点。在全面总结的同时，要注重突出典型、突出亮点。无论是横向的还是纵向的总结都要遵循点面结合的方法。

三是多学科结合。解决贫困问题需要多领域、多方面、综合性的措施共同作用，因此，脱贫攻坚总结需要融合政治学、经济学、社会学、人类学、民族学以及多种应用学科理论方法，需要多个学科、多个领域专家的参与，才能够形成客观评价。

四是定性定量相结合。在具体分析方法上，既要有定性的描述、深度访谈、个案研究，也要有定量的数据分析，必要时还可以融合大数据分析技术，在定性分析和定量分析结合中总结发现普遍规律。

（四）新时代脱贫攻坚总结的成果呈现

习近平扶贫重要论述的研究及其成果是脱贫攻坚总结最重要的成果。通过脱贫攻坚实践总结，深入阐析习近平扶贫重要论述的理论内涵、思想内涵、时代价值和国际价值，进一步凝练、领会习近平扶贫重要论述的科学性、规律性、普遍性、指导性、实践性和开放性。开发习近平扶贫重要论述系列知识产品，为国内宣传、国际传播提供支持。

打造中国扶贫书系是脱贫攻坚总结的主要成果。脱贫攻坚总结，至少可以从三个方面形成中国扶贫图书系列成果。一是从大众性的角度，分门别类呈现中国精准扶贫精准脱贫的案例，面向大众讲好中国脱贫故事，如基于对贫困县摘帽总结，可以编写形成《图说中国脱贫攻坚——××县故事》等。二是从政策性的角度，主要是围绕政策的设计落实、产生的效果、面临的问题、完善的建议等方面进行专题性研究，如《中国县域脱贫攻坚案例研究（××县卷）》等。三是从研究性的角度，产出大量研究性的学术著作，如出版相关著作、发表期刊文章、开设研究专栏等。从研究性的角度对脱贫攻坚进行总结凝练，推动构建中国脱贫攻坚的学术话语和理论话语。四是从总结性的角度，整合国家层面、不同层级、不同部门、不同行业、不同专题脱贫攻坚实践及成效，形成一系列的《中国脱贫攻坚报告——××年，××专题，××省》等。还可以组织研究《中国新时代脱贫攻坚史纲》，通过对中国脱贫攻坚故事的详细呈现，记录中国脱贫攻坚宏大的历史画卷。

产出一系列主题文艺作品是脱贫攻坚总结的重要成果。用文学艺术总结脱贫攻坚，用文艺作品呈现脱贫攻坚成效，也是脱贫攻坚总结的重要内容。如小说、散文、诗歌、报告文学等文学作品，绘画、雕塑、音乐、舞蹈、戏剧、电影等艺术作品，均可作为脱贫攻坚总结的方式和产出成果。脱贫攻坚文艺作品不仅可以丰富脱贫攻坚总结的形式，同时文艺作品带有的宣传功能，也是讲述中国脱贫故事的有效载体。

提炼脱贫攻坚精神始终贯穿脱贫攻坚总结过程。打赢脱贫攻坚战面临任务的艰巨性，决定了在脱贫攻坚中必然会涌现、形成许多精神，这些精神指引、激励、振奋着全党全国全社会坚决打赢脱贫攻坚战的信念和信心，因此，总结、提炼和呈现新时代脱贫攻坚精神自然成为脱贫攻坚总结的重要内容。

用习近平扶贫重要论述和脱贫攻坚伟大精神激发全社会正能量是脱贫攻坚总结的根本目的。脱贫攻坚总结就是要把习近平扶贫重要论述和脱贫攻坚伟大成就以多种形式进校园、进社区，通过有效宣传达到入心、入脑的效果，从而实现进一步凝心聚力，进一步激发社会正能量，进一步形成全社会参与脱贫攻坚的浓厚氛围，进一步振奋全民族决胜全面建成小康社会的精神等目的。这既是打赢脱贫攻坚战的应有预期，也是打赢脱贫攻坚战的必须效果。

三、新时代脱贫攻坚总结需要处理好的相关关系

脱贫攻坚总结工作是一项系统工程，涉及脱贫攻坚的方方面面，包括时间和空间、纵向和横向、国内和国际等。因此，脱贫攻坚总结要做好顶层设计，制定完善的实施方案。同时，要建立调动各相关方广泛参与的机制，让各部门和相关省、市、县、乡、村各级干部、群众、学术界充分参与。脱贫攻坚总结要处理好四个方面的关系。

首先是时间和质量关系。脱贫攻坚的总结具有紧迫性，时间紧、任务

重，必须精心设计、有力有序推进相关工作。尽管时不我待，但也要以脱贫攻坚总结质量为前提。在确保既定时间完成总结工作的前提下，有质量、有标准、有程序地开展各项总结工作。

其次是全面和重点的关系。脱贫攻坚总结是一个庞大的系统工程，在投入人力、财力等有限的前提下，特别需要把握好全面总结和突出重点、亮点的关系。这就要求总结研究人员要在考虑脱贫攻坚方方面面的基础上，选好突出的重点和亮点。比如脱贫攻坚中解决深度贫困问题所形成的经验、方法和路径，深度贫困县在完成脱贫攻坚任务后实现稳定脱贫、可持续发展的做法经验，不同地域类型下的贫困县打赢脱贫攻坚战的经验模式，等等，都是脱贫攻坚应该总结的重点、亮点。

再次是工作总结和总结研究的关系。作为总结工作，重点在于描述事实，深入的理性思考不多，但研究需要有理论基础的理性思考。在脱贫攻坚总结工作中，既不能把对脱贫攻坚的总结形成纯研究性的成果，也不能简单地把材料堆砌，形成一般性的工作总结。脱贫攻坚总结成果应该是对脱贫攻坚经验的总结、对脱贫攻坚精神的凝练和对减贫知识产品的开发。

最后是总结和宣传的关系。总结是为更有效有力的宣传奠定基础、提供素材、提供案例、提供故事、提供事实的支撑，但总结不能代替宣传。总结是基于实践事实的理性思考、经验梳理、精神提炼，因此不能把宣传功能附加于总结。要把握好总结和宣传的关系，总结不能用宣传方式组织，总结工作更重要的是要基于客观事实。

打好脱贫攻坚战是实施乡村振兴战略的优先任务

打赢脱贫攻坚战和全面实施乡村振兴战略都是新时代补齐全面建成小康社会短板、决胜全面建成小康社会的重要战略部署，是化解发展不平衡不充分突出问题、不断满足人民日益增长的美好生活需要的重要途径。必须做好脱贫攻坚与乡村振兴的有机衔接、统筹推进。

《贵州日报》2018年11月20日第10版

乡村振兴战略是全面建设社会主义现代化国家的重大战略，是党的十九大确定的七大战略之一。精准脱贫是全面建成小康社会的底线任务和标志性指标，是党的十九大确定的三大攻坚战之一。打赢脱贫攻坚战和全面实施乡村振兴战略都是新时代补齐全面建成小康社会短板、决胜全面建成小康社会的重要战略部署，是化解发展不平衡不充分突出问题、不断满足人民日益增长的美好生活需要的重要途径。习近平总书记指出，乡村振兴战略是关系全面建设社会主义现代化国家的全局性、历史性任务，是新时代“三农”工作总抓手。打好脱贫攻坚战是实施乡村振兴战略的优先任务。从现在到脱贫攻坚目标如期实现是脱贫攻坚的完成期，是实施乡村振兴战略的启动期，也是脱贫攻坚和乡村振兴的交汇期。三期叠加，必须做好脱贫攻坚与乡村振兴的有机衔接、统筹推进。

打好脱贫攻坚战是实施乡村振兴战略的优先任务，这是由脱贫攻坚与乡村振兴的内在逻辑所决定的。从目标上看，脱贫攻坚与乡村振兴具有一致性。乡村振兴战略着眼于从根本上解决农民、农村、农业问题，促进城乡社会平衡发展和乡村充分发展。通过农业和乡村优先发展，实现产业兴旺、生态宜居、乡风文明、治理有效、生活富裕的乡村振兴之势。打赢脱贫攻坚战，旨在稳定实现农村贫困人口不愁吃、不愁穿，义务教育、基本医疗和住房安全有保障，贫困地区农民人均可支配收入增长高于全国平均水平，现行标准下农村贫困人口实现脱贫、贫困县全部摘帽，解决区域性整体贫困。可见，脱贫攻坚和乡村振兴的目标具有一致性，都致力于实现农民“居者有其屋”、生活富裕、乡村产业发展、社区有效治理。显然，脱贫攻坚的直接成效，将为贫困地区特别是贫困村振兴奠定基础。乡村振兴战略实施，将为贫困群众稳定脱贫进而致富创造环境、增强“造血”功能。

从乡村发展逻辑看，脱贫攻坚的多维贫困治理契合乡村振兴的发展需要。乡村振兴涵盖经济、文化、社会、生态等多方面的发展。脱贫攻坚具有多维贫困治理特点，“五个一批”脱贫路径包含收入增加、人力资本提升、生态保护、基本权利保障等多个维度。多维贫困治理的特性使脱贫攻坚有效推动农村贫困人口全面发展和贫困乡村整体发展，因而与乡村振兴的发展需要相契合。而乡村振兴战略把着力建构现代农业产业体系、生产体系、经营体系，培育新型农业经营主体，健全农业社会化服务体系，实现小农户和现代农业发展的有机融合等方面作为重要内容。

一、党的十八大以来脱贫攻坚取得决定性进展，为实施乡村振兴战略奠定了坚实基础

脱贫攻坚的历史性成就是贫困地区乡村振兴的坚实基础。党的十八大以来，我国扶贫开发进入脱贫攻坚新阶段。在习近平总书记关于扶贫工作的重要论述指引下，确定精准扶贫精准脱贫基本方略，全面打响脱贫攻坚战。经过不懈努力，脱贫攻坚取得决定性进展和历史性成就。现行标准下农村贫困人口由2012年的9899万减少到2017年的3046万，贫困县由832个减少679个，为解决区域性整体贫困迈出了坚实步伐。贫困县地区生产总值年均增长幅度，比全国平均水平高2.2个百分点，贫困地区一大批特色优势产业得到培育壮大，贫困地区生态环境明显改善。通过派驻近300万名驻村干部（第一书记）深入贫困村，组织开展贫困识别、精准帮扶、贫困退出和大规模轮训，农村基层治理能力和管理水平大幅提升，农村基层党组织创造力、凝聚力、战斗力明显增强。围绕精准扶贫精准脱贫，全面深化扶贫领域改革创新，逐步建立起脱贫攻坚责任体系、政策体系、投入体系、动员体系、监督体系和考核体系，为脱贫攻坚提供了有力的制度保障。

打好脱贫攻坚战为乡村振兴战略实施提供了理论思维和实践经验。首先，党的十八大以来，精准扶贫精准脱贫基本方略的全面实施，脱贫攻坚战的决定性进展，形成了多方面的实践成果和理论成果，为乡村振兴战略的有效实施提供了重要借鉴。其次，脱贫攻坚的成功实践为乡村振兴提供了精准思维、系统思维、辩证思维等思维方法。中国乡村形态的多元性与丰富性，决定了乡村振兴战略的实施同样需要坚持以人民为中心的发展理念，坚持精准施策的基本方略，坚持以农村社区和农村人口的实际需求为基本政策导向。农村地区之间、社区之间，资源禀赋各异，发展环境不同，

整齐划一的政策供给无疑将面临巨大的风险。增进国家乡村振兴政策体系对于各个乡村社区差异化需求的回应能力，同样是乡村振兴战略实施的基本问题。最后，脱贫攻坚以精准扶贫精准脱贫为基本方略，引发的“三变”改革、“减贫大数据”系统的运用、扁平化政府管理、督查考核评估体系完善、驻村帮扶方式的探索、新型产业扶贫体系构建以及推进新型金融扶贫、资本市场扶贫、保险扶贫、电商扶贫、基层组织建设等体制机制模式创新，无疑都为乡村振兴提供了理论方法参考。

二、以习近平总书记关于扶贫工作的重要论述为指引，坚决打赢脱贫攻坚战

坚持脱贫攻坚目标任务和脱贫标准。既要防止急躁冒进，又要防止消极拖延，确保工作进度；既要防止脱离实际吊高胃口，又要防止脱贫不实不稳，坚持脱贫标准不动摇；既要突出工作重点，继续加强对贫困县贫困村的支持力度，又要根据脱贫攻坚进展，对非贫困县和非贫困村适当给予支持，加快贫困人口脱贫进程；既要做到贫困识别精准，加强建档立卡动态调整，确保符合标准的农户应进则进，达到脱贫标准的应退则退，又要让贫困人口动起来，不能简单发钱发物、送钱送物。

坚持以脱贫攻坚统揽经济社会发展全局。打赢脱贫攻坚战，不仅仅是贫困人口脱贫，还包括基层组织建设、集体经济发展、基层管理水平和治理能力提升、干部群众思想观念转变等方面。贫困地区要坚持以脱贫攻坚统揽经济社会发展全局，全面加强各方面工作，确保脱贫攻坚责任落实、政策落实、工作落实，才能真正打好脱贫攻坚战。

着力提高精准扶贫的精准度和有效性。要聚焦深度贫困地区攻坚，着力强化深度贫困地区基础设施和公共服务建设，着力加强贫困村基层组织建设，培训创业致富带头人，培育壮大集体经济。继续完善建档立卡，确保精准识别；强化贫困村第一书记和驻村工作队的选派管理，更好发挥驻村干部脱贫攻坚生力军作用，确保精准帮扶；扎实推进“五个一批”，因村因户因人施策，确保精准施策。按照贫困退出标准、程序严格评估，确保脱贫成果经得起历史和实践检验。

着力提升脱贫攻坚管理水平。完善扶贫资金使用管理机制，完善制度，

加强考核评估和督查巡查，努力做到阳光扶贫、廉洁扶贫。加强脱贫攻坚干部培训，引导领导干部树立正确的政绩观，提高基层干部脱贫攻坚能力。贫困地区实施乡村振兴战略，要完成脱贫攻坚任务，乡村振兴的相关政策措施应优先在脱贫摘帽县村实施，保持政策支持力度，巩固脱贫攻坚成果。

建立健全稳定脱贫长效机制

贫困具有长期和动态的特征。建立健全稳定脱贫的长效机制，不仅影响打赢脱贫攻坚战的进程与质量，对于2020年后促进贫困地区经济社会可持续发展、减缓相对贫困，为实现第二个百年奋斗目标奠定基础，也具有重要的意义。

2019年1月14日今日中国网

一、稳定脱贫的内涵

所谓稳定脱贫，是指通过创新观念、激活动力、稳定收入来源、完善基础设施、提升公共服务等方式，降低脱贫群体的脆弱性，增强其发展能力，不断改善其生活水平，永久跳出“贫困陷阱”。建立健全稳定脱贫长效机制不仅能够消除一家一户的绝对贫困，促进贫困社区经济社会的可持续发展，而且有助于阻断贫困的代际传递。

实现贫困人口稳定脱贫，是指贫困人口在实现“两不愁三保障”的基础上，有稳定的基本经济收入，有不断增强的自我发展能力，有面对逆境的勇气，有不断完善的“社会安全网”，降低各类风险的冲击。为此，一是要保障脱贫人口收入多元化，增强收入的稳定性。鼓励因地制宜发展多样化的生产模式，增强收入稳定性，避免家庭经济结构单一化。二是要激发脱贫人口的发展动力，提升自我发展能力。改变贫困群众等靠要思想，加强人力资本投资，阻断贫困代际传递。三是要通过社区互助分散和降低各类风险的冲击，提高风险应对能力。

二、实现稳定脱贫的探索

目前看，一些地区在教育培训、发展产业就业、村庄内生动力等方面进行了稳定脱贫长效机制的有效探索，形成了许多有借鉴意义的地方实践和经验。

比如，青岛市对已脱贫人口，按照标准不降、政策不变、措施不减、联系不断的工作要求，扶上马再送一程，确保贫困人口生活和居住环境持续改善。将资产收益扶贫作为稳定路径，引导贫困村、贫困户将扶贫资金或土地、林地、闲置房产等资源资产以入股托管、股权量化等方式，捆绑参与产业发展，让村集体和贫困户拥有持续稳定收益；同时将兜底扶贫作为最基本防线，推进农村低保与扶贫政策衔接，统筹社会救助政策、实施大病医疗救助、探索贫困人口扶贫特惠保险，减少贫困人口支出成本，强化社会保障的稳定脱贫机制。另一方面，把生产扶贫作为主攻方向，强化内生动力机制。推动精准扶贫与拓展农业功能相结合，建立市场主体与贫困户之间的利益联结机制，让农村贫困人口在一、二、三产业融合发展中分享全产业链不同环节的收益。此外，通过各类企业吸纳务工就业、土地流转入股、财政投入折资、集体参与分红以及扶贫公益岗位就业等方式，帮助贫困人口实现多样化的生计来源，增强稳定增收、脱贫发展的能力。

三、实现稳定脱贫的方法

建立健全稳定脱贫的长效机制，打赢脱贫攻坚持久战，需要国家、地方政府、贫困村以及社会力量的共同参与。需要各级政府、全社会在思想意识、政策设计、资金投入、工作方式、工作重点等方面进一步强化和调整。

一是要树立和强化贫困具有长期性的思想和意识，正确处理好解决绝对贫困和缓解相对贫困的关系。打赢脱贫攻坚战的目标是消除整体绝对贫困现象，巩固脱贫攻坚成果、缓解相对贫困还需要长期努力。

二是要提高扶贫开发工作的稳定性，构建有利于稳定脱贫的制度环境。继续贯彻落实中央“摘帽不摘政策”的工作要求，在贫困县摘帽、贫困村退出、贫困人口脱贫之后，不减投入、不减政策，扶上马再送一程。继续有效落实精准扶贫精准脱贫各项政策，确保扶贫政策和扶贫模式的稳定性和连续性。

三是要提升农村公共服务水平，健全农村社会保障体系。增加国家对贫困地区农村基础设施、教育、医疗卫生、体育和公共文化、社会保障等方面的投入，统筹推进城乡公共服务均等化。巩固提升贫困人口“两不愁三保障”目标水平，建立贫困人口最后的“社会安全网”，提升各类贫困人口风险防范水平。

四是要加强农村教育和技能培训，提升脱贫人口人力资本。规范发展和提升农村学前教育、义务教育水平，落实各种减免、补贴、救助政策，减少因教育致贫、返贫现象。开展有针对性的、适用实用的农村劳动力技能培训。特别是加强电商、信息化等新型产业形式的培训，培养新型农民，鼓励和引导农民创业、就业。

五是要引导贫困地区发展多元产业，优化提升产业结构和竞争力。审慎选择具有致富前景的扶贫产业，引导和规范农村龙头企业、合作组织发展，建立产业发展与贫困人口利益联结机制，确保贫困人口分享到产业发展的成果和效益。建立有效的惠农资金投入体系以及风险防范体系，既满足贫困地区产业发展的资金需要，又通过保险扶贫等方式防范农业产业发展中面临的自然风险和市场风险，减少贫困人口因产业发展不利带来的损失。

六是要提升村庄治理能力，壮大村集体经济。继续完善驻村帮扶机制，注重激发村庄内生发展动力。发挥党员先进模范作用，提升村庄承接扶贫项目和资源的能力。强化邻里互惠互帮互助、患难相恤的历史传统，发挥社会资本在减贫中的重要作用。增强村集体经济积累，为村庄帮扶贫困人口、发展公益事业、提供公共服务奠定基础。

七是要动员社会力量参与脱贫攻坚，发挥社会组织扶贫作用。鼓励和引导社会力量采取多种形式参与农村扶贫开发，为稳定持续脱贫注入资源，提供更加灵活、有效的扶贫方式。发挥社会组织专业性优势，帮助贫困人口建立与现代发展相适应的观念，激发内生发展动力，树立依靠自身实现脱贫发展的信心和志气。

全球贫困治理中的中国经验及启示

中国改革开放以来，中国把精准扶贫精准脱贫作为基本方略，开创了扶贫事业的新局面，减贫工作取得了举世瞩目的成就，为全球减贫工作提供了中国方案，贡献了中国力量。

2018年9月26日今日中国网

消除贫困始终是人类发展的共同目标，也是全球发展面临的共同挑战。中国共产党和中国政府历来高度重视减贫工作，始终把为人民服务、让人民过上幸福美好的生活作为工作的根本出发点和落脚点。

1949年新中国成立之初，整个中国尤其是农村地区普遍处于贫困状态，扶贫成为中国共产党和中国政府政策制定和安排的优先考虑。通过扩大农民对土地的占有权和使用权，改善农村基础设施、基础教育和基本医疗服务条件，建立以当时农村集体经济为基础的社会保障体系以及农业技术推广网络等重大政策的实施，农村居民贫困状况有了明显缓解，生存状况得到初步改善。但以现行农村贫困标准衡量，1978年底中国农村仍有7.7亿贫困人口，贫困发生率高达97.5%。

中国改革开放以来，减贫工作取得了举世瞩目的成就，为全球减贫工作提供了中国方案，贡献了中国力量。

一、为全球减贫作出贡献

1978年中国开始改革开放，国家把经济建设作为中心工作，开始从计划经济体制转向社会主义市场经济体制，从传统农业社会转向工业和现代化社会，在此进程中始终坚持通过发展解决贫困问题。从20世纪80年代中期开始，中国开展了大规模、有组织、有计划的扶贫开发，先后实施了《国家八七扶贫攻坚计划（1994—2000年）》《中国农村扶贫开发纲要（2001—2010年）》《中国农村扶贫开发纲要（2011—2020年）》。2012年，中国共产党第十八次全国代表大会提出了到2020年全面建成小康社会的奋斗目标。中国共产党第十八届中央委员会第五次全体会议将农村贫困人口脱贫作为全面建成小康社会的底线目标进行安排部署，明确到2020年中国现行标准下农村贫困人口实现脱贫，贫困县全部摘帽，解决区域性整体贫困。由此中国把扶贫开发摆在更加突出的位置，把精准扶贫精准脱贫作为基本方略，开创了扶贫事业新局面，脱贫攻坚取得了决定性进展，农村居民收入水平持续提高，生活水平显著改善，贫困人口大幅减少，中国农村从普遍贫困走向整体消除绝对贫困。

按中国当年现行农村贫困标准衡量，1978年底农村贫困发生率约为97.5%，以乡村户籍人口作为总体推算，农村贫困人口规模7.7亿人；到2017年底，农村贫困发生率为3.1%，贫困人口规模为3046万人。从1978年到2017年，中国农村贫困人口减少近7.4亿人，年均减贫人口规模接近1900万人；农村贫困发生率下降94.4个百分点，年均下降约2.4个百分点。特别是中国共产党第十八次全国代表大会以来，动员全党全国全社会力量，打响脱贫攻坚战，脱贫攻坚成效显著，取得了决定性进展。按现行贫困标准，2013至2017年中国农村减贫人数分别为1650万人、1232万人、1442万人、1240万人、1289万人，不仅每年减贫人数均在1000万人以上，而且打破了以往新标准实施后脱贫人数逐年递减的格局。2013至2017年，农村累计减贫6853万人，减贫幅度接近70%，年均减贫约1370万人；贫困发生率也从2012年底的10.2%下降到2017年底的3.1%，其中有17个省份贫困发生率已下降到3%以下。

按照世界银行每人每天1.9美元的国际贫困标准及世界银行发布数据，中国贫困人口从1981年底的8.78亿人减少到2013年底的2511万人，累计减少约8.53亿人，减贫人口占全球减贫总规模的70%以上；中国贫困发生率从1981年底的88.3%下降至2013年底的1.9%，累计下降了86.4个百分点，年均下降2.7个百分点，同期全球贫困发生率从42.3%下降到10.9%，累计下降31.4个百分点，年均下降1.0个百分点，中国减贫速度明显快于全球，贫困发生率也大大低于全球平均水平。中国成为全球最早实现联合国千年发展目标中减贫目标的发展中国家，对全球减贫的贡献率超70%，为全球减贫事业作出了重大贡献。

二、为全球减贫提供中国经验

中国改革开放40年来，以政府为主导的有计划有组织的扶贫开发，尤其是中国共产党第十八次全国代表大会以来精准脱贫方略的实施，为全球减贫提供了中国方案和中国经验。全球减贫的中国方案，其实质就是中国特色的扶贫开发道路，这条道路的核心内涵是：在全球化的背景下和国家改革开放促进现代化进程中，坚持党对扶贫开发的领导，以经济发展为带动力量、以增强扶贫对象自我发展能力为根本途径，政府主导、社会帮扶与农民主体作用相结合，普惠政策与特惠政策相配套，政府、市场、社会互动，专项扶贫、行业扶贫、社会扶贫联动，开发式扶贫与综合保障扶贫并重，脱贫攻坚与实施乡村振兴相衔接。中国特色扶贫开发道路具有鲜明的时代性、改革性、人民性、国际性特征，是可供其他发展中国家实现经济转型和消除贫困借鉴的模式。

全球减贫的中国经验可以归纳为以下七个方面：

一是始终坚持以人民为中心的改革创新取向。就是从根本上体现中国共同富裕的价值理想，体现中国经济社会发展的根本目标，为大规模减贫发展提供了政治基础和制度前提。根据人民对美好生活的向往，不断出台有利于贫困地区、贫困人口发展的社会政策。

二是始终坚持政府主导。把扶贫开发纳入国家总体发展战略，纳入国家五年发展规划，在每次全国代表大会报告中作为战略性任务进行部署，分阶段、有计划，集中力量组织开展大规模的专项扶贫行动，针对特定人群组织实施妇女儿童、残疾人、少数民族发展规划。

三是坚持开发式扶贫方针。用发展来带动减贫，把发展作为解决贫困的根本途径，视贫困群众为扶贫开发的对象与主体，注重调动扶贫对象的积极性、主动性，提升其自身发展能力，发挥其脱贫的主体作用。

四是始终坚持加强对扶贫开发的投入力度。中国改革开放40年来，始终保持经济持续稳定增长，保障了中国政府能够掌握各类资源，为扶贫开发提供了可靠的经济基础。在为贫困人群提供大量就业机会的同时，注重公平与效率均衡，不断加大扶贫开发投入力度。

五是始终坚持基础设施建设先行和发展农业优先。着力改善贫困地区的路、水、电、气、房等基础设施，不断加大涉及发展生产和改善民生等方面的建设，为贫困人口改善生产力状况和提升生活水平创造良好基础环境，为多维缓解贫困奠定基础。实行统筹城乡经济社会发展的方略和工业反哺农业、城市支持农村与“多予少取放活”的方针，全面促进农村经济社会的发展，使贫困地区和农村贫困人口普遍受益。

六是始终坚持广泛动员社会参与。充分发挥中国共产党领导的政治优势和社会主义制度优势，逐步构建了政府、社会、市场协同推进的大扶贫格局，不断提升扶贫脱贫国家动员能力。运用好政府、市场与社会三种机制、三种资源，为脱贫攻坚凝聚巨大的合力。

七是坚持普惠政策和特惠政策相结合。注重开发式扶贫制度和社会保障制度相衔接，发挥综合保障扶贫措施功能。在普惠政策的基础上，对贫困人口格外关注、格外关爱、格外关心，实施特惠政策；对贫困人口坚持做到“应扶尽扶，应保尽保”。

这些经验基于中国经济社会发展的历史情境，但同时也包含了贫困治理的一般规律与方法原则，科学性与指导性已经得到了中国大规模实践的长期检验，对于其他国家减贫发展同样具有重要的启示意义。

三、各国减贫需因地制宜

进入21世纪，贫困问题依然困扰着当今世界的发展，是社会发展问题的首要主题。2015年9月，世界各国领导人在联合国通过了《2030年可持续发展议程》，该议程已于2016年1月1日正式启动，呼吁各国采取行动，为今后15年实现17项可持续发展目标而努力。消除一切形式的极端贫困是《2030年可持续发展议程》的首要目标。根据世界银行的报告，按照新的国际贫困线——每人每天生活费或收入不到1.9美元计算，全世界贫困人口的比例已下降到9.6%。但要在2030年之前消灭全球范围内所有的极端贫穷现象，需要各国高度重视，增加投入，采取更有效的策略，并携手行动。

面对全球贫困治理面临的诸多挑战，不少国家经济增长乏力，发展成果难以惠及穷人，专项反贫困行动缺乏顶层设计等问题极大地阻碍了全球减贫进程。对此，中国的减贫经验以其经过大规模实践证明的科学性、实践性和国际性，给全球贫困治理许多重要启示。

第一，必须以实施综合性扶贫策略回应贫困问题的复杂性和艰巨性。任何发展中国家的贫困都具有综合性、艰巨性特征。中国贫困治理体系，以扶贫对象需求为导向分类施策，采取更有针对性的扶贫措施，使扶贫资源供给和扶贫对象的需求有效衔接，将扶贫的综合性和精准度有机结合，有效地解决脱贫的综合性需求。

第二，必须发挥政府在减贫中的主导作用以回应全球经济增长带动减贫弱化的普遍趋势。经济增长的减贫带动效应下降，甚至趋向于零。发挥政府主导作用，主导贫困瞄准、贫困干预、脱贫成效评估等减贫全过程，通过中央统筹、省负总责、市县抓落实的工作机制，提升了政府扶贫的整体效能。这些经验具有普遍性，适合于任何决心减贫脱贫的执政党和政府。

第三，必须完善精准识别贫困人口的机制。这是精准扶贫的基础。中国在实践中逐步形成，并经过大规模实践检验的自上而下、分级负责、逐级分解与自下而上、村民民主评议相结合的精准识别机制，为有效解决贫困瞄准这一世界难题提供了科学方法，所形成的方法体系是有效的，同样适用于不同国家、不同贫困人口提高贫困瞄准度和摆脱贫困的有效性。

第四，必须把扶贫同扶志、扶智相结合。在把发展作为解决贫困的根本途径的基础上，注重调动扶贫对象的积极性、主动性，提升其自身发展能力，发挥其脱贫的主体作用。扶贫开发成功的根本标志在于摆脱贫困的人口是否建立了自我发展能力。中国始终坚持将帮助贫困人口脱贫和激发培育贫困人口内生动力同步，不断创新脱贫主体参与方式途径，尊重贫困地区干部群众的首创精神，而不仅仅是依靠外部的援助。

第五，必须探索符合本国国情的扶贫道路。中国的扶贫经验是经过长期实践探索、因地制宜地吸收国际成功反贫困经验逐步形成的。尽管从一般意义上说，中国减贫方案和减贫经验，特别是精准扶贫精准脱贫的方略，具有鲜明的普遍性、国际性，大部分扶贫政策、措施、模式是可以借鉴的，但不同国家的贫困程度不同，贫困特征、致贫原因也各有差异，因此，在学习借鉴他国减贫方案、减贫经验的过程中，需要和本国当地实际相结合，并在实践中探索经验模式本土化的实现路径。

后 记

中国新时代脱贫攻坚战是新时代十年伟大变革的最生动实践，是人类发展史上具有里程碑意义的标志性事件。2012年底，党的十八大召开后不久，以习近平同志为核心的党中央就突出强调，“小康不小康，关键看老乡，关键看贫困老乡能不能脱贫”，承诺“决不能落下一个贫困地区、一个贫困群众”，拉开了新时代脱贫攻坚的序幕。2013年，习近平总书记在湖南湘西十八洞村首次提出精准扶贫理念，指引了扶贫工作机制的革命性创新。2015年，党中央召开扶贫开发工作会议，明确脱贫攻坚总体目标，确定实行扶持对象精准、项目安排精准、资金使用精准、措施到户精准、因村派人精准、脱贫成效精准“六个精准”，要求实行发展生产脱贫一批、易地搬迁脱贫一批、生态补偿脱贫一批、发展教育脱贫一批、社会保障兜底一批“五个一批”，发出打赢脱贫攻坚战的总攻令。2017年，党的十九大把精准脱贫作为三大攻坚战之一进行全面部署，锚定全面建成小康社会目标，聚力攻克深度贫困堡垒，决战决胜脱贫攻坚。2020年，党中央召开专门会议，号召全党全国以更大的决心、更强的力度应对新冠肺炎疫情和特大洪涝灾情带来的影响，务必如期打赢脱贫攻坚战。

全程亲历并参与八年脱贫攻坚战是一种独特、难忘、幸运的经历。尽管这场脱贫攻坚战没有硝烟，但依然有1800多名同志将生命定格在了脱贫攻坚征程上，生动诠释了共产党人的初心使命，也在我的心中竖起了一座座精神丰碑。尽管我没有在这场脱贫攻坚战中冲锋陷阵，但八年近三千个日夜几乎每天都在加班加点，极大丰富了这段人生，增强了独特的获得感和幸福感。脱贫攻坚战的八年里，我先后在国务院扶贫办中国国际扶贫中心副主任的岗位上兼任国务院扶贫办学习研究小组成员（2014—2016年），担任全国扶贫宣传教育中心主任（2016—2019年）、中国扶贫发展中心主任（2019年至今）。八年中，我结合履行岗位职责，按照国务院扶贫办党组安排，具体承担了习近平总书记关于扶贫工作重要论述的学习、研究、宣传和脱贫攻坚的总结宣传工作，参与了脱贫攻坚重大专题调研、重要文稿起草和精准扶贫的顶层设计等工作，很好地完成了任务。正是在这一系列工作任务完成过程中，在见证脱贫攻坚伟大实践的进程中，我收获了更多的感受、思考和感悟，我数十年如一日始终坚持的“在工作中研究、在研究中促进工作”理念实践也取得了丰硕成果。脱贫攻坚期间，我在完成繁重工作任务之余，利用晚上、节假日笔耕不止，分别在《人民日报》《红旗文稿》等权威报刊上发表学术论文和理论实践总结文章百余篇，公开出版的脱贫攻坚理论实践研究著作（独著、合著或主编）超过四十部，为深入学习领会习近平总书记关于扶贫工作的重要论述、更深刻阐释中国特色反贫困理论、更全面总结脱贫攻坚生动实践、更系统提炼中国脱贫方案、更广泛宣传脱贫攻坚精神、更生动讲好中国发展故事贡献了智慧和力量。

整理并出版《新时代中国减贫方略》，一方面是希望以此纪念脱贫攻坚这一人类发展史上的伟大事件，以此铭记自己八年持续奋斗的艰辛与深入思考的愉悦。另一方面是期待自己理论思考的集中呈现，能够为相关研究的深入提供一些基础和线索。本书分上篇“思想与理论”、中篇“实践与成就”、下篇“前沿与热点”，包括均已公开发表的约三十篇学术论文和十多篇理论性文章。其中不少论文（文章），诸如《习近平扶贫（重要）论述与中国特色减贫道路发展》《脱贫攻坚是各级党政领导干部的重大政治责任》等已经产生了很好的社会影响。

脱贫攻坚目标任务完成后，2021年以来，我国“三农”工作的重心已历史性地转移到实施乡村振兴战略。党的二十大报告对全面推进乡村振兴作出了新的战略部署，要求“巩固拓展脱贫攻坚成果，增强脱贫地区和脱贫群众内生发展动力”。对脱贫地区脱贫群众而言，首要的任务是要巩固拓展脱贫攻坚成果，有效衔接乡村振兴，让生活更上一层楼。希望本书蕴含于各文中的理论方略、实践路径与经验方法能够对实现巩固拓展脱贫攻坚成果同乡村振兴有效衔接有所启示。本书在一定程度上比较全面地呈现了中国脱贫的顶层设计、实施方案、基本经验、主要模式及典型案例，实际上就是为世界减贫脱贫提供可以借鉴的中国智慧和中国方案。

值本书付梓之际，特别感谢书中十篇论文合作者的贡献，感谢我的领导和同事、朋友、家人的无私支持，感谢广西人民出版社特别是韦鸿学社长、赵彦红总编辑为本书出版的精心安排和辛勤付出。不妥之处，敬请批评指正。

黄承伟

2022年12月于北京